KB024573

사스키아 사센의

세계경제와 도시

사스키아 사센의 **세계경제와 도시**

초판 1쇄 발행 2016년 8월 31일

옮긴이 남기범 · 이원호 · 유환종 · 홍인옥

펴낸이 김선기
펴낸곳 (주)푸른길
출판등록 1996년 4월 12일 제16-1292호
주소 (08377) 서울특별시 구로구 디지털로 33길 48 대륭포스트타워 7차 1008호
전화 02-523-2907, 6942-9570~2
팩스 02-523-2951
이메일 purungilbook@naver.com
홈페이지 www.purungil.co.kr

ISBN 978-89-6291-358-3 93330

* 이 도서의 국립중앙도서관 출판예정도서목록(CIP)은 서지정보유통지원시스템 홈페이지(http://seoji.nl.go.kr)와 국가자료공동목록시스템(http://www.nl.go.kr/kolisnet)에서 이용하실 수 있습니다.(CIP제어번호: CIP2016020694)

본 저서는 2014년도 정부재원(교육과학기술부 사회과학연구지원사업비)으로 한국연구재단의 지원을 받아 연구되었습니다(NRF-2014S1A3A2044638).

CITIES IN A WORLD ECONOMY

4th Edition

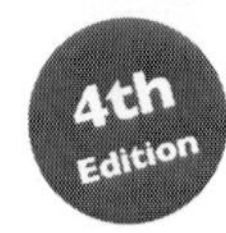

사스키아 사센의

세계경제와 도시

사스키아 사센 지음 | 남기범·이원호·유환종·홍인옥 옮김

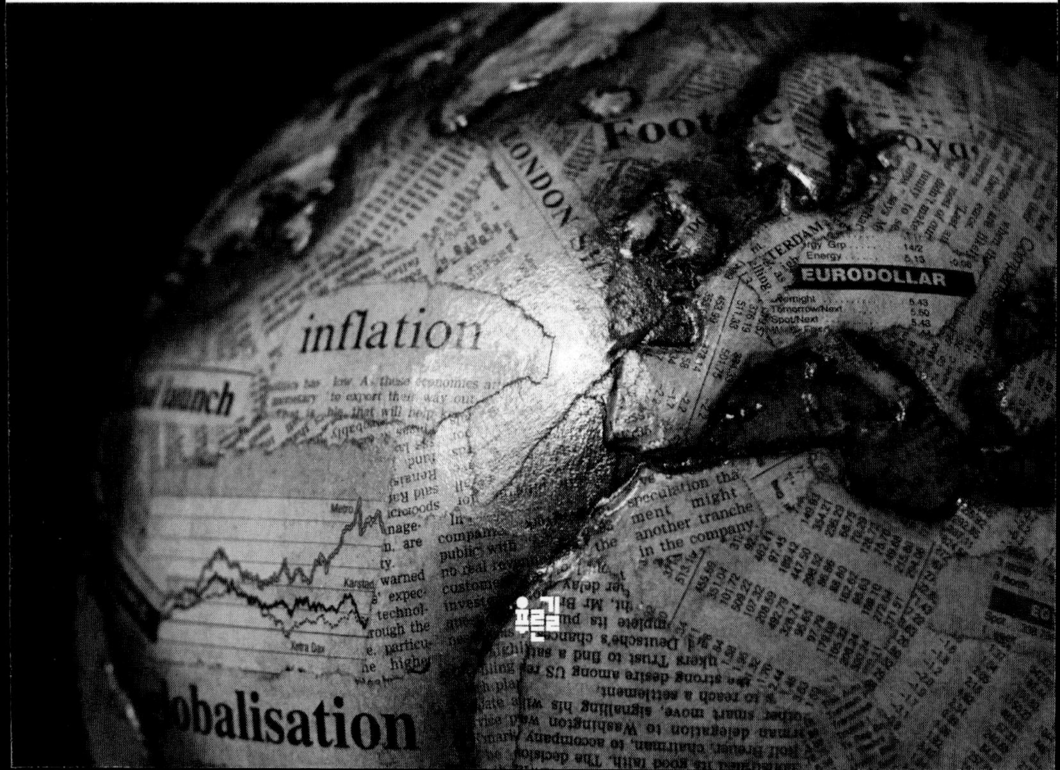

푸른길

4판 서문

지난 수년 동안 우리는 금융, 환경, 도시 폭력 등 심각한 위기를 목도해 왔다. 불평등은 극도로 심해졌으며, 금융 이윤은 엄청나게 성장했다. 중산층의 자녀들은 부모 세대보다 수입이 낮아졌고, 교육도 덜 받았으며, 주택을 소유할 가능성도 낮아졌다. 수많은 세계도시들이 급격히 세계화된 슈퍼리치 전문가 계층과 저임금의 서비스 노동자 계층을 함께 아우르면서 성장하고 있다. 세계 노동시장도 새롭게 등장하고 있다. 중국, 브라질, 인도 등의 성장과 함께 새로운 세계 질서가 출현하고 있다. 국가 간 기후협약이 실패함에 따라 환경 변화에 대한 대응으로서 도시 중심의 리더십이 무척 중요해지고 있으며, 효율적이라는 사실이 드러났다. 비대칭적인 전쟁은 도시화된 전쟁으로 전환되어 계속되고 있다. 세계의 안전 문제는 이제 다양한 인종주의의 강화와 도시 폭력이라는 새로운 유형의 위험으로 바뀌고 있다.

현대 세계의 다양한 문제들은 파악하기가 어렵다. 하지만 도시는 이러한 과정을 통해 치열하고 직접적으로 볼 수 있는 렌즈를 제공하는 전략적 장소로서의 역할을 강화하고 있다.

제4판은 이러한 변화를 많이 담고 있으며, 각 장마다 적절한 내용을 추가로 제시했다. 특히 2008년 폭발한 세계 금융위기, 환경 문제, 비대칭적 전쟁에서 전략적 장소로서의 도시에 초점을 맞춘 장을 추가했다. 도시는 이 세 가지 주제에 대해서 중요한 역할을 담당하고 있으며, 그 역할은 계속 커지고 있다. 이 책에서 다룬 새로운 주제들은 중국에서 페루까지 전 세계에서 나타나고 있는 새로운 유형의 세계 노동시장, 국제 이민과 과실 송금의 새로운 공간 문제들이다. 이전 판의 구성과 내용들을 상당 부분 수용했지만, 새로운 데이터의 구득이 가능한 곳에서는 모두 업데이트를 했다.

항상 그렇듯이 많은 사람들이 이 책의 완성에 도움을 주었다. SAGE/Pine Forge 출판사 시리즈 편집자와 편집팀의 데이비드 레페토, 매기 스탠리, 캐런 윌리, 킴 허즈번드에게 감사하고 싶다. 특히 컬럼비아대학교의 연구조교인 네이탄 도탄, 이페오마 아준와, 워커 칸, 조앤 로빈슨, 케이트 글린-브로데릭, 프리티 나라얀, 세라 파트리지, 그리고 LA의 조너선 네틀러에게 고마움을 표한다. 컬럼비아대학교의 올리비아 니콜과 마르타 왈린스카는, 이 책의 세계 노동시장 섹션을 새로 추가하는 데 도움을 준, 이코노미스트 지적연구 부문의 「티핑 포인트의 세계 노동시장」 보고서를 작성하는 데 도움을 주었다. 네이탄 도탄은 일반 연구뿐만 아니라, 도시와 환경 문제에 대한 논문 집필에 도움을 주었다. 이 논문은 이번 판에서 새로 추가한 8장의 환경 문제 집필에 도움이 되었다. 마지막으로 이 책을 교재로 쓰고 있는 전 세계의 교수들에게 감사드린다. 이분들의 조언, 비판, 제안은 나에게 무엇보다도 중요하다.

3판 서문

15년 전 저자가 이 책의 1판을 저술할 때만 하더라도 3판을 쓰리라고는 생각하지 못했다. 이번 서문도 1, 2판의 서문에 썼던 것과 유사한 내용을 담고 있지만 간결하게 하였다. 이번 새 판을 내면서 가장 최신의 것으로 데이터를 업데이트했으며, 지난 수년간 중요한 이슈로 떠오른 과정들에 대한 비판적 질문을 담았다. 특히 7장에서 다룬 국제 이민은 완전히 새로운 내용이며, 다른 장에서도 새로운 내용들이 추가되었다. 세계도시의 빠르게 성장하는 노동시장과 이민 과정에는 여성이 새로운 주요 행위 주체로 등장하고 있다. 1판에서 약하게 드러났던 경향에 대해 2판에서는 이 새로운 유형을 보다 강조해서 설명했다. 1900년대 후반에서 2005년까지의 데이터 분석을 통해 세계적 부의 축적이 집중되는 현상, 불균등의 유형이 성장하는 경향, 또한 새로운 경향에 대해 상세히 다루었다. 이 중 가장 두드러지는 것은 세계도시 네트워크의 급속한 성장과 이 체계의 상부에 몇몇 새로운 도시들이 진입한 것이다. 도쿄와 같은 수위 도시는 지배력을 잃고 있으며, 뉴욕은 2001년 9월 11일 테러 이후 지배력을 회복하고 있다. 사회적 변수들을 보면 세계도시 내부에 새로운 유형의 사회적 조직과 다양한 세력들이 빠르게 성장함을 알 수 있다.

앞서 1, 2판의 서문에서도 언급했지만, 이 책의 탄생에는 수많은 기관과 사람들의 도움이 있었다. 먼저 이 책을 선정하여 사용하는 교수와 학생들에게 감사드린다. 이들의 칭찬과 조언이 나에게는 큰 의미가 있다. 이 책의 사용자 중에서 특히 유익한 제안을 해 준 분들에게 감사드린다. 라셀 파레나스 교수(캘리포니아대학교, Davis), 장 나이만 교수(마이애미대학교), 대니얼 몬티 교수(보스턴대학교), 게리 서스만 교수(뉴욕주립대학교, Oswego), 피터 타일러 교수(영국 러프버러대학교)들은 상세한 조언과 제안을 해 주었으며, 저자는 이를 반영하려고 노력했다.

마지막으로 이 책의 3판을 저술하는 데 도움을 준 사람들에게 감사드린다. 시리즈의 편집자인 요크 브래드쇼(사우스캐롤라이나대학교, Upstate), 빈센트 로시뇨(오하이오주립대학교), 조야 미스라(매사추세츠대학교)는 3판을 쓰도록 격려해 주었다. 새 판을 쓰면서 예전 판본의 단어 하나하나, 숫자 하나하나를 찾는 것은 쉬운 일이 아니다. 이 시리즈의 편집자인 벤 페너는 열정을 가지고 지원해 주었고, 특히 자료의 업데이트를 위한 연구에 많은 지원을 해 주었다. Pine Forge 출판사의 애니 로덴은 특히 많은 도움을 주었으며, 데이비드 루빈은 도표의 작성에 큰 도움을 주었다. 그의 도움이 없었다면 이 책은 빛을 보지 못했을 것이다. 재커리 후커, 비카스 찬드라, 데니 알마니노, 닐레시 파텔은 이 작업의 여러 단계에서 많은 도움을 주었다. 마지막으로 테리사 바렌스펠드의 도움도 잊을 수 없다.

2판 서문

1990년대 초에 저자가 이 책의 1판을 완성한 이후, 세계는 경기 침체가 끝나고 세계 금융 거래의 붐이 일어났으며, 동남아시아, 라틴아메리카, 러시아에서는 대규모 위기가 찾아왔다. 이러한 빠르고 어마어마한 전환 과정에서 도시는 글로벌 경제의 전략적 장소로서 큰 발전을 지속하고 있다. 이번 2판에 업데이트된 도표들을 보면, 1판에서 확인한 이러한 경향이 훨씬 강화되고 있음을 알 수 있다. 나아가 도시 간 초국적 네트워크가 성장하고 글로벌 경제를 운영하고 서비스를 제공하는 초국가적 공간이 늘어나고 있다. 국가도 글로벌 경제 규범에 맞추어 규제를 변경하고, 국가의 대규모 비즈니스 중심지들은 관문 도시로서 역할하여 경제활동을 위한 자본과 다양한 자원이 들고 난다.

지난 수년 동안 뚜렷해진 새로운 경향은 도시를 연결하는 네트워크가 강해진 것이다. 여기에는 금융시장을 통한 도시 간 전략적 제휴의 형성이라는 새로운 진전도 있었다. 금융과 전문 서비스업의 세계시장의 성장은 국제투자의 급속한 증가에 대응하기 위한 초국적 서비스 네트워크를 필요로 하고, 국제적 경제활동에 대한 국가정부의 규제 역할이 완화되었으며, 세계시장과 기업 본사 등 제도적 영역의 역할이 증대되고 있다. 이러한 글로벌 경제의 주요 지점들은 초국적 도시 네트워크상에 존재한다. 일반적으로 말하면, 오늘날 주요 경제 중심들은 초국적 네트워크를 통해 중요한 활동을 진행한다. 이러한 관점에서 볼 때, 세계도시는 예전 제국주의 시대의 수도와는 명확히 대비되는 기능, 즉 네트워크의 기능을 한다. 이러한 내용은 무척 새로운 현상이며, 많이 알려져 있지 않다. 저자는 이 책의 5장을 새로 써서 이를 담고자 했다.

세계의 주요 비즈니스 중심의 네트워크는 중심성의 지리학을 보여 준다. 세계적 단위에서 가장 강력한 현상이 뉴욕, 런던, 도쿄, 프랑크푸르트, 취리히, 암스테르담, 로스앤젤레스, 시드니, 홍콩 등 세계의 핵심 비즈니스 중심지들을 연계하는 것이다. 중심성의 지리학은 방콕, 서울, 타이베이, 상파울루, 멕시코시티, 부에노스아이레스 등도 연계한다. 이러한 도시들 간의 거래 밀도는 금융시장, 서비스 교역과 투자 등을 통해 빠르게 증가하고 있으며, 중요성이 커지고 있다. 동시에 이러한 세계도시로의 전략적 자원과 활동의 집중으로 인한 다른 지역과의 불균형은 급속히 증대되고 있다.

이 책 1판에서 가장 논쟁이 되는 부분은 도시 내에서 성장의 집중과 불균형의 문제이다. 그때나 지금이나 데이터만으로는 단정적으로 말하기가 어렵다. 하지만 명확한 것은 불균형의 경향으로 가고 있다는 사실이다. 글로벌 경제와 국가경제의 선도적 부문과 연계된 고임금의 전문가 계층이 증가하고 있으며, 동시에 산업 서비스 등의 저임금의 서비스 노동자도 늘고 있다. 세계도시의 많은 지역에서 상당히 높은 비중의 중산층을 볼 수 있다. 하지만 자세히 분석해 보면, 대부분의 중산층은 경제 주기의 초기 단계에 축적한 부를 가지고 현재 수준의 풍요를 누리고 있다. 따라서 세계의 많은 도시에 살고 있는 중산층의 자녀들이 부모만큼의 풍요를 누릴 수 있을지에 대해서는 상당히 회의적이다. 나아가 직업, 교육, 정치 등 오늘날 성장하는 제도적 기반에서 배제된 소외계층도 세계도시에서 증가하고 있음은 명백하다.

이전 판의 데이터와 자료를 업데이트하는 일은 흥미롭다. 이 작업을 통해 대부분의 경향이 더욱 뚜렷해짐을 알 수 있었다.

1판 서문

사회학자는 도시연구를 도시형태와 인구 분포, 주요 기관의 분포 등의 생태학으로 보거나 사람과 사회집단, 생활양식, 도시문제 등에 초점을 두어 분석하는 경향이 있다. 그러나 이러한 접근방법은 이제 더 이상 충분하지가 않다. 세계문화의 등장과 함께 경제의 세계화는 국가, 세계 지역, 도시의 사회(이 책의 주제), 경제적·정치적 현실을 근본적으로 변모시키고 있다. 범세계적 진행과정(global process)이 전개되는 특정 장소로서 도시를 연구함으로써, 오늘날의 세계와 미래의 세계에서 세계적인 것과 국지적인 것이 상호작용하는 접점을 이해하는 데 유용한 새로운 개념을 찾을 수 있다.

이러한 맥락에서 볼 때, 사회학적 관점으로만 도시를 연구하는 것은 다른 많은 현실에 대한 이해를 필요로 하므로 불가능하다는 저명한 도시사회학자 재닛 아부-루고드(Janet Abu-Lughod)의 지적을 상기할 필요가 있다. 마누엘 카스텔스(Manuel Castells)도 도시적 관점에서만 도시를 연구하는 것은 불가능하다고 하였다. 이 두 학자는 바로 이 책이 추구하는 바인 도시사회학의 허점을 지적한 것이다.

국제경제체제와 세계경제(world economy)는 수 세기 동안 계속 유지되어 왔으나, 오늘날의 상황은 두 가지 측면에서 볼 때 상당히 독특하다. 첫째, 정부의 역할이 과거의, 국제 무역 시절과는 달리 크게 약화되어 경제활동의 초국적 공간이 형성되고 있다. 이러한 공간은 수출자유지역, 역외금융센터, 그리고 새로운 범세계적 금융시장 등이 있다. 둘째로 이러한 경제활동의 초국적 공간은 국가 영토 내에 위치하고 있으며 주권 국가의 지배를 받고 있다. 국가

영토 밖의 공간에 있는 세계경제는 실체가 없다. 국가 영토 내에 있는 초국적 공간의 입지가 바로 세계경제의 현 단계를 정의해 주고 있는 것이다. 이러한 새로운 현상은 예전의 식민 제국 시대나 정부가 국제무역, 투자, 금융시장 등에 가장 중요한 규제자 역할을 한 제2차 세계대전 직후의 국제경제체제 등의 구제도(舊制度)와 구별 짓기 위해 글로벌 경제(global economy)라 불린다.

국가 영토 내에 범세계적 진행 과정이 어떻게 입지하는가를 이해하기 위해서는 새로운 개념과 연구 전략이 필요하다. 거시이론과 미시적 민족론이 상호작용하고 만나는 접점으로 연구 대상인 세계도시(global city)도 이러한 새로운 개념이다. 범세계적인 금융시장의 형성에서부터 해외직접투자의 급속한 성장에 이르기까지 범세계적 진행 과정은, 세계도시가 특정 형태로 구체화되는 장소를 연구함으로써 규명될 수 있을 것이다.

이 책은 이러한 도시들(뉴욕, 도쿄, 런던, 상파울루, 홍콩, 토론토, 마이애미, 시드니 등)이 어떻게 초국적 시장 공간으로 발전하는지를 보여 준다. 이러한 도시들은 번성할수록 더욱더 세력이 커지고 지역 중심 도시의 중요성은 약해진다. 이러한 발전은 도시의 운명을 연구하는 사람들에게 도시를 국가의 하위 단위로 보는 전통적인 시각에서 벗어나 우리의 사회체계에서 지리학의 중요성을 재평가하게 해 준다. 나아가 범세계적 진행 과정의 영향은 도시 자체의 사회구조를 근본적으로 변화시켜(노동조직, 소득 분배, 소비구조 등을 변화시켜) 새로운 도시사회의 불평등 패턴을 창출한다. 이 책에서는 이러한 도시형태의 새로운 세계를 이해할 수 있는 용어와 분석의 틀을 제공한다.

차 례

세계적 거버넌스 도전의 도시화 • 355

중심부와 주변부의 새로운 지리학 • 393

글로벌 경제 속의 장소와 생산

지난 20세기 말, 통신 분야의 엄청난 발전과 정보 산업의 발달로 인해 학자와 정치인들은 도시의 종말을 예고했다. 그들은 경제적 총체로서의 도시는 이제 낡은 개념이 되어 버렸다고 선언했다. 기업과 종사자들은 정보 산업의 성장으로 인해 어디에 있든 간에 상호 연결된다. 서비스와 교역의 디지털화를 통해 경제적 거래는 전자 네트워크로 이전된다. 여기에서는 국가 내에서나 전 세계를 순식간에 이동할 수 있다. 사실상 1970년대 이후 수많은 회사와 공장들이 도심보다 덜 혼잡하고 비용이 저렴한 지역으로 대량 이전했으며, 자동화된 단순 사무업무는 바하마의 단순 사무 '공장', 중국 혹은 교외 지역의 주거지 근처 등 어느 곳이라도 입지가 가능해졌다. 물론 이러한 현상은 미국에서 가장 활발했지만, 전 세계적으로 나타났다. 이러한 경제활동의 세계화는 마침내 장소, 특히 도시의 형태로 나타나는 장소가 더 이상 중요하지 않다는 것을 의미하는 것처럼 보였다.

하지만 이 책에서 주장하고 싶은 것은, 경제의 공간적 분산은 현대 글로벌 디지털 시대를 절반밖에 설명하지 못한다는 점이다. 경제활동의 공간 분산과 소비와 오락 영역의 디지털화가 가속화되는 동시에, 넓은 범위의 특화 전문직, 고위 관리직, 조정·통제 기능 등과 함께 아마도 예측하지 못한 수많은 저임금의 직종과 저이윤의 경제 부문의 공간 집중이 증가하고 있다. 보다 자세히 살펴보면, 이러한 경향은 경제사회적 네트워크의 전 세계적 확장이 빠르게 진행되는 동시에, 새로운 형태의 공간 집중이 이루어지고 있는 상황을 보여준다.

대도시 지역이나 세계적 규모에서 일반화된 분산 경향과 이러한 경향이 미래에도 지속될 것이라는 확신이 있는 반면에, 지역적으로 결절들이 집중되는 현상이 동시에 일어나는 것에 대해서는 설명이 필요하다. 이 책에서는 다양한 국가와 글로벌 환경에서 활동하는 기업과 시장들이 왜, 그리고 어떻게 글로벌 체제를 작동하는 고차 기능을 중심 도시에 집중시키는가를 설명하고자 한다. 또한 전 세계를 무대로 활동하는 정보기술과 정보통신 산업은 왜 전략적 결절과 물리적 시설이 고도로 집중된 물리적 하부구조를 필요로 하는가를 밝히고자 한다. 마지막으로 왜 국제금융이나 특화된 기업 법무, 회계 서비스 활동과 같은 고차 정보 산업에서도 장소 제약적인 생산 과정이 필요한가, 즉 이러한 분야의 산업 모두가 전자 네트워크 속에서 순환하는 것만은 아니라는 것을 밝히고자 한다.

새로운 글로벌 전자 경제의 장소 중심적인 과정을 분석하면 놀랄 만한 현상을 발견하게 된다. 디지털 글로벌 경제활동이 집중된 지역 결절들은 고차 초국적 관리직과 전문가의 세계일 뿐만 아니라, 전문가 계층이 일하는 곳에 있는 그들의 비서와 빌딩 관리직의 세계이기도 하다. 나아가 점증하는 이민자와 소수계 시민들의 세계이기도 하다. 완전히 새로운 노동력인 이들은 예전에 중장년 중산층의 어머니나 가정주부가 수행했던 기능들, 즉 보모, 가정부나 애완견 산책시키기 등의 서비스를 제공하는 견습 서비스 노동자(trial service workers)의 일들을, 세계화된 경제의 새로운 부분에서 역할을 하고 있는 신전문가 계층의 가정에서 수행하고 있다. 따라서 현재 나타나고 있는 경제 현상들은 **정보경제**의 개념이 시사하는 방향과는 상당히 다르다. 이 책에서는 세계화와 정보경제의 한 부분을 차지하고 있는 물질적인 조건, 생산 장소, 장소 제약성 등에 대해서도 다룰 것이다. 세계화된 경제의 새로운 부분을 이해하기 위해서는 글로벌 전자 네트워크와 세계적으로 순환하는 신전문가 계층의 범위를 넘어 광범위한 경제활동, 기업, 시장, 물리적 하부구조 등을 세밀하게 분석해야 한다.

이처럼 상세하게 분석하면 세계경제 속에서 도시의 실제 역할을 파악할 수 있다. 1980년대 초기 모든 선진 산업 분야에 신정보기술과 통신의 하부구조가 왜, 어느 시기에 도입되었는가를 파악하면 뉴욕, 로스앤젤레스, 런던, 도쿄, 파리, 프랑크푸르트, 상파울루, 홍콩, 시드니 등 세계를 지배하는 비즈니스 중심지에 중심업무지구(central business districts: CBD)의 급속히 성장한 것을 발견할 수 있다. 어떤 도시들은 1980년대에 빠르게 성장하기 시작했으며, 다른 도시들은 1990년대에 시작되어 새로운 세기를 맞이하기도 했다. 하지만 모든 도시들에서 지난 수십 년 동안 첨단 오피스지구, 호화로운 쇼핑센터, 호텔, 위락지구, 부유층 거주지구 등이 실제로 엄청나게 확장한 것은 동일하다. 세계도시의 도심 지역에서는 신규 창업 기업의 수도 급속히 증가했다.

1980~1990년대 이후 세계도시에서 나타난 이러한 경향은 공간 분산을 강조한 기존 이론의 예측과는 완전히 다른 것이다. 더욱이 도심 지역에 기업이 입지하기 위해서는 많은 비용이 소요된다는 점을 감안하면 이러한 경향은 더욱 뚜렷하다. 도심 지역에서 대형 상업은행, 보험사, 대기업의 본사가 이전해 나가는 동시에 규모가 작고 고도로 전문화된, 높은 이윤을 창출하는 기업이 성장하고 있다는 사실과 많은 미디어와 평론가들은 주로 전자에 주목한다는

사실은 새로운 글로벌 경제를 이해하는 데 복잡성을 더해 준다. 이는 산업의 성장 트렌드가 새로운 유형의 경제 현상을 이루는 한 부분이라는 것을 의미한다. 따라서 도시 지역을 단순히 대기업이 이전해 나가는 곳으로 이해하고 분산 경향을 설명하는 것은 명백하게 현대 공간 경제의 가장 중요한 요소를 빠뜨리는 결과를 초래하게 된다.

하지만 여전히 남아 있는 문제는 정보기술이 도시를 낡은 것으로 만들지는 않았더라도 적어도 도시의 경제 기능을 변모시키지는 않았나 하는 것이다. 도시가 이전의 기능을 잃고 우리가 아직은 완전히 파악하지 못한 새로운 기능을 얻은 새로운 시기는 언제 시작됐을까? 나아가 이러한 현상은 장소의 중요성에 대해 어떠한 의미를 담고 있으며, 단순히 고차 기업 위주의 경제의 세계화와 정보의 흐름이라는 이미지를 넘어서 다양한 경제 부문과 사회집단의 상호작용을 통해 어떠한 현상을 초래하는가? 대도시의 새롭고 전략적인 기능, 즉 기존의 분석가와 정책 전문가가 파악하지 못한 진정한 글로벌 경제 체계 형성의 기능은 없는가? 더욱이 이처럼 새롭고 전략적인 기능을 충분히 파악하지 못한 것은, 글로벌 시장의 실제 진행 과정을 의미하는 경제의 세계화를 통해 경제 기능과 구성 요소를 전 세계적으로 엄청난 분산과 집중을 동시에 한다는 사실에 기인한 것 아닌가? 등의 문제들이다.

글로벌 경제라는 개념이 정치나 미디어에서 깊게 뿌리내린 지는 오래되었다. 하지만 여전히 화폐의 즉시적이고 전 지구적인 이전, 정보경제, 텔레매틱스(telematics)를 통한 거리의 중성화(neutralization) 등의 이미지가 압도적이다. 이는 부분적인 설명일 뿐이며, 엄밀하게 말하면 세계화와 정보경제가 도시의 구체적인 삶의 형태에 초래한 영향의 부적절한 재현(representation)이다. 이러한 추상적인 모델이 빠뜨리고 있는 실제의 구체적인 과정, 활동, 하부구조 등은 세계화의 구현에 필수적인 것들이다. 또한 경제의 세계화의 공간적인 차원을 간과하고 가상 정보 차원을 지나치게 강조하면 현재 진행되고 있는 경제의 세계화 과정에서 대도시가 수행하고 있는 역할을 왜곡해서 파악하는 오류를 범하게 된다.

도시에 초점을 맞추면 다양한 사회집단, 근린, 논쟁, 주장, 불균형 등이 존재한다는 사실을 인정해야 한다. 물론 여기에는 다음과 같은 중요한 문제가 제기된다. 대도시의 글로벌 기능은 어디에서 시작하여 어디에서 끝나는가? 우리는 세계화의 한 부분인 도시의 두텁고 복잡한 환경의 어느 부문에, 어떻게 자리 잡고 있는가? 이러한 이슈들은 정밀하게 측정하고 파악하기가 어렵다. 하지만 그렇다고 해서 이러한 이슈들을 간과하고 단순히 선진 기업과 고차 전문가 가구의 핵심 경제문제에만 초점을 맞추어서는 안 된다. 우리는 도시 공간에서 나타나는 다양한 직업 세계에 들어가서 사회적 맥락을 파악하고, 도시에서 상당 부분 구조화되는 글로벌 기능과 그것이 어떻게 연계되었는지 이해해야 한다. 이를 위해서는 계급과 불균형, 이민, 젠더화, 문화의 정치학 등의 연구에서 제시한 분석적인 도구와 개념이 필요하다. 이러한 학문 분야는 현재 유행하고 있는 정보경제에 대한 이미지와는 잘 연계되지 않는다. 동시에 이러한 문제 제기는 세계화의 경제적 형태와 내용보다는 더 깊고 구체적인 천착을 필요로 한다. 나아가 중층적인 세계화, 즉 경제, 정치, 문화적인 세계화의 현실을 구체화하는 데 도움을 준다. 도시는 이러한 종류의 문제의식의 세계적인 실험실이다. 왜냐하면 도시는 인구, 제도, 과정이 엄청나게 혼합되어 있는 복잡성을 가진 실체로서 위와 같은 문제의식을 상세히 연구할 수 있도록 해 주기 때문이다. 도시처럼 인구와 조건들이 복잡하게 섞여 있어 정치한 연구를 할 수 있는 장소는 거의 없다.

세계화가 이처럼 밀집한 도시 환경의 어디서 시작하고 어디서 끝나는가에 대한 문제를 연구하는 하나의 방법은 도시를 세계적인 기업과 전문가로 구성된 것으로 가정하기보다는, 세계화의 중층적인 형태와 내용을 상세히 파악하는 데 초점을 두는 것이다.

세계경제의 지리적, 구성적, 제도적 틀의 근본적인 변화는 1970년대 후반에 시작하여 1980년대 중반에 심화되었다. 국경을 넘어선 자본, 교역, 정보, 인구의 흐름은 이미 수 세기 동안 있어 왔으나, 세계경제는 다시금 재편을 반복하고 있다. 이 책의 시작점은 각각의 역사적인 기간 동안 세계경제가 지리적 영역, 산업, 제도적 배열에 있어서 독특한 구성을 유지했다는 사실에서 출발한다. 현대의 중요한 변화 중 하나는 자본의 국내적, 국제적 이동성이 증대했다는 것이다. 자본의 국제적 이동성은 세계경제 속에서 서로 다른 지역 간의 접합(articulation)과 이로 인해 지역의 역할 전환이라는 특수한 형태을 초래했다. 이러한 경향은 여러 가지 입지 유형의 국제적인 거래(transactions) 장소를 창출하는데, 가장 익숙한 형태가 국가 정부가 경제에 대해 강한 조절 권한을 행사한, 1960년대에 개발된 수출자유지역(export processing zones)과 역외금융센터(offshore banking centers)이다. 여기에서 하나의 의문점은 오늘날 세계경제 속에서 대도시가 여전히 국제적인 거래에 있어서 어느 정도 새로운 **입지 유형**인가 하는 점이다. 물론 앞서 지적한 수출자유지역이나 역외금융센터와 비교할 때, 복잡성이 무척 높은 입지라는 것은 틀림없다.

세계경제 연구에서 가장 중요한 것은 계속 증대하는 자본의 이동성이다. 특히 제조업 생산의 변화하는 지리 조직의 형태와 급속하게 확장하는 금융시장이 글로벌 네트워크에 포함되는 것에 초점을 맞추고 있다. 이는 자본 이동성 연구의 가장 중요한 차원으로 기업과 시장의 전 세계적인 분산을 강조한다. 이러한 연구가 간과하는 것은 이러한 분산 자체가 새로운 제조업과 금융 조직의 관리, 통제와 서비스를 제공하는 데 필요한 특정 유형의 생산에 대한 수요를 창출한다는 것이다. 이러한 새로운 유형의 생산은 텔레커뮤니케이션의 발전에서부터 전 세계적인 공장과 사무소, 서비스 센터의 네트워크와 글로벌 금융시장의 운영에 중요한 투입 요소인 특화 서비스(specialized services), 즉 법무, 회계, 보험 등 범위가 매우 넓다. 자본의 이동성은 특화 서비스 부문의 광범위한 혁신을 창출하기도 한다. 이러한 서비스 생산은 필요 자원과 인재 풀(pool)이 있는 도시 지역에 강하게 집중하는 입지 패턴을 보인다. 따라서 제조업 부문의 다국적기업이 제품을 수십 개 국가의 수출자유지역에서 생산한다는 사실 자체가 새로운 유형의 회계, 법무, 보험 등의 서비스에 대한 수요를 창출한다. 이것이 바로 도시에 집중해 있는 최신 기업과 경험 많은 전문가를 활용한 특화되고 복합적인 서비스 활동이 갈수록 증가하는 이유이다.

이러한 서비스 투입의 **생산**에 초점을 맞추면 경제의 세계화 과정에서 장소, 특히 도시로 대표되는 장소의 문제에 대해 조명해 볼 수 있는지 질문해 보아야 한다. 사실상 기업과 금융거래를 위한 특화 서비스와 이 서비스 부문과 연결된 복잡한 시장은 1980년대에 시작된 거대한 세계화 과정의 조직에 가장 중요한 활동 중의 하나이다. 이러한 기업 특화 서비스의 핵심 생산지로서 도시를 초국적기업의 본사, 수출자유지역, 역외금융센터 등 공인된 세계적 공간의 명단에 올린다면, 어느 범주의 도시까지 포함시키는 것이 유용한가? 사실 도시보다는 훨씬 더 좁게 정의된 입지가 더 적절할 수도 있다. 하지만 이 책에서는 세계경제의 조직과 관리의 거시적 측면을 이해하는 것을 목적으로 하기 때문에 이처럼 상세하고 자명한 '세계적' 입지 분석에만 한정하지는 않는다. 중층적 경제와 기업 문화가 연계되어 전 세계적 운영 단위를 아우를 수 있는 복합적인 조직과 관리의 하부구조를 가진 훨씬 더 복잡한 공간에 들어가서 분석해야 한다. 나아가 세계화 과정에서 창출되어 도시 공간상에서 가장 뚜렷하게 나타나는 새로운 유형의 긴장, 분화, 불균형 등을 이해해야 한다.

하지만 이처럼 도시를 경제, 정치, 문화적 세계화에 대한 실증적 연구의 대상으로 파악하는 방식은 기존의 연구를 간과하는 경향이 있다. 기존의 도시에 대한 연구는 대부분이 사회적, 경제적, 정치적 조건에 초점을 맞추고 있으며, 도시를 국가 도시체계의 일부분으로 파악하고 있다. 국제적인 문제는 도시가 아니라 국가가 담지하는 것으로 여긴다. 또한 국제 경제활동에 대한 연구는 전통적으로 다국적기업과 은행의 활동에 초점을 맞추어 왔으며, 다국적기업의 **힘**과 새로운 텔레커뮤니케이션의 역량이 세계화의 핵심이라고 진단했다. 이러한 연구는 도시의 역할에 대해 논할 여지를 제거해 버렸다. 마지막으로 국제 관계에 대한 기존의 연구들은 글로벌 영역에서는 국가만이 핵심 동인(actor)이라며 스스로 연구의 범위를 한정시켰다.

기존의 접근방법들은 무척 유용하고 중요한 경험적, 분석적 자료들을 가지고 있다. 하지만 이 자료만으로 전략적 글로벌 장소로서의 도시를 이해하기는 충분하지 않다. 이러한 주제에 초점을 맞추어 지난 20여 년 동안 전 세계에서 규모는 작지만 꾸준히 증가하고 있는 경험적, 이론적 연구를 통해 새로운 유형의 연구그룹이 탄생하였다. 이는 주로 '세계도시 연구그룹'이라고 불리며, 이 책에서 분석하고 토론한 많은 자료를 제공해 주었다.

세계화 연구에 도시를 포함시켜 분석하는 데에는 세 가지 중요한 차원이 있다. 첫째, 국가를 다양한 요소로 세분하여 어떤 요소가 세계화 과정과 어떻게 결합하며, 어떤 요소들은 왜 결합하지 않는가를 분석해야 한다. 둘째, 연구의 초점은 정부의 규제와 경제 원칙을 뛰어넘는 대기업의 힘만이 아니라, 제조, 서비스 활동, 시장 등의 글로벌 네트워크를 구축하고 유지하는 데 필요한 활동과 조직적 변화에 맞추어야 한다. 이러한 연구는 초국적기업과 은행의 활동만 분석해서는 부분적으로만 파악할 수 있는 세계화의 총체적인 과정이다. 셋째, 제조, 서비스, 시장 등의 활동과 연관되어 있는 장소와 도시의 사회·정치적 질서에 중점을 두어야 한다. 경제적 세계화의 과정은 글로벌 과정과 대부분 연관이 없는 복합적인 활동과 관심을 담지하고 있는 특정 장소에 위치한 구체적인 생산 집적지(complex)로서 재조직화된다. 따라서 광산, 회사, 교통 허브와 같은 다른 생산 집적지처럼 좁게 정의된 경제적 관점으로 파악하는 것이 가장 중요한 요소이다. 노동시장의 조직과 젠더화, 새로운 불균형, 지역 정치 등은 새로운 도시 생산 집적지의 다양한 부분을 차지한다. 마지막으로 도시에 초점을 두고 경제활동과 국제적 이주의 흐름 등에 의존하는 특정 도시들을 연결하는 다양한 초국적 지리학의 연구가 중요하다.

앞서 지적한 모든 요소들을 종합하는 것이 이 책 구성의 핵심 주제이다. 1980년대 이후 기업과 금융에 대한 특화 서비스의 급속한 성장과 같은 세계경제의 구성에 있어서 커다란 전환은 국제적으로 전략적인 투입 요소의 생산 장소로서 대도시의 중요성을 새롭게 부각시켰다. 현 단계의 글로벌 경제에서 공장, 회사, 서비스 활동의 전 세계적인 분산과 지속적인 소유와 통제의 집중으로 인한 국제적인 정보 통합의 정치한 조합이 특정 대도시의 전략적인 역할에 기여한다. 저자는 이러한 도시들을 **세계도시**(global cities: Sassen, [1991] 2001)라 명명했다. 전 세계적으로 약 70여 개의 세계도시가 있으며, 현대 글로벌 경제에서 다양하게 특화된 역할을 담당하고 있다. 이 중에서 런던, 암스테르담, 뭄바이, 상하이 등은 수 세기 동안 국제교역과 금융의 중심지였으며, 상파울루나 싱가포르, 시카고, 로스앤젤레스 등은 이러한 역할을 담당하지 못했다. 오늘날 세계도시들은 (1) 세계경제 조직의 조정 중심지(command points), (2) 금융과 기업 특화 서비스 등 현대 선도 산업의 핵심 입지와 시장, (3) 혁신의 창출을 비롯한 첨단 산업 **생산**의 주요 거점 등의 역할을 한다. 첨단 산업의 생산품은 재능을 가진 인력(talents)의 결과물이기도 하지만, 이러한 인력을 창출하기도 한다. 몇몇 도시들은 초국가적 혹은 국내적 규모로 보아 상대적으로 작은 규모로 동등한 기능을 수행한다. 나아가 도시 간 네트워크가 활성화됨에 따라 국제적이든 국내적이든 이러한 작은 규모의 도시들은 새로운 형태의 성장이 나타나고, 필연적으로 자신의 역할과 기능을 담당해야만 한다. 따라서 유일한 세계도시란 있을 수 없다.

국가 전체의 경제가 아니라 도시나 유사한 유형의 장소에 초점을 두면, 가장 부유한 국가의 특정 장소들이 점차 가난해지고, 개발도상국 대부분의 도시들이 가난해지는 과정에서도 개발도상국의 세계도시들은 부유해지는 사실을 쉽게 발견할 수 있다. 국가적 지표가 아닌 도시 수준에서 분석하면 무척 다양한 모자이크 형태의 결과가 나타난다. 이처럼 새로운 국제적, 지역적 도시 계층구조는 갈수록 주변부화되고 새로운 세계경제에서 경제성장을 견인하는 대규모의 과정에서 배제된 넓은 영토 안에 점점이 놓여 있다. 저개발국만이 아니라 대부분의 선진국에서도 과거에 중요했던 제조업 중심지와 항구도시들이 이제는 그 기능을 상실하여 쇠퇴하고 있다.[1] 이는 경제적 세계화의 또 다른 측면이다. 이러한 현상은 과거의 구분인 부국과 빈국의 경계를 넘어서는 중심부(centrality)의 새로운 지리학을 구성한다. 이 책에서는 지구의 남부와 북부(global South versus global North)라는 용어를 사용하기로 한다. 나아가 부국과 빈국이라는 이분법을 넘어서, 지구의 남쪽과 북쪽의 세계도시의 많은 사람들이 갈수록 가난해지고, 정규직보다는 임시직에 종사하는 사례가 많아지는 주변부(marginality)의 새로운 지리학도 존재한다.

중심부의 새로운 지리학의 강력한 힘은 뉴욕, 런던, 도쿄, 파리, 프랑크푸르트, 시카고, 서울, 홍콩, 상하이, 상파울루, 뭄바이, 취리히, 암스테르담, 시드니, 토론토 등 국제적인 대형 금융과 비즈니스 중심지들을 함께 엮어 주는 역할을 한다. 여기에 최근에는 부에노스아이레스, 선전, 쿠알라룸푸르, 이스탄불, 부다페스트 등이 새로 추가되었다. 이러한 도시 간의 거래의 강도, 특히 금융시장을 통한 거래, 서비스의 흐름, 투자 등은 급속하게 증가하고 있으며, 그

중요성도 커지고 있다. 동시에 전략적 자원과 활동의 집중으로 인한 도시들과 이 도시들이 속해 있는 국가의 타 지역과의 격차도 급속히 심화되고 있다. 예를 들어 프랑스 파리는 1980년대보다 선진 경제 부문과 부의 집중이 훨씬 더 심해졌다. 반면에 마르세유는 한때 경제의 중심지였으나 프랑스 경제에서의 역할이 축소되었다. 프랑크푸르트는 독일의 여섯 개 금융도시 중에서 가장 빠르게 성장하고 있다. 독일의 강한 분산 위주의 정치조직을 고려한다면 금융 중심지의 성장성은 유사하게 나타나야 한다. 어떤 경우에는 한 국가의 수도가 핵심 경제 기능과 권한을 잃어버리고 한때 집중되었던 조정 기능, 시장의 역할, 생산 과정을 같은 나라에 있는 새로운 세계도시에 넘겨 주는 사례도 있다. 브라질의 리우데자네이루는 과거에는 수도로서 가장 핵심적인 도시였으며 현재의 수도인 브라질리아와 함께 강력한 중심축을 형성했으나, 상파울루에 비즈니스와 금융 중심지의 기능을 넘겨주었다. 이러한 사례들은 세계적으로 통합된 경제체제의 형성으로 나타난 결과들이다.

이러한 경제적 역동성은 사회·문화적 변화를 초래하기도 한다. 예를 들어 외국 이민자나 지방 이주자들은 새로운 전문가 계층의 가정에서 보모나 청소부 등으로 노동력을 제공한다. 이주 노동자들의 생활양식은 도시의 삶에 새로운 문화 관습을 제공하고, 이전의 정치적 경험을 바탕으로 노조를 조직하기도 한다. 나아가 이 새로운 경제적 역동성은 종종 저소득층 주택과 이윤이 낮은 기업을 몰아내고, 고급 주택과 오피스지구를 확장하는 등 도시 공간에 뚜렷하고 가시적인 영향을 준다. 도시는 사회, 문화, 공간 등 다양한 유형으로 나타나는 수없이 많은 종류의 세계성(globality)을 동시에 표출하고 또 뚜렷하게 보여준다.

이러한 유형의 경제성장이 세계도시의 사회적, 경제적 질서에 미치는 영향은 무엇인가? 선진국과 개발도상국의 역동적이고 높은 성장을 하는 제조업 부문의 영향에 대한 이전의 연구들은 주로 임금 상승, 경제적 불균형의 완화, 중산층의 형성과 확대 등을 꼽고 있다. 지배적인 세계도시의 새로운 경제 부문은 아직까지는 비교적 새로운 현상이므로 이 부문이 소득분배에 미치는 영향에 대한 연구는 많지 않다. 하지만 역동적인 제조업 기반의 경제보다는 불균형이 훨씬 더 심해졌다는 증거는 많다. 사실상 중국의 새로운 번영은 급속한 제조업의 성장에 기인한 바가 크다.

세계도시의 핵심 요소인 특화 서비스의 생산을 위한 물리적 조건과 생산 과정을 조명해 보면 이 복합적인 도시의 세계화된 중심에 숨겨진 측면들을 알 수 있다. 즉 앞서 지적했듯이, 소프트웨어를 사용하는 고차 전문가만이 아니라 이를 운반하는 트럭 운전사와 같은 비전문가 노동력과 작업 문화를 조명하는 것이다. 사실 이러한 방법은 특화 서비스에 대한 전통적인 연구방법은 아니다. 기존의 연구는 특화 서비스의 산출을 분석하고, 고차 기술의 전문성을 분석한다. 따라서 이 복잡하고 차원 높은 서비스의 생산에 연관된 다양한 스펙트럼의 직업들에 대해서는 충분한 관심을 기울이지 못했다. 생산에 초점을 맞추면 전문성(expertise)보다는 작업(work)에 중점을 두게 된다. 서비스는 생산되어야 하며, 일하는 사람을 수용하기 위한 빌딩을 지어야 하고, 청소도 해야 한다. 금융 산업과 고차 특화 서비스의 급속한 성장은 고차 기술 전문직과 관리직만이 아니라, 저임금의 비숙련 노동력도 창출한다. 이것이 도시, 특히 세계도시에서 볼 수 있는 불균형의 한 유형이다. 이러한 유형의 불균형은 개발도상국과 빈곤국의 세계도시에서도 동일하게 나타나기 때문에 중심부와 주변부의 새로운 지리학을 만들어 낸다. 이는 남부와 북부 모두에서 계속 증가하고 있는 빈곤층의 문제를 도외시한 기존의 지구의 남부와 북부로 나누는 이분법(North-South divide)을 넘어서는 새로운 문제 제기이다.

새로운 도시경제는 고소득을 올리는 기업과 가구들이 대규모로 **집중**해 있는 세계도시의 많은 문제군을 보여 준다. 특화 서비스와 금융 등의 신성장 부문은 전통적인 경제 부문과 비교했을 때 훨씬 더 막대한 이윤을 창출하는 능력이 있다. 대부분의 전통적인 경제 부문들은 세계도시를 포함해 도시의 경제에 여전히 중요한 역할을 하고 있으며, 도시민의 일상적인 수요를 충족해 주고 있지만, 금융과 특화 서비스 부문이 초과 이윤을 창출해 내는 상황에서는 생존의 위협을 받고 있다. 이러한 경제 부문 간의 이윤 창출 능력의 극심한 양극화는 항상 존재해 왔다. 하지만 오늘날의 양극화 현상은 주택에서 노동시장까지 다양한 시장 기제의 엄청난 왜곡을 초래한다. 예를 들어 대기업의 고위 전문직의 연봉이 비정상적으로 급속히 증가하는 반면에, 저숙련 노동자와 단순사무 업무 노동자의 임금은 감소하거나 정체하는 등의 현상이 나타난다. 1980j~1990년대 고소득층의 주택 수요가 빠르게 증가하고 집값도 상승하여 엄청난 이윤을 차지한 반면에 저소득층과 중산층의 주택시장은 급속히 쇠퇴하였다. 이러한 경향은 뉴욕, 더블린, 오슬로, 상파울루, 상하이, 이스탄불 등 다양한 도시군에서 나타났다.

세계 부동산시장의 급속한 발전은 이러한 불균형을 더욱 심화시켰다. 즉 뉴욕 시 중심부의 부동산 가격은 뉴욕 대도시 지역의 전반적인 부동산시장보다는 런던과 프랑크푸르트 중심부의 부동산 가격과 밀접히 연관되어 있다. 예를 들어 1980년대 일본의 강력한 기관투자자들은 맨해튼이나 런던 중심부의 부동산을 사고파는 것이 수익성이 있다고 판단했다. 1990년대에 들어와서는 전 세계의 급성장 도시들로 그 영역을 확장했다. 독일, 네덜란드, 프랑스, 미국의 회사들은 런던 중심부와 세계 대도시의 부동산에 집중적으로 투자했다. 도시 자체가 투자의 대상이 된 것이다. 심지어는 2001년 9·11 사태와 2008년 금융 위기 사태 이후에도 수많은 외국의 투자자들이 뉴욕 시의 부동산에 투자했다. 이는 물론 달러 약세로 인해 외국인의 미국 부동산 구입이 이득이 되기 때문이기도 하다. 이처럼 무척 강력하고 부유한 투자자와 구매자 간의 경쟁으로 인한 부동산 투기는 결과적으로 부동산 가격의 상승으로 이어졌다. 대부분의 투자는 부동산을 실질적으로 사용하기보다는 이윤을 내고 다시 파는 것이었기 때문에 부동산의 가격은 계속 상승했다. 이러한 상황에서 낮은 이윤을 내는 지역의 자영업은 이미 새로운 경제에서 생존하는 것도 문제이지만, 이처럼 강력한 투자자들과의 공간과 자원에 대한 경쟁에서 버틸 수 있을까?

금융을 필두로 하는 신성장 부문의 높은 이윤 창출 능력은 상당 부분 투기적 활동에 의지한다. 선진국에서 주기적으로 경제 위기가 나타나는 이유는 바로 이 투기적 활동 때문이다. 1980년대 후반부터 1990년대 초반의 경제 위기는 1980년대의 금융과 부동산 부문의 비정상적인 높은 이윤 때문에 발생했다. 하지만 부동산과 금융 위기가 자체의 기본적인 역동성을 훼손시키지는 않았으며, 오히려 1990년대 중반에는 부동산 가격과 주식시장이 새로운 고점을 찍어 1997~1998년의 경제 위기를 초래했다. 물론 이때에는 선진국들은 이미 위기 대처 방법을 배웠으며, 경제 위기는 금융 투자의 신흥시장(emerging markets)을 광범위하게 확산하는 결과를 낳았다. 항상 그랬듯이 경제 위기는 바로 엄청난 이윤의 증가를 낳았으며, 2000년대에 계속 이어지는 일련의 경제 위기를 초래했는데, 2008년의 엄청난 규모의 경제 위기로 최고조에 달했다. 사실 경제 위기는 합리적인(즉 투기성이 덜한) 이윤 수준으로 일시적인 조정을 만들어 내지만, 말 그대로 일시적일 뿐이다. 다양한 경제 위기로 인해 도시경제에서 이윤 수준의 양극화가 강화되고, 수많은 시장이 왜곡되는 것은 많은 선진국의 금융 부문에서 엄청난 이윤이 나는 것과 대량 실업이 공존하는 현상으로 알 수 있다.

이 책에서는 글로벌 경제, 도시, 신성장 부문에 대한 일반적인 관점은 다루지 않는다. 저자는 이미 이전의 저작에서 경제의 세계화에 대한 주류 지배적인 서술이 축출의 서사(narrative of eviction)라고 지적한 바 있다(Sassen, 1996). 핵심 개념인 세계화, 정보경제, 고차의 전문적인 산출물 등에 대한 주류의 지배적인 설명에서는 더 이상 장소가 중요하지 않으며, 오직 높은 교육 수준의 직업 유형만 중요하다고 지적한다. 이러한 설명은 (1) 국제적인 이전을 가능하게 해 주는 물리적 하부구조의 집중을 넘어서는 국제적인 이전(global trans-mission) 능력, (2) 전문가든지 비서든지 간에 정보를 생산하는 작업자를 넘어서는 정보 산출, (3) 글로벌 정보경제가 발생하는 수많은 **다른** 직업들이 있는 재영토화된 이민 문화와 같은 다층적인 문화 환경을 뛰어넘는 새로운 초국적 기업 문화 등을 선호한다. 요약하면 지배적인 담론은 자본의 하층부가 아닌 상층부 순환에 관심이 있으며, 하향적 이동과 불균형의 심화를 무시하고, 초상향적 이동에만 관심을 갖는다.

이처럼 주류의 관심의 폭이 좁기 때문에 글로벌 정보경제의 중요한 요소인 **장소**-제한성(place-boundedness)을 무시해 버리는 결과를 낳는다. 이는 국제금융과 글로벌 텔레커뮤니케이션의 이야기만큼 중요한 세계화의 전체 스토리에서 다양한 유형의 노동자와 모든 유형의 활동 또한 배제해 버린다. 이처럼 활동과 노동자를 배제하는 것은 고차 기능 부문이 작동하는 다양한 문화적 맥락을 무시하는 것이다. 이러한 다양성은 새로운 글로벌 기업 문화처럼 세계화 과정 속에 엄존한다. 장소와 생산에 초점을 두게 되면 세계화란 기업 측면, 이민 경제, 작업 문화, 장인 작업자의 새로운 중요성, 문화 부문, 글로벌 관광 등 세계도시에 존재하는 다양한 과정을 포괄한다는 것을 이해할 수 있다. 물론 이 모든 부문에는 저임금 노동자와 저이윤 기업도 포함된다.

이러한 새로운 실증적인 경향과 이론적 발전으로 인해 도시연구는 다시금 사회과학자와 문화이론가의 핵심 영역으로 부상했다. 도시는 연구의 대상으로 다시 부상했을 뿐만 아니라 현대의 사회, 문화, 경제, 기술, 정치적 과정의 연구와 이론화에 가장 중요한 관점과 시각으로 등장했다. (1) 경제의 세계화와 국제 이민, (2) 선진국 경제의 선도 성장 부문으로 특화 서비스와 금융의 부상, (3) 새로운 유형의 불균형, (4) 정체성(indentity)과 문화의 새로운 정치학, (5) 새로운 유형의 급진적인 정치, 이념적 역동성, (6) 첨단 기술 시스템의 광범위한 도시화, (7) 공간의 정치학, 특히 도시에서 권리를 주장하는 운동의 확산.

이러한 모든 과정들이 그 자체로는 도시적인 것은 아니다. 하지만 도시적인 요소를 가지고 있으며, 많은 경우에 도시적인 요소는 갈수록 중요해지고 있으며, 전체 과정에서 핵심적인 특성을 조명해 줄 수 있다. 이러한 맥락에서 볼 때, 정책 분야에서 도시를 재조명하기 시작했다는 사실은 상당히 중요하다. 최근의 경향에서 두 개의 사례를 들 수 있다. 먼저 도시경제의 생산성이 거시경제적 수행력에 얼마나 중요한지를 보여 주는 분석 방법을 발전시키려는 실용적인 노력이다. 예전에는 경제성장을 총량적인 국가와 지역의 지수를 통해 단순하게 측정했다. 둘째, 많은 도시들이 국가를 뛰어넘어 기업, 국제 페스티벌과 과학 전시와 같은 문화 프로젝트, 스포츠 이벤트, 컨벤션 등을 유치할 뿐만 아니라 세계적 투자와 관광시장에 접근하려는 명백한 노력이다. 세계의 많은 도시의 시장들은 수많은 국가에 해외 경제 사무소를 설치하고 해외의 시장, 기업, 문화 기관 등과 직접 거래하는 데 관심이 커지고 있다.

세계경제 속에서의 도시에 대한 주제는 폭이 너무나 넓다. 도시에 대한 문헌은 방대하지만 대부분 도시만을 다루고 도시 내적인 문제만을 대상으로 한다. 나아가 도시에 대한 세계적 스케일의 연구는 비교도시론적 연구에만 의존한다. 도시연구의 초국적 관점, 즉 연구의 시작점을 기본적으로 여러 국가에 걸친 다층적 입지와 관련된 역동적인 시스템이나 일련의 거래로 본 연구는 최근까지도 거의 없었다. 도시비교연구는 서로 연관이 없는 두세 개의 도시를 분석하는 것으로서, 연구의 방법론 자체가 다르다.

이 책은 최근의 경험적, 개념적 발전에 초점을 두고 도시와 국가경제의 주요 변화와 도시에 대한 연구 방법의 변화를 주로 다룬다. 따라서 이 책의 대상은 제한적일 수밖에 없으며, 세계의 도시 중에서 이러한 변화를 경험하지 못한 수많은 도시에 대해서는 다루지 못한다. 이 책이 경제적, 정치적, 문화적 세계화가 도시에 미치는 영향, 도시 내/도시 간 새로운 불균형, 새로운 도시의 사회-공간적인 질서에 초점을 두는 것은 현대 자본주의의 역사적 특성에 비추어 볼 때 사회과학자가 이러한 변화를 밝힐 필요가 있다는 점에서 정당하다고 할 수 있다.

제2장은 세계화와 도시를 이해하는 데 중요한 세계경제의 핵심적인 특성을 살펴본다. 대부분의 도시에서는 이러한 세계화 과정이 미약하거나 존재하지 않는다. 하지만 점차 많은 도시에서 세계화 과정이 강해지고 있다. 이러한 경향은 새로운 구조를 형성하고 미래의 트렌드를 지적해 준다. 제3장은 다음의 네 가지 경향에 초점을 두고 새로운 도시 간의 불균형을 분석한다. (1) 국가 간 도시화 유형의 다양성, (2) 세계화의 영향, 특히 생산의 국제화와 관광의 성장, 저개발국 도시체계의 수위도시체계화, (3) 경제의 세계화가 균형적인 도시체계에 미치는 영향, (4) 전 세계 수많은 도시들에서 이민이 활발해지면서 초국적 도시체계의 형성 가능성. 제4장은 금융과 특화 서비스가 이윤 창출에 선도적인 동력으로 작동하는 새로운 도시경제에 대해 다룬다. 이 장에서는 세계자본의 생산지와 시장의 기능을 하는 도시들을 묶어 주는 연계의 급속한 성장에 대해 상세히 살펴본다. 제5장에서는 사례 연구를 통해 1980~1990년대에 세계도시로 성장한 도시에 대해 상세히 살펴본다. 나아가 2000년대에 전환점이 된 홍콩과 상하이, 걸프만의 도시국가, 세계 동서 축의 부활로 인한 3,000년 된 제국의 수도 이스탄불의 재정립 등 최근의 도시사례를 분석한다. 제6장은 도시 공간과 노동시장의 불균형과 분할(segmentation)의 심화로 나타난 도

시의 새로운 사회적 문제를 다룬다. 이 책에서 다룬 변화의 사회적 영향이 단순한 양적 변화인지 질적 변화를 수반하는지 이해한다. 단순히 가난한 사람이 증가하고 불균형이 심화된 것으로 그치는지, 새로운 사회적 변용을 수반하는지를 분석한다. 제7장에서는 제6장에서 소개한 여성 이민자의 이슈에 대해 상세하게 분석한다. 여성 이민자들은 세계도시에서 보모, 간호사, 가정부, 성 노동자 등으로 종사하면서 세계적인 관리사슬을 구성하고 있다. 제8장에서는 이 책에서 분석한 다양한 과정을 통해 나타난 대규모의 초국적 사회적, 문화적, 정치적 역동성을 고찰한다.

* **주석**

1. 미국 미시간 주의 디트로이트 시가 한때는 자동차 생산의 중심지였으나 지금은 경제적으로 쇠퇴하고 있는 사실이 중요한 사례이다.

경제의 세계화가 도시에 미치는 영향

지난 수 세기 동안 세계경제의 구성, 지리학적 특성, 제도적 틀이 근본적으로 변화함에 따라 도시에 커다란 시사점을 주었다. 1800년대에는 세계경제가 주로 천연자원의 채굴과 무역으로 이루어졌기 때문에 도시의 세계적 기능은 항구를 따라서 전형적으로 발전하는 서비스 중심지 역할이었다. 무역 회사들은 도시에 입지한 산업, 은행, 그 밖의 상업 서비스에 의존했다. 영국, 네덜란드, 프랑스, 독일, 스페인, 포르투갈 등의 식민 제국들의 주요 도시들은 국제적인 관문도시였다. 1800년대의 도시들은 선도 산업의 핵심 생산지라기보다는 행정과 상업의 중심지였다. 무역업처럼 부 창출의 자본회로(circuit)를 지원하는 실질적인 생산지는 항구, 플랜테이션, 공장, 광산 등이었다.

오늘날의 세계경제에도 여전히 국제무역, 농업 비즈니스, 제조업, 천연자원의 채굴이 존재하지만, 고도로 특화된 기업 서비스의 세계시장이 번성할 뿐만 아니라 엄청난 규모의 국제금융시장의 가치와 권력이 증대함에 따라 이 부문의 영향력이 감소했다. 국제금융시장은 오늘날 가장 선도적인 부를 창출하는 회로이며, 업종의 특성에 따라 물리적인 생산지가 결정된다. 예를 들어 금은 이제 더 이상 단순히 금속으로만 거래되는 것이 아니라, 일련의 금융 기제를 통해서도 거래된다. 1980년대에는 금융과 서비스업이 국제 거래에서 가장 중요한 요소로 등장했다. 이 부문들은 세계경제의 다른 요소들에게 서비스를 제공한다. 따라서 세계경제가 성장하면 금융과 서비스업의 가치도 함께 성장한다. 나아가 금융은 다양한 종류의 컨설팅업과 같은 특화 서비스처럼 부를 창출하는 자신만의 시장을 만들어 냈다. 1980년대 후반에 나타난 전자금융시장으로의 이전과 자본의 이동에 대한 국가 장벽의 강화 등으로 인해 세계경제에서 금융이 차지하는 가치는 다른 주요 요소보다 축소되었다. 2004년 말 국제무역의 총 가치는 1조 달러였으나, 국제적으로 거래된 파생 상품의 총 가치로 계산한 국제금융은 262조 달러에 달했다. 2008년에 국제금융은 600조 달러에 달했으나 국제무역의 총 가치와의 격차는 더욱 커졌다.

금융과 서비스 거래의 가장 핵심 지점은 금융시장, 첨단 비즈니스 서비스 기업, 은행, 초국적기업의 본사 등이다. 오늘날 이러한 지점들은 광산, 공장, 플랜테이션 등보다는 세계경제의 중핵을 형성하고 있다. 사실상 광산, 공장, 플랜테이션 등은 갈수록 금융 이윤과 주주 가치의 논리에 의해 좌우된다. 이러한 시장과 기업 중에서 가장 특화되고 첨단화된 부문이 세계도시에 집중적으로 분포하며, 저자가 개념화한 '세계도시 생산 기능'의 핵심 요소를 차지한다. 따라서 새로운 글로벌 경제에서 도시의 역할에 영향을 주는 변수 중의 하나가 바로 국제 거래의 구성이다. 세계경제의 일반적인 분석에서는 이러한 국제 거래에 집중해 상세히 살펴보지만, 국제 거래와 공간의 상관관계와 이로 인한 글로벌 경제에서의 도시의 중요성에 대해서는 관심을 두지 않는다. 이러한 이유로 세계도시의 연구자들이 도시와 공간을 개념화하기에 이르렀다.

이 장의 전반부는 오늘날 세계경제의 지리학적 특성, 구성, 제도적 틀을 도시에 대한 함의점을 염두에 두고 상세히 살펴본다. 후반부는 국제금융과 서비스 거래에 있어서 두 가지 유형의 전략적 장소, 즉 세계도시와 역외금융센터(offshore banking centers)에 대해 고찰한다. 마지막으로는 세계경제에서 미국 전성시대(Pax Americana)가 붕괴하고, 그로 인한 국제적 거래의 지리적 특성이 20세기를 지배했던 남북 축(North-South axis)에서 동서축(East-West axis)으로 점차 이동하고 있는 현상이 미치는 영향을 분석한다. 이를 위해서는 최근 중국이 아프리카에 엄청난 투자를 하여 토지와 도로, 항구 등의 대규모 인프라를 구입하는 사례에서 보듯이, 새로운 축의 양극을 횡단하며 발전하는 중국을 분석에 포함시켜야 한다.

글로벌 경제의 현주소

이 절에서는 현대 세계경제에서 새로운 투자 패턴과 이로 인한 새로운 현상을 살펴본다. 현대 세계경제를 구성하고 있는 모든 부분을 전부 제시하는 것이 아니라, 과거와는 다른 새로운 현상에 대해서 집중적으로 토론한다. 세계경제에서 100여 년 전에는 중요했던 교역과 1차 산업은 1980년대에 와서 급속히 쇠퇴했고, 금융, 해외직접투자, 기업 특화 서비스 등이 등장했다. 또한 앞서 지적한 것처럼 교역에 비해 금융 거래의 가치는 훨씬 더 높게 상승했으며, 1980년대의 해외직접투자는 수출액보다 세 배 더 성장했다. 1980년대 중반에는 서비스투자가 해외직접투자의 핵심 부문으로 등장한 반면, 이전에 주를 이루었던 제조업과 천연자원 채굴에 대한 투자는 비중이 낮아졌다. 1990년에서 2007년 사이에 서비스와 제조업이 전 세계 해외직접투자 저량(stock)의 90% 정도를 차지했으나, 구성은 제조업이 41%에서 27%로 하락한 반면, 서비스는 48%에서 64%로 증가하였다. 개발도상국의 경우에는 서비스의 증가율이 훨씬 더 높았다(도표 A.2.3 참조), 반면에 특히 아프리카 지역에서는 2000년대 말 광산, 토지, 석유에 대한 투자는 크게 상승한 반면, 제조업에 대한 투자는 대부분 감소했다.

지리적 특성

지리학은 어느 시대이든 어떤 제국이 세계를 지배했든 간에 세계경제에서 가장 중요한 경험적 특성을 보여 준다. 지리적 특성은 서로 경쟁하는 국가의 수에서 글로벌 거래의 구성까지 무척 다양한 요인에 의존한다. 원자재, 농산품, 광물 등이 국제적으로 거래될 때, 이 거래의 지리적 특성은 천연자원의 입지에 의해 어느 정도 결정된다. 역사적으로 볼 때 아프리카, 라틴아메리카, 카리브 해 지역의 많은 국가들은 이러한 지리적 특성을 보여 주는 핵심 장소였다. 1980년대 초반에 이르러 금융과 특화 서비스가 국제 거래의 지배적인 요소로 등장하자, 이러한 지역들의 역할과 중요성은 쇠퇴하고 금융과 서비스 중심지의 중요성이 부상했다. 하지만 여전히 금융 상품의 대부분은 원자재, 농산품, 광물 등의 상품을 금융화한 것이었다.

1950년대와 비교했을 때 1980년대의 글로벌 경제는 거래 가치는 증가한 반면 지리적 범위는 좁아지는 특성을 보인다. 그 결과 동서 축이 강화되고 **삼극지**(三極地, the triad)라고 불리는 경제 권역 내에서의 투자와 교역이 빠르게 증가했다. 삼극지는 미국, 서유럽, 일본을 지칭한다. 반면에 개발도상국 전체로 볼 때는 1980년대 국제투자의 절대액은 증가했지만 구성 비율이 감소했다. 물론 일부 개발도상국들은 1990년대 중반 세계경제에 대한 새로운 형태의 접합을 통해 국제투자의 비중을 회복할 수 있었다.

국제 거래의 새로운 지리적 특성은 해외직접투자의 흐름을 보면 명백해진다. 해외직접투자는 투자자가 해외의 기업을 전부 혹은 부분적으로 인수하거나 빌딩이나 새로운 기업을 세우는 것을 의미한다(해외직접투자에 대한 상세한 정의는 UNCTAD, 1992; 2009b 참조). 최근에는 기업이나 정부가 방대한 토지를 획득하여 식량을 재배하거나, 수자원을 확보하거나, 현대의 전자 혁명에 필수 금속인 희귀 자원(rare earth)을 채굴하기 위해 투자하는 극단적인 유형도 나타난다(도표 2.4, 2.5; Sassen, 2010 참조). 이처럼 자원을 찾는 투자가 가속화됨에 따라 남북 축이 재정립되고 있지만, 과거의 유럽과 미국의 식민 제국 시대와는 다른 형태로 나타난다. 앞서 지적한 대로 중국이 이러한 투자를 선도하고 있으며, 과거 서양의 권력 중심지를 우회하여 전 지구를 가로지르고 있다.

이러한 재편에도 불구하고 해외직접투자의 흐름은 거의 모든 경제 부문에서 엄청난 수의 개별 투자자, 수많은 기업과 정부가 참여하기 때문에 기본적으로 다양하게 분산되어 있다. 해외직접투자의 흐름은 다양한 유형의 경제 과정을 통해 이루어진다. 이 책에서는 이 주제를 다루고자 한다. 1980~1990년대의 해외직접투자의 성장은 상품과 서비스 생산의 국제화와 간접투자(기존 회사 인수)를 통해 이루어졌다. 1990년대 말에서 2000년대 말까지는 서비스, 금융의 세계화, 수많은 경제 부문의 금융화 등이 지배적인 유형이 되었다. 가장 뚜렷한 경향은 2008년 시작된 금융-경제 위기까지 해외직접투자가 급속하게 성장했다는 것이다. 해외직접투자의 유입액은 1985~1990년 동안 6380억 달러에서 1990~1994년에 1.7조 달러, 2000~2004년에는 4.1조 달러로 상승했다가, 2007년 이후 감소하여 2008년에는 다시 1.7조 달러가 되었다(도표 A.2.1 참조). 물론 이 기간 동안 서비스 부문의 해외직접투자는 지속적으로 상승했다(도표 A.2.2 참조).

해외직접투자의 뚜렷한 지리적 특성은 투자의 대부분이 선진국으로 유입되고 있다는 사실이다. 1986~1990년 동안 연평균 24% 성장하여 1991년 전 세계 해외직접투자 유입액은 1593억 달러에 달하였으며, 그중에서 선진국으로 유입된 액수는 1296억 달러를 차지했다. 2000년 해외직접투자 유입총액 138조 달러 중에서 선진국으로의 유입은 1,1조 달러였고, 2005~2008년 기간 동안 선진국의 해외직접투자 유입은 전 세계의 63.93%를 차지했다(도표 A.2.1, A2.2 참조). 해마다 편차는 있지만 평균적으로 선진국은 약 70%를 차지하고 있으며, 해외직접투자의 누적액도 마찬가지이다(도표 A.2.3, A2.4 참조). 해외직

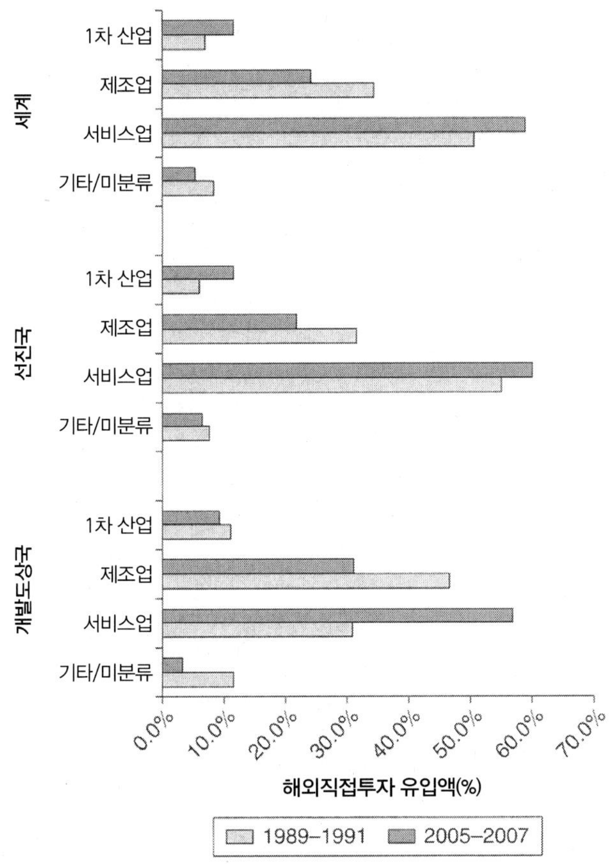

도표 2.1 부문별 해외직접투자 유입액, 1989–1991, 2005–2007

출처: UNCTAD(2009b, 220–221)의 데이터에서 계산.

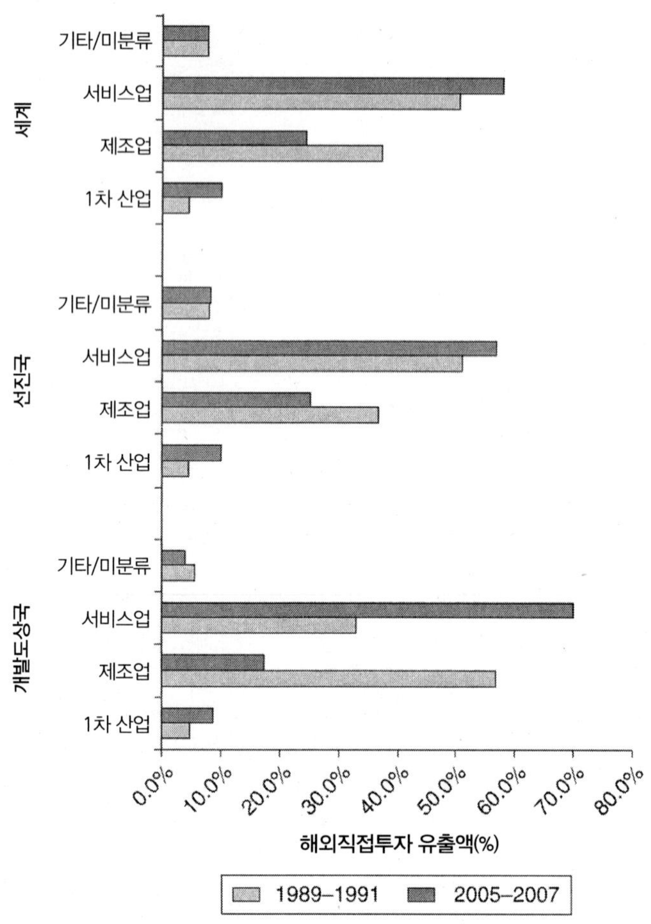

도표 2.2 부문별 해외직접투자 유출액, 1989–1991, 2005–2007

출처: UNCTAD(2009b, 220–221)의 데이터에서 계산.

접투자의 목적지는 선진국 중에서도 특정 지역에 집중되어 있다. 특히 미국, 영국, 프랑스, 독일 등 4개국이 전 세계 해외직접투자의 유출과 유입의 거의 절반을 차지하는 중심지이다. 지난 30여 년간 금융의 집중 또한 심해서 세계 상위 은행도 8개 국가에 집중했다(도표 2.3, A.2.5, 제5장 참조). 중국이 아프리카와 남아메리카에 집중적으로 투자해 자신만의 남북 투자 축을 발전시키며 상

도표 2.3 은행 매출액에 따른 도시 순위, 2005, 2009(백만 달러)

2005년

순위	도시	은행 수	수익	이익
1	파리	4	189,294	16,850
2	뉴욕	2	165,207	21,512
3	런던	3	140,822	22,264
4	프랑크푸르트	4	121,615	4,450
5	브뤼셀	3	120,211	7,796
6	취리히	2	115,743	11,039
7	에든버러	2	107,506	13,868
8	샬럿	2	91,391	19,357
9	도쿄	3	86,055	6,808
10	베이징	4	75,738	8,896
11~21		27	517,801	47,272
합계	–	56	1,731,383	180,112

2009년

순위	도시	은행 수	수익	이익
1	파리	5	427,190	12,061
2	뉴욕	5	361,581	−15,351
3	브뤼셀	2	299,043	3,646
4	런던	4	272,818	18,673
5	베이징	4	227,925	45,939
6	암스테르담	1	226,577	−1,067
7	프랑크푸르트	4	188,991	−11,269
8	에든버러	2	175,488	−56,918
9	도쿄	3	126,862	−12,136
10	마드리드	1	117,803	12,992
11~21		16	762,400	28,930
합계	–	47	3,186,677	25,500

출처: "Global 500"(2005; 2009)에서 계산.

위 그룹의 투자자로 부상했지만, 금융 부문에서만은 따라잡지 못했다.

1990년대 개발도상국으로의 투자 흐름은 선진국에 대한 투자 수준에 비하면 무척 낮았지만, 경제활동의 국제화가 성장했다는 측면에서는 역사적으로 의미 있는 수준이다(도표 A.2.1–A.2.4 참조). 해외직접투자는 1975~1979년 사이에 연간 13%, 1980~1984년 사이에 연간 3% 성장했으며, 1985~1990년 사이에는 연간 22% 성장했다. 하지만 1980년대 초반에서 후반 동안 전 세계 해외직접투자 중에서 개발도상국으로의 투자 비중은 32.23%에서 17.7%로 하락했다. 이는 삼극지(미국, 서유럽, 일본)의 중요성을 보여 준다. 1992~1997년 동안 개발도상국의 비중은 38%로 성장했다가 1997~1998년의 아시아 금융 위기 시기에 다시 하락했다. 이후 개발도상국의 비중은 18%까지 하락했다가, 2008년 36.57%로 상승했다(도표 A.2.1–A.2.4 참조).

1980~1990년대 개발도상국으로의 투자를 세분해 보면 대부분이 동아시아, 남아시아, 동남아시아로 집중한 경향을 알 수 있다. 이 지역의 연평균 해외직접투자 증가율은 37%나 된다. 이러한 수치는 아시아 지역이 핵심적인 초국적 생산공간으로 성장했음을 보여 준다. 1980년대에는 개발도상국 해외직접투자 유치에서 라틴아메리카–카리브 해 지역을 제치고 이들 지역이 수위를 차지했다. 이는 물론 중국이 자본 유치에서 전 세계적으로 독보적이고 글로벌 기업의 해외 지사 수가 가장 많다는 점도 작용했다(도표 A.2.6 참조). 라틴아메리카가 해외직접투자 유치에서 세계 1위였던 때가 있었으나, 1985~1989년 동안 개발도상국의 해외직접투자 유치 실적이 49%에서 38%로 하락했다. 같은 시기에 동남아시아는 37%에서 48%로 상승했다. 라틴아메리카의 해외직접투자 점유율은 하락했지만, 1980년대 후반에서 1990년대 해외직접투자액의 절대적 증가는 상당했다. 물론 세분해서 보면 브라질, 아르헨티나, 칠레 등에 대부분의 해외직접투자가 집중되었다(도표 A.3.5 참조).

선진국 정부와 기업의 해외직접투자 중에서 가장 빠르게 성장하고 있는 부문은 토지이다. 2006년 이후 외국 정부와 기업이 소유하거나 임대한 토지는

3,000만 km^{2}가 넘는다(도표 2.4, 2.5 참조). 물론 이 오래된 제국들이 구매하거나 전유한 토지가 이미 상당히 많은 것은 사실이나, 저자의 견해로는 2006년 이후의 특징이 이전의 관행과는 다른 새로운 시기가 도래했다고 판단한다(Sassen, 2010). 오늘날의 세계는 적어도 형식적으로는 자국의 토지에 주권을 가지는 주권 국가(sovereign states)들로 구성되어 있다. 이는 한 국가가 다른 국가의 토지를 구매하는 것이 단순한 문제가 아니라 상당히 복잡한 계약을 통해야 한다는 것을 의미한다(Sassen, 2008a: 제5장; Sassen, 2010). 아프리카는 이러한 투자의 대상지이며, 러시아, 우크라이나, 라틴아메리카 등도 마찬가지이다. 토지 구매자는 정부(스웨덴, 한국, 중국 등 다양)와 글로벌 기업(광업, 식품, 금융 회사 등) 들이다. 요약하면, 해외직접투자가 규모와 범위 양 측면에서 성장하고 있다.

글로벌 경제에는 해외직접투자 이외에 다른 두 요소인 무역과 금융의 흐름도 중요하다. 본질적으로 무역의 공간은 해외직접투자의 공간보다 덜 집중적인 측면이 있다. 구매자가 있는 곳이면 어디라도 판매자는 바로 움직인다. 반면에 금융은 제4장과 제5장에서 살펴보듯이 엄청나게 집중되어 있다.

구성

1950년대 국제무역은 원재료와 1차 생산품, 자원 기반의 제조업 제품 등이 대부분이었다. 1980년대에 들어서자 무역을 통한 상품의 가치와 국제적인 금융 흐름을 통한 자본의 가치와의 차이가 갑자기 커졌다. 제조업이 상당히 문제가 있었음에도 불구하고 금융 거래의 흐름이 축소된 것은 명확했다. 마지막으로 해외직접투자의 저량(stock)과 흐름에서 1, 2차 산업 부문보다 서비스 부문의 성장이 뚜렷하여 60% 정도를 차지했다(도표 A.2.4 참조).

이러한 국제적인 거래의 구성에 영향을 준 요소들은 많다. 예를 들어 1980년대에 (1) 일본을 필두로 하는 여러 선진국들이 주요 자본 수출국이 되었으며, (2) 국경을 넘어선 인수합병이 급속히 성장했으며, (3) 서비스의 흐름과 초국적 서비스 기업이 세계경제의 주요 요소로 등장했다. 1970년대 초반에 해외직접투자 저량의 약 24%였던 서비스 부문이 1980년대에는 저량의 50%, 연간 해외직접투자 흐름의 60%로 성장했다. 1980년대 서비스 부문 해외직접투자의 가장 큰 대상 지역이 유럽이라는 사실은 국제적인 거래의 독특한 지리적 특성을 보여 준다(UNCTAD, 2009b: 219-220). 물론 개발도상국에 대한 서비스

도표 2.4 식량 공급 확보를 위한 토지투자, 2006-2009

투자국	투자 대상국	농지 규모(ha)
바레인	필리핀	10,000
중국(민간기업)	필리핀	1,240,000
중국(ZTE International)	콩고민주공화국	2,800,000
중국(Chongqing Seed Corp.)	탄자니아	300
중국	잠비아	2,000,000
요르단	수단	25,000
리비아	우크라이나	250,000
리비아	말리	100,000
카타르	케냐	40,000
카타르	필리핀	100,000
사우디아라비아	탄자니아	500,000
사우디아라비아(Hail Agricultural Dev. Co.)	수단	10,117
사우디아라비아(Bin Laden Group)	인도네시아	500,000
한국(민간기업)	수단	690,000
아랍 에미리트(Abraaj Capital)	파키스탄	324,000
아랍 에미리트	수단	378,000
베트남	캄보디아	100,000
베트남	라오스	100,000

출처: IFPRI의 "해외 투자자들의 개발도상국 토지 확보: 위험과 기회" 2009년 4월. http://www.ifpri.org/sites/default/files/publications/bp013all.pdf.

해외직접투자 절대액도 증가했다. 1990년대에서 20세기 초반까지는 제2, 제3의 새로운 경향이 글로벌 경제를 형성하였다. 2005~2007년 기간 동안 선진국으로의 해외직접투자 유입액의 60%가 서비스 부문이었다. EU를 중심으로 인수합병이 시작되었으며, 최근, 특히 1997~1998년의 금융 위기 이후에는 선진 아시아 국가들에서 인수합병이 활발하게 이루어졌다. 1980년대에 처음 나타난 경향은 주요 자본 수출국으로서 선진국의 역할은 계속되고, 일본이 최고의 자본 수출국의 위상을 유지하고 있다는 점이다. 새로운 점은 선진국 중에서는 새로운 주요 자본 수출국이 없는 상황에서 미국 정부의 부채(재무성채권, Treasury bond)를 구입한 중국이 부상한 것이다. 2005년에는 중국이 일본 다음으로 가장 많은 달러 보유국이 되었으며, 현재는 1위가 되었다.

1980년대에 시작되어 현재까지 진행되고 있는 또 다른 주요한 전환은 두 국가 이상에서 지사, 자회사, 공장 등을 운영하는 초국적기업의 기업수와 경제적 비중이 급격히 증가한 것이다. 이는 글로벌 무역에서 '시장'의 의미를 다시 생각하게 한다. 대부분의 시장은 실제로 초국적기업에 의해서 움직인다. 1980

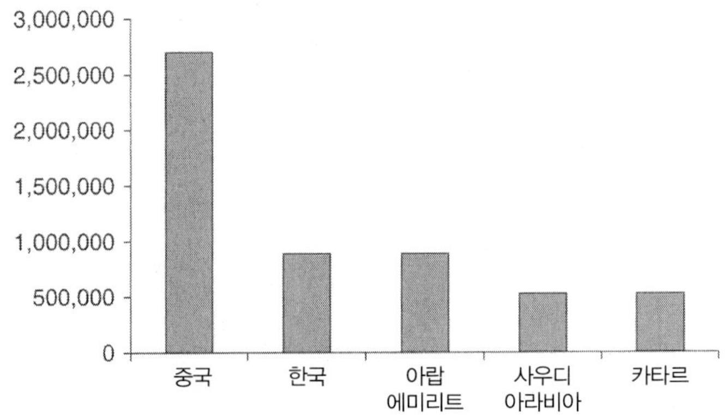

도표 2.5 국가별 농장의 구매, 2006-2009(ha)

출처: IFPRI의 도표, 「이코노미스트」 2009년 5월 21일자. "해외 농장 구입: 아웃소싱의 제3의 물결". http://www.economist.com/world/international/displaystory.cfm?story_id=13692889.

년대 후반 미국 국제무역의 80%를 미국과 외국의 초국적기업이 장악했다는 사실만 보아도 초국적기업의 중요한 역할을 파악할 수 있다(UNCTC, 1991: 제3장). 1997년에는 초국적기업의 해외 지사를 포함한 총매출액이 9조 5000억 달러로 국제무역 총액인 7조 4000억 달러를 상회했으며, 이 중에서 기업 내 거래가 1/3을 차지했다(UNCTAD, 1998). 2008년에는 수치가 더 상승하여, 초국적기업과 해외 지사, 그리고 국제무역 하청의 다양한 거래가 갈수록 중요해지고, 여전히 초국적기업의 영향력이 커지고 있음을 보여 준다. 최근에는 초국적기업에 의한 무기 거래가 증가하고 있다. 2009년 통계를 보면, 미 국방성의 이라크와 아프가니스탄 담당 인력의 53%를 초국적기업과 지사들의 인력이 차지하고 있음을 알 수 있다(Schwartz, 2009).

제도적 틀

세계경제는 어떻게 응집력 있는 시스템을 구성할까? 세계경제를 당연히 주어진 것으로 보고 단순히 국제적인 거래가 있기 때문에 존재한다고 간주할 수는 없다. 앞서 설명한 세계경제의 변화가 오늘날 글로벌 경제활동의 단순히 양적 확대만을 수반했는지, 아니면 세계경제를 조절하는 체제의 변화를 동반하는 새로운 국제 환경의 등장을 수반하는지에 대해서 의문을 제기할 수 있다. 저자는 여러 번 국제 금융과 서비스의 태동이 규제완화 체제(deregulation regime)를 동반하는 새로운 유형의 세계경제를 창출해 냈다고 주장했다. 이 체제는 종종 제조업과 같은 타 부문 산업과 비금융 산업에 특화된 국가의 지역 발전에 무척 부정적인 영향을 주었다고 주장했다(Sassen, 2001: 제1부; 2008a: 제5장). 이는 특정 경제 부문을 어떻게 관리하고 이윤을 확보하는지에 대한 특정 개념을 구성하는 구조적인 조건의 문제이다. 즉 고차 금융 산업이 전통 제조업과 같은 타 부문을 압도하는 데에서 보듯이 특정 부문의 수요에 특혜를 주는 효과를 말한다.

이 새로운 체제의 결과가 초국적기업이 세계경제의 조직과 거버넌스에 더욱 중요한 요소로 등장한 것이다. 나아가 오래된 금융거래 시스템이 급속히 확장되어 제도적 틀의 중요한 요소로 등장했다. 금융 회사와 유가증권시장들은 막대한 국가 재정 적자에 금융 지원을 하는 것뿐만 아니라 초국적기업의 수요에도 대응하고 있다. 이는 결과적으로 개발도상국으로의 해외직접투자만이 아니라 간접투자를 통해 금융 흐름의 원천으로 등장하였다. 해외직접투자는 다른 유형의 금융 흐름을 자극하기 때문이다.[2] 1982년의 금융 위기로 인해 기존 은행은 개발도상국에 대한 대출을 급속히 삭감했으며, 1980년대 동안 개발도상국에서 금융 자원이 빠르게 이탈했다. 좋든 나쁘든 초국적기업과 새로운 유형의 글로벌 금융 기업과 유가증권시장들이 전면으로 부상했으며, 오늘날 우리가 말하는 글로벌 경제의 전략적 조직자가 되었다.

초국적기업의 자회사와 연계 회사들은 생산의 세계화와 서비스 전달 체계를 조직하고 조정하는 데 가장 중요한 기제가 되었다. 초국적기업의 자회사는 무척 빠르게 성장하여(도표 A.2.6 참조), 1990년 174,900개에서 2008년에는 807,363개가 되었다. 선진국 간의 막대한 해외직접투자와 함께 선진국에서 초국적기업의 자회사는 1990년 81,800개에서 1996년 96,620개, 2008년에는 366,881개로 증가했다. 미국, 영국, 프랑스, 독일, 일본 등이 초국적기업의 자회사를 많이 보유하고 있다. 하지만 초국적기업의 자회사가 가장 많은 곳은 개발도상국이다. 개발도상국은 초국적기업에 지구의 남쪽 시장과 자원에 접근할 수 있게 해 주고, 저임금 지역의 노동력을 아웃소싱 할 수 있게 해 주는 중요한 기제가 된다. 개발도상국에 입지한 초국적기업의 자회사는 1990년 71,300개에서 2003년 580,638개로 급성장했다. 2008년에는 금융 위기로 인해 425,258개로 감소했으나, 초국적기업은 단순한 지사의 업무만을 수행하는 것이 아니라 지역 본사를 설립하여 빠르게 성장하고 있다. 초국적기업의 자회사가 가장 많은 곳은 당연히 중국으로, 1989년 16,000개에서 2002년에는 424,196개로 급증했다. 2007년에는 286,232개로 감소했지만, 중국에 있는 초국적기업의 해외 본사는 오히려 2002년 350개에서 2007년 3,429개로 증가했다. 세 번째로 빠르게 초국적기업이 증가하고 있는 지역은 중부 유럽과 동유럽 지역으로, 초국적기업의 자회사가 1990년 21,000개에서 2003년 243,750개로 증가하였으나 2008년에는 감소하고 있다.

글로벌 유가증권시장 또한 세계경제를 조직하고 조정하는 중요한 기관으로 부상하고 있다(도표 2.6–2.8 참조). 오늘날 세계경제의 주요 요소인 금융시장은 1982년에 공식적으로 선언된, 소위 제3차 세계 금융 위기 시기부터 핵심적인 역할을 담당하고 있다. 이 금융 위기는 미국의 대형 초국적 은행들이 제3세계 국가들과 회사에 지급한 엄청난 규모의 대출금을 받지 못해 발생했다. 금융 위기로 인해 전통적인 초국적 은행에 비해 훨씬 규제가 약한 소규모의 경쟁력 높은 금융 회사들의 활동 공간이 마련되었다. 이로써 1980년대에는 금융 부문의 투기, 혁신, 이윤율 등에서 완전히 새로운 시대가 도래했다. 불확실성이 무척 높아지고, 국제 금융 거래의 양을 엄청나게 확장시키는 상상하기 어려운 이윤을 거두는 기업도 나타났다. 이러한 유형의 성장에는 규제완화도 중요하게 작용하여 금융의 국제화와 투기화를 가속화시켰으며, 국가와 기업들이 하나둘씩 규제완화에 가담했다. 시장은 이러한 엄청난 양의 금융 흐름을 조직하는 제도적 틀을 제공했다. 1990~1991년과 1997~1998년의 두 차례 금융 위기에도 불구하고 1990년대 말에는 금융 거래의 양이 크게 증가했다. 나아가 2001년 뉴욕의 9·11 사태로 인해 단기간의 위기가 있었음에도 불구하고 2001년 말에는 주식시장의 자본화가 2001년 9월 이전 수준을 회복했다. 그 이후로

도표 2.6 시가총액에 따른 대형 주식시장, 1997, 2000, 2004, 2008

1997년 기준 시가총액 상위 10개 주식시장	1997년 기준 시가총액 (십억 달러)	1997년 세계거래소연맹 내 시가총액 비중(%)	2000년 기준 시가총액 상위 0개 주식시장	2000년 기준 시가총액 (십억 달러)	2000년 세계거래소연맹 내 시가총액 비중(%)
뉴욕 증권거래소	8,879.6	41.0	뉴욕 증권거래소	11,534.6	37.1
도쿄	2,160.6	10.0	나스닥	3,597.1	11.6
런던	1,996.2	9.2	도쿄	3,157.2	10.2
나스닥	1,737.5	8.0	런던	2,612.2	8.4
독일	825.2	3.8	유로넥스트 파리	1,446.6	4.7
파리	676.3	3.1	독일증권거래소	1,279.2	4.1
스위스	575.3	2.7	스위스	792.3	2.6
캐나다(토론토)	567.6	2.6	토론토	770.1	2.5
암스테르담	468.9	2.2	이탈리아	768.4	2.5
홍콩	413.3	1.9	유로넥스트 암스테르담	640.5	2.1
시가총액 상위 10개국의 세계거래소연맹 내 비중		84.5	시가총액 상위 10개국의 세계거래소연맹 내 비중		85.6

(계속)

2004년 기준 시가총액 상위 10개 주식시장	2004년 기준 시가총액 (십억 달러)	2004년 세계거래소연맹 내 시가총액 비중(%)	2008년 기준 시가총액 상위 10개 주식시장	2008년 기준 시가총액 (십억 달러)	2008년 세계거래소연맹 내 시가총액 비중(%)
뉴욕 증권거래소	12,707.6	34.45	뉴욕 증권거래소 유로넥스트(미국)	9,208.9	
도쿄 증권거래소	3,557.7	9.7	도쿄 증권거래소	3,115.8	
나스닥	3,532.9	9.6	나스닥 OMX	2,396.3	
런던 증권거래소	2,865.2	7.8	뉴욕 증권거래소 유로넥스트(유럽)	2,101.7	
유로넥스트	2,441.3	6.6	런던 증권거래소	1,868.2	
독일 증권거래소	1,184.5	3.2	상하이 증권거래소	1,425.4	
토론토 증권거래소	1,177.5	3.2	홍콩 증권거래소	1,328.8	
스페인 증권거래소	940.7	2.6	독일 증권거래소	1,110.6	
홍콩 증권거래소	861.5	2.3	토론토 증권거래소	1,033.4	
스위스 증권거래소	826.0	2.2	스페인 증권거래소	948.4	
시가총액 상위 10개국의 세계거래소연맹 내 비중		81.7	시가총액 상위 10개국의 세계거래소연맹 내 비중		

출처: 세계거래소연맹(WFE, 2004; 2008a, b) 데이터에서 계산.

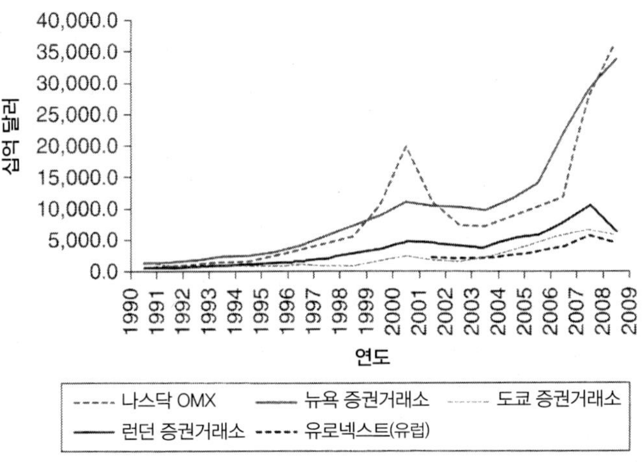

도표 2.7 대형 주식시장의 총거래량, 1990-2008(십억 달러)
출처: 세계거래소연맹(WFE, 2008a) 데이터에서 계산.

금융자산의 가치와 유형이 급증했다(제5장 및 도표 A.2.5 참조). 글로벌 금융을 규제하기 위한 틀을 발전시키기 위해 상당한 노력과 자원이 집중된 결과, 새로운 국제회계금융기준제도, 은행의 최저자본금제도, 기업 운영의 투명성 확대를 위한 제도적 장치 등이 마련되었다. 하지만 앞서가는 유가증권시장과 금융 기관들은 점차 이러한 제도적 제약들을 회피할 수 있는 혁신 역량을 갖추기 시작했다.

국제무역은 세 번째의 제도적 틀을 제공한다. 1993년 국가 간 무역을 관리하기 위한 세계무역기구(WTO)가 설립되어 현재 전 세계 거의 모든 국가가 회원국으로 있다. WTO는 국가 간 무역 분쟁을 심판하는 권한을 가지고 글로벌 경제의 조정을 위한 핵심적인 제도적 틀을 대표하는 기관이다. 국가 간 무역에서 두 번째로 중요한 요소는 초국적 무역 블록의 형성이다. 세계에서 가장 중요한 세 개의 무역 블록은 유럽연합[EU: 유럽경제공동체(EEC)에서 발전함], 동남아시아국가연합(ASEAN), 그리고 북미자유무역협정(NAFTA)이다. 하지만

이 세 개의 거대한 무역 블록 이외에도 WTO의 틀 내에서든 밖에서든 수많은 무역협정이 이루어져, 1990년대에는 70개였던 지역 무역협정이 2004년에는 150개로 급격히 증가하였다. 국제무역에서 해외직접투자의 역할 또한 갈수록 증가하여, 각 국가들이 만든 해외직접투자 유치를 위한 특별 지역이나 제도가 1982년에는 20개였으나, 1990년대 중반에는 143개로 급증했다(UNCTAD, 1998: 제3장). 무역협정은 다른 대부분의 협정과 마찬가지로 매우 다양하지만, 자본의 국가 간 이동성을 증진하고, 특히 서비스 부문 국제무역의 일환으로 금융 서비스 산업의 자유로운 이동을 보장하는 데 방점이 있다. 세계경제의 제도적 틀을 변화시키는 데 무역도 중요하지만, 가장 중요한 요소는 금융이다. 사실상 세계의 대형 경제 블록 내에서 개별 국가 간의 무역이 훨씬 오랫동안 지속되어 왔고, 대부분의 국가에서는 이미 상품 관세가 낮추어져 있다. EU, ASEAN, NAFTA 등의 블록은 무역 이외에 초국적 실체로서 자본의 제도화를 강화하고 있으며, 이는 초국적기업과 글로벌 무역 등을 통해 작동한다.

이러한 세계경제 질서의 재편으로 인한 결과는 엄청났다. 예를 들어 금융산업의 극도로 높은 이윤율로 인해 **생산**으로서의 제조업의 가치 하락과 함께 투자자들은 자신의 자산을 금융 투자에 집중했다. 이제 관심은 '생산'에서 이동하여 '제조업체의 상장된 주식의 시장가치를 확보'하는 주주가치의 개념으로 발전했다. 둘째, 규제완화 정책의 대부분이 금융 부문의 이윤율 향상에 초점이 맞추어져 제조업에 대한 투자가 금융으로 이전되었다. 셋째, 금융 부문은 단순히 자본의 순환과 투기를 극대화하기만 하면, 즉 주어진 기간 내에 사고파는 거래만 계속 반복하면 거래할 때마다 이윤이 발생할 수 있으므로, 결과적으로 막대한 이윤을 얻을 수 있었다. 제조업의 생산자본은 훨씬 더 긴 주기(자동차나 항공기 생산은 6~9개월)에 묶여 있고, 회사가 이윤을 창출하는 곳에 재판매 가치를 만들 수 없기 때문에 금융 부문처럼 초과 이윤을 향유할 수 없

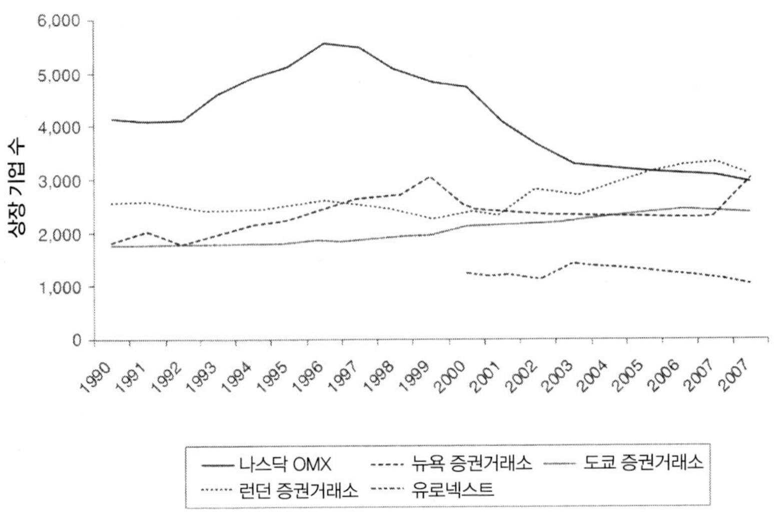

도표 2.8 대형 주식시장의 상장 기업 수, 1990-2008

주: 유로넥스트는 2000년 암스테르담 증권거래소, 브뤼셀 증권거래소, 파리 증권거래소가 통합되어 설립됨. 2002년에는 리스본 증권거래소도 통합됨.

출처: 세계거래소연맹(WFE, 2008b) 데이터에서 계산.

다. 넷째, 1980년대 이후로 신용카드, 모기지(mortgages: 주택담보대출), 학자금 대출 등 수많은 금융 상품이 만들어져 개인 가구를 대상으로 상품을 팔고 이윤을 남길 수 있게 되었다. 한 가지 예를 들면, 수많은 종류의 가정용 모기지를 모아 일정한 액수가 되면 마이너스가 되는 액수(부채)가 얼마인지에 상관없이, 모기지를 안은 주택은 그대로 있는 상태에서 모기지의 가치만 수없이 여러 번 재판매를 한다. 이러한 현상과 다양한 유형의 금융자산과 부채를 시장에서 교환 가능한 상품으로 전환시키는 혁신들을 일반적으로 **금융증권화**(securitization)라고 부른다. 오늘날에는 신용부도스와프(credit default swap) 등과 같이 더욱더 복잡하고 투기적인 상품들이 개발되었다. 2001년 1조 달러이던 금융증권화 총액은 2007년 62조 달러로 상승했는데, 이는 전 세계 GDP인 54조 달러보다도 높은 수치이다. 이는 2008년 금융 위기의 직접적인 원인이 되었다

(제8장 참조). 이러한 새로운 금융 상품들은 새로운 유형의 위기를 만들어 냈으며, 훨씬 큰 유동성의 잠재력을 높였다. 반면에 제조업의 상품은 이러한 투기적 투자를 할 수 없으며(적어도 현재까지는), 주가를 통한 투기적 이윤의 재료는 될 수 있다. 하지만 이것도 결국은 은행과 금융 부문이 되어 버린다. 상품은 제조되어 한 번 판매되면 순환이 끝난다. 상품이 순환의 고리에 들어가면 판매회사와 도매상 등의 타 산업으로 이전되고, 상품 사슬을 통한 거래로 각 부문에서 이윤이 창출된다.

이상의 공간상의 변화, 국제 거래 구성의 변화, 거래가 수행되는 구조의 변화 들은 세계경제에서 새로운 전략적 지역들을 창출한다. 이것이 다음의 주제이다.

전략적 지역

경제의 세계화를 상징하는 새로운 유형의 장소에는 네 가지가 있다. 수출자유지역, 역외금융센터, 첨단산업지구, 세계도시가 그것이다. 물론 국제 거래가 이루어지는 장소는 이외에도 많다. 항구는 증가하는 국제무역의 세계적 전략 지역의 역할을 지속할 것이다. 세계의 대형 항구들은 고도로 특화된 법무, 회계, 금융 등의 서비스 수요를 창출한다. 미국, 일본, 독일 등 제조업 수출 국가들의 대규모 산업지구들은 국제적인 활동과 상품의 수출 업무를 수행하는 전략적 지역이다. 하지만 현대의 글로벌 경제에서 어떤 곳도 앞서 말한 네 가지 유형의 장소가 수행하는 전형적인 역할을 하지는 않는다.

이 책에서는 1960년대에 시작되어 1980년대에 본격화된 수출자유지역(Lim, 1982 참조)이나 첨단산업지구(Saxenian, 1996 참조)에 대해서는 다루지 않는다. 왜냐하면 이러한 활동들은 도시와는 상당히 높은 중개적 연관 관계(intermediated relationship)에 있기 때문이다. 이러한 중개적 연관 관계는 제조업이 기업 조직에서 중요한 역할을 할 때 의미가 있다는 것이 저자의 주장이다. 제조업, 특히 첨단 산업은 역외 지역에서의 생산이 증가하고 상품 시장이 보다 세계화되고 혁신적일 때, 모기업은 이 제조 부문을 운영하기 위해 더욱더 고도화된 법률, 금융, 회계 등의 서비스를 필요로 한다. 이것이 도시화된 특화 서비스 기능의 간접적인 효과이다. 이 효과가 클수록 제조업 입지 지역의 중요성은 기업 조직 운영의 중요성에 비해 감소한다. 제4장에서는 특화 기업 서비스 부문의 확장과 제조업의 역할에 대해 다룬다.

첨단산업지구(예를 들어 실리콘밸리)에 비해 덜 익숙한 수출자유지역에 대해서는 간단히 언급할 필요가 있다. 저자의 다른 책에서 자세히 다루었지만(Sassen, 1988; 2008c), 수출자유지역은 선진국 기업들이 노동 집약적 산업이나 위험도가 높은 산업을 낮은 임금으로 생산하기 위해 저임금 국가에 투자함으로써 형성되는 경향이 있다. 다국적기업들은 본국보다 비용이 저렴할 뿐만 아니라 환경, 작업장 조건, 노동 규제 등이 약한 곳에서 노동 집약적 제조·생산·조립 등을 위한 공장을 건설한다. 가장 일반적인 양상은 본국에서 원자재를 수입하여 수출자유지역에서 가공한 다음 다시 본국으로 수출하는 것이다. 선진국에서 케인스 경제학의 원리에 따라 관세장벽과 보호무역을 하던 당시 이러한 생산 방식을 통해 제도적 장치를 마련했다. 수출자유지역의 논리는 기업의 생산 과정에서 노동 집약적인 단계에 저임금 노동력의 접근성을 높이는 것이다. 개발도상국들은 수출자유지역에 세제 혜택과 작업장에 대한 규제 완화 등의 제도적 장치를 통해 인센티브를 주었다. 수출자유지역은 1980년대에 시작된 생산의 국제화의 핵심 메커니즘이었다. 사실상 첫 수출자유지역은 1960년대 후반, 선진국 노동조합의 강성화와 환경, 작업장 조건, 노동자 건강

환경 등에 대한 규제가 엄격해지기 시작했을 때, 이에 대한 대응으로 제도화되었다. 수출자유지역과 함께 1990년대에 상대적으로 약하게 확산된 제도가 **아웃소싱**이다. 다국적기업의 지사들은 이 아웃소싱의 하부구조를 이루는 요소들이다.

이제 이 책에서 직접적으로 다룰 두 장소인 세계도시와 역외금융센터에 대해 파악해 보자.

세계도시

세계도시는 글러벌 경제활동의 운영과 관리에 필요한 고차 서비스 활동과 텔레커뮤니케이션 시설이 집중된 장소로서 다국적기업의 본사가 집적하는 경향이 크다. 그러나 국제 투자와 무역이 증가함에 따라 세계의 주요 대도시에 금융과 서비스 활동이 필요하게 되었다. 국제 거래에서 무역이 주도적인 역할을 하면서 정부의 역할은 점차 약화되고, 세계경제 운영에 전문화된 서비스 기업과 세계시장이 조직화와 조정 역할을 담당하게 되었다. 이 절에서는 세계도시의 개념을 고찰해 보고 여러 대도시의 국제시장과 주요 기업의 특성에 대해 살펴본다.

지난 10여 년간의 세계화 과정을 통해 새로운 조직의 필요성이 요구되었다. 국제 거래의 주도적인 형태로 성장한 투자와 함께 금융과 전문화된 서비스업을 위한 세계시장의 등장으로 국제적인 조정, 통제 기능과 생산자 서비스 활동의 필요성이 크게 대두되었다. 그러나 이러한 활동은 초국적기업이나 초국적은행이 주도하지 않았다. 오히려 이들 기업은 국제적 흐름의 작은 부분에만 관여하였다. 경제의 세계화의 대표적 상징으로 알려진 초국적기업의 영향력도 별로 미치지 않았다. 중요한 것은 생산과 장소에 관한 문제이다. 여기에는 경제의 세계화의 공간적, 조직적 형태와 초국적 경제활동의 진행을 검증하는 가설이 필요하다(Sassen, 1991). 이러한 틀을 가짐으로써 경제의 세계화 과정에서 장소와 노동의 중심성(centrality of place and work)의 영향을 분석할 수 있는 것이다.

세계도시에 관한 연구의 중심 주제는 경제활동의 지리적 분산과 체제 통합(system integration)의 연결 고리를 분석하여 현대의 경제 상황이 대도시의 전략적 역할을 고찰하는 것이다(Sassen, 1991; Friedmann and Wolff, 1982; Friedmann, 1986). 정보기술의 발달로 인해 경제활동이 분산되어 도시가 더 이상 쓸모없는 곳이 되었다기보다는 오히려 관리·통제 기능이 도시에 집중되어 역할이 증대되었다. 나아가 (1) 도시는 후기산업사회의 선도 산업인 금융과 전문화된 서비스업의 생산 장소이며, (2) 도시는 기업과 정부가 금융 상품과 전문화된 서비스 활동을 구매할 수 있는 초국적 시장 지역의 역할을 한다.

세계화의 진행으로 계속되는 경제활동의 내국적, 국제적 분산은 오히려 새로운 형태의 집중양상으로 나타난다. 지속적으로 증가하는 초국적기업과 해외 지사의 수만 보아도 지리적 분산과 소유의 집중이 계속되고 있음을 알 수 있다. 도표 2.4는 초국적기업의 해외 지사 수가 얼마나 많은지를 간결하게 보여 준다.

금융 산업을 보면 상당히 역동적인 세계적 통합이 이루어지고 있어 도시에 고차 기능 집적이 계속된다. 금융 산업의 세계적 통합은 두 단계로 구분할 수 있다. 1982년 제3세계의 부채 위기까지는 금융 거래의 질과 양에 있어서 대규모 초국적은행의 활동이 가장 두드러졌다. 1982년 이후에는 새로운 형태의 금융 기관이 혁신을 통해 급성장하여 금융시장의 국제화를 선도하고 있다. 1980년대에 가장 새롭고 중요한 곳은 시장 지역, 즉 집적의 장소이다. 도시의 발전은 (1) 세계적으로 다양한 시장을 세계체제로 통합하여 1982년 부채 위기 이후 금융 산업을 급성장하게 하였으며, (2) 금융 산업이 몇몇 금융 도시에 집중함으로써 새로운 형태의 집중 양상을 등장시켰다. 따라서 금융 산업의 경우에는 혁신과 생산이 진행되고 있는 중요한 부분을 놓치게 된다. 나아가 1980년대 금융 산업의 형성에 중요한 광범위한 경제활동, 기업, 시장 들의 역할을 이해하지 못하게 된다.

공장, 사무실, 서비스 센터 등의 지리적 분산과 세계 주식시장의 통합은 명령·통제 기능의 분산을 가져올 것이라고 추측되었으나 실상은 그렇지 않다. 시장과 기업이 입지하는 장소에 초점을 두어 금융 거래의 흐름을 살펴보면 독특한 집중의 패턴이 나타난다. 은행과 증권 회사의 인지 패턴도 심한 집중 경향을 보인다. 예를 들어 세계 100대 은행과 25대 증권 회사의 분포를 보면 일본, 미국, 영국에 은행의 39%, 증권 회사의 23%가 집중되어 있다. 1990년대에도 많은 금융 위기가 있었지만 이러한 경향은 지속된다.

주식시장의 경향을 보면 이러한 특성이 잘 드러난다. 방콕에서 부에노스아이레스에 이르기까지 정부는 주식시장의 규제를 완화하여 세계 시장 체제에 참여할 수 있게 하였다. 그러나 세계적인 자본화(상장된 기업의 가치)를 기준으로 보면 주요 주식시장은 극도로 집중되어 있다. 기업 주식 가치의 규모로 보면 몇몇 도시에 집중된 사실이 드러난다(도표 2.7 참조). 주식시장 위기가 발생하기 전인 1987년 9월 미국 기업의 주식 가치는 2.8조 달러, 일본 기업은 2.89조 달러를 기록했다. 3위는 영국으로 7280억 달러이다. 4위는 서독으로 GNP의 23%가 증권화됐으나 총자본화된 가치는 2550억 달러로 앞의 국가 기업들의 주식 가치와는 비교할 수 없을 만큼 낮은 수치이다.

이러한 주식시장의 자본화 수준이 나타내는 의미는 GNP와 비교했을 때 더 명확해진다. 일본은 주식시장 자본화 가치가 GNP의 64%이며 미국은 119%, 영국은 118%에 달한다. 이들 국가의 주식시장 거래가 소수의 도시에 입지한 주식시장에 집중된 사실을 고려하면 금융 산업의 조정과 운영이 상당히 집중된 것을 알 수 있다. 도쿄 증권거래소는 일본 증권 거래의 90%를 점유하고 있으며, 뉴욕은 미국 전체의 2/3 이상을 차지하고, 런던은 영국 내 대부분의 증권 거래를 담당한다. 이와 같은 사실로 볼 때 전 세계적인 자본화는 소수의 도시에 극도로 집중되어 있다고 할 수 있다.

경제활동의 지리적 분산은 이윤과 기업 소유의 분산을 초래하기도 했다. 예를 들어 대기업은 전 세계적으로 중소기업에 하청을 계속 늘리고 있으며, 신흥 공업국의 국가 기업들은 외국인 기업의 투자와 초국적기업을 통해 세계시장에 접근할 수 있게 되면서 급속히 성장하고 있다. 하지만 이러한 형태의 성장은 극소수의 기업이 최종 생산품을 통제하고 세계시장에 판매함으로써 거의 대부분의 이윤을 거두어 가고 있는 세계적 순환 고리의 극히 일부분만을 차지할 뿐이다. 한적한 농촌 지역에 있는 가내 하청업자들도 이러한 순환고리의 한 부분이다(Sassen, 1988, 제4장)

이러한 상황을 고려하면, 경제활동의 지리적 분산이 경제력의 집중과 함께 진행된다면 더욱더 집중화된 관리와 통제가 요구된다. 나아가 현대 세계경제에서 대도시의 전략적 역할은 더욱 중요해진다.

역외금융센터와 역내세제혜택제도

역외금융센터는 세계적인 금융자본의 순환에 중요한 지역이다. 역외금융센터의 한 유형으로는 민간 부문이 정부의 규제를 회피하기 위해 만든 국제조세 피난처(tax shelters)를 들 수 있다. 국제 조세 피난처는 오래전부터 다양한 형태로 지속되어 왔으나, 역외금융센터가 본격적으로 등장한 시기는 1970년대이다. 이 시기는 유럽과 일본에서 전후 건축 붐이 일어나는 등의 요인으로 인해 경제의 국제화와 선진국 정부의 경제 규제가 심화되던 때이다. 넓게 보아 역외금융센터는 서류상으로만 존재하는 기업(paper operations)이다. 예를 들어 케이맨 제도(Cayman Islands)는 국제통화기금(IMF)의 자료에 따르면 2500억 달러 이상의 금융 채무가 있다. 이 작은 국가는 서류상으로는 500개 이상의 은행이 등록되어 있고, 69개 은행이 지점을 두고 있으나, 예금 업무와 현금 지급 등의 업무를 하는 '진짜' 은행은 6개뿐이다. 대부분 다른 은행들은 캐비닛 안의 서류로만 존재할 뿐이다(Rober, forthcoming ; Walter, 1989).

역외금융센터는 전 세계 도처에 산재해 있다. 아시아의 역외금융센터는 대부분 싱가포르와 홍콩에 있으며, 마닐라와 타이베이도 중요한 지역이다. 중동에서는 1975년에 바레인이 베이루트를 물리치고 제1의 지역으로 등장했으며, 쿠웨이트, 두바이, 몰타, 키프로스 등이 주요 지역이다. 남태평양 지역에서는 오스트레일리아와 뉴질랜드에 대규모 센터가 있으며, 바누아투, 쿡 제도, 나우루, 통가, 서사모아 등지에 소규모 센터가 있다. 인도양에서는 세이셸, 모리셔스 제도에 센터가 모여 있다. 유럽에서는 스위스가 제1의 지역이며, 룩셈부르크가 2위를 차지한다. 그다음으로는 키프로스, 마데이라, 몰타, 맨 섬, 채널 제도 등의 순서이다. 소규모 센터가 있는 지역은 지브롤터, 모나코, 리히텐슈타인, 안도라 등이다. 카리브 연안 지역에서는 버뮤다, 케이맨 제도, 바하마, 터크스 케이커스 제도, 영국령 버진아일랜드 등이 주요 지역이다.

그렇다면 왜 역외금융센터가 존재하는가? 1980년대에는 대규모 금융시장의 규제가 완화되고 선진국의 대도시 지역에 '국제자유금융지구(free international financial zones)'가 설립되었다. 국제자유금융지구의 사례로는 1960년대에 시작되어 계속 성장한 런던의 유로마켓(Euromarket)을 들 수 있다. 또 하나의 사례로는 1981년 시작된 미국의 국제 은행을 들 수 있다. 이들 대부분은 뉴욕에 위치해 있으며, 미국 국내 은행이 지급 준비율과 이자율의 제한 없이 외국으로부터 들어온 예금을 접수할 수 있다. 도쿄에서는 1986년에 아시아 달러시장의 거래를 허용하였다. 이로써 도쿄는 홍콩, 싱가포르, 바레인 등 모든 아시아 달러시장과 거래하는 자본의 중심지가 되었다.

기존의 국제금융의 중심지와는 달리 역외금융센터는 비밀보호, '핫'머니의 허용, 규제가 완화된 대규모 금융 센터보다는 더 '합법적인' 자유, 국제 기업에 대한 세제 최소화 전략 등이 구비되는 등 유연성이 무척 크다. 따라서 역외금융센터에서는 유로마켓의 거래뿐만이 아니라 세금을 회피하기 위한 다양한 제도가 허용된다.

원칙적으로 보면 유로마켓도 역외금융센터 중의 하나이다. 유로마켓은 1945년의 브레턴우즈 협정(Bretton Woods Agreements)에 의해 결정된 환율 규제와 국제수지 불균형의 제도를 회피하기 위해 설립되었다. 브레턴우즈 협정은 외환 거래 등의 국제 거래의 규제 등을 통해 국제적으로 활동하기를 원하는 국가와 은행에 대해 합법적 제도를 마련한 것이다. 원래 유로마켓은 미국의 은행과 다른 국가들이 미국의 규제를 피해 달러를 거래하는 유로달러(Eurodollar)시장이었다. 여기에 지난 10여 년 동안 다른 국가의 통화도 더해졌다.

금융에 있어서 **역외**(offshore)란 반드시 해외 혹은 외국을 의미하는 것은 아니다. 이 용어가 기본적으로 지칭하는 것은 특정 규제에서 벗어난 기업과 시장이 활동하는 장소를 말한다. **역내**(onshore)시장과 역외시장은 상호 경쟁하고 있다. 1980년대 규제완화로 인해 역외 자본의 상당 부분이 역내로, 특히 뉴욕과 런던으로 돌아왔지만, 정부가 금융시장의 규제완화를 계속할 확신을 가질 만큼 중요한 요인은 되지 못했다. 런던의 '빅뱅(big bang)'과 파리의 '프티뱅(petit bang)'도 이러한 금융시장의 규제완화 과정에서 일어난 일이다.

국제금융에서 유로마켓은 상당히 중요한 위치를 차지한다. 국제결제은행

(Bank for International Settlements)의 자료에 따르면 유로마켓은 1964년 90억 달러에서 1970년 570억 달러로, 1981년에는 6610억 달러로 성장했다. 석유파동도 유로마켓의 성장에 기여했다. 따라서 1970년 말 미국은 금융시장의 규제를 완화할 필요성을 절감했다. 1970년 내내 유로마켓은 중요한 국제금융 거래의 중심지였다. 1980년대에 정상적인 규제의 틀에서 벗어난 역외 채권과 증권의 대명사는 유로본드(Eurobonds)와 유로시큐리티(Euro securities)가 되었다. 1980년대에 증권화는 비유동적 형태의 부채를 유동성 있게 하는 등 무척 중요한 역할을 하였다.

역외금융센터는 기본적으로 1970년대에 조세 피난처로 성장하였다. 이것이 유로마켓과 다른 가장 큰 특징이다. 오늘날 몇몇 역외센터는 단순한 조세 피난처로 전락했고, 몇몇 조세 피난처는 오히려 완전한 역외금융센터로 성장하기도 했다. 그러나 대부분의 역외금융센터는 은행, 보험, 혹은 다른 금융 거래의 지점으로 전문화되고 있다. 세계 3대 금융 센터(뉴욕, 런던, 도쿄)의 시간대와 일치하는 곳에 소규모 역외금융센터가 집중하여, 대규모 금융센터에서 거래하는 기업에 같은 시간대에서 서비스를 제공하기도 한다. 물론 모든 역외금융 활동이 대규모 센터와의 연계하에 이루어지지도 않으며, 시간대가 동일한 지역이어야 하는 것은 아니다.

요약하자면 역외금융센터는 국제적인 금융 거래의 한 형태가 전문화된 고도의 특화 지구인 셈이다. 또한 세계 금융 대국이 금융시장을 규제하려 할 때 이를 완화시켜 주는 완충지대(buffer zone)인 것이다. 하지만 넓은 의미에서 볼 때 역외금융센터는 세계도시에 집중된 금융자본시장의 한 부분인 것이다.

결론: 팍스아메리카나 이후

세계경제는 전 지구적인 현상은 아니었다. 단지 어느 정도 명확히 정의된 경계 내에서만 진행되었다. 대부분 선도 산업의 경우에도 한 시기가 지나면 변하게 되면서 세계경제의 구조화를 특징짓는다. 세계경제가 체계화되는 제도적 틀도 초기 제국주의 시대부터 1970년대에 붕괴한 팍스아메리카나(Pax Americana: 미국의 정치 · 경제 · 군사적 지배 시기)의 제국 시대까지 계속 변모한다.

서유럽과 일본의 재건 경제가 국제시장에 재등장하면서 팍스아메리카나가 붕괴했으며, 세계경제는 새로운 시기로 접어들었다. 세계경제가 1970년대 중반에 이르러 새로운 패턴을 보인다는 것은 많은 학자들의 연구에서도 나타난다. 첫째, 국제 거래의 지리 축이 남북 축에서 동서 축으로 변모하였다. 이 과정에서 아프리카와 남아메리카의 많은 국가들이 이제까지 강한 연계를 가졌던 상품과 원자재의 세계시장에서 이탈하게 되었다. 두 번째로 서비스의 해외직접투자가 크게 증가하였으며, 국제금융시장의 역할이 강조되었다. 세 번째는 제2차 세계대전 이후 세계경제의 제도적 틀을 이루었던, 브레턴우즈 협정이 붕괴한 것이다. 경제적, 군사적 측면에서 유일한 초강국이었던 미국의 영향력이 약화되고 일본과 유럽의 다국적기업과 은행이 미국 기업의 주요 경쟁자로 등장한 것이다.

이러한 변화와 조정을 이해하는 것이 세계경제 조직에서 다양한 유형의 도시들의 지위를 고찰하는 데 중요한 요소가 된다. 몇 안 되는 세계도시가 주요 금융시장과 전문화된 서비스 기업의 입지 장소가 되었고, 세계의 많은 대도시들이 생산의 세계화로 인해 제조업 수출 센터로서의 역할을 잃게 되었다. 이러한 새로운 세계경제 질서 속에서 대도시 간의 역할 변화를 분석하는 것이 다음 장의 주제이다.

〈제2장 부록〉

도표 A.2.1 해외직접투자액 유출입 현황(1980-2008)

	연도	선진국		개발도상국		구공산권 및 동유럽 국가		전체	
		유입	유출	유입	유출	유입	유출	유입	유출
금액 (십억 달러)	1980-1984	195.69	206.25	93.08	11.61	0.05	-	288.81	217.86
	1985-1989	525.66	665.30	113.07	47.52	0.03	-	638.76	712.82
	1990-1994	693.37	1,035.04	308.57	135.51	6.81	2.93	1,008.75	1,173.48
	1995-1999	2,091.82	2,682.22	872.70	311.92	36.81	8.68	3,001.33	3,002.82
	2000-2004	2,930.98	3,520.36	1,122.63	433.31	78.22	35.40	4,131.83	3,989.07
	2005	613.09	741.97	329.29	122.71	30.95	14.31	973.33	878.99
	2006	972.76	1,157.91	433.76	215.28	54.55	23.72	1,461.07	1,396.92
	2007	1,358.63	1,809.53	529.34	285.49	90.87	51.50	1,978.84	2,146.52
	2008	962.26	1,506.53	620.73	292.71	114.36	58.50	1,697.35	1,857.73
	2005-2008	3,906.74	5,215.94	1,913.13	916.19	290.72	148.03	6,110.59	6,280.16
비중 (%)	1980-1984	67.76	94.67	32.23	5.33	0.02	-	100	100
	1985-1989	82.29	93.33	17.70	6.67	0.00*	-	100	100
	1990-1995	68.74	88.20	30.59	11.55	0.67	0.25	100	100

(계속)

	연도	선진국		개발도상국		구공산권 및 동유럽 국가		전체	
		유입	유출	유입	유출	유입	유출	유입	유출
비중 (%)	1995–2000	69.70	89.32	29.08	10.39	1.23	0.29	100	100
	2000–2004	70.94	88.25	27.17	10.86	1.89	0.89	100	100
	2005	62.99	84.41	33.83	13.96	3.18	1.63	100	100
	2006	66.58	82.89	29.69	15.41	3.73	1.70	100	100
	2007	68.66	84.30	26.75	13.30	4.59	2.40	100	100
	2008	56.69	81.09	36.57	15.76	6.74	3.15	100	100
	2005–2008	63.93	83.05	31.31	14.59	4.76	2.36	100	100
성장률 (전년 대비, %)	2001	−46.74	−38.65	−16.14	−38.51	38.98	−13.96	−40.62	−38.57
	2002	−25.67	−26.93	−18.33	−40.10	16.12	69.20	−23.25	−28.04
	2003	−18.35	5.16	4.58	−8.26	76.23	129.76	−10.25	5.00
	2004	14.65	56.76	57.83	164.48	52.30	32.39	30.03	65.01
	2005	48.02	−6.68	13.39	1.88	2.11	1.22	32.45	−5.45
	2006	58.67	56.06	31.73	75.44	76.26	65.81	50.11	58.92
	2007	39.67	56.28	22.04	32.61	66.58	117.10	35.44	53.66
	2008	−29.17	−16.74	17.26	2.53	25.86	13.57	−14.22	−13.45

주: 별표(*)는 0.005보다 낮은 수치임.
출처: UNCTAD(2009a)에서 계산.

도표 A.2.2 선진국, 개발도상국별 대규모 주식시장의 해외직접투자 유출입 금액(1970–1990; 십억 달러, %)

	1971–1970	1976–1975	1981–1980	1986–1985	1981–1990	1975	1980	1985	1990	1990	1970	1975	1980	1985	1990
국가 및 부문	연평균 성장	십억 달러	성장률	비중											
A. 유출															
선진국[a] 1차 증시	29	58	88	115	160	14	8.7	5.5	6.8	6.2	22.7	25.3	18.5	18.5	11.2
2차 증시	58	103	208	240	556	11.7	15.1	2.9	18.3	10.3	45.2	45	43.8	38.7	38.7
3차 증시	41	68	179	265	720	10.4	21.4	8.2	22.1	14.9	31.4	27.7	37.7	42.8	50.1
합계	129	229	475	620	1436	11.7	15.7	5.5	18.3	11.7	100	100	100	100	100
B. 유입															
선진국[b] 1차 증시	12	17	18	39	94	4.7	5.9	16.7	19.2	18	16.2	12.1	6.7	9.2	9.1
2차 증시	44	79	148	195	439	10.7	13.4	5.7	17.6	11.5	60.2	56.5	55.2	46.2	42.5
3차 증시	17	44	102	188	499	16.5	18.3	13	21.6	17.2	23.7	31.4	38.1	44.5	48.4
합계	73	140	268	422	1032	11.3	13.9	9.5	19.6	14.4	100	100	100	100	100

(계속)

	1971–1970	1976–1975	1981–1980	1986–1985	1981–1990	1975	1980	1985	1990	1990	1970	1975	1980	1985	1990
국가 및 부문	연평균 성장	십억 달러	성장률	비중											
개발도상국/경제[c]															
1차 증시	–	7	17	31	46	–	19.4	12.8	8.2	10.5	–	20.6	22.7	24	21.9
2차 증시	–	19	41	64	102	–	16.6	9.3	9.8	9.5	–	55.9	54.6	49.6	48.6
3차 증시	–	8	17	34	62	–	16.3	14.9	12.8	13.8	–	23.5	22.7	26.4	29.5
합계	–	34	75	129	210	–	17.1	11.4	10.2	10.8	–	100	100	100	100

a. 오스트레일리아, 캐나다, 프랑스, 독일, 이탈리아, 일본, 네덜란드, 영국, 미국; 이상의 국가들은 1990년 해외직접투자 유출액 중 거의 90%를 차지함. 1970년과 1971–1975년간의 성장에 대한 자료는 오스트레일리아와 프랑스의 자료임.

b. 오스트레일리아, 캐나다, 프랑스, 독일, 이탈리아, 일본, 네덜란드, 영국, 스페인, 미국; 이상의 국가들은 1990년 해외직접투자 유입액 중 거의 72%를 차지함. 1970년과 1971–1975년간의 성장에 대한 자료는 오스트레일리아, 프랑스, 스페인의 자료임.

c. 아르헨티나, 브라질, 칠레, 중국, 콜롬비아, 홍콩, 인도네시아, 말레이시아, 멕시코, 나이지리아, 필리핀, 한국, 싱가포르, 타이완, 타이, 베네수엘라; 이상의 국가들은 개발도상국에 유입되는 해외직접투자 금액의 68%를 차지함.

도표 A.2.3 부문별 해외직접투자액 유출입 규모(1990년, 2007년; %)

	유입		유출	
	1990	2007	1990	2007
세계				
1차 산업	9.4	7.5	8.8	7.2
제조업	41.1	27.0	43.5	26.0
서비스업	48.8	63.8	47.4	64.9
부동산매매업	0.0	0.0	0.0	0.0
기타 업종	0.7	1.6	0.2	1.9
선진국				
1차 산업	9.6	7.5	8.8	7.8
제조업	40.6	28.1	43.6	28.4
서비스업	49.3	63.0	47.4	61.9
부동산매매업	0.0	0.1	0.0	0.0
기타 업종	0.6	1.4	0.2	0.0
개발도상국				
1차 산업	8.4	6.3	12.7	2.4
제조업	43.6	24.0	35.5	8.6
서비스업	46.7	67.8	48.5	87.3
부동산매매업	–	–	–	–
기타 업종	1.4	1.9	3.3	1.8
구공산권[a]				
1차 산업	–	22.9	–	27.6
제조업	–	26.0	–	8.1
서비스업	–	45.0	–	59.2
부동산매매업	–	0.0	–	
기타 업종	–	6.1	–	5.2

a. 구공산권 국가군은 동유럽과 남유럽의 비EU 국가들과 전 소비에트연방 소속 국가들(CIS)을 포함함.

도표 A.2.4 부문별 해외직접투자액 유출입 규모(1989−1991, 2005−2007; %)

	유입		유출	
	1989−1991	2005−2007	1989−1991	2005−2007
세계				
1차 산업	6.9	11.6	4.5	10.0
제조업	34.2	24.0	37.3	24.4
서비스업	50.4	59.0	50.4	57.9
기타 업종	8.4	5.4	7.8	7.8
선진국				
1차 산업	5.9	11.7	4.5	10.0
제조업	31.4	21.9	36.8	25.1
서비스업	54.9	60.0	50.8	56.7
기타 업종	7.7	6.4	7.8	8.2
개발도상국				
1차 산업	11.2	9.2	4.7	8.8
제조업	46.5	31.0	56.9	17.3
서비스업	30.8	56.7	32.9	69.9
기타 업종	11.5	3.2	5.5	4.0
구공산권[a]				
합계	−	100.0	−	100.0
1차 산업	−	30.1	−	325.6
제조업	−	16.4	−	36.3
서비스업	−	52.3	−	−228.9
기타 업종	−	1.3	−	−33.0

a. 구공산권 국가군은 동유럽과 남유럽의 비EU 국가들과 전 소비에트연방 소속 국가들(CIS)을 포함함.

도표 A.2.5a 1991년과 1997년의 세계 50대 은행 집중도(십억 달러, %)

1991

	회사 수	자산	50대 은행 중 비중	자본금	50대 은행 중 비중
일본	27	6,572.42	40.7	975.19	40.6
미국	7	913.01	5.7	104.73	4.4
영국	5	791.65	4.9	56.75	2.4
소계	39	8,277.08	51.3	1,136.67	47.4
총계	50	16,143.35	100.0	2,400.44	100.0

1997

	회사 수	자산	50대 은행 중 비중	자본금	50대 은행 중 비중
일본	12	6,116.31	36.4	1,033.42	45.8
미국	6	1,794.82	10.7	242.00	10.7
영국	5	1,505.69	9.0	130.59	5.8
소계	23	9,416.81	56.0	1,406.01	62.3
총계	50	16,817.69	100.0	2,257.95	100.0

주: WorldScope에서 정리한 다우존스 글로벌 지수에 의해 1997년의 은행 자산액을 평가하였음; 인용된 수치는 회계연도를 1997년으로 잡은 것이며, 일본 은행의 경우는 1998년 자료를 참조하였음.

도표 A.2.5b 2003년과 2009년의 세계 50대 은행 집중도(십억 달러, %)

2003

	회사 수	자산	50대 은행 중 비중
미국	10	5,047.25	20.1
일본	6	3,955.17	15.8
독일	7	3,322.50	13.2
상위 3개국 계	23	12,324.92	49.1
상위 5개국 계[a]	34	17,931.62	71.4
상위 50개 은행 계	50	25,108.73	100

2009

	회사 수	자산	50대 은행 중 비중
영국	5	11,729	18.9
미국	6	9,278	15.0
프랑스	5	8,614	13.9
상위 3개국 계	16	29,262	47.7
상위 5개국 계[b]	27	42,097	67.8
상위 50개 은행 계	50	62,050	100.0

a. 추가 2개국은 영국과 프랑스로서, 영국은 2003년 기준 세계 50대 은행에 해당하는 은행을 6개 보유하고 있으며, 자산총액은 3,166.65(10억 달러), 프랑스는 2003년 기준 세계 50대 은행에 해당하는 은행을 5개 보유하고 있으며, 자산총액은 2,440.05(10억 달러)임.

b. 추가 2개국은 독일과 일본으로서, 독일은 2009년 기준 세계 50대 은행에 해당하는 은행을 7개 보유하고 있으며 자산총액은 6,850(10억 달러), 일본은 2009년 기준 세계 50대 은행에 해당하는 은행을 4개 보유하고 있으며, 자산총액은 5,626(10억 달러)임.

도표 A.2.6 지역 및 국가별 다국적기업 본사 수와 외국계 기업 수(1985-2008)

	본사		외국계 기업
	연도	국가 내에 입지한 본사 수	국가 내에 설립된 기업 수
선진국	1990[a]	33,500	81,800
	1996[a]	43,442	96,620
	2003[a]	45,007	102,560
	2008[a]	58,783	366,881
주요 선진국			
오스트레일리아	1992	1,306	695
	1997	485	2,371
	2001	682	2,352
	2006	1,380	1,991
캐나다	1991	1,308	5,874
	1996	1,695	4,541
	1999	1,439	3,725
독일	1990	6,984	11,821
	1996	7,569	11,445
	2002	6,069	9,268
	2007	6,115	11,750
프랑스	1990	2,056	6,870
	1996	2,078	9,351
	2002	1,267	10,713
일본	1992	3,529	3,150
	1996	4,231	3,014
	2001	3,371	3,870
	2006	4,663	4,500
스웨덴	1991	3,529	2,400
	1997	4,148	5,551
	2002	4,260	4,656
	2007	1,268	11,944
스위스	1985	3,000	2,900
	1995	4,506	5,774
	2008	2,616	6,852

(계속)

	본사		외국계 기업
	연도	국가 내에 입지한 본사 수	국가 내에 설립된 기업 수
영국	1991	1,500	2,900
	1996	1,059	2,609
	2003	2,607	13,176
	2005	2,360	13,667
미국	1990	3,000	14,900
	1995	3,379	18,901
	2000	3,235	15,712
	2002	2,418	5,664
개발도상국	1990[a]	2,700	71,300
	1996[a]	9,323	230,696
	2003[a]	14,192	580,638
	2008[a]	21,425	425,258
주요 개발도상국			
브라질	1992	566	7,110
	1995	797	6,322
	1998	1,225	8,050
	2008	226	4,172
중국	1989	379	15,966
	1997	379	145,000
	2002	350	424,196
	2007	3,429	286,232
콜롬비아	1987	–	1,041
	1995	302	2,220
	2008	71	645
홍콩	1991	500	2,828
	1997	500	5,067
	2001	948	9,132
	2007	1,167	9,712
인도네시아	1988	–	1,064
	1995	313	3,472
	2004	313	721

(계속)

	본사		외국계 기업
	연도	국가 내에 입지한 본사 수	국가 내에 설립된 기업 수
필리핀	1987	–	1,952
	1995	–	14,802
	2004	–	311
한국	1991	1,049	3,671
	1996	4,806	3,878
	2002	7,460	12,909
	2008	7,460	16,953
싱가포르	1986	–	10,709
	1995	–	18,154
	2002	–	14,052
구공산권[b]	1990[a]	400	21,800
	1996[a]	842	121,601
	2003[a]	2,313	243,750
	2008[a]	1,845	3,990
세계 총합	1990[a]	36,600	174,900
	1996[a]	53,607	448,917
	2003[a]	61,582	926,948
	2008[a]	82,053	807,363

a. 해당 국가 중 데이터가 없는 경우에는 가장 최근 연도 데이터를 삽입하여 합계를 추려 냄.
b. 구공산권 국가군은 동유럽과 남유럽의 비EU 국가들과 전 소비에트연방 소속 국가들(CIS)을 포함함.

도표 A.2.7 조세 정의 네트워크: 조세 피난처와 불공정한 특혜 조세 지역(2005)

관할 지역	국가 코드	OECD	FSF-IMF 2000	TJN 2005
1. 안도라	AD	■	■	■
2. 앵귈라	AI	■	■	■
3. 앤티가 바부다	AG	■	■	■
4. 아루바	AW	■	■	■
5. 오스트레일리아	AU	¤		
6. 오스트리아	AT	¤		
7. 바하마	BS	■	■	■
8. 바레인	BH	■	■	■
9. 바베이도스	BB	*	■	■
10. 벨기에	BE	¤		■
11. 벨리즈	BZ	■	■	■
12. 버뮤다	BM	■	■	■
13. 영국령 버진아일랜드	VG	■	■	■
14. 캐나다	CA	¤		
15. 케이맨 제도	KY	■	■	■
16. 쿡 제도	CK	■	■	■
17. 코스타리카	CR		■	■
18. 키프로스	CY	■	■	■
19. 도미니카	DM	■	■	■
20. 두바이	AE			■
21. 핀란드(올란드)	FI	¤		
22. 프랑스	FR	¤		
23. 독일(프랑크푸르트)	DE	¤		■
24. 지브롤터	GI	■	■	■
25. 그리스	GR	¤		
26. 그레나다	GD	■	■	■
27. 건지, 샤크, 올더니 제도	GG	■	■	■
28. 홍콩	HK		■	■
29. 헝가리	HU	¤		■
30. 아이슬란드	IS	¤		■
31. 아일랜드	IE	¤	■	■
32. 맨 섬	IM	■	■	■
33. 이스라엘(텔아비브)	IL			■
34. 이탈리아(캄피오네디탈리아 & 트리에스테)	IT	¤		■
35. 저지	JE	■	■	■
36. 한국	KR	¤		
37. 라트비아	LV			

(계속)

관할 지역	국가 코드	OECD	FSF-IMF 2000	TJN 2005
38. 레바논	LB		■	■
39. 라이베리아	LR	■		■
40. 리히텐슈타인	LI	■	■	■
41. 룩셈부르크	LU	¤	■	■
42. 마카오	MO		■	■
43. 말레이시아(루부안)	MY		■	■
44. 몰디브	MV	*		■
45. 몰타	MT	■	■	■
46. 마셜 제도	MH	■	■	■
47. 모리셔스	MU	■	■	■
48. 모나코	MC	■	■	■
49. 몬트세랫	MS	■	■	■
50. 나우루	NR	■	■	■
51. 네덜란드	NL	¤		■
52. 네덜란드령 앤틸리스 제도	AN	■	■	■
53. 니우에 섬	NU	■	■	■
54. 북마리아나 제도	MP			■
55. 팔라우			■	
56. 파나마	PA	■	■	■
57. 포루투갈(마데이라)	PT	¤		■
58. 러시아(잉구셰티야)	RU			■
59. 세인트키츠네비스	KN	■	■	■
60. 세인트루시아	LC	■	■	■
61. 세인트빈센트 그레나딘	VC	■	■	■
62. 사모아	WS	■	■	■
63. 산마리노	SM	■		
64. 상투메 프린시페	ST			■
65. 세이셸	SC	■	■	■
66. 싱가포르	SG		■	■
67. 소말리아	SO			■
68. 남아프리카 공화국	ZA			■
69. 스페인(멜리야)	ES	¤		■
70. 스웨덴	SE	¤		
71. 스위스	CH	¤	■	■
72. 타이완(타이베이)	TW			■
73. 통가	TO	*		■
74. 터키(이스탄불)	TR	¤		

(계속)

관할 지역	국가 코드	OECD	FSF-IMF 2000	TJN 2005
75. 북키프로스 터키 공화국				■
76. 터크스 케이커스 제도	TC	■	■	■
77. 영국(런던)	UK			■
78. 우루과이	UY			■
79. 미국령 버진아일랜드	VI	■		■
80. 미국(뉴욕)	US	¤		■
81. 바누아투	VU	■	■	■

■ 조세 피난처 OECD, TJN 2007 / 역외금융 센터 FSF-IMF 2000

¤ OECD 2000에 의해 구별되어 잠재적으로 불공정한 특혜 조세 제도를 가진 OECD 회원국.

■ OECD 2006에 따라 더 이상 조세 피난처로 여기지 않음.

주: OECD(경제협력개발기구), FSF-IMF 2000(금융안정화 포럼-국제통화기금 2000), TJN 2005(조세 정의 네트워크 2005).

참고: OECD와 다른 주요 자료들은 조세 피난처를 좁은 지리적인 의미의 용어로만 포함시킴. 여기에는 불공정한 특혜 조세 제도의 TJN 목록은 포함되지 않음.

출처: http://www.taxjustice.net/cms/upload/pdf/Identifying_Tax_Havens_Jul_07.pdf(pp. 8-9). 인용 허가 받음.

Chapter
03

국가적 도시체계와 초국적 도시체계

제2장에서 서술한 새로운 경향은 글로벌하고 초국적인 지역 범위에서 작동하는 새로운 도시체계가 등장하고 있음을 보여 준다(Marcotullio and Lo, 2001; Taylor, 2004; PRA, 2007; Derudder et al., 2010; Xu and Yeh, 2010; Fainstein and Campbell, 2011; Mori Foundation, 2011; Bridge and Watson, 2011). 이 새로운 도시체계에서는 도시가 국제적인 조정과 기업, 시장, 심지어 갈수록 초국적화되는 경제 전반을 지원하는 중요한 결절지(node)로 역할한다. 세계경제의 **조직적인** 측면을 보여 주는 세계도시 지도는 전 세계적으로 분포한 재화와 용역의 소비를 보여 주는 것으로, 훨씬 더 광범위한 세계지도와는 구분된다. 세계적인 브랜드의 소비지는 전 세계 어디에나 분포하지만, 이러한 장소들이 세계경제의 조직 지도는 아니기 때문이다. 외국인이 소유한 도시의 빌딩들이 글로벌 경제의 조직 지도의 구성 요소가 아닌 것처럼, 세계도시 지도는 해외직접투자의 지도와도 다르다. 첫째, 해외직접투자와 특히 소비 지도는 조직 지도보다 훨씬 더 폭이 넓고 멀리 확산되어 있다. 후자는 전 세계 수백만 개의 도시 중에 70여 개밖에 되지 않는 세계도시에 의해 전략적으로 위치하고 있다. 둘째, 세

계도시 또한 새롭게 등장하고 있는 초국적 정치·문화지리의 맥락에서 발현되는 전략적 지역이다. 1990년대에 많은 국가들이 종종 글로벌 경제의 힘에 의해서, 세계적인 기업 시스템에 합류하기 위해 필요한 규제완화와 민영화 정책을 시행함에 따라 글로벌 경제가 빠르게 확장하면서 세계도시의 수가 급속히 증가했다. 글로벌 문화, 이민, 글로벌 시민사회 등 많은 다른 과정들은 도시가 세계도시로 변모해 가는 일련의 과정 중 한 부분이다.

대부분의 도시와 대도시들은 새로운 초국적 도시체계의 구성 요소에 속하지 않는다. 도시체계는 전형적으로 국가와 연계되어 있으며, 대부분의 도시들은 국내적 공간체계 안에 속해 있다. 따라서 새로운 세계화 시기가 본격적으로 시작된 1980~1990년대의 도시체계에 대한 연구들은 국가를 분석 단위로 삼았다. 하지만 중요한 예외적 사례들이 있다[Chase-Dunn, 1984; Timberlake, 1985; Savitch, 1988; GaWC(Globalization and World Cities Study Group and Network: 세계화와 세계도시 연구 네트워크); Sassen, [1991] 2001; Santos et al., 1994]. 국가 단위의 연구가 일반적 경향이었지만, 도시 간 네트워크가, 갈수록 게이트키핑 역할이 축소되고 있는 국가의 경계를 넘어서서, 직접 연계되는 가능성에 주목한 연구들이 점증하고 있다.

이 장에서는 경제의 세계화가 국내적 도시체계에 미치는 영향을 분석하여, 자동차 산업에서 금융 산업까지 주요 산업의 세계화가 서로 다른 국내적 도시체계에 미치는 독특한 영향을 고찰한다. 저자는 도시연구에서 주요한 두 가지 도시체계, 즉 균형적 도시체계와 종주적 도시체계(국가의 인구, 일자리, 기업의 대부분이 수도와 같은 한 도시에 집중되는 체계)에 초점을 두고 살펴본다. 서유럽 국가들은 전통적으로 균형적 도시체계이며, 라틴아메리카 국가들은 종주적 도시체계를 가진 것으로 알려져 있다. 하지만 런던과 도쿄처럼 선진국에서도 이러한 유형의 도시체계가 발견되기도 한다. 이 장의 후반부에서는 초국적 도시체계의 등장에 대해 분석한다.

도시화의 세계적 패턴

유럽과 라틴아메리카의 균형적 도시체계와 종주적 도시체계에 대한 상세한 분석에 들어가기 전에 세계에서 인구 증가율이 가장 높은 아프리카와 아시아의 도시인구 변화의 경향을 살펴보자. 1988년 이후로 UN 사무국 경제사회부 인구국은 세계의 도시인구 성장, 국가 단위의 도시화율, 도시의 규모 등 세 가지 측정치에 대한 예측을 발표했다.[1] 도시화율이 낮은 중국과 인도에 세계 최대의 도시들이 존재하고, 네덜란드와 캐나다 같은 도시화율이 무척 높은 국가에는 메가시티들이 없을 것이라는 예측치가 나왔다.

도표 3.1과 도표 3.2는 도시인구의 절대 수치는 감소하지 않지만, 도시인구 성장률이 앞으로 수렴될 것이라는 예측치를 보여 준다. 나아가 1970~2010년 기간 동안 농촌 지역의 인구 비중이 감소하며, 선진국에서는 농촌인구의 절대 수치도 감소할 것으로 예측한다(도표 3.4). 선진국은 1970년대에 도시인구 증가율이 최고에 달했으며, 이는 복합적이며 차별적인 도시 변화 경향을 보여 준다. 예를 들어 미국에서는 엄청난 규모의 교외화, 중·소도시의 성장, 대도시의 쇠퇴 등을 수반했다. 일본의 경우 산업화가 가속화되던 1960년대에 60% 정도의 농촌인구가 도시로 이동하여 도시화율을 최고로 끌어올렸다(정부가 농촌 마을을 도시로 이주시킴). 이러한 도시화 과정은 궁극적으로 도시화율을 감소시키고 미래에는 도시화율이 마이너스가 되어, 많은 사람들이 도시와 교외를 떠나 준교외(exurbs)나 농촌 지역에 살게 된다. 하지만 도시인구의 감소가 도시 지역이 여전히 사람이 가장 많은 곳이라는 사실까지는 변화시키지 못할 것

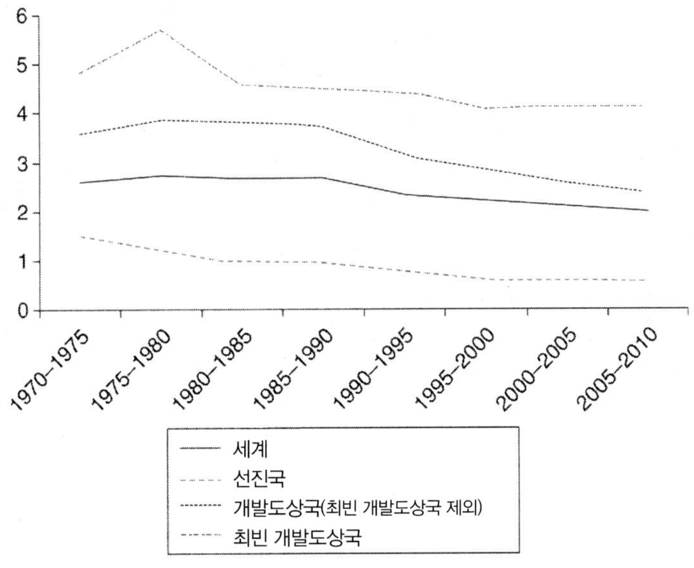

도표 3.1 도시인구의 연평균 성장률, 1970–2010

출처: UN 사무국 경제사회부 인구국 자료(2008).

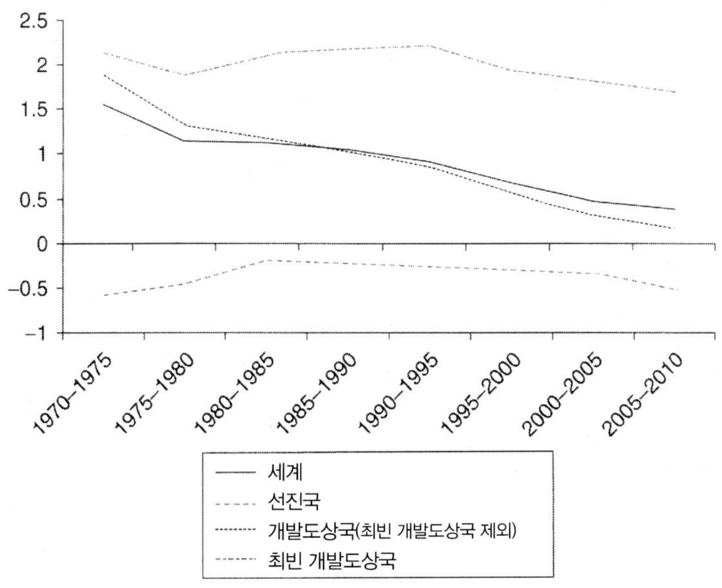

도표 3.2 농촌인구의 연평균 성장률, 1970–2010

출처: UN 사무국 경제사회부 인구국 자료(2008).

이다.

개발도상국의 경우 이러한 도시인구 증가율의 수렴 효과와 함께 2030년까지 도시인구의 절대 수가 증대하고, 국가 GDP가 주요 도시에 집중될 것으로 예측되었다(도표 3.3, 3.4 및 A.3.5 참조). 아프리카의 도시와 교외 지역의 인구도 지속적으로 증가하지만, 전반적으로 성장률이 1960~1965년 사이 5%에서 2005~2010년 사이에는 3%, 2045~2050년 사이에는 2%대로 감소할 것으로 예측되었다(UN, 2010). 오늘날 도시인구가 가장 급속히 성장하고 있는 아시아 지역도 실질 성장률이 1960~1965년의 3.9%에서 2045~2050년 기간 동안에는 1%대로 감소할 것으로 예측되었다(UN, 2010). 물론 국가나 대륙에 따라서 상황이 다르기 때문에 다양한 변이가 있을 수 있다. 인도의 경우 불균형 발전과 극심한 불평등 때문에 가난한 농촌 지역과 마을 주민들은 이주할 여력이 없다. 중국의 수천만 명의 도시 거주 농촌 이주자(농민공)들은 임시 취업 허가증만 있고 도시 거주 허가증이 없기 때문에 도시인구로 계산되지 않는다. 일반적으로 아프리카와 아시아에는 대규모 슬럼이 많고 빠르게 성장하고 있지만, 이곳에 거주하는 도시민들은 공식적으로는 도시인구로 계산되지 않는다.

수많은 대도시 지역과 점증하는 중규모 도시들은 인구 수용량이 한계에 달하고 있다. 이미 멕시코시티나 상파울루 같은 라틴아메리카의 도시들은 한계에 달하여 1990년에 도시인구가 3,000만 명이 될 것으로 예측되었으나, 실제로는 2,000만 명 수준에서 정체하고 있다. 아시아의 많은 지역에서도 완전히 새로운 도시들이 절대적으로 필요하다. 중국은 향후 몇 십 년 동안 100여 개의 신도시를 건설할 계획을 세우고 있다. 하지만 신도시를 건설하거나 기존 도시를 확장하는 데에는 엄청난 규모의 비용이 수반되고, 도시계획과 공학 기술 부문의 문제 해결을 위한 역량이 필요하기 때문에 몇몇 국가에서만 신도시를 건설하고 있다. 인도처럼 부가 집중된 국가라 할지라도 중국과 같은 신도시를 건설하는 것은 무리이다. 인도는 공학 기술 부문이 발전했지만, 대부분의 공학 기술 자원이 사적 이윤 추구 부문에 집중되어 있다. 여기에 비효율성과 공공 부문의 광범위한 부패도 장애가 된다. 따라서 중국의 수많은 빈곤층들에게는 어느 정도 희망이 있다. 하지만 인도에서는 희망이 보이지 않는다. 브라질의 경우, 중국처럼 자원이나 중앙정부의 강한 계획 권한은 없지만, 인도보다는 훨씬 상황이 좋다. 정부가 주도하여 수천만 명의 도시 빈곤층 가구에 지원금을 제공함으로써 불과 몇 년 사이에 3,000만 명을 빈곤에서 구제하였다. 나이지리아 정부는 석유 판매로 엄청난 부를 축적하였으나, 이는 소수의 엘리트 그룹에게만 돌아갔고, 호화로운 신수도 건설에 투자되었다. 하지만 나이지리아 정부는 신수도에 안정적인 전력, 상수도, 주택 공급 등의 대중적인 인프라 건설을 하지 않아 대부분의 나이지리아 시민들은 이곳에서 거주할 수가 없다.

여기에서 연구와 정책적으로 중요한 또 하나의 이슈는 종주형 도시체계(urban primacy)의 문제이다. 라틴아메리카, 카리브 해 지역 국가, 아시아 대부분의 국가, 아프리카의 상당수 국가들이 종주형 도시체계를 유지하고 있다는 것은 이미 오래전 연구에서 밝혀졌다(Hardoy, 1975; Linnn, 1983; Dogan and Kasarda, 1988; Abreu et al., 1989; Lee, 1989; Stren and White, 1989; Kozano and Duarte, 1991; Feldbauer et al., 1993). 종주형 도시체계란 국가 도시체계에서 1위의 도시가 인구, 고용, 소득 등의 측면에서 월등하게 높은 비중을 차지하는 것을 말한다(도표 3.4). 예를 들어 2007~2008년에 부에노스아이레스는 아르헨티나 전체 인구의 32.4%를 차지했으며, 국내총생산의 63.3%를 유지했다(도표 3.3)

종주도시화는 한 국가의 도시체계에서 수위도시의 집중률이 과도하게 높은 상태를 말하며, 상대적인 분포를 의미하는 것이지 인구수가 많거나 면적이 크다는 것을 의미하는 것은 아니다. 도표 3.4에서 보면, 알제와 리마는 종주도시

도표 3.3 수위도시의 인구와 국내총생산 점유율, 2007-2008

도시[a]	국가	수위도시의 인구점유율 2007(%)	수위도시 GDP 2008(US$ bn at PPP)[b]	국가 GDP 2008(US$ bn at PPP)	수위도시의 GDP점유율 PPP 2008(%)
알제	알제리	9.9	45	276	16.3
보고타	콜롬비아	16.8	100	396	25.3
부에노스아이레스	아르헨티나	32.4	362	572	63.3
카사블랑카 (대도시 지역)	모로코	10.2	33	137	24.1
멕시코시티	멕시코	17.9	390	1,542	25.3
이스탄불	터키	13.4	182	1,029	17.7
카라치	파키스탄	7.4	78	439	17.8
하르툼	수단	12.3	35	89	39.3
라고스	나이지리아	6.4	35	315	11.1
리마(대도시 지역)	페루	28.7	109	245	44.5
방콕	타이	10.5	119	519	22.9
메트로마닐라	필리핀	12.6	149	317	47.0
뭄바이	인도	1.6	209	3,388	6.2
나이로비	케냐	8.0	12	61	19.7
산티아고	칠레	34.4	120	242	49.6
상파울루	브라질	9.8	388	1,977	19.6
서울	한국	20.3	291	1,358	21.4

a. 대도시 지역을 포함.
b. 대도시 지역의 GDP는 추정치임.
출처: UN 사무국 경제사회부 인구국의 인구 통계(2008); 프라이스워터하우스쿠퍼스(PWC)의 도시 GDP 추정치(2009); 세계은행의 국가 GDP 통계(2009).

이지만 세계적인 기준으로 볼 때 인구수가 많은 것은 아니다. 따라서 세계의 대도시 지역이 모두 종주도시는 아니다. 예를 들어 뉴욕은 세계에서 20위 정도의 대도시이지만, 미국의 도시체계가 다극화되어 있어 종주도시라고 할 수 없다. 베이징이나 뭄바이도 이와 유사하다. 종주도시화 현상은 개발도상국에서 가장 현저하지만 개발도상국에서만 나타나는 현상은 아니다. 도쿄와 런던은 선진국의 대표적인 종주도시들이다. 소위 메가시티라고 불리는 대도시권

도표 3.4 개발도상국의 도시 성장 패턴

국가	1인당 국민총소득 2008(US$)	인구 규모(천 명)				도시인구 비율(%)	
		2008		2030			
		도시	농촌	도시	농촌	2008	2030
아르헨티나	7,200	36,686	3,190	2,544	2,544	92.0	94.6
멕시코	9,980	82,103	24,248	106,689	21,436	77.2	83.3
콜롬비아	4,660	33,178	11,356	46,610	10,967	74.5	81.0
브라질	7,350	164,289	27,682	215,492	20,988	85.6	91.1
알제리	4,260	22,411	11,951	34,096	10,630	65.2	76.2
모로코	2,580	17,494	13,735	25,883	13,376	56.0	65.9
말레이시아	6,970	18,992	8,001	28,994	6,276	70.4	82.2
세네갈	970	5,175	7,036	10,403	9,152	42.4	53.2
코트디부아르	980	10,044	10,547	17,632	10,456	48.8	62.8
나이지리아	1,160	73,178	78,141	144,246	82,609	48.4	63.3
케냐	770	8,323	30,211	20,739	42,022	21.6	33.0
인도	1,070	336,746	803,219	611,407	894,341	29.5	40.6
인도네시아	2,010	117,457	110,792	192,805	86,861	51.5	68.9
중국	2,940	571,351	754,289	879,892	578,529	43.1	60.3

출처: 세계은행(2009)과 UN 사무국 경제사회부 인구국(2008)의 자료에서 계산.

의 등장은 종주도시화 현상과는 연관이 있는 경우도 있고 없는 경우도 있다.

종주도시화와 메가시티 현상은 명백하게 도시인구 증가에 의해 가속화되었으며, 앞으로도 계속 진행될 것이다. 하지만 하나의 유형보다는 다양한 유형으로 나타날 것이다. 앞으로 인구의 도시화 경향은 계속될 것이며, 특히 개발도상국에서 가속화될 것이다. 하지만 농촌 인구의 비중을 감소시키지는 않을 것이다(도표 3.3). 도표 3.4는 세계인구의 도시화가 급속히 진행되기 시작한 1900년대 이후 개발도상국의 도시 성장률을 보여 준다. 국가의 높은 경제성장률과 도시화율이 항상 도시인구의 성장률 증가를 동반하는 것은 아니다. 또한 엄청난 규모의 대도시가 있는 인도와 중국같은 나라도 도시화율은 매우 낮다. 결과적으로 이처럼 인구 규모가 큰 국가는 다른 국가들과는 달리 도시화율의 지표가 제공해 주는 정보가 다르다. 2008년 인도와 중국의 도시인구 비중은 각각 29.5%와 43.1%이다.

현대 아프리카의 도시화

아프리카 대도시의 성장

UN의 자료에 따르면 아프리카의 도시화와 대도시의 성장은 상당히 느린 편이다. 1950년대에 카이로의 인구는 249만 명으로 아프리카 도시 중에서 유일하게 '세계의 30대 대도시'의 명단에 올랐다(UN, 2010). 이집트는 1922년에 독립했지만 다른 아프리카 국가들은 1960년대까지 유럽 제국주의 국가들의 식민지였다는 사실을 상기하면 이해가 된다. 1950년대에 독립한 아프리카 국가들은 당시 도시화율이 14.7%로 낮은 수준이었으며, 2000년에 가서야 37%가 되었고 대도시도 나타났다(UN, 2002). 이집트의 도시화는 계속 진행되어 2025년에는 카이로의 인구가 1350만 명이 될 것으로 예측된다(UN, 2010).

아프리카에서 가장 인구가 많은 나이지리아의 상업 중심 도시인 라고스는 2000년에 가서야 '세계의 30대 대도시'의 명단에 등재되었다(UN, 2010). 2000년 라고스의 인구는 720만 명이며, 2025년에는 1580만 명이 될 것으로 예측된다. 이는 현재 뉴욕 정도의 규모로, 2025년에는 라고스가 세계 11위의 대도시가 될 것으로 예상된다(UN, 2010). 콩고민주공화국의 수도 킨샤사는 2010년 이래로 글로벌 메가시티의 명단에 올랐는데, 현재 인구는 875만 명으로 추정되며, 2025년에는 두 배가 되어 1500만 명이 될 것이다(UN, 2010). 앙골라의 루안다는 2025년에 인구가 800만 명, 수단의 하르툼도 약 800만 명, 케냐의

나이로비는 600만 명이 될 것으로 추정된다. 나이지리아는 인구 400만 명 이상의 도시가 남서부의 이바단과 북부의 카노 등을 포함해서 여러 개 있다. 남아프리카공화국의 대도시들도 빠르게 성장하고 있다. 요하네스버그는 2025년에 인구가 400만 명 이상으로, 입법 수도인 케이프타운은 현재 300만 명에서 빠르게 성장할 것으로 예측된다(UN, 2010). 아프리카의 도시들은 자국의 상업 중심지로 더욱 성장할 것이다(도표 3.3). 예를 들어 알제는 알제리 인구의 9.9%를 차지하지만 국내총생산의 16.3%를, 카사블랑카는 모로코 인구의 10.2%를 차지하지만 국내총생산의 24.1%를, 나이로비는 케냐 인구의 8.0%를 차지하지만 국내총생산의 19.7%를 담당하고 있다.

현대 아시아의 도시화

아시아의 계획적 도시 성장

일찍이 1950년대부터 아시아의 여러 도시는 이미 UN의 세계 대도시 명단에 등재되었다. 일본 도쿄는 1127만 명의 인구로 세계 2위였으며, 오사카-고베, 인도의 콜카타(캘커타), 뭄바이(봄베이), 중국의 톈진과 선양도 대도시 명단에 있었다. 2010년에는 도쿄의 인구가 3670만 명, 인도의 델리는 2200만 명, 뭄바이는 2000만 명이 되었다. 2025년에는 세계의 3대 도시가 도쿄, 델리, 뭄바이로, 모두 아시아의 도시가 차지할 것으로 예상된다. 2025년에는 세계 30대 대도시의 절반이 아시아에 있을 것으로 추정된다. 여기에는 베이징, 상하이, 광저우, 충칭, 선전 등 중국의 5개 도시가 포함된다(UN, 2010; 도표 A.3.2).

아프리카와 마찬가지로 아시아의 전반적인 도시인구 성장률은 낮아지지만 도시의 급속한 성장과 도시인구 자체의 증가를 막지는 못한다. 나아가 이 대도시들은 글로벌 경제와 문화에서 중요한 역할을 담당한다. 방콕은 태국 인구의 10.5%를 차지하지만 태국의 국내총생산 22.9%를, 마닐라의 인구는 필리핀 인구의 12.6%이지만 필리핀 국내총생산의 47%를 담당한다(도표 3.4). 아시아의 도시들은 도시 간 비즈니스 거래의 밀도로 측정되는 비즈니스 연계도에서 상위를 차지한다(도표 4.1-4.4 참조). 세계 상위 10위의 비즈니스 연계 도시에 아시아의 도시 다섯 개가 포함되어 있다. 홍콩은 뉴욕과 런던의 뒤를 이어 세계 3위의 비즈니스 연계 도시이며, 싱가포르 5위, 도쿄 6위, 상하이 8위, 베이징은 10위를 차지한다. 중국은 세계에서 유일하게 상위 10대 비즈니스 연계 도시 3개를 가지고 있다. 물론 뉴욕과 런던보다 순위는 낮다. 이 주제는 다음에 자세하게 다룰 것이다(141-175; A.4.1-A.4.6).

종주형 도시체계에 미치는 영향: 라틴아메리카와 카리브 해 지역

라틴아메리카에 대한 문헌들을 보면, 도시체계가 종주성을 보이는 유형으로 발전하고 있음을 알 수 있다. 물론 이러한 변화에 대한 해석은 다양하다. 1970년대에서 1980년대 초반까지의 많은 연구들은 근대화 이론에서 예측한 균형적인 도시체계의 발전보다는, 매우 심한 종주형 도시체계를 보인다고 지적한다(Edel, 1986; El-Shakhs, 1972; Roberts, 1976; Smith, 1985; Walters, 1985). 대규모 기업농의 확장에 따라 농촌의 영세농은 농업에서 밀려나고, 공공 자원의 불균등한 공간 분포 때문에 농촌 경제는 해체되어 종주성은 더욱 커진다[PREALC(Regional Employment Program for Latin America and the Caribbean), 1987; Kowarick, Campos and de Mello, 1991].

많이 알려지거나 보고되지는 않았지만 1980년대에 라틴아메리카의 여러 국가에서 종주성이 약화되고 있기는 하다. 이러한 경향이 메가시티의 성장을 약화시키지는 않지만, 경제의 세계화의 특징적인 측면, 즉 글로벌한 힘이 특정 지역에 이식되고 있는 구체적인 방식이라는 점에서 자세히 논할 가치가 있다. 수출지향적 발전과 대규모 관광지 개발을 통한 성장거점(growth poles) 발전 전략으로의 전반적인 전환이 이촌 향도로 인한 종주도시의 성장에 대한 대안으로 등장하고 있다(Landell-Nills, Agarwala and Please, 1989; Portes and Lungo, 1992a; 1992b; Gilbert, 1996; Roberts and Portes, 2006).**2** 이러한 전환은 상품에 대한 세계시장의 확대와 초국적기업의 해외직접투자의 확장에 기인한다. 물론 종종 세계은행과 IMF 프로그램이 이러한 경향을 촉진시킨다.

1980년대에 등장한 이러한 경향에 대한 정보와 자료는 중앙 아메리카를 포함한 카리브 해 지역의 사례를 대규모의 자료와 도시들을 연구한 포테스와 렁고의 저서들에서 찾아볼 수 있다(Portes and Lungo, 1992a; 1992b).**3** 카리브 해 지역은 종주도시화의 역사가 오래되었다. 포테스와 렁고는 코스타리카, 도미니카공화국, 과테말라, 아이티, 자메이카의 도시체계를 연구하였다. 1980년대에는 카리브 지역 계획(Caribbean Basin Initiative)의 초석이 된 수출지향형 발전과 집중적인 관광 개발이 노동자와 기업을 유인하기 시작했다. 교외화 추세가 확장되면서 카리브 해 지역의 종주도시들의 분산화에 영향을 주었으며, 이는 종주도시의 대도시화(metropolitanization)를 초래했다. 이러한 경향의 결과, 자메이카에서는 종주성 지수가 1960년 7.2에서 1990년 2.2로 하락했다. 이는 대부분 북부 해안의 관광 산업의 발전, 중부 지방에서의 보크사이트 채굴의 확장, 킹스턴 대도시 지역 외곽에서의 위성도시의 발전 등에 기인한다(McMichael, 2004 참조).

하지만 카리브 해 지역과 라틴아메리카 지역에서는 새로운 성장거점이 정반대의 영향을 주었다. 아주 균형적인 도시체계를 가진 코스타리카에서는 수출지향형 제조업과 관광 산업의 발전이 종주도시인 산호세와 카르타고 같은 주변 지역 도시들의 대도시화에 기여했다. 라틴아메리카의 과테말라는 정치적 혼돈으로 인해 1990년대까지 다른 성장거점을 형성하지 못한 채 종주도시형 도시체계를 가지고 있었다(Jonas, 1992). 하지만 1990년대에 수출 농업을 발전시켜 중견 도시들의 성장을 촉진했으며, 수도인 과테말라시티보다도 커피와 목화 농업 지역이 빠르게 성장했다(도표 3.3–3.5 및 A.3.5 참조).

이와 함께 1990년대 이후 규제완화와 이에 따른 급속한 해외직접투자의 증가로 인해 브라질과 멕시코 같은 라틴아메리카의 대규모 비즈니스 중심지의 역할이 한층 강화되었다(도표 3.5). 제2장에서 지적한 바와 같이 민영화, 해외직접투자, 금융 시스템 등이 이러한 성장의 핵심 요인이었다. 빠르게 증가하는 복잡한 투자 과정의 핵심 역할을 담당하는 금융 기관과 주식시장은 이들이 입지한 대도시 지역의 경제적 중요성을 강화시켰다. 그중에서 가장 현저한 곳들이 멕시코시티, 부에노스아이레스, 상파울루 등이다.4 이러한 도시들에서는 서구 대도시에서 나타나는 현상, 즉 매우 역동적인 금융시장, 전문화된 비즈니스 서비스 활동, 금융 부문의 산출, 기업, 전문가에 대한 과도한 가치 평가와 타 경제 부문에 대한 과소한 가치 평가 등의 현상이 동일하게 나타나고 있음을 알 수 있다(Ciccolella and Mignaqui, 2002; Parnreiter, 2002; Schiffer, 2002). 이 부분에 대해서는 제4장에서 자세히 다룬다.

요약하면 경제의 세계화는 라틴아메리카와 카리브 해 지역의 도시와 도시체계에 상당한 영향을 주었다. 한편으로는 대도시 집적 지역이 아닌 곳에 새로운 성장거점을 발전시키는 데 기여했으며, 또 다른 한편으로는 대도시 지역에 성장거점을 발전시켜 종주형 도시체계를 강화하는 데 기여했다. 세 번째

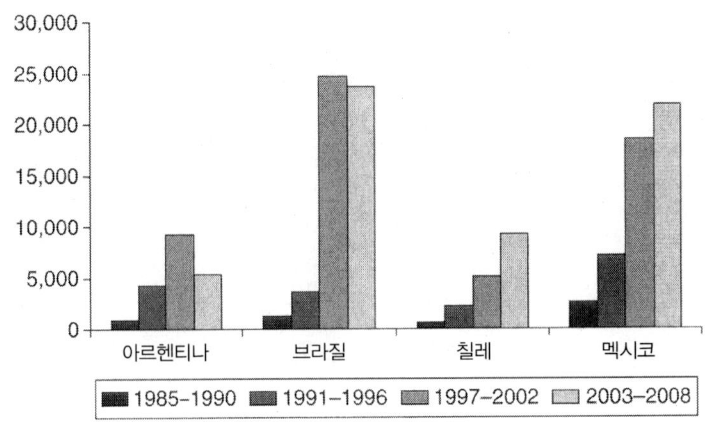

도표 3.5 라틴아메리카 국가의 해외직접투자 유입, 1985-2008(연평균값, 백만 달러)
출처: UNCTAD(2009a) 자료에서 계산.

유형은 대도시 지역에서의 비즈니스와 금융 중심지의 발전으로 세계시장과 선진국의 주요 국제 비즈니스 중심지와의 연계를 더욱 강화시키고 있다.

세계화의 과정이 이식된 결과 나타난 세 가지 유형의 장소는 공업 지역, 관광지구, 대규모 비즈니스와 금융 중심지 등이다. 이 지역을 벗어나면 이러한 새로운 세계적인 성장의 역동성에서 더욱더 비껴나고 있는, 그래서 생산의 긴 가치 사슬의 가장 끝 부분인 저이윤 지역을 담당하고 있는 광활한 도시, 타운, 마을들이 있다(이에 대한 상세한 분석은 Beneria, 1989; Buechler, 2007 참조). 자본의 접합이나 분리의 문제는 단순한 도시 규모의 문제가 아니다. 이는 작은 마을의 노동자들을 세계시장에 연결하고 있는 긴 하청의 사슬의 문제이다. 중요한 것은 이처럼 새롭게 등장하고 있는 초국적 경제체제가 어떻게 접합되고, 어떻게 저개발국의 특정 지역을 선진국의 시장 및 지역과 연계시키는가의 문제이다(예를 들어 Beneria, 1989; Ward, 1991; Chaney and Castro, 1993; Gereffi and Korzeniewicz, 1994; Gereffi, Humphrey and Sturgeon, 2005; Chen, 2009; Derudder et al., 2010; Bonacich et al., 1994; Bose and Acosta-Belen, 1995). 세계화 과정의 이식은 도시 간의 분리와 도시 내에서 세계경제와 접합되어 있는 경제 부문과 접합되어 있지 않은 경제 부문 간의 분리를 더욱 심화시킨 것으로 보인다. 이것이 바로 도시 규모로 도시 계층을 분석하는 고전적인 방법론으로는 예측하지 못한 새로운 유형의 도시 간 불균등 현상이다. 이 새로운 불균등 현상은 국가 도시체계와 도시 내에서 오랫동안 존재해 왔던 불균등 현상과는 다르다. 새로운 불균등은 세계화의 역동성을 **이식**한 결과로 나타난 것으로, 제조업과 금융업, 관광 산업의 세계화에 기인한 것이기 때문이다.

균형적 도시체계에 미치는 영향: 유럽 지역

유럽 도시에 대한 국가 간 통시적인 연구에서 유럽경제공동체(EEC)가 지원한 1980년대 유럽 대도시의 인구·경제적 중요성을 분석한 흥미로운 연구가 있다(Kunzmann and Wegener, 1991; European Institute of Urban Affairs, 1992; Eurocities, 1989; INURA, 2003; Kazepov, 2005 참조). 1960년대와 1970년대 대부분의 대도시들은 인구 감소와 경제 쇠퇴를 경험했으며, 반면에 소도시들은 인구와 경제의 성장을 경험했다. 미국에서도 유사한 경향이 있었으나 교외화의 형태로 나타났다.

유럽과 미국의 많은 연구자들은 오래된 역사 중심지나 문화 중심 지역을 제외하고는 도시 중심부의 인구와 경제 활력의 쇠퇴가 있었다고 보고하고 있다. 지난 20년간 유럽에서 소도시의 광범위한 성장은 서유럽 국가들이 어떻게 균형적인 도시체계를 형성했는지를 보여 주는 뚜렷한 증거가 된다. 다른 대륙의 어느 지역과 비교했을 때도 서유럽 국가들은 세계에서 가장 균형적인 도시체계를 유지해 오고 있음을 알 수 있다. 그럼에도 불구하고 1980년대 이후 지금까지 유럽의 대도시들은 인구와 경제력의 상당한 성장을 보여 주고 있다(도표 3.6, A.3.4, A.3.6). 유럽 외곽 지역의 몇몇 대도시들, 즉 마르세유, 나폴리, 맨체스터와 버밍엄과 같은 영국의 구공업도시들은 예외적으로 인구와 경제력이 감소하고 있다. 하지만 이 중에는 1990년대 이후에 인구와 경제력이 성장하는 도시들도 있다(Kazepov, 2005). 특히 2005년에서 2010년 사이에 마르세유는 인구와 경제력이 크게 성장했고, 나폴리와 맨체스터는 미세하게 성장했다. 1960년대와 비교했을 때, 특히 대도시 지역의 인구와 경제력이 급속히 성장했으며, 소도시들은 1980년대에 인구와 경제력이 쇠퇴하여 지금까지도 이어지고 있다. 사실상 유럽 구공업 지역의 '쇠퇴하는 도시'에 대한 연구가 빠르게 증가하고 있다.

이러한 경향은 다음과 같이 해석할 수 있다. 한편으로는 이처럼 미미한 인구 변화는 서유럽이나 해당 국가들의 도시체계의 근본적인 변화없이 균형적인 도시체계의 특성을 유지하고 있다는 증거라고 할 수 있다. 다른 한편으로는 이러한 경향은 대도시 지역의 중요성을 다시금 보여 주는 것이라고 할 수 있다. 선진국의 경제 변화는 이처럼 대도시 지역의 조직적, 공간적 변화에 함의점을 준다. 앞서 지적한 EEC가 지원한 연구에서는 1980년대의 24개 도시에 대한 데이터 분석을 통해 대도시 지역의 중요성을 지적한다. 핵심 도시들은 1985~1990년 기간 동안 이전의 지속적인 인구 감소 경향에서 탈피하여 뚜렷한 인구 증가를 보인다(도표 3.6; Eurocities, 1989; Kazepov, 2005; Bodnar, 2000; INURA, 2003). 나아가 2005~2010년 기간 동안 바르셀로나, 더블린, 마드리드 등은 급속한 인구 증가를 보여 준다. 이러한 증거들은 핵심 도시들에서 경제의 새로운 조직과 조합이 형성되어, 미세한 인구 증가나 심지어 인구 감소에도 불구하고 높은 경제성장을 가져왔다는 표식이 된다(Sassen, 2001: 제8-9장; 2007: 제4장 참조).

도표 3.6 유럽 도시들의 연평균 인구 변화율, 1970–2010

도시[a]	1970–1975	1975–1980	1980–1985	1985–1990	1990–1995	1995–2000	2000–2005	2005–2010
암스테르담	1.07	–0.79	–0.73	0.62	1.09	0.34	0.36	0.41
안트베르펜	0.30	0.28	0.01	0.28	0.28	0.13	0.14	0.05
아테네	1.94	1.74	0.39	0.15	0.34	0.37	0.31	0.17
바르셀로나	1.10	0.84	0.68	0.65	1.03	1.09	1.09	0.98
베를린	–0.48	–0.48	0.03	2.23	0.29	–0.51	0.04	0.19
버밍엄	–0.04	–0.07	–0.23	–0.25	–0.09	–0.05	–0.02	0.07
보르도	1.00	0.63	0.91	1.04	0.88	0.88	0.78	0.60
브뤼셀	0.54	0.53	0.00	0.32	0.41	0.21	0.10	0.02
쾰른	1.33	1.33	–1.08	0.66	0.31	–0.04	0.28	1.19
코펜하겐	–3.27	–1.33	–0.74	–0.41	0.25	0.54	0.14	0.04
더블린	1.55	1.62	0.36	–0.08	0.65	0.87	0.96	1.14
글래스고	–1.60	–1.83	–1.82	–1.82	–0.52	–0.26	–0.19	0.07
함부르크	–0.82	–0.82	–0.81	0.66	0.81	0.04	0.34	0.43
헬싱키	2.75	2.93	1.45	3.70	1.57	1.56	1.42	0.81
릴	0.66	0.01	0.20	0.31	0.47	0.47	0.50	0.50
리스본	2.93	3.04	0.56	0.15	0.49	0.55	0.66	0.91
리버풀	–4.52	–5.23	0.11	1.06	–0.05	–0.26	–0.18	0.11
런던	0.10	0.30	0.02	–0.03	0.65	0.79	0.67	0.24
리옹	1.00	0.60	0.48	0.44	0.74	0.73	0.66	0.50

마드리드	2.00	1.78	0.47	0.27	1.26	1.41	1.41	1.25
맨체스터	−0.22	−0.23	−0.26	−0.26	−0.18	−0.16	−0.12	0.04
마르세유	1.16	0.66	0.18	−0.03	0.39	0.39	0.43	0.46
밀라노	0.76	0.22	−0.25	−0.42	−0.28	−0.23	−0.21	−0.09
뮌헨	0.04	0.04	−0.49	−0.79	0.37	−0.62	0.85	0.72
나폴리	0.94	0.84	0.21	−0.01	0.09	0.13	0.12	0.06
뉴캐슬	−1.10	−1.20	0.87	1.24	0.14	−0.07	−0.01	0.16
니스-칸	1.85	0.97	1.44	1.60	0.46	0.46	0.50	0.52
오슬로	0.04	−0.04	0.60	0.64	1.28	1.19	1.07	0.99
파리	0.49	0.26	0.65	0.82	0.38	0.38	0.33	0.21
포르투	1.73	1.81	0.63	0.43	0.72	0.77	0.86	1.05
로마	1.03	0.54	0.23	0.12	−0.14	−0.24	−0.22	−0.10
로테르담	−0.85	−0.33	0.37	0.47	0.62	0.19	0.19	0.28
스톡홀름	−0.39	−0.46	0.41	0.51	1.83	1.16	0.69	0.58
테살로니키	2.57	2.35	0.86	0.59	0.66	0.67	0.59	0.39
툴루즈	1.82	0.85	1.81	2.26	1.75	1.74	1.34	0.72
토리노	0.86	0.25	−0.36	−0.58	−0.48	−0.45	−0.40	−0.16
발렌시아	1.50	1.38	0.47	0.34	0.25	0.24	0.24	0.29
빈	−0.10	−0.10	0.20	0.26	0.29	0.29	0.96	1.04
취리히	0.08	−0.18	3.37	3.69	0.83	0.56	0.39	0.35

a. 대도시권역의 인구통계.

출처: UN 사무국 경제사회부 인구국(2008)의 자료에서 계산.

이처럼 새로운 경제 현상의 조직적, 공간적 의미는 다양한 도시체계 속에서 독특한 유형이 나타나고 있음을 보여 준다. 일부 도시들은 초국적 네트워크의 주요 요소가 되고, 반면에 다른 도시들은 해당 지역과 국가 경제성장의 핵심 도시에서 제외되고 있다. EEC가 지원한 연구와 유럽 도시에 대한 많은 연구를 보면, 1980년대 이후 서유럽 국가들의 도시체계의 재형성에 세 가지 경향이 있음을 알 수 있다. 첫째, 유럽 내부에서 몇 개의 하위 지역체계가 형성되고 있다[CEMAT(European Conference of Ministers Responsible for Regional Planning), 1988; Kunzmann and Wegener, 1991]. 둘째, 1980년대의 EEC와 인접 국가들(오스트리아, 덴마크, 그리스), 1990년대의 EU 국가들, 2005년 확대된 EU 국가들에서 소수의 도시들만이 유럽 도시체계에서 그 역할을 강화하고 있다. 마지막으로 유럽 도시체계에서 극히 소수의 도시들만이 세계 수준에서 역할을 담당하고 있다.

유럽 국가의 국내 도시체계도 이러한 경향의 영향을 받아 전통적인 국내 도시체계가 변하고 있다. 자국 내에서 한때 지배적인 지위를 누렸던 도시들의 영향력이 약화되고 있으며, 국경 지역이나 교통 허브 지역의 도시들은 중요성이 커지고 있다. 유럽의 새로운 세계도시들은 과거에 국가의 수도나 지역 중심지들이 누렸던 비즈니스, 특화 서비스, 투자의 기회를 맞이하고 있다. 주변 지역의 도시들은 새롭게 정의되고 지위가 부여된 중심성의 지리학(geography of centrality)의 영향을 받아 이러한 도시들과의 격차가 더욱 커지고 있다.

주변 지역과 오래된 항구 지역의 도시들은 1970~1980년대에 이러한 새로운 질서의 등장으로 인해 국내 도시체계에서 기반을 잃었다(Van den Berg et al., 1982; Siebel, 1984; Haussmann and Siebel, 1987; Castells, 1989; Parkinson, Foley and Judd, 1989; Roncayolo, 1990; Vidal et al., 1990). 1990년대에 이르러 대부분의 도시들은 유럽의 핵심 도시체계와의 연계가 지속적으로 끊기고 있

다. 이 중에서 몇몇 주변부의 도시들은 쇠퇴한 산업 기반에서 1990년대의 새로운 네트워크의 구성원으로 등장하면서 역할을 담당하고 있다. 예를 들어 프랑스의 릴은 유로스타 교통 시스템이라는 핵심 교통축의 허브로, 영국의 글래스고는 관광과 문화의 중심도시로 떠올랐다. 하지만 나머지 도시들은 과거의 정치-경제적인 명성을 잃었으며, 가까운 장래에는 회복하기가 어려울 것으로 보인다. 물론 또 다른 도시들은 관광이나 세컨드 홈(second homes)의 대상지로 떠오르고 있다. 예를 들어 독일과 영국의 증가하고 있는 고소득자들은 아일랜드 시골 지역에 농가[실제로는 성채(castles)]를 사들이고 있으며, 다른 유럽 지역의 고소득층도 유사한 경향을 보인다. 아이러니하게도 아일랜드 시골의 산업의 영향을 전혀 받지 않은 아름답고 매력적인 가치는 빈곤의 유산 때문이다. 이 지역들은 아일랜드 첨단 산업의 주요 대상지가 되고 있다. 소련의 붕괴와 이로 인한 동유럽과 북유럽의 신생 독립국의 등장으로 인해 국방 정책이 변경되자, 한때는 국가 안전 체계에서 핵심적인 생산의 중심이자 거점이었던 도시들도 쇠퇴하고 있다. 크고 작은 항구도시들도 도시 인프라를 업그레이드하지 못하면 현대화된 대형 항구도시들과의 경쟁에서 뒤처진다. 마르세유는 한때 지중해에 위치한 전략도시이자 대규모 항구도시였으나, 오늘날에는 로테르담이나 최첨단 시설을 집적시킨 유럽의 다른 항구도시들에 비해 뒤떨어진다. 이러한 구산업에 기반한 구공업도시들이 가까운 장래에 재활성화되기는 어려울 것이다. 가장 심각한 사례는 주변부나 고립된 지역의 광업이나 철강 산업에 기반한 중·소도시들이다. 이 도시들은 이미 환경이 심하게 훼손되어서 관광지로 변모하기도 어렵다.

1980년대에 시작된 이러한 전환은 너무나 극적이어서 연구자들은 유럽의 새로운 도시 현상에 대한 시나리오를 제시했다. 쿤즈만과 베게너(Kunzmann and Wegener, 1991)는 대도시들이 대규모 첨단 산업과 서비스 활동의 투자에 있어서 유럽과 다른 대륙의 투자자들이 가장 선호하는 지역으로 경쟁력을 더욱 강화하여 대도시의 지배가 계속될 것이라고 단언했다(Deeckem, Kruger and Lapple, 1993 참조). 나아가 또 다른 연구자들은 초고속 교통 통신 인프라와 기간망의 발전으로 인해 선진 경제활동에 필요한 대도시 지역과 전문 서비스에 특화된 지역들을 연결하는 데 기여해서, 공간적 양극화가 심화될 것이라고 진단했다(Masser, Sviden and Wegener, 1990; Castells and Hall, 1994; Graham and Marvin, 1996). 이러한 예측은 대부분 정확하게 맞았다. 몇몇의 도시에 자원이 엄청나게 집중했으며(Abrahamson, 2004; Rutherford, 2004 참조), 주변부 도시들은 말 그대로 쇠퇴했으며, 주변부 도시의 건조환경은 충분히 활용되지 못하고 심지어 완전히 방치되기도 했다(Giesecke, 2005 참조). 하지만 릴처럼 예전에는 탄광, 철강공업도시였으나 서유럽의 핵심 교통 통신의 허브가 된 곳도 있다. 릴은 거의 고사해 가는 산업도시에서 극적으로 변모한 경우이다. 릴만이 아니라 유럽의 다른 도시들도 다른 지역에서는 찾기 어려운 적극적인 정부의 지원과 시민사회의 리더십을 통해 재투자의 역량을 가지고 있다.

주변부의 도시들은 재집중화의 과정을 통해 발전할 수 있다. 아헨, 스트라스부르, 니스, 리게, 안하임과 같은 유럽의 소도시들은 배후 지역과 도시의 기능을 유럽 전역을 연계하는 구심점으로서의 역할을 활용해 더 넓어지고 단일화된 유럽 시장에서 기회를 찾을 수 있다. 동유럽에서 나타나고 있는 변화는 서유럽 도시들의 제2차 세계대전 이전의 광역적인 지역 간 연계, 즉 함부르크, 코펜하겐, 뉘른베르크 등과의 연계를 활용하여 역할을 강화하는 데 도움을 준다. 사실상 이는 동유럽 지역의 다른 주변부 도시들의 위상과 기능 약화에 영향을 준다. 동유럽과 접한 지역의 도시들은 새로운 역할 혹은 기존 역할의 재현을 담당하고 있다. 빈과 베를린은 중부 유럽 지역에서 국제적인 비즈니스 플랫폼의 역할을 담당하며 떠오르고 있다.5

부다페스트, 프라하, 바르샤바 등 동유럽의 중심 도시들은 세계대전 이전의 영향력을 회복할 수 있을 것이다. 부다페스트는 좋은 사례이다. 1980년대 후반에 부다페스트는 동유럽에서 선도적인 국제 비즈니스 도시로 떠올랐다. 이는 헝가리가 동유럽에서 해외직접투자의 주요 대상국이 되고 있다는 사실을 통해 알 수 있다(도표 3.7; Bodnar, 2000). 비록 절대 투자액은 소련의 일원이었을 때보다 낮아졌지만, 상대적인 비율을 보면 소련의 일원이었을 때 보다 훨씬 더 국제화되고 있다는 것을 보여 준다. 서유럽과 비유럽 국가의 기업들이 동유럽에서 비즈니스를 하기 위해 부다페스트에 지사를 개설하고 중부 유럽 지역에서 초국적 경영 활동을 시작하고 있다. 1990년대 초반 부다페스트는 매력적이고 서구화된 국제 비즈니스 중심지로서 자리하고 있으며, 그 당시 다른 어떤 동유럽 도시들도 제공하지 못하는 어메니티, 호텔, 레스토랑, 비즈니스 서비스 등을 보유하고 있었다. 하지만 최근에는 러시아 연방이 동유럽 국가의 총합보다 훨씬 더 많은 해외직접투자를 수용하고 있다.

유럽은 한때 이민자 수출국이었으나, 1960년대 이후로는 이민 대상국으로 많은 이민자들을 받아들이고 있다(Sassen, 1999). 이민은 유럽의 인구 부족 해결을 위한 부분적 해결책으로 활용되었고, 오늘날 인구 증가와 노동력 증대에 중요한 요인으로 작용하고 있다. 물론 많은 지역에서 높은 실업률과 이민자에 대한 거센 반발 정서 때문에 이민자들의 역할이 약간 주춤해지기도 했다. 1980년대에 시작된 새로운 이민의 추세에 대한 연구들을 보면 이민의 경향이 지속될 것이라고 지적한다(Brown, 1984; Gillette and Sayad, 1984; Cohen, 1987; Blaschke and Germershausen, 1989; Balbo and Manconi, 1990; Canevari, 1991; Tribalat et al., 1991; SOPEMI[Systeme d'Observation Permanete pour les Migrations], 1999–2005).[6] 사실상 유럽으로의 관문 역할을 하는 도시들은 동유럽, 아프리카, 중동 지역으로부터 계속 이민을 받아들이고 있다. 이러한 현

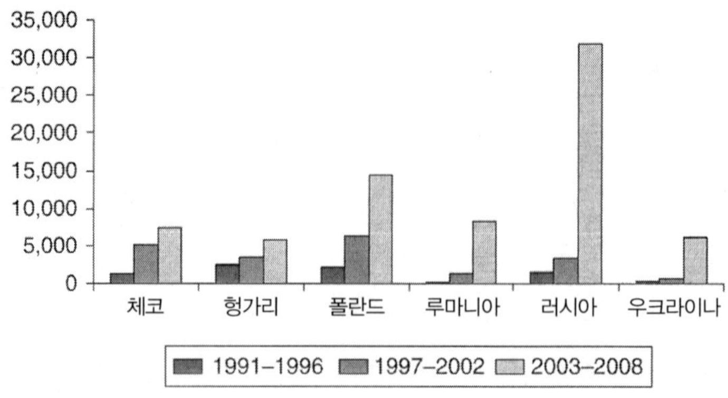

도표 3.7 중부, 동유럽 국가들의 해외직접투자 유입액, 1991–2008(연평균, 백만 달러)
주: 체코는 1993–1996년 연평균 수치, 우크라이나와 러시아는 1992–1996년 연평균 수치.
출처: UNCTAD(2009a)의 자료에서 계산.

상은 많은 도시들의 정치적인 분화를 초래했다. 마르세유, 팔레르모, 나폴리와 같이 오래된 항구도시들은 이미 경제적인 쇠퇴를 경험했으며, 노동력이나 비용을 감당하고 흡수할 여력이 없다(Mingione, 1991; Pugliese, 2002). 이 세 도시들은 비록 전반적으로는 관문의 기능을 수행하며, 기존 이민자들은 뿌리를 내리고 있지만, 새로운 이민자들은 더 역동적인 도시로 이주하기를 기대하고 있다.

이러한 도시들의 문제는 도시의 인프라가 이미 과부하되어 유럽의 선도적인 도시와 연계하는 유럽의 새로운 도시 계층 체계에서 더욱 주변부화되어 가고 있으며, 이는 사회–공간적 양극화를 초래한다는 것이다. 하지만 파리, 프랑크푸르트와 같은 주요 교통망의 중심지이자 많은 이민자의 목적지인 세계도시들은 인구와 노동력의 구성에서 이민자의 비중이 커지면서 많은 혜택을 보고 있다. 예를 들어 프랑크푸르트는 노동력의 24%가 외국 출신이며, 이들은 최고 계층의 전문가 집단에서 높은 비중을 차지하고 있다(City of Frankfurt, 2011). 다른 사례로는 오랜 제국의 역사를 통해 이민자의 주요 목적지가 된 도시도 있다. 베를린은 새롭게 떠오르는 세계도시이다. 문화, 뉴미디어, 소프트웨어 등 다양한 특화 전문 분야가 발달했고, 빈처럼 신규 이민자의 주요 목적지이다. 과거의 베를린과 빈이 엄청난 규모의 지역 이주자를 받아들인 것처럼 예전의 역할을 다시 수행하고 있다. 2004년 EU가 확대되면서 이처럼 동쪽 경계 지역의 성장하는 도시들은 충분한 준비가 되지 않은 상태에서 이민자를 수용하고 관문도시의 역할을 담당하고 있다. 저자가 이전에 지적했듯이(Sassen, 1999; 2007: 제5장), 유럽은 오랜 기간 동안 이민자를 받아들이면서 이민자에 대한 정책이 온탕과 냉탕을 오가면서 많이 변모했다. 이러한 과정을 거치면서 상당한 수준의 통합을 이루고 있다. 예를 들어 프랑스에서 태어난 본토 주민의 1/3은 2~3세대만 올라가면 외국 출신 조상의 후손들이며, 빈의 경우에는 40%나 된다. 이민의 문제는 마지막 장에서 다시 다룰 것이다.

유럽 중심부와 주변부의 경제, 인구학적 공간의 다양성을 살펴보자. 유럽의 핵심 도시체계는 주요 도시들을 연결하면서 세계도시체계 내에서 중요한 역할을 담당하고 있다. 예를 들어 파리, 런던, 프랑크푸르트, 암스테르담, 취리히, 마드리드, 밀라노 등에는 2009년 기준으로 세계 500대 기업 중 27개 기업의 본사가 있으며, 세계 굴지의 금융 기관과 서비스 기업 등이 있다(도표 A.3.9 참조). 에든버러, 베를린, 더블린, 로마, 스톡홀름, 프라하, 바르샤바와 같은 유럽의 금융/문화/서비스 활동의 수도들도 이러한 기능을 어느 정도 수행하면서 유럽 지역을 연계하고 있다. 유럽의 주변부를 살펴보면, 유럽은 동서, 남북 간의 격차가 심하고 그 안에서도 불균형이 나타난다. 동유럽 지역 내부를 보면, 몇몇 도시들은 유럽과 타 대륙의 투자를 적극적으로 유치하는 반면, 다른 도시들은 훨씬 뒤처져 있다. 특히 과거 유고슬라비아 지역과 알바니아의 경우가 그러하다. 남부 유럽도 유사한 패턴을 보인다. 마드리드, 바르셀로나, 밀라노 등은 유럽 도시체계에서 두각을 나타내고 있는 반면에 나폴리와 마르세유

등은 훨씬 뒤쳐져 있다.

초국적 도시체계

1980년대 이후 국경을 넘어 도시들을 경제적으로 연결하는 특성에 대해 많은 연구들이 진행되었다(Friedmann and Wolff, 1982; Sassen-Koob, 1982; 1984; Leyshon, Daniels and Thrift, 1987; Noyelle and Dutka, 1988; Sassen, 1988; Castells, 1989; Daniels, 1991; Graham and Marvin, 1996; GaWC, 1998). 오늘날에도 비록 자료가 충분하지 않고, 많은 문제를 안고는 있지만, 다양한 학문 분야에서 이러한 특성을 집중적으로 연구하고 있다(Taylor, 2004; Derudder et al., 2010; Xu and Yeh, 2010; Mori Foundation, 2011). 이러한 연계의 가장 중요한 사례가 제조업이나 특화 전문 서비스업 다국적기업의 자회사 간 네트워크일 것이다(도표 2.5, 4.7 참조). 국경을 넘어 도시들을 연결하고 있는 최근의 금융시장의 세계화와 규제완화의 문제는 제4장에서 다룰 것이다. 세계의 수많은 주식시장들은 이제 글로벌 자본시장에 대부분 참여하고 있다. 특히 도시 정부들이 주도하고 있는 비경제적인 연계도 전 세계를 연결하고 있으며, 도시의 외교정책에 의해 다양한 유형을 보이고 있다. 오랜 역사를 가진 자매도시(Zelinsky, 1991) 간의 연계도 최근 다시 활발해지고 있다. 이는 국가 정부를 통하지 않고 세계적으로 활동하려는 도시들의 의지를 잘 보여 준다(Eurocities, 1989; Sassen, 2002; Toly, 2008; Burdett and Sudjic, 2011).

도시를 연결하는 초국적 연계에 대한 가장 상세한 데이터는 비즈니스 서비스 기업에 대한 연구에서 제공된다. 비즈니스 서비스 기업들은 지역 간, 기업 간을 연계하는 다국적 네트워크를 발전시켜, 고객 기업인 초국적기업과 은행이 다양한 서비스를 활용할 수 있도록 하고 있다(Daniels, 1991; Ernst, 2005; Bryson and Daniels, 2007). 초국적 비즈니스 서비스 기업의 발전은 초국적기업의 전 세계적인 활동의 확대와 밀접히 관련되어 있다(Ernst, 2005; Sassen, 2001: 제5장). 금융, 회계, 법무, 광고 등의 선도 기업들의 세계적인 네트워크에 대한 데이터는 GaWC(Globalization and World Cities Research Network)가 많이 확보하고 있다. GaWC의 최근 연구에 따르면 은행/금융 기관과 법무법인들의 자회사 네트워크는 동일한 부문의 세계도시의 순위 네트워크와 거의 동일하게 이루어져 있음을 알 수 있다(도표 3.8, 3.9 및 A3.11–A3.14). 따라서 은행/금융 기관과 법무법인들은 전 세계의 어떤 부문의 고객들에게도 세계적 수준의 금융, 법률 서비스를 제공할 수 있다. 이는 글로벌 통신 회사도 마찬가지이다. 자회사와 시장을 세계적 수준에서 통합하기 위해서는 막대한 비용이 소요되는 첨단 정보통신기술이 필요하다. 이는 단순한 유지 관리 비용만이 아니라 가장 중요한 신제품을 개발하거나 기존 제품을 개량하기 위한 연구 개발 비용을 말한다.

최근에 부쩍 증가하고 있는 인수 합병을 통해 금융과 법무 분야 소수의 대기업이 입지를 강화하고, 정보통신 장비가 집중되어 있는 핵심 지역 간의 국경을 넘어선 연계에서 더욱 역량을 강화하는 것은 바로 규모의 경제가 필요해서이다. 이 소수의 기업들은 국내시장이나 세계시장에서 절대적인 비중을 차지하고 있다. 서비스 부문의 해외직접투자의 급속한 증가는 정보통신 산업이 고도로 집중되어 대기업의 시장 지배력이 증가하고 있는 현상과 밀접한 관련이 있다. 이러한 현상은 대기업에 서비스를 제공하는 비즈니스 서비스 산업에서도 발견된다. 동시에 대기업의 하청과 전문화된 특수 시장이 증가하는 현상은 소기업도 대도시에서 생존할 수 있다는 것을 보여 준다. 세계적인 법무법인과 금융 회사 간의 연계로 인해 세계적인 금융 중심지에 대형 법무법인들이 집중하고 있다.

데루더와 테일러 등의 연구에서는(Derudder et al., 2010; Taylor et al., 2010) 도시 간 네트워크를 측정할 수 있는 방법론과 데이터를 제공하고 있다(도표 3.8, 3.9). 525개 도시에 입지한 175개 전문 생산자 서비스 기업(APS)의 입지 전략에 관한 데이터를 수집하고 문헌 자료를 통해 세세한 사항까지 데이터베이스를 구축했다. 연구자들은 이 175개 기업 수준의 자료를 이용해 기업 입지 도시 지역의 중요도를 0~5로 구분하였다(도시에 기업이 없으면 0점, 기업의 세계 본사가 있으면 5점). 525개 도시에 입지한 175개 기업의 91,875개 입지 정보 데이터베이스를 구축하고 네트워크 모형 분석 방법을 이용하여, 전문 생산자 서비스 기업의 국제적 사무 업무 네트워크로 각 도시의 전반적인 연결성을 측정하였다. 비즈니스 연계성은 가장 연결이 많은 도시와의 연계 비율로 계산하였다. 물론 이는 도시의 국제적 정보통신 연결성을 측정하는 것이 아니라, 고차 경제 부문이 글로벌 비즈니스 네트워크에 어느 정도 부합하고 있는지를 측정하는 것이다.

도표 3.8은 2000년과 2008년의 도시 연결성 측정 결과를 보여 준다. 뉴욕과 런던은 2000년과 2008년 모두 가장 최상위의 연결성을 보였고, 홍콩, 파리, 싱가포르, 시드니, 상하이, 베이징, 서울, 모스크바 등은 빠르게 성장하는 도시인 만큼 연결성이 증가하였다. 북미 지역에서는 뉴욕, 토론토, 시카고만이 세계에서 가장 연결성이 좋은 도시로 측정되었으며, 이는 제4장의 데이터에서도 확인된다(도표 4.1-4.5 참조). 뉴욕과 시카고를 제외한 미국 도시들의 쇠퇴는 아시아 지역 도시들의 성장과 소수의 유럽 도시와 라틴아메리카의 도시들의 성장과 대비된다. 도표 3.9는 전문 생산자 서비스 기업의 비즈니스 연계, 즉 잠재적인 업무의 흐름으로 측정한 세계도시 네트워크의 복잡성을 보여 준다. 이 그래프는 450점 이상의 도시 간 연계만을 표시했는데, 이 도시들은 2008년

도표 3.8 2000년과 2008년의 도시의 상대적 비즈니스 연결성(%)

2000			2008		
1	런던	100.00	1	뉴욕	100.00
2	뉴욕	97.10	2	런던	99.32
3	홍콩	73.08	3	홍콩	83.41
4	도쿄	70.64	4	파리	79.68
5	파리	69.72	5	싱가포르	76.15
6	싱가포르	66.61	6	도쿄	73.62
7	시카고	61.18	7	시드니	70.93
8	밀라노	60.44	8	상하이	69.06
9	마드리드	59.23	9	밀라노	69.05
10	로스앤젤레스	58.75	10	베이징	67.65
11	시드니	58.06	11	마드리드	65.95
12	프랑크푸르트	57.53	12	모스크바	64.85
13	암스테르담	57.10	13	브뤼셀	63.63
14	토론토	56.92	14	서울	62.74
15	브뤼셀	56.51	15	토론토	62.38
16	상파울루	54.26	16	부에노스아이레스	60.62
17	샌프란시스코	50.43	17	뭄바이	59.48
18	취리히	48.42	18	쿠알라룸푸르	58.44
19	타이베이	48.22	19	시카고	57.57
20	자카르타	47.92	20	타이베이	56.07

출처: Derudder et al., 2010; Taylor et al., 2010.

현재 175개 기업의 50%를 차지하고 있다. 도표에서 도시의 크기는 전반적인 연결성을 나타내고, 선은 연계의 크기를 나타낸다.

이를 산업 부문별로 보면 전반적인 연결성이 이동하고 있음을 알 수 있다. 예를 들어 홍콩은 뉴욕과 런던처럼 금융 서비스 부문의 연계가 가장 높고, 브뤼셀은 법무 서비스 부문의 연결성이 높다. 이는 EU의 역할이 주로 법무 서비스와 연관이 깊기 때문이다(경제 부문별 도표는 A.3.10-A.3.14 참조). 이는 제4장에서 이야기하겠지만, 위계가 다른 도시들의 글로벌 네트워크는 그 결정 요인

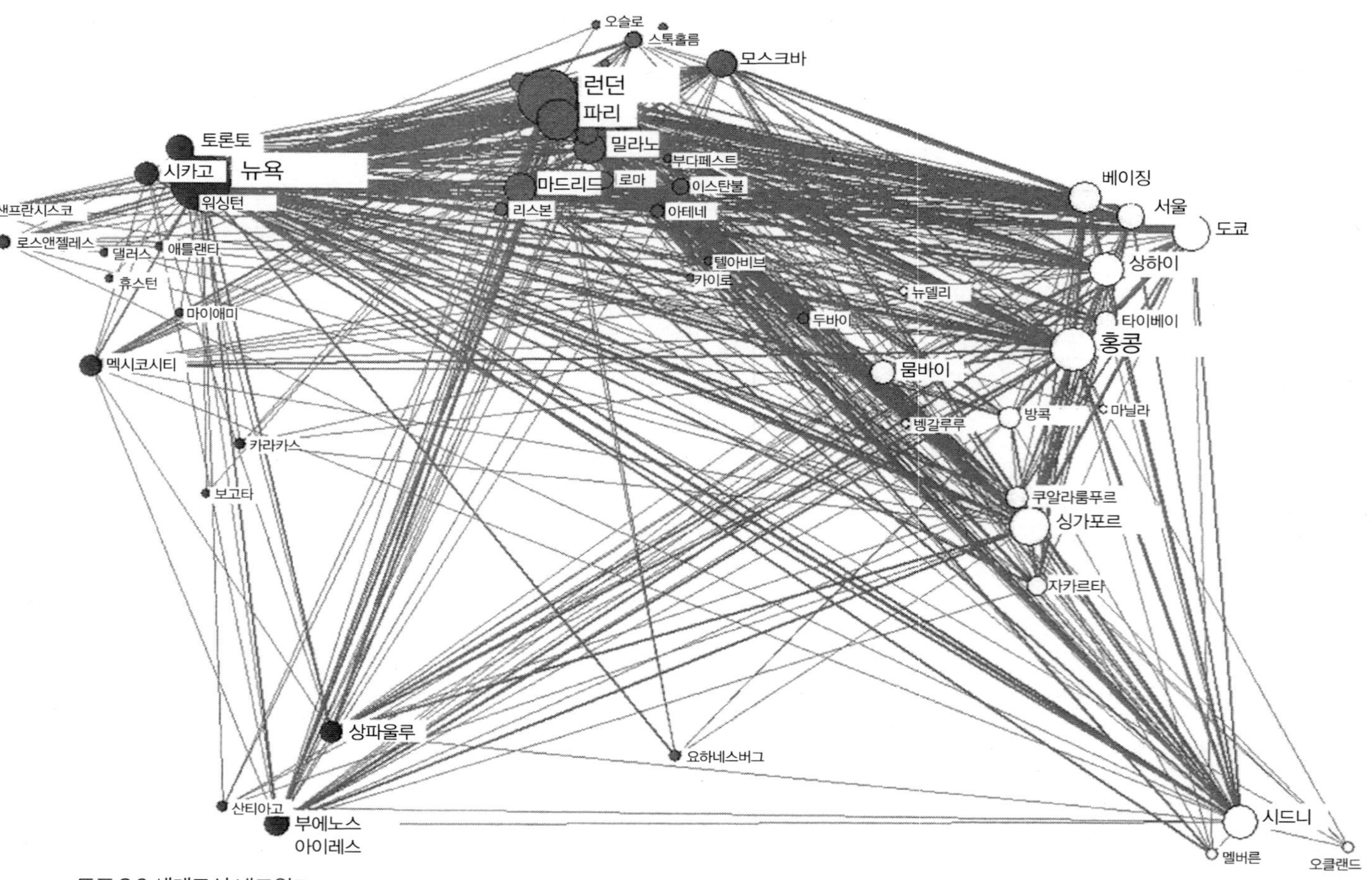

도표 3.9 세계도시 네트워크

출처: Derudder, et al., 2010; Taylor, et al., 2010.

도 상호 다르다는 결론과도 일치한다(도표 4.1–4.5 참조).

이러한 연계가 초국적 도시체계를 형성하는 데 영향을 주는지는 확실하지는 않으나, 이론과 개념화의 문제는 남아 있다. 수많은 사회과학적 연구는 분석의 단위를 국가로 한정하고 있기 때문에 개념화 과정과 초국적 체계를 국가 단위로 한정해서 분석하는 것은 문제가 있다. 사실상 세계도시에 대한 많은 연구들은 초국적 도시체계가 존재한다는 사실에 대해 별로 의식하지 않는다. 미시적으로 이야기하면 이러한 연구에서는 세계도시들이 초국적 단위에서 중심지 기능을 수행한다는 것을 상정한다. 하지만 여기에는 세계도시 간의 연계 관계의 본질에 대한 탐구가 필요하다. 세계도시들이 기본적으로 국제 비즈니스를 놓고 서로 경쟁한다면 세계도시들은 초국적 체계를 구성하지 않을 것이다. 대부분의 연구는 이처럼 전통적인 비교 분석의 범주에 속한다. 하지만 세계도시들은 서로 경쟁하는 것 이외에도 다중 입지에서 초국적 과정이 진행되는 장소의 역할을 수행한다(Taylor, 2004). 따라서 세계도시들을 묶어 주는 동적인 체계의 가능성이 열린다.

저자는 다른 연구에서(Sassen, 2001: 제1, 2장; 2002) 세계도시들이 국제적인 단위에서 중심지 기능을 수행하는 것(Hall, 1996; Friedmann and Wolff, 1982; Sassen-Koob, 1982) 이외에도, 독특한 체계로 상호 연계되어 있다고 주장했다. 예를 들어 국제적인 다중 입지의 구조가 거의 나타나지 않았던 1980년대에 이미 뉴욕, 런던, 도쿄 간의 상호작용이 있다고 지적했다. 특히 금융, 서비스, 투자에 있어서 '생산의 사슬'과 국제분업이라는 일련의 과정으로 서로 얽혀 있다고 주장했다. 따라서 1980년대 중반 국제금융을 보면, 도쿄는 우리가 돈이라고 지칭하는 원자재의 주요 수출국으로 기능했으며, 뉴욕은 선도적인 금융 처리 과정과 혁신의 중심지 역할을 수행했다. 대부분의 새로운 금융 기법이 뉴욕에서 개발되었으며, 돈, 즉 화폐는 원자재 형태이든 부채의 형태이든지 간에 이윤을 극대화할 수 있는 형태로 새롭게 변형되어 도구화되었다. 국제적인 핵심 금융 관문 역할을 수행하는 런던은 세계의 소규모 금융시장이 다수 집적하고 소규모 자본을 집중화할 수 있는 네트워크를 형성하여 과거 대영제국의 구 네트워크를 작동하게 하는 역할을 수행한다. 최근에는 이러한 유형의 연구를 확대하여 핵심 세계도시 간의 특화와 차별화에 대한 연구가 이루어졌다(RPA, 2007; Urban Geography, 2008; Xu and Yeh, 2010: 제5장).

이러한 연구들은 세계도시들이 하나의 경제 부문을 놓고 단순히 경쟁만 하는 것이 아니라는 것을 보여 준다. 세계도시들은 특화된 입지 유형과 전문화된 영역을 가지면서 상호 네트워킹 하는 경제 시스템을 구축하고 있다. 나아가 선도적인 금융, 비즈니스 중심지 간의 초국적 연계는 더욱 강화되는 동시에 세계도시의 배후지와 국내적 도시체계의 연계는 약화되고 있다(Sassen, 2001). 디트로이트, 리버풀, 맨체스터, 마르세유 등의 도시와 루르 지역의 도시들, 나고야, 오사카 등의 도시들은 국내적, 국제적 수준에서 핵심 제조업 기능들이 공간적으로 분산하는 현상의 영향을 받아 쇠퇴하고 있다. 하지만 이 분산 과정은 공간적으로 분산된 생산 과정을 작동하게 해 주고, 원자재와 상품의 세계시장에 전문화된 서비스를 생산, 제공해 주는 서비스 산업의 성장에 기여한다. 이러한 전문화된 서비스는 국제적인 법무, 회계 서비스, 경영 컨설팅, 금융 서비스 등으로 제조업 도시보다는 비즈니스, 금융 중심지에 대부분 집중되어 있다. 요약하면, 1970~1980년대의 디트로이트의 제조업 고용 감소는 뉴욕의 전문화된 기업 서비스 부문 일자리 창출에 기여했으며, 이는 세계적으로 분산된 자동 제조 시스템의 조정과 관리 체계를 구축하는 데 기여했다.

세계도시와 이민

이민에 대한 UN 데이터를 보면 대부분의 국가에서 해외 출생의 거주자가 증가하고 있는 현상이 빠르게 확산되고 있음을 알 수 있다. 이민자들은 도시의 노동력과 사회 영역에서 필수적인 부분을 차지하고 있다. 도시의 해외 출생 거주자들의 통계를 보면 세계에서 도시 이민자가 많은 도시를 알 수 있고, 선도적인 세계도시들이 이민자들을 흡수하고 있음을 알 수 있다. 물론 정확한 데이터를 얻기는 쉽지가 않다. 조지워싱턴대학교의 마리 프라이스 교수와 리자 벤턴-쇼트 교수는 국제적인 시각에서 포괄적인 데이터베이스를 구축했다(Price and Benton-Short, 2007). 이들은 도시로의 이민과 정착 과정에 초점을 두고 소득 격차, 사회 네트워크, 수시로 변하는 국가의 이민 규제 정책 등이 이주의 흐름에 어떠한 영향을 주는지를 분석했다. 정부의 다양한 부서에서 매년 생산해 내는 이민 관련 통계를 사용하지 않고, 센서스(국가의 인구총조사) 기반의 방법론을 통해 2000~2007년 기간 동안 52개국 150개 도시의 자료를 구축했다. 이 도시들의 외국인 거주자는 100만 명 이상이며, 이 중 적어도 10만 명 정도가 해외 출생 거주자이다.

프라이스 교수와 벤턴-쇼트 교수는 100만 명 이상의 외국인 거주자가 있는 도시가 20개라고 지적했다. 이 도시들 중 시드니, 뉴욕, 런던, 시카고, 토론토 등은 이민자를 위한 관문 서비스를 직접 제공하고 있다. 두바이, 휴스턴, 워싱턴 D.C., 댈러스-포트워스, 샌프란시스코 등은 최근에 주요 이민도시로 등장했다. 이러한 '이민자 100만 명 도시(million immigrant cities)'[7]에는 약 3700만 명의 해외 출생 거주자가 있으며, 이는 전 세계 이민자의 19%를 차지한다. 이 도시들은 북미에 9개, 유럽에 3개, 중동에 4개, 아시아에 2개, 오스트레일리아/오세아니아에 2개 등 전 세계에 분포하고 있으며, 라틴아메리카와 아프리

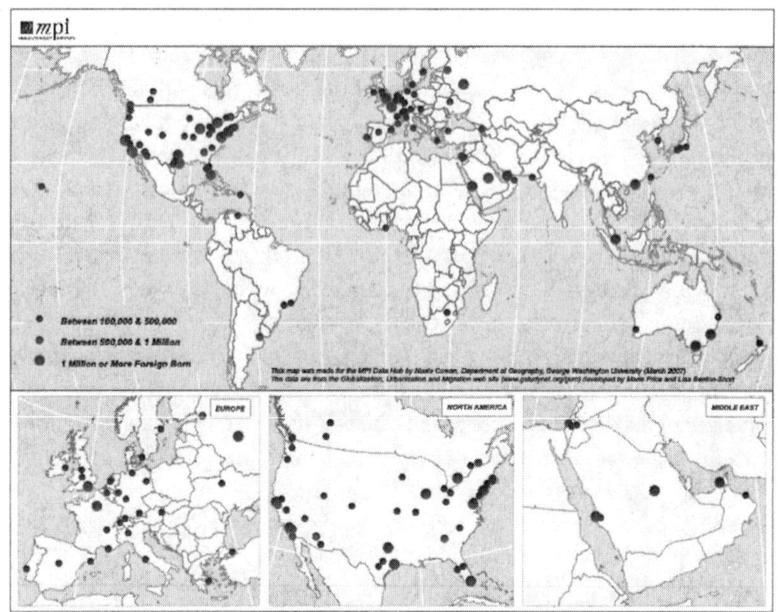

도표 3.10 2005년 해외 출생 이민자 10만 명 이상 도시

카에는 한 곳도 없다. 이민자 100만 명 도시들은 대부분 다양성이 무척 크다. 도시 인구의 10% 정도를 차지하는 이민자들은 세계 각지에서 왔으며, 이 중 어느 한 국가도 전체 이민자의 1/4 이상을 차지하지 않는다.

이민자 10만 명 이상 도시

도표 3.10에서 보듯이 유럽의 도시 중 30개 도시의 해외 출생 이민자가 10만 명 이상이다. 이 도시들에서 도시인구의 10% 이상을 이민자가 차지하고 있다는 사실은 매우 중요하다. 서유럽의 모든 도시 지역에는 이민자가 10만 명 이상의 이민 허브 도시가 있으며, 독일, 프랑스, 영국 등은 이 도시들의 관문 역할을 한다. 하지만 최근 동유럽의 이민 '증가'는 이주 흐름의 결과라기보다는

정치적 재편의 결과라고 할 수 있다. 예를 들어 모스크바, 상트페테르부르크, 키예프, 트빌리시 등의 도시에는 '해외 출생' 거주자들이 상당히 많다. 아프간, 앙골라, 중국의 '비전통적인' '신규' 이민자들의 증가만으로는 이 도시들의 이민 증가를 전부 설명할 수 없고, 구소련의 붕괴가 새로운 이민 흐름의 대부분을 설명한다. 소련의 붕괴로 인해 구소련의 시민들은 새로운 공화국에서 '해외 출생' 거주자로 재분류되었다.

또한 이민자 우대 정책을 펼치는 국가들은 지난 세기 동안 급속한 이민의 증가를 경험했다. 예를 들어 페르시아 만 지역 도시들은 임시 거주 노동자 프로그램을 시행했고, 북아프리카와 아시아의 수많은 노동자들이 이 지역으로 이주했다. 특히 두바이처럼 극단적인 경우에는 80% 이상의 해외 출생 거주자들이 높은 지위의 일자리를 차지하고 있으며, 저소득 이민자도 많다. 남아프리카공화국의 요하네스버그, 가나의 아크라 등도 이 범주에 속한다. 재정이 건전한 사하라 이남 국가들과 남아프리카 공화국은 아프리카 이민자들을 더 많이 받아들여야 한다. 이러한 이민 증가의 경향은 같은 범주에 속하는 아시아 도시와는 그 양태가 다르다. 지난 15년간 아시아 국가들에서도 이민자의 증가가 뚜렷했지만, 아시아 도시에서는 외국인의 비중이 상당히 낮다. 예를 들어 서울 인구의 1% 정도만이 해외 출생 거주자이다. 이러한 현상은 '영주권과 시민권의 제한' 때문으로 보인다. 라틴아메리카는 북아메리카, 유럽, 아시아 지역으로 이민을 떠난 사람들이 라틴아메리카로 이주하는 사람들보다 많다.

세계도시와 디아스포라 네트워크

이민, 망명, 세계화 시대 여성들의 문제, 반세계화 투쟁 등 다양한 초국적 네트워크의 이슈들로부터 초국적 도시체계의 새로운 유형들이 나타나고 있다. 이러한 네트워크들의 지향과 기원이 꼭 도시적이지는 않지만, 이 네트워크들이 작동하는 장소들은 수많은 도시와 연관되어 있다. 인터넷 같은 새로운 네트워크 기술은 아이러니하게도 초국적 네트워크의 도시 지향성을 강화하고 있다. 도시와 이를 연계해 주는 네트워크는 초국적 거래와 투쟁을 가능하게 해 주고 또 집적하게 해 준다. 세계도시는 수많은 도시 간 거래와 전 세계 다양한 장소에서 온 이민자들이 있는 곳이다. 이러한 초국적 네트워크의 발전은 테러리스트와 마약 밀매의 세계적 네트워크를 발전시키기도 하며, 전 세계 운동가와 시민사회 네트워크의 발전에도 기여한다. 예를 들어 국제시민 연대 네트워크(Avaaz.org)는 전 세계 350만 명의 회원을 거느리고 있다(Lustiger-Thaler and Dubet, 2004; Latham and Sassen, 2005; Dean et al., 2006; Fraser, 2007; Daniels, 2009; Lovink and Deam, 2010).

세계도시와 세계도시들이 연결하는 국제적인 전략 공간들은 국경을 넘어서 세계화된 디아스포라 네트워크의 발전에 중요한 요소가 되고 있다. 이러한 발전은 전 세계 다양한 장소에 흩어져 있는 디아스포라 집단들을 연결해 주는 아래로부터의 발전이다. 글로벌 네트워크는 디아스포라 집단들을 가로지르는 거래 관계를 증폭시키고, 고국과의 연계만 발달한 전통적인 방사형 패턴의 네트워크를 약화시킨다(Axel, 2002). 나아가 국가의 국내 정치에서 벗어나 방향을 약간만 재조정하면 각 도시에서 디아스포라 집단과 디아스포라가 아닌 집단들의 다양한 초국적 활동과 상상력을 촉진하여 디아스포라 집단의 거래 활동을 유연하게 해 줄 수 있다(Bartlett, 2007). 이러한 변화는 결국 강한 국수적인 정책을 취하는 것보다는 디아스포라 집단의 네트워크를 세계시민 도시 발전을 위한 하부구조로 포함할 수 있는 가능성에 달려 있다. 이러한 역동성은 전 세계 디아스포라 구성원 간의 대륙을 횡단하는 연계를 가능하게 하고, 도시 내에서 다양한 디아스포라와 비디아스포라 집단 간의 거래를 강화시킴으로써, 디아스포라를 세계화하는 방향으로 전환할 때 가능해진다.

디아스포라 네트워크가 도시 네트워크 전체를 구성하는 것은 아니지만, 도시에서는 이러한 활동을 가능하게 하는 환경이 집중되어 있다. 따라서 도시에서는 국제적이면서 비국가적인 네트워크에 참여하는 것을 경험할 수 있다. 세계시민사회는 우리가 상정할 수 있는 거창한 세계화 단계가 아니라 일상생활 속의 아주 작은 공간에서 구현된다고 할 수 있다. 디아스포라 집단들은 소수의 자국인들이 있는 공간에 있어도 세계화된 디아스포라의 일원으로서 활동할 수 있기 때문에 **디아스포라**라는 용어를 적용하기도 어렵다. 하지만 세계도시에서는 글로벌 기업의 경제활동과 네트워크, 인프라 등의 차원이 더해져 국경을 넘어선 거래 활동과 부분적으로 탈국가화된 도시 공간 등이 나타난다.

세계화와 국제적인 인권 운동의 진전으로 인해 예전에는 국가의 독점적 영역이었던 국제 무대에 비국가 단체나 개인도 합법적으로 활동할 수 있게 되었다. 국가가 더 이상 국제법이나 국제 관계에서 독점적 주체가 되지 못한다는 신호가 미약하나마 여러 부문에서 발견된다. 비정부기구(NGO), 원주민, 이민자, 망명자 등 다양한 행위 주체자들이 인권 결정 판결의 주체가 되었고, 국제 관계에서 국제법과 국제적 활동의 주체로 떠오르고 있다. 따라서 이러한 비국가 단위의 행위 주체자들은 예전에는 국가에 의해 독점적으로 대표되던 영역에서, 개인이나 집합체로서 가시적으로 나타나고 있다. 예를 들어 환경 문제는 초국가적 영역에서 각광받고 있다.

이러한 연대가 활발해진 것은 국가 간 영역에서 독점적이고 공식적인 권위를 가지고 있던 국가의 역할이 약해지고, 정치–시민사회의 과정에서 초국적 공간과 행위자, 비국가 단위의 공간과 행위자들이 등장하고 있음을 보여 준다. 사회적 과정과 권한의 담지자로서 **국가적 단위**의 역할은 분해되어 국가 이하 단위에서 활동하는 정치, 시민사회 단위들의 지리학이 중요해진다. 이 새로운 지리학의 선두에 도시가 있다. 대도시 지역의 정치, 시민사회 문화의 밀도와 일상적 관행은 세계시민사회에 뿌리를 두고, 이식하며, 국지화되고 있다. 세계경제 시스템이 어느 정도는 세계도시에 배태되어 있고, 어느 정도는 세계도시들을 연결하는 고도로 전문화된 초국적 네트워크를 통해 구성되고 있는 한, 이민자와 디아스포라가 연결된 이 모든 접점들을 이해하고, 다중 스케일의 세계화 과정에서 특징적인 내용과 제도적 입지를 분석하는 것이 이 책의 주제이다. 나아가 이는 글로벌한 상상력의 출현이 현 단계의 세계화보다 훨씬 더 오래되었지만, 현재의 세계화 과정이 오늘날의 상황에 배태된 이민자와 디아스포라의 변화에 어떠한 영향을 주는가를 이해하는 것이다. 따라서 이민자와 디아스포라 공동체들은 오늘날의 세계화보다 훨씬 더 오래된 현상이다. 물론 그렇다고 해서 현대 세계화 과정의 다양한 특징적인 유형에 의해 변형되지 않았다는 것을 의미하는 것은 아니다.

앞장에서 논의했고, 제7장에서 다시 다룰 정치·경제의 세계화의 공간인 장소의 지리학을 다시 파악하는 것은 사람, 노동자, 공동체를 분석할 수 있게 해주고, 이러한 공동체의 수많은 다양한 정치 프로젝트를 파악할 수 있게 해 준다(Espinoza, 1999; Mele, 1999 참조). 세계도시는 이러한 과정과 관련한 세계화의 과정을 통한 수많은 유형들이 특정한 배열로 국지화되는 전략적 연구의 대상이다. 국지화는 넓은 범위의 과정으로, 새롭고, **극도로** 높은 소득, 초국적 전문가 계층과 부유한 망명자들이 젠트리피케이션을 통해 조성한 도시 근린 지역 같은 곳에서의 외국인 보모와 가정부들의 노동 생활, 가난한 난민이 집중된 구호소 같은 주거 등이 혼재한다. 세계도시 네트워크의 형성은 대부분 기업의 경제적 세계화 과정에 의해 주도되지만, 다중적인 정치·문화적 과정이 이러한 복잡하고, 부분적으로 탈국가화된 환경에서 국지화된다. 이는 도시의 오래된 역사이지만, 오늘날의 세계도시 네트워크의 형성을 통해 완전히 새로운 형태로 바뀌고 있다.

다음 절에서는 현재 부상하고 있는 세계 정치를 국지적인 갈등과 행위 주체자를 중심으로 일반적인 이슈들을 점검해 본다.

세계 순환 회로인 장소의 정치학

전 세계도시의 격자망으로 구성되어 있는, 즉 새로운 경제, 정치적 잠재력의 공간은 아마도 초국적 정체성과 공동체의 형성에 가장 전략적인 공간 중 하나일 것이다. 이 공간은 장소중심적, 즉 특정한 전략적인 도시들과 초국적 영역에 배태되어 있다. 왜냐하면 지리적으로 근접하지 않은 장소들을 집중적으로 연결하고 있기 때문이다. 세계적 격자망에서 일어나는 자본의 초국적 이동뿐만 아니라 부유한 계층(초국적 전문가 집단)이나 가난한 계층(이주 노동자)이 함께 살고 있는 공간이다. 나아가 문화의 초국적 이동과 국지적 하위 문화의 재영토화를 담지하는 공간이다.

여기에서 중요한 질문은 이 공간이 문화와 정체성의 공간을 넘어서 부분적으로 여기에 배태된 또 하나의 새로운 정치의 공간인가 아닌가 하는 점이다. 디아스포라 집단의 정치는 공유된 정체성에 기반하고 있으나, 서구 사회의 정체성을 반영한 정치는 같을 필요가 없다. 정치화된 디아스포라 집단들에서 초국적 정체성이 형성될 가능성은 디아스포라 집단들의 모국 지향성의 역사를 고려할 때 흥미로운 질문이다. 이 책을 관통해서 계속되는 이 질문은 세계도시가 과연 이러한 환경을 제공하느냐 하는 것이다. 오늘날 사람과 영토를 연결하는 가장 근본적인 형태는 아마도 자신을 전통적인 정체성의 근원, 즉 국가나 근린으로부터 탈피하는 것일 것이다. 이러한 정체성의 탈피 과정은 비록 여전히 집단 내와 집단 외의 개념을 가지고는 있지만, 새로운 공동체에의 가입과 멤버십의 개념을 생성한다.

이민은 새로운 초국가적 정치경제학이 형성되는 거대한 과정이다. 대부분의 이민자들이 대도시에 집중되어 있기 때문에 이 과정은 주로 대도시 지역에 배태되어 있다. 이민은 비록 세계경제의 주류로서 인정받거나 대표성을 가지지는 않지만, 오늘날 세계화가 이루어지는 과정이다. 이민은 대규모 인구학적 변화를 수반하고 있다. 즉 많은 도시 지역에서 여성, 소수자, 이민자들의 수가 증가하고 있다. 글로벌 자본과 이민자들은 통합된 초국적 행위 주체자(혹은 행위 주체자들의 집합)로서 세계도시 내에서 주요 쟁점이 되고 있다. 이민이 디아스포라를 형성하는 주요한 힘이 되는 한, 앞으로의 이민 특성은 다음과 예측할 수 있을 것이다. 첫째, 기존의 이민 본국만을 지향하던 경향성을 벗어나, 적어도 부분적으로는 초국가화된 디아스포라의 방향으로 진행될 것이다. 둘째, 이민자의 모국이든 이민국이든지 간에 이민의 쟁점이 되는 정치적 지향이 국가 단위의 지향성에서 도시 단위로 수렴하게 될 것이다. 고차 전문직의 디아스포라 집단들은 역동성이 크므로 글로벌 네트워크를 형성하려는 경향이 강하다.

글로벌 기업 자본과 주변화되고 취약한 계층, 이 두 가지 유형의 행위 주체자들은 모두 세계도시를 경제·정치적 운영의 전략적 장소로 활용한다. 기업 자본의 선도 부문은 조직과 운영에 있어서 이미 세계화되었다. 세계도시의 취약 계층들은 대부분 여성, 이민자, 유색 인종들이다. 이들은 국가에 대한 소속

감을 상실하고 있다.

기업 권력의 엄청난 집중과 **다른 요소들**의 집중 간에는 흥미로운 관계가 있다. 북반구이든 남반구이든지 간에 대도시 지역은 세계화 과정과 유사한 과정이 치밀하고 국지화된 형태로 복제되어 나타나고 있다. 초점을 도시에 두면, 세계화의 상류 회로는 물론 하류 회로를 포착할 수 있다. 전통적으로 취약하고 소외된 행위 주체자들의 새로운 정치학의 가능성이 열려 있다. 글로벌 경제하에서 자유무역지구의 공장 노동자이든 월 가의 청소 노동자이든지 간에 인정받지 못하고 불리한 조건하에 있는 노동자들이 실제로 참여함으로써 나타나는 새로운 정치가 중요하다.

세계도시의 초국적 네트워크는 장소의 세계 정치의 새로운 패턴이 형성되고 있는 공간이다. 이 공간은 상당히 변이가 심하다. 경쟁이 심한 기업의 세계화나 국가의 정치적 지향을 담지하고 있다. 반세계화 네트워크의 활동은 장소 중심의 정치, 즉 글로벌 네트워크상의 입지를 이해하는 정치가 발전할 가능성을 보여 준다. 몇몇 새로운 세계적 규모의 디아스포라들은 장소의 글로벌 정치에 참여하기 위해 인터넷을 집중적, 효과적으로 활용하고 있다. 국지적 조건이나 제도적 영역(가구, 공동체, 근린, 학교, 지역 보건 센터 등)들은 전 범위에서 글로벌 네트워크상에 위치한 로컬리티로 변환할 잠재력을 보여 주고 있다. 이러한 장소들은 비정치적이거나 국내적 스케일에 머물러 경험하던 과거와는 달리 세계적인 스케일을 가진 미세한 환경으로 변환하고 있다. 이 **세계적인 스케일을 가진 작은 환경**은 규모가 작은 국지적 실체로서, 기술적 연계성은 이웃한 국지적 실체들과 다양한 연계를 창출한다. 이때 이웃한 국지적 실체들은 같은 도시 내에 있거나 국내, 해외에 입지한 장소들이다. 이는 다중의 종적·횡적 커뮤니케이션, 협력, 연대, 지원을 하는 실행 공동체(community of practice)가 탄생할 수 있는 여건이다. 다시 말해 지역 정치나 비정치적 행위 주체자들이 국가 간 정치의 세계로 입문하고 있다.

도시 공간은 국가 체계보다 훨씬 더 밀도가 높은 정치적 공간이다. 도시 공간은 정치 무대에서 비공식적인 행위 주체자들이 국가 단위보다는 훨씬 더 쉽게 무대 전면으로 나서는 역할을 담당하고 있다. 국가 단위의 정치에서는 선거제도나 사법 체계 등의 기존의 공식적 체계가 유지되고 있다. 비공식적인 행위 주체자들은 국가 단위의 정치 공간에서는 보이지 않는다. 도시에는 경찰에 대항하는 무단점유(squatting)와 데모, 이민자와 홈리스의 권리를 위한 투쟁, 문화와 정체성 확보를 위한 정치적 활동, 성 소수자의 정치적 활동, 디아스포라 집단의 모국 정치에 대한 참여 등 다양한 범위의 정치 활동이 이루어지고 있다. 대부분의 이러한 활동은 거리에서 일어나며, 일반 시민의 눈에 잘 띈다. 이러한 이유 때문에 공식적인 정치 체계를 통할 필요 없이 새로운 유형의 정치 활동이 이루어진다. 도시는 또한 불법적인 네트워크가 작동하는 곳이다.

이러한 다양한 조건들은 세계시민사회가 이민자와 디아스포라에 대한 영향뿐만 아니라 시민들의 정치적 열정의 미세한 실천과 미세한 주제들을 수용할 수 있는 중요한 기초가 된다. 세계시민사회를 강화할 수 있는 미세 정치의 결과로 초국적 정체성의 가능성이 점증하고 있다. 이러한 역동성의 이면에는 국가주의와 근본주의가 약화될 가능성을 내포하고 있다.

결론: 도시 성장의 다층적 시사점

최근 도시체계 변화의 주요 요소를 정리하면 다음과 같다. 개발도상국에서는 대도시의 성장과 수위도시의 지나친 성장이 생산의 국제화와 관광의 발전으로 성장한 새로운 성장축과 함께 떠오르고 있다. 이 중에서 일부 성장축들은 이민자의 새로운 목적지가 되고 있으며, 수위도시화 문제를 완화하는 데 기여하고 있다. 하지만 성장축이 수위도시 내에 있는 경우에는 정반대의 효과를 보인다.

선진국, 특히 서유럽의 경우에는 대도시들에 선도 부문의 경제활동이 집중되고 지나치게 집적되면서 대도시의 재탄생이 이루어지고 있다. 1970년대에는 대부분의 선진국 대도시들의 인구와 경제활동이 쇠퇴하였다. 당시에는 이러한 대도시 쇠퇴의 경향이 대세라고 많은 학자들이 지적했으나, 1980년대 중반 이후 다음의 두 가지 이유 때문에 대도시의 부활이 이루어지고 있다. (1) 서비스 산업으로의 전환, 특히 금융이나 기업 서비스와 같은 생산자 서비스 활동의 성장, (2) 경제활동 초국적화의 진전. 초국적화 경향은 지역, 대륙, 국제 단위에서 이루어질 수 있다. 이러한 두 경향은 상호 연계되어 있으며, 그 공간적 영향은 대도시에 경제활동이 강하게 집중되어 나타난다. 오늘날 도시에 대해서 간과하는 중요한 사실은, 도시 성장의 역동성이 기업의 입지 수요나 선호에 기반하며, 교외화로 인한 인구 감소의 보완책이 아니라는 것이다. 반면에 저개발국의 도시 성장은 대부분 인구 성장, 특히 인구 유입에 기인한다. 하지만 1990년대의 이러한 대도시 신드롬의 기반은 앞서 말한 두 가지 경향이 세계도시에서 현저하다는 사실이다. 대도시의 연구에서 이러한 경향은 간과되기 싫고, 주로 대도시 신드롬에만 초점을 맞추는 경우가 많다.

경제활동의 초국적화는 도시 간 거래의 양과 집적도를 높였다. 금융과 전문서비스의 글로벌 시장이 성장하고, 국제적 투자가 급격히 증대하는 데 대응하기 위해 초국적 서비스 네트워크의 수요가 빠르게 증가하면서, 국제적 경제활동의 규제에 대한 정부의 역할이 약화되고 있다. 또한 세계시장과 기업의 본사 기능들에 대한 제도적 장치가 많아지면서, 한 국가보다는 다양한 도시에 초국적 경제 제도가 활발해진다. 이러한 배경하에 초국적 도시체계가 형성되고 있다.

도시에서 세계시장이 성장하면서 이러한 도시경제 성장이 주변 지역과 국가에 미치는 영향에 대한 질문이 제기된다. 도시는 본질적으로 이전에도 그래왔듯이 지역경제에 깊이 배태되어 있으며, 지역경제의 특성을 반영한다. 하지만 도시는 세계경제하에서 전략적 장소로서 지역과 유리되는 경향이 있다. 이러한 현상은 도시체계에 대한 전통적인 연구, 즉 도시체계는 지역과 국가경제의 영역적 통합을 촉진한다는 기존 연구의 핵심 주제와 갈등을 일으킨다.

도시체계의 지리학과 특성에서 두드러지는 사실은 도시 간 새로운 불균형이 두 가지 경향으로 유형화되고 있다는 점이다. 첫째, 수많은 도시에서 초국적 연계가 증가하고 있다. 이러한 현상은 초국적인 단위의 지역과 세계적 수준에서 나타나고 있다. 두 개 이상의 지역 단위에서 작동하는 연계의 지리학과 위계의 중첩이 나타난다. 즉 파리나 런던 같은 도시들은 국가 도시체계에 속하면서 동시에 초국적인 유럽 도시체계와 세계체계 내에서 작동한다. 반면에 이 계층에 포함되지 않은 도시와 지역들은 갈수록 주변화되는 경향을 보인다.

둘째, 세계도시에서 권력이 없는 집단들은 초국적인 활동에 적극적으로 참여하여 새로운 도시 간 네트워크를 구축하는 경향이 있다. 도시 간 경제 거래를 통해 초국적인 도시체계는 이미 형성되었지만, 인적 네트워크는 1980년대 후반에 나타나기 시작했으며, 이후 급속하게 성장했다. 인적 네트워크는 일반적으로 도시에 주요 기반을 두고 있으며, 다음 두 가지의 유형이 있다. 첫 번째 유형은 이민과 디아스포라 정치에서 발원한다. 이 유형은 지난 수 세기 동안 세상에 존재했으나, 새로운 정보통신기술의 발전으로 인해 연계와 상호작용의 강도와 동시성이 강화되었으며, 기존의 모국 중심의 방사상 패턴을 넘어서서 수많은 횡적 연계 구조로 발전했다. 두 번째 유형은 국지적인 사회-정치적 투쟁과 광범위하게 관련된 활동가들, 그리고 정보 공유 네트워크에서 유래한다. 이 유형은 국지성에 뿌리를 둔 일종의 수평적인 세계성을 만들어 낸다. 해외여행을 하기에는 너무 가난하거나 박해로 인해 제한을 받거나 이동에 관심이 없거나 하여 유동성이 약한 개인이나 조직일지라도 이 새로운 세계 네트워크의 일원이 될 수 있다. 전 세계의 수많은 지역에서 나타나는 환경·정치·사회적인 이슈들이 세계 네트워크에서 관심을 받고 있다.

권력이 없는 집단의 초국적 네트워크는 대도시의 주변부에 있는 대형 슬럼 지역에서 특히 발전하였다. 대형 슬럼 지역에서는 활동가 조직이 등장하고 정보통신기술을 활용해 세계적으로 연계된 주체성이 등장하고 있다. 제6장에서는 이 세계적 슬럼에 대해 상세하게 다룬다.

＊ 주석

1. http://esa.un.org/unpd/wup/index.htm 참조.
2. 티후아나(Tijuana)와 같은 접경도시의 특수한 사례는 미국-멕시코 국경 지역의 남쪽에 입지한 미국 기업의 유인으로 인한 제조업 고용으로 추동된 오랜 기간 동안의 성장과 이민의 역사를 보여 준다(Fernandez-Kelly, 1984; Sassen, 1988; Sanchez and Alegria, 1992; Herzog, 2006). 다른 유형은 중국 내의 많은 지역에서 엄청난 이주를 유발한 중국의 새로운 수출자유지역 도시들이다(Sklair, 1985; Solinger, 1999: 277-90; Chen, 2005). 접경도시에 대한 체계화된 연구는 헤어초크(Herzog, 1990)를 참고할 것.
3. 여기에서 카리브 해 지역은 플로리다 반도와 남아메리카 북쪽 해안 사이의 도서 국가들과 중앙아메리카 지협의 독립국가들을 포함한다. 카리브 해에 접한 큰 국가들은 제외된다.
4. 남미의 도시에 대한 뛰어난 세계도시 분석은 다음 문헌을 창조할 것. Ciccolella and Mignaqui, 2002; Schiffer, 2002; Gugler, 2004; Amen et al., 2006.
5. 독일의 통일과 수도로 재탄생한 베를린의 역량의 강화로 인한 힘은 부다페스트, 빈, 베를린 간의 힘의 균형 관계를 바꾸고 있다. 사실상 베를린은 2004년 광역화 이후 중부 유럽의 핵심 비즈니스 중심지가 되었으며, 이는 부다페스트와 빈의 역할 축소로 이어진다. 하지만 이 세 도시들은 초국적 도시체계를 구성하는 지역 중심지가 되어 경쟁과 기능 분화의 다중심적인 무게 중심

을 가진 도시의 기능을 하여 이 지역의 국제 비즈니스 역량을 더욱 강화시킬 것이다.

6. 이는 예외적인 경우가 아니다. 모든 선진국들은 이주 노동자들을 받아들이고 있다. 심지어 반이민 국가로 알려진 일본도 1980년대 후반 이후 이주 노동자들을 수용하고 있다. 물론 이주 노동자의 출생국과 이민을 받아들이는 제도도 바뀌고 있지만 이주 노동자들은 일정한 역할을 담당하고 있다(AMPO, 1988; Asian Women's Asscoiation, 1988; Morita and Sassen, 1994; Iyotani, 1998; Sassen, 1998: 제4장; 2001: 제9장, Iyotani, Sakai and de Bary, 2005).

7. 해외 출생 거주자가 100만 명 이상인 도시를 '이민자 100만 명 도시'라고 칭한다.

〈제3장 부록〉

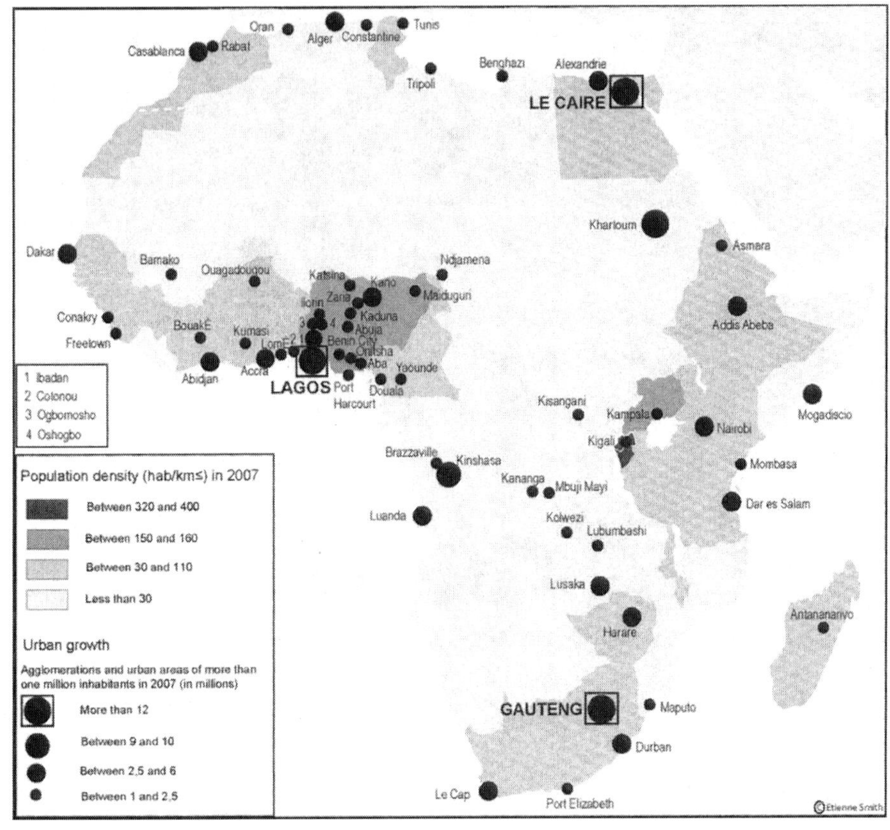

도표 A.3.1 아프리카 대도시(2010)

출처: Smith, Etienne. 2009. 아프리카: 역사와 도전: 50 지도와 표. 파리: 엘립시스 (L'Afrique: historie et defis: 50 cartes et fiches. Paris: Ellipses).

도표 A.3.2 아시아 대도시(2010)

도표 A.3.3 라틴아메리카 대도시(2010)

도표 A.3.4 유럽 대도시(2010)

도표 A.3.5 주요 개발도상국에서의 도시 성장 패턴(1980-2030)

1인당	인구규모 (천 명)[b]	백분율	평균 성장률										
GNP Level	2003	2030	도시인구[b]	도시인구(%)	농촌인구(%)								
2003								1980	1995	2000	1980	1995	2000
국가	(US$)[a]	도시	농촌	도시	농촌	2003	2030	1985	2000	2005	1985	2000	2005
아르헨티나	3,372	34,642	3,786	45,568	3,043	90.1	93.7	1.88	1.39	2.00	-0.87	-0.88	-1.10
멕시코	6,052	78,100	25,357	110,770	22,821	75.5	82.9	3.36	2.39	1.80	0.34	-0.07	0.40
콜롬비아	1,779	33,808	10,414	51,860	8,982	76.5	85.2	3.11	2.29	2.20	0.28	-0.07	-0.50
브라질	2,759	148,270	30,201	202,686	19,392	83.1	91.3	3.71	2.28	2.00	-1.27	-1.00	-2.40
알제리	2,092	18,711	13,089	32,032	12,087	58.8	72.6	3.71	3.85	2.60	2.51	1.25	0.30
모로코	1,431	17,564	13,002	30,824	11,680	57.5	72.5	4.28	3.42	2.80	1.40	0.50	0.10
말레이시아	4,247	15,611	8,814	27,324	7,867	63.9	77.6	4.51	3.32	3.00	1.06	0.15	0.10
세네갈	644	5,008	5,086	11,350	5,577	49.6	67.1	3.34	4.26	3.90	2.11	1.52	1.00
코트디부아르	826	7,464	9,167	14,054	9,204	44.9	60.4	6.63	5.24	2.60	2.54	2.26	0.80
나이지리아	471	57,907	66,102	134,398	72,298	46.7	65.0	6.07	5.33	4.40	2.22	2.02	1.00
케냐	449	12,593	19,394	25,807	15,334	39.4	62.7	8.06	6.72	4.40	3.17	2.78	-0.40
인도	564	301,260	764,202	586,052	830,525	28.3	41.4	3.91	3.96	2.30	1.65	0.93	1.20
인도네시아	946	100,294	119,859	187,846	89,721	45.6	67.7	4.60	3.62	3.90	1.13	0.14	-0.90
중국	1,086	503,740	800,456	877,623	572,898	38.6	60.5	1.44	2.95	3.20	1.18	0.58	-0.80

출처: a. World Bank(2005).

b. United Nations Department for Economic and Social Affairs, Policy Analysis(2003).

도표 A.3.6 주요 유럽 도시의 인구 변화율(1970–2005; %)

	1970–1975		1975–1980		1980–1985		1985–1990		1990–1995		1995–2000		2000–2005[b]	
주요 도시[a]	도심	주변부	도심	주변부	도심	주변부	도심	주변부	도심	주변부	도심	주변부	도심	주변부
함부르크	−0.77	0.85	−0.91	0.36	−0.77	0.06	0.24	0.06	0.65	–	0.33	–	0.13	–
프랑크푸르트	–	–	–	–	−1.01	−0.04	1.62	0.11	–	–	–	–	–	–
도르트문트	−0.41	0.08	−0.79	−0.27	−1.15	−0.56	0.54	0.37	–	–	–	–	–	–
베를린	−0.47	−0.25	−0.02	−0.07	0.21	0.03	2.19	0.09	0.18	–	0.05	–	0.02	–
파리	−1.48	1.93	−0.69	0.66	−1.02	0.78	1.01	2.06	0.38	–	0.38	–	0.33	–
리옹	−1.79	4.25	−1.23	−1.18	0.07	−0.04	0.07	1.21	0.74	–	0.74	–	0.67	–
마르세유	0.27	4.47	−0.48	2.91	−1.10	1.57	−1.10	2.84	0.39	–	0.39	–	0.39	–
밀라노	−0.14	1.06	−1.17	1.07	−2.02	0.60	−1.03	0.35	−1.05	–	−0.86	–	−0.86	–
암스테르담	−1.84	1.51	−1.11	0.81	−1.18	0.57	0.34	0.47	0.90	–	0.46	–	0.53	–
로테르담	−1.99	1.10	−1.38	0.81	−0.28	0.56	0.22	0.28	0.57	–	0.29	–	0.34	–
브뤼셀	−1.99	0.48	−1.38	0.15	−0.95	0.02	−0.17	0.04	−0.04	–	0.04	–	1.31	–
런던	−1.89	−0.37	−1.60	−0.14	−0.38	−0.06	0.56	−0.32	−0.03	–	−0.03	–	−0.03	–
버밍엄	−0.3	0.35	−1.01	−0.66	−0.33	0.00	−0.37	0.06	−0.25	–	−0.25	–	−0.25	–
글래스고	−3.38	−1.47	−1.84	−0.11	−1.06	−0.17	−1.41	−0.32	–	–	–	–	–	–
더블린	−0.41	–	−0.41	–	−1.61	–	–	–	0.65	–	0.87	–	0.88	–

(계속)

	1970–1975		1975–1980		1980–1985		1985–1990		1990–1995		1995–2000		2000–2005[b]	
주요 도시[a]	도심	주변부	도심	주변부	도심	주변부	도심	주변부	도심	주변부	도심	주변부	도심	주변부
코펜하겐	−2.28	2.00	−1.47	0.46	−0.59	−0.12	−0.72	0.14	0.30	–	−4.61	–	0.23	–
테살로니키	2.06	–	1.44	–	0.93	0.54	–	–	0.66	–	0.67	–	0.67	–
아테네	1.09	–	−0.16	–	−1.43	1.45	–	–	0.34	–	0.37	–	0.37	–
마드리드	0.45	8.28	−0.20	8.19	−0.63	3.16	0.28	0.07	0.51	–	0.43	–	0.43	–
바르셀로나	−0.07	3.40	0.13	2.27	−0.58	0.71	0.04	−0.04	0.62	–	0.21	–	0.21	–
발렌시아	1.44	1.47	1.11	1.73	−0.41	1.26	0.60	−0.48	–	–	–	–	–	–
세비야	1.24	−0.02	1.81	1.23	0.16	1.19	0.75	0.52	–	–	–	–	–	–

주: a. 주요 도시란 서유럽의 성장률이 높고 역동적인 도시를 의미함. b. 추정치

출처: 1970–1990: European Institute of Urban Affairs(1992: 56); 1992–2005: United Nations Department for International Economic and Social Affairs(2003, Table A.14).

도표 A.3.7 시대별 톱 은행, 회사, 서비스 기업의 입지(1960-2009)

도시, 국가[a]	2009[b]	1997[c]	1990[c]	1980[c]	1970[c]	1960[c]
도쿄, 일본	7(1)[d]	18(5)	12(2)	6	5(1)	1
뉴욕, 미국	3	12(1)	7(5)	10(4)	25(8)	29(8)
파리, 프랑스	8	11(1)	5	7(2)	0	0
오사카, 일본	2	7(3)	2(1)	1	1	0
디트로이트, 미국	2(2)	4(2)	2(2)	2(2)	3(3)	5(2)
런던, 영국	3(1)	3(1)	7(2)	8(3)	7(3)	7(3)
시카고, 미국	0	3	2	4(2)	5	6(2)
뮌헨, 독일	4(1)	3	2	1	1	1
암스테르담, 네덜란드	1(1)	3	0	0	0	0
서울, 한국	4	3	0	0	0	0

주: a. 1999년 기준 세계 100대 기업의 본사가 입지한 도시의 순위를 40위까지 선정한 후 10위의 도시들을 표시함.
b. "Global 500"(2009)에서 계산.
c. Short and Kim(1999: 26).
d. 괄호는 도시의 세계 상위 20위 기업의 수를 의미함.

도표 A.3.8 기업, 은행, 통신, 보험회사 기준의 글로벌 도시(2005)

순위	도시[a]	기업	은행	통신	보험회사
1	도쿄	56	3	2	6
2	파리	26	4	2	3
3	런던	23	3	0	5
4	뉴욕	22	2	1	4
5	베이징	12	4	2	1

주: a. 도시 내의 '고수익' 다국적기업들.
출처: "Global 500"(2005)에서 계산.

도표 A.3.9 수입에 의해 선정된 글로벌 톱 500 기업 중 기업, 은행, 통신, 보험회사 기준의 글로벌 톱 5 도시(2009)

순위[a]	도시	톱 기업 총수	은행[b]	통신[a]	보험회사[d]
1	도쿄	51	3	3	6
2	파리	27	5	2	3
3	베이징	26	4	2	1
4	뉴욕	18	5	1	4
5	런던	15	4	1	1

주: a. 도시들은 그곳에 입지한 세계 500대 고수익 기업들의 수에 따라 등급이 매겨짐.
b. 세계 500대 고수익 기업 중 62개의 은행들에서 선정됨.
c. 세계 500대 고수익 기업 중 21개의 통신회사들에서 선정됨.
d. 세계 500대 고수익 기업 중 37개의 보험회사들에서 선정됨.
출처: "Global 500"(2009)에서 계산.

도표 A.3.10 광고 네트워크 연결성(2008)

순위	도시	NC	순위	도시	NC
1	뉴욕	1.00	20	마드리드	0.60
2	런던	0.74	21	서울	0.59
3	파리	0.73	22	부다페스트	0.57
4	홍콩	0.68	23	빈	0.56
5	도쿄	0.68	24	이스탄불	0.56
6	싱가포르	0.65	25	쿠알라룸푸르	0.55
7	모스크바	0.65	26	헬싱키	0.55
8	상하이	0.64	27	두바이	0.55
9	바르샤바	0.63	28	밀라노	0.54
10	시드니	0.63	29	리스본	0.54
11	브뤼셀	0.62	30	멕시코시티	0.53
12	부에노스아이레스	0.62	31	암스테르담	0.53
13	타이베이	0.62	32	지다	0.53
14	뭄바이	0.61	33	코펜하겐	0.52
15	아테네	0.61	34	부쿠레슈티	0.52
16	토론토	0.61	35	로마	0.51
17	스톡홀름	0.60	36	프라하	0.51
18	방콕	0.60	37	카라카스	0.50
19	베이징	0.60			

도표 A.3.11 법률 네트워크 연결성(2008)

순위	도시	NC	순위	도시	NC
1	런던	1.00	5	워싱턴	0.58
2	뉴욕	0.89	6	브뤼셀	0.54
3	파리	0.70	7	홍콩	0.53
4	프랑크푸르트	0.59	8	모스크바	0.50

도표 A.3.12 금융 네트워크 연결성(2008)

순위	도시	NC	순위	도시	NC
1	뉴욕	1.00	15	토론토	0.64
2	홍콩	0.99	16	뭄바이	0.63
3	런던	0.99	17	취리히	0.62
4	도쿄	0.84	18	모스크바	0.59
5	싱가포르	0.84	19	더블린	0.59
6	상하이	0.83	20	쿠알라룸푸르	0.58
7	시드니	0.82	21	자카르타	0.58
8	파리	0.81	22	방콕	0.58
9	서울	0.75	23	브뤼셀	0.57
10	베이징	0.75	24	상파울루	0.56
11	마드리드	0.73	25	암스테르담	0.56
12	밀라노	0.70	26	부에노스아이레스	0.53
13	타이베이	0.69	27	바르샤바	0.51
14	프랑크푸르트	0.65	28	이스탄불	0.50

도표 A.3.13 회계 네트워크 연결성

순위	도시	NC	순위	도시	NC
1	런던	1.00	24	상파울루	0.56
2	뉴욕	0.78	25	베를린	0.56
3	홍콩	0.70	26	마드리드	0.56
4	시드니	0.69	27	이스탄불	0.56
5	밀라노	0.67	28	카라카스	0.56
6	싱가포르	0.64	29	오슬로	0.55
7	베이징	0.64	30	뉴델리	0.55
8	부에노스아이레스	0.63	31	쿠웨이트	0.55
9	파리	0.62	32	보고타	0.55
10	쿠알라룸푸르	0.62	33	바르셀로나	0.55
11	토론토	0.61	34	빈	0.53
12	텔아비브	0.61	35	지다	0.52
13	상하이	0.60	36	산티아고	0.52
14	자카르타	0.60	37	더블린	0.52
15	모스크바	0.60	38	바르샤바	0.51
16	브뤼셀	0.59	39	과달라하라	0.51
17	오클랜드	0.59	40	리야드	0.50
18	도쿄	0.59	41	요하네스버그	0.50
19	서울	0.59	42	취리히	0.50
20	리스본	0.57	43	함부르크	0.50
21	로마	0.57	44	시카고	0.50
22	뭄바이	0.57	45	아테네	0.50
23	멕시코시티	0.57			

도표 A.3.14 경영 컨설팅 연결성

순위	도시	NC	순위	도시	NC
1	뉴욕	1.00	7	도쿄	0.56
2	런던	0.67	8	취리히	0.55
3	파리	0.65	9	마드리드	0.55
4	홍콩	0.61	10	베이징	0.53
5	시카고	0.57	11	뭄바이	0.50
6	싱가포르	0.56	12	애틀랜타	0.50

Chapter
04

새로운 도시경제: 글로벌 과정과 장소의 만남

1970년대에 이르러 많은 세계적인 거대 도시들은 물리적으로 쇠락했을 뿐만 아니라 인구, 기업, 국가경제에서 핵심 역할, 국가 부에서 차지하는 비중 등의 측면에서도 쇠퇴하고 있었다. 뉴욕과 도쿄는 공식적으로, 런던은 비공식적으로 파산 상태에 처하였다. 그러나 20세기 마지막 10년을 지나 21세기로 접어들면서, 수많은 도시들은 다양한 활동과 역동적인 변화를 위한 전략적 장소로 재등장하였다. 그 이면에는 국가와 보다 글로벌화된 경제에서 도시의 새롭고 중요한 경제적 역할이 자리 잡고 있었다.

글로벌 기업 및 금융 거래의 규모와 권력에 대해서는 이미 많이 알려져 있다. 글로벌화되고 있는 세상에서 이들의 확대는 더 이상 놀라운 일이 아니다. 새로운 정보통신기술은 경제적 세계화의 시녀, 즉 도구이자 기반 시설로서 인식된다. 또한 오늘날 우리는 글로벌 기업과 거래의 흐름이 위기에 매우 취약하다는 사실도 깨닫고 있다. 1980년대 이후 수많은 기업에 영향을 미친 금융위기가 다섯 차례 있었는데, 이는 대개 경제가 금융자본에 의해 점점 더 지배받고 있다는 사실을 반증한다.

한편 20세기 중반 케인스 시대에 비해 1980년대에 시작된 세계화된 세상에서 도시가 왜 더 중요하게 되었는지에 대해서는 비교적 잘 알려져 있지 않다. 또한 금융이 지배하는 보다 더 많은 경제 부문이 어떻게 도시, 특히 세계도시에 영향을 미치는지도 분명하지 않다. 끝으로, 불평등은 오랫동안 도시의 한 특징이었지만, 오늘날의 구조적 변동은 보다 새로운 사회적, 공간적 불평등을 창출하면서 도시 시민권과 도시 생활 자체의 의미를 변화시키고 있다. 이러한 경향은 특히 세계도시에서 뚜렷하며, 세계도시는 새로운 정치적 실천과 활동가들의 현장이 되었다.

케인스 시대 도시에서 세계도시로

초기의 도시는 무엇보다도 행정, 소규모 제조업 활동, 상업 등의 중심지였으며, 대개 일상적인 활동이 이루어지는 공간이기도 하였다. 또한 도시는 주요 혁신이 이루어지는 전략적 공간으로서 정부(복지국가와 같은 사회적 계약의 등장), 대규모 제조업 및 교외 지역과 국가 교통 인프라의 대규모 건설 등이 이루어지고 있다.

기업이 지배하는 세계경제에서 도시가 전략적 위상을 차지하는 이유에 대한 가장 일반적인 대답은 대면 접촉이 지속적으로 필요하다는 점과 창조적 계급과 투입 요소가 중요하다는 점이다. 그러나 저자의 연구에 따르면, 이는 이유의 일부로서 피상적일 뿐, 새롭게 도래한 변화를 충분히 설명하지는 못한다.

전략적 경제 공간으로서 도시의 부상은 모든 선진국 경제에서 뚜렷이 나타나는 심층적인 구조적 변동의 결과이다. 그 변동은 지역 스케일에서 글로벌 스케일까지 다양하게 도시에 영향을 미치고 있다. 특히 심층적인 구조적 변동의 핵심에는 광산, 제조 공장, 운송 시스템, 의료 시설 등 가장 물리적인 측면을 가진 경제 부문조차 오늘날 보험, 회계, 법률, 금융, 컨설팅, 소프트웨어 프로그래밍 등 더 많은 서비스를 구매하고 있다. 이러한 소위 연계 서비스는 해당 서비스를 받는 광산이나 철강 공장이 비도시 지역에 입지하더라도, 주로 도시에서 제공되고 있다. 따라서 제조업이나 광업 중심의 경제조차도 도시 내 기업 서비스 경제를 육성시킨다. 국내 시장에서 활동하는 기업들도 로컬 또는 지역 내 입지한 도시로부터 서비스를 구매하는데, 이러한 점을 통해 우리는 세계도시가 아닌 곳에서도 전문직 계층 및 그들과 관련된 건조환경이 증가하는 이유를 알 수 있다. 한편 세계도시가 갖는 차별성은 그들만이 보다 더 복잡한 기업의 수요와 글로벌 스케일의 거래를 다룰 수 있다는 점이다. 오늘날의 구조 변동이 세계도시의 성장을 초래하는 것은 바로 이런 특별한 측면에서 파악될 수 있다.

오늘날 구조적 변동의 결과는 도시 공간의 구조화와 긴밀히 연결된다. 고임금 전문직과 고수익 비즈니스 서비스 회사의 성장은 최첨단 오피스 빌딩과 주거용 공간 및 소비의 핵심 요소에 대한 수요 증가를 초래하면서 도시 공간 내에 뚜렷하게 각인된다. 이러한 수요 증대에 따라 현재 도시경제 수준과 시장 수요에 맞는 보통 수준의 가구와 기업들은 대규모로 밀려나는 운명에 처하게 된다. 이 과정에서 도시 공간 자체도 이러한 결과를 초래하는 요인 중 하나이다. 이는 건축, 도시 디자인, 도시계획 등이 왜 그렇게 중요한 역할을 하는지를 어느 정도 설명한다. 1980년대 이래 경제적인 것에서 문화 및 정치적인 것으로 변화하는, 보다 세계화되는 활동과 흐름의 현장을 향하여 도시가 점차 새롭게 변모되는 것을 우리는 인식하고 있다. 그러나 이는 또한 1980년대 글로벌 시대가 본격적으로 열리면서 세계도시가 단순히 투자가 이루어지는 장소가 아니라 투자 그 자체의 대상이 된 이유를 설명한다. 아울러 1990년대 이후 세계화의 확대에 따라 투자의 대상이 된 도시의 수와 유형이 확대된 이유도 부분적으로 설명한다.

1980년대에 처음으로 저자가 세계도시 모델을 개발했을 때, 출발점은 계열 회사 간 글로벌 네트워크, 세계 금융 거래, 글로벌 무역 경로, 글로벌 상품 사슬 등이었다. 이러한 글로벌 활동을 연구하는 세계화 연구그룹의 등장은 지리적 분산, 이심화 및 탈영역화를 강조하였다. 이것들은 모두 동시에 발생하였다. 그러나 저자는 점점 더 전자적이고 지구적으로 분산된 활동의 영역적 측면에 관심을 두고 있었다. 그 당시 저자는 뉴욕과 로스앤젤레스에 초점을 두었는데, 이는 두 도시가 주요 영역의 결절지로 여겨졌기 때문이다. 그러나 기업과 거래의 글로벌 활동 및 실제 활동의 현장을 추적하는 실절적인 방법론을 따르다 보니 결국 1980년대 주요 영역적 결절지로서 뉴욕, 런던, 도쿄가 두드러졌으며, 로스앤젤레스는 오히려 리스트 상위권에서 멀리 벗어나 있다는 점을 깨닫게 되었다.

오늘날 이러한 방법론을 적용하면 엄청나게 확대된 결절지의 글로벌 지리를 확인하게 될 것이다. 이제는 수출자유지역, 역외금융센터, 글로벌 무역 경로상 거대한 창고 및 수없이 많은 세계도시 등이 존재한다.

글로벌 경제의 다중 회로

글로벌 경제라는 실재는 존재하지 않는다. 전자적 금융시장과 글로벌하게 활동하는 기업 등과 같은 글로벌 형태만 존재할 뿐이다. 오늘날의 주요 특징은 대부분 도시인 특정 지역들을 연결하면서 세계를 종횡으로 움직이는 수

없이 많은 글로벌 회로들이다. 많은 글로벌 회로는 오랫동안 존재해 왔지만, 1980년대에 등장하기 시작한 현상은 회로의 급격한 증가 및 점점 더 복잡해지는 조직과 금융의 구성이다. 또한 관련된 도시 간 지리의 등장은 세계화의 하부구조로 기능하기 시작하였다. 이에 따라 글로벌 네트워크는 점차 도시화되어 왔다.

서로 다른 회로는 상이한 국가와 도시의 집단을 포함한다. 예를 들어 뭄바이는 런던, 보고타와 같은 다양한 도시 내 투자자들을 포함한 부동산 개발 글로벌 회로의 일부이다. 커피는 대부분 브라질, 케냐, 인도네시아에서 생산되지만, 커피가 전혀 생산되지 않는 뉴욕의 월 가가 주요 커피 선물거래 장소이다. 금, 커피, 석유 및 여타 상품의 특정 회로는 특정한 장소를 포함하고 있으며, 장소는 그것이 생산 회로인지, 무역 회로인지, 금융 회로인지에 따라 다양하게 나타난다. 또한 월마트와 같은 기업이 수없이 많은 제품의 생산을 아웃소싱 하는 데 필요한 회로도 존재하는데, 여기에는 제조, 무역, 금융 및 보험 서비스 회로 등이 포함된다. 만일 우리가 금융 기구로서 금의 글로벌 회로를 추적한다면, 그것을 지배하는 것은 런던, 뉴욕, 시카고, 취리히 등일 것이다. 그러나 금속의 도매 거래를 보면 상파울루, 요하네스버그, 시드니 등이 지도 상에 중요하게 등장할 것이며, 소매 거래를 보면 뭄바이와 두바이가 주목을 받게 될 것이다. 뉴욕과 런던은 세계에서 가장 거대한 금융 중심지이지만, 모든 시장을 지배하는 것은 아니다. 시카고는 선물거래를 선도하는 금융 중심지이고, 1990년대 프랑크푸르트는 영국 채권의 주요 거래 장소로 기능하였다. 이 도시들은 모두 글로벌 경제를 선도하는 금융 중심지이지만, 각자 서로 다른 부문을 지배하고 있기 때문에 상이한 유형의 금융 중심지로 보아야 한다.

한편 전 세계 25만 개의 다국적기업들이 모두 100만 개 이상의 제휴 및 파트너십을 형성하고 있지만, 본사는 모국에 입지시키고 있다는 사실에서 우리는 세계적 분산과 특정 기능의 공간적 집중이 결합한 새로운 패턴이 등장하고 있음을 분명히 알 수 있다. 또한 자국을 벗어나 350개 도시에서 활동하는 100대 고차 서비스 글로벌 기업도 마찬가지이다. 금융 서비스는 전자적으로 전 세계에서 구매할 수 있지만, 선도적인 글로벌 금융 회사의 본사는 제한된 수의 도시에 집중되어 있고, 이러한 도시들이 현재 금융 부문의 실업 위기를 직접 경험하고 있다. 개별 금융 중심지는 모든 금융 중심지에 공통적으로 요구되는 일상적인 거래도 수행하고 있지만, 특히 글로벌 금융의 특정 부문으로 특화된 경쟁력을 분명히 갖고 있다.

글로벌 경제의 힘만이 회로의 급격한 증대를 촉진한 것은 아니다. 인구 이동, 문화적 활동, 시민사회 등도 인권, 환경, 사회적 정의를 지키고 또한 글로벌 회로의 형성과 발전을 촉진하기 위해 싸우고 있다. 열대우림의 보전을 위해 싸우는 NGO들은 열대우림의 고장인 브라질과 인도네시아, 뉴욕과 런던의 글로벌 미디어 중심지, 목재를 거래하는 핵심 다국적기업의 본사가 입지한 오슬로, 런던, 도쿄 등을 모두 포함하는 회로 속에서 활동한다. 인도의 특정 지역과 런던, 뉴욕, 시카고, 요하네스버그 등을 연결하는 특정한 음악 회로가 존재할 뿐만 아니라 중국의 일부 지역과 로스앤젤레스를 연결하는 특정한 음악 회로도 존재한다.

개별 도시의 시각을 고려하면, 회로상 많은 입지들이 갖는 다양성과 특수성을 쉽게 파악할 수 있다. 도시 간 지리의 등장은 다양한 형태의 세계화를 위한 하부구조로 기능한다. 도시 간 지리의 핵심 결절점은 단순히 도시가 아니라 보다 정확하게는 고도로 특화된 도시의 역량이다. 게다가 더 중요한 점을 보면, 궁극적으로 글로벌 기업 또는 시장이 된다는 것은 자국이 아니라 특정한 다른 국가경제들로 진입하다는 사실을 의미한다. 이것은 글로벌 기업과 시장이 그들의 활동을 전 세계적으로 확대함에 따라 왜 더 많은 세계도시를 필요로 하는지 잘 설명해 준다. 개별 국가경제의 특별함과 독특함을 다루는 것은 단순히 글로벌 표준을 부과하는 것 이상으로 매우 복잡한 과정이기 때문이다.

이러한 과정은 글로벌 기업의 조직과 경영 측면이 아니라 소비자 부문을 고려하면 쉽게 이해된다. 먼저 맥도날드와 같이 표준적인 영업 활동도 프랑스, 일본, 남아프리카공화국 등 입지한 국가의 문화에 따라 제품을 변화시킨다. 경영 및 조직 측면에서는 문제가 더욱 복잡해진다. 세계도시는 글로벌 활동 주체와 개별 국가의 특수성을 연결하는 데 필요한 자원과 인재를 보유하고 있다. 매우 불완전한 세계도시조차도 글로벌 기업과 거래를 위해서는 없는 것보다 낫다. 따라서 우리는 현재 수없이 다양한 세계도시가 서로 경쟁할 뿐만 아니라 글로벌 기업과 시장의 활동을 위해 글로벌하게 네트워크화된 플랫폼을 집단적으로 형성하고 있는 이유를 잘 이해할 수 있다.

세계도시의 네트워크는 점점 더 많은 기업들이 글로벌하게 더 많은 해외의 국가경제로 진입하면서 확대되어 왔다. 많은 글로벌 경제 시스템의 운영 및 서비스는 성장하는 세계도시와 도시-지역 네트워크에서 이루어진다. 이러한 역할은 물론 도시경제의 특정한 일부분에 해당되지만, 국가 및 글로벌 수준에서 해당 도시의 위상을 새롭게 결정하는 데 크게 기여하고 있다.

도시의 새로운 위상 정립과 도시 간 경쟁의 극복은 도시들이 광범위한 글로벌 거버넌스 관련 도전에 직면하면서 새로운 전기를 맞고 있다. 많은 도시들은 정부가 국제조약을 맺거나 법을 제정하기 전에 이미 그러한 도전에 대처할 역량을 발전시켜야 했다. 1980년대 도쿄와 로스앤젤레스의 대기오염 위기가 그 사례이다. 이들 도시는 교토의정서와 같은 것을 기다릴 수 없었고, 정부가 자동차 연료 효율성과 배기가스 무배출을 위한 의무 법령을 통과시키는 것도 기다릴 수 없었다. 조약이나 법령과 상관없이, 이들 도시는 대기 질 문제에 즉시 대처해야만 했고, 실제로 그렇게 하였다. 도시들은 긴급 상황이 요구한다면 국가 법령도 거스르고자 하는 의지도 보여 주었다. 예를 들어 2006년 미국 내 800여 개 도시 정부는 미국 환경보호국이 안전하다고 지정한 이산화탄소를 금지하는 공동행동선언에 서명하였다.

마지막으로 도시 내 시급한 세계적 도전 중 하나는 전쟁의 도시화라는 현상에 의해 새롭게 형성되고 있다. 네트워크화된 전쟁 도발에 대처하는 데 재래식 군대가 부적절하다는 사실을 의미하는 군사적 비대칭성은 새로운 전쟁 활동의 도시지리를 점차 창출하고 있다. 이러한 맥락에서 글로벌 네트워크 내 도시의 확대와 도시 간 네트워크의 증가는 또 다른 의미를 갖게 된다.

도시의 특화된 차이점이 갖는 중요성: 완벽한 세계도시란 없다

도시 간 경쟁은 존재하지만, 경쟁의 정도는 우리가 생각하는 것보다 훨씬 약하다. 글로벌 기업은 하나가 아니라 많은 세계도시를 원한다. 그러나 세계화된 기업의 특화도 차이를 고려할 때, 어떤 도시가 선호되는지는 기업에 따라 매우 다양할 것이다. 기업은 도시의 특화된 차별성을 토대로 번창하며, 그 차별성이 해당 도시에게 글로벌 경제에서 경쟁력을 부여한다. 또한 유사한 거대 기업을 다루는 유사한 회로에서 위상 확보를 둘러싼 도시 간 글로벌 정치역학의 가능성이 나타나기도 한다.

도시와 도시-지역의 특화된 차별성이 갖는 중차대함을 인식함으로써 우리는 장소의 깊은 경제적 역사가 한 도시 또는 도시-지역이 발전시킨 지식경제가 얼마나 중요한지를 잘 알게 된다. 이는 세계화가 경제를 동질화한다는 일반적인 견해와 상반되는 것이다. 물론 장소의 경제사가 얼마나 중요한지는 지역에 따라 다르며, 도시 또는 지역 경제가 갖는 특수성에 의해서도 영향을 받는다. 이러한 특수성은 일반적으로 생각하는 것보다 더욱 중요하며, 쉽게 인식되지 않는 방식으로 작용한다. 결국 세계화는 경영, 회계, 최첨단 사무지구 등을 위한 표준을 동질화시키지만, 또한 다양하고 특화된 경제적 역량을 요구한다.

글로벌 수준에서 무역, 금융, 서비스, 투자 등을 수행하는 역량이 만들어질 필요가 있다. 그것은 글로벌 기업의 힘과 텔레커뮤니케이션 발전의 단순한 부산물이 아니다. 서로 다른 도시는 특별한 유형의 역량을 생산하는 고유한 자원과 인재를 갖고 있다. 베이징과 부에노스아이레스처럼 다양한 도시의 사례에서 볼 수 있듯이, 수많은 해외 기업이 여전히 필요할 때조차 세계도시는 특정한 글로벌 역량을 생산하는 플랫폼이다. 전 세계적으로 70여 개 주요 또는 이차적인 세계도시는 자국에서 그러한 역량의 생산에 기여하며, 그에 따라 국가경제와 세계경제 간 교량의 역할을 수행하고 있다.

글로벌 수준에서 역동성의 또 다른 측면을 보면, 기업이 세계화되려면 개별 국가경제로의 진입 거점 기능을 수행하는 많은 도시를 기반으로 활동해야 한다. 도시가 갖는 이러한 연결 역량은 매우 중요한데, 이는 1, 2차 레벨의 세계도시를 연결하는 다수의 회로가 글로벌 경제의 살아 있는 하부구조이기 때문이다. 이는 특히 도시들이 단순히 서로 경쟁하지 않는다는 점을 지적한다. 글로벌 기업은 비록 세상에서 최고의 도시라고 할지라도 하나의 세계도시를 원하지는 않는다. 심각한 부정적 요소를 갖는 도시가 있을지라도, 기업은 서로 다른 집단의 도시들을 요구할 수 있다. 이러한 사실이 왜 하나의 '완벽한' 세계도시가 존재하지 않는지를 잘 설명한다. 오늘날의 글로벌 시대는 모든 것을 가진 하나의 제국적 글로벌 수도로서 기능하지 않는다. 한 방대한 연구를 보면, 수많은 변수를 활용하여 전 세계적인 경제활동에 있어 최고의 도시들을

도표 4.1 전 세계 경제 중심 도시(WCOC) 2008년 전체 순위

순위	도시	WCOC 지수	순위	도시	WCOC 지수
1	런던	79.17	11	마드리드	58.34
2	뉴욕	72.77	12	시드니	58.33
3	도쿄	66.60	13	토론토	58.16
4	싱가포르	66.16	14	코펜하겐	57.99
5	시카고	65.24	15	취리히	56.86
6	홍콩	63.94	16	스톡홀름	56.67
7	파리	63.87	17	로스앤젤레스	55.73
8	프랑크푸르트	62.34	18	필라델피아	55.55
9	서울	61.83	19	오사카	54.94
10	암스테르담	60.06	20	밀라노	54.73

주: 100점 만점.
출처: 도표는 MasterCard. 2008. *2008 Worldwide Centers of Commerce Index*. Purchase, NY: MasterCard를 토대로 작성함.

평가하였다.**1** 글로벌 기업에게 중요한 도시의 다양한 측면을 평가하는 65개 변수 모두에서 최고점을 차지한 도시는 하나도 없었다. 75개 도시 중 100점 만점을 받은 도시도 없다. 최고 수준의 점수를 받은 두 도시는 79점의 런던과 73점의 뉴욕이고, 10위는 60점을 받은 암스테르담이며, 그 뒤를 58점을 받은 마드리드가 따른다(도표 4.1). 두 개의 선도적인 세계도시인 런던과 뉴욕은 몇 가지 변수에서 낮은 점수를 받았다. 창업과 폐업 또는 정치적 및 법적 기반 측면에서 두 도시 모두 10위 내에도 들지 못하였다(도표 4.2−4.3a). '진입과 퇴출의 용이성'의 일부를 나타내는 '비즈니스 활동의 용이성'이라는 중요한 변수를 고려하면, 런던은 43위이고 뉴욕은 56위로 평가되었다(도표 4.3b). 아마도 가장 놀라운 결과로는 런던이 '계약의 집행'에서 37위, '투자자 보호'에서 21위로 평가되었다는 사실이다. 이상의 세 가지 변수 모두에서 최고점을 받은 곳은 바로 싱가포르이다. 덜 놀라운 사실이긴 하지만, 뉴욕은 '거주 적합성'을 나타내는 건강과 안전 변수에서 34위로 평가되었다(도표 4.4). 후진국 중에서 뭄바

도표 4.2 정치적 및 법률적 기반과 일부 하위 지표들

순위	지표 1: 정치적 및 법률적 기반	라이선스 취급	자산 등록	월경적 거래	소버린 및 비소버린 리스크 거래에 대한 수출입은행 노출 프리미엄
1	스톡홀름	코펜하겐	리야드	홍콩	런던
2	코펜하겐	방콕	스톡홀름	코펜하겐	뉴욕
3	싱가포르	도쿄	애틀랜타	싱가포르	싱가포르
4	애틀랜타	스톡홀름	보스턴	베를린	도쿄
5	보스턴	싱가포르	워싱턴 D.C.	프랑크푸르트	시카고
6	워싱턴 D.C.	더블린	시카고	뮌헨	홍콩
7	시카고	파리	휴스턴	몬트리올	파리
8	휴스턴	베를린	로스앤젤리스	토론토	서울
9	로스앤젤리스	프랑크푸르트	마이애미	밴쿠버	프랑크푸르트
10	마이애미	뮌헨	뉴욕	스톡홀름	암스테르담
11	뉴욕	애틀랜타	샌프란시스코	빈	마드리드
12	샌프란시스코	보스턴	취리히	두바이	시드니
13	몬트리올	워싱턴 D.C.	제네바	애틀랜타	토론토
14	토론토	시카고	두바이	보스턴	코펜하겐
15	밴쿠버	휴스턴	싱가포르	워싱턴 D.C.	취리히
16	베를린	로스앤젤리스	런던	시카고	스톡홀름
17	프랑크푸르트	마이애미	몬트리올	휴스턴	필라델피아
18	뮌헨	뉴욕	토론토	로스앤젤리스	로스앤젤리스
19	런던	샌프란시스코	밴쿠버	마이애미	오사카
20	도쿄	서울	베이징	뉴욕	밀라노
21	취리히	몬트리올	청두	샌프란시스코	타이베이
22	제네바	토론토	상하이	암스테르담	보스턴
23	빈	밴쿠버	선전	런던	애틀랜타
24	멜버른	멕시코시티	방콕	텔아비브	베를린
25	시드니	멜버른	암스테르담	바르셀로나	마이애미
26	암스테르담	시드니	산티아고	마드리드	뮌헨
27	바르셀로나	산티아고	코펜하겐	멜버른	빈
28	마드리드	취리히	모스크바	시드니	샌프란시스코
29	더블린	제네바	상트페테르부르크	파리	더블린
30	두바이	코펜하겐	빈	도쿄	브뤼셀

주: WCOC에서 상위 10개 도시만 표시함.

출처: 도표는 MasterCard. 2008. *2008 Worldwide Centers of Commerce Index*. Purchase, NY: MasterCard를 토대로 작성함.

도표 4.3a 비즈니스 활동의 용이성과 하위 지표들(1부)

순위	지표 3: 비스니스 활동의 용이성	창업	근로자의 고용	신용자금 조달	폐업	컨벤션/전시회/회의
1	밴쿠버	시드니	뉴욕	쿠알라룸푸르	싱가포르	런던
2	토론토	멜버른	시카고	런던	도쿄	파리
3	몬트리올	토론토	필라델피아	에든버러	오사카	베를린
4	싱가포르	몬트리올	로스앤젤리스	프랑크푸르트	토론토	빈
5	런던	밴쿠버	보스턴	베를린	몬트리올	싱가포르
6	더블린	더블린	애틀랜타	뮌헨	밴쿠버	홍콩
7	코펜하겐	브뤼셀	마이애미	함부르크	코펜하겐	프라하
8	샌프란시스코	싱가포르	샌프란시스코	뒤셀도르프	암스테르담	뉴욕
9	뉴욕	파리	휴스턴	시드니	브뤼셀	이스탄불
10	로스앤젤리스	스톡홀름	댈러스	멜버른	더블린	뮌헨
11	워싱턴 D.C.	뉴욕	워싱턴 D.C.	뉴욕	런던	상하이
12	홍콩	시카고	싱가포르	시카고	에든버러	바르셀로나
13	보스턴	필라델피아	코펜하겐	토론토	서울	두바이
14	시카고	로스앤젤리스	시드니	필라델피아	타이베이	서울
15	스톡홀름	보스턴	멜버른	로스앤젤리스	시드니	마드리드
16	도쿄	애틀랜타	홍콩	보스턴	멜버른	도쿄
17	마이애미	마이애미	토론토	애틀랜타	홍콩	방콕
18	브뤼셀	샌프란시스코	몬트리올	마이애미	뉴욕	모스크바
19	시드니	휴스턴	밴쿠버	샌프란시스코	시카고	상파울루
20	애틀랜타	댈러스	런던	몬트리올	필라델피아	베이징
21	휴스턴	워싱턴 D.C.	에든버러	휴스턴	로스앤젤리스	밀라노
22	멜버른	홍콩	도쿄	댈러스	보스턴	부다페스트
23	취리히	코펜하겐	오사카	워싱턴 D.C.	애틀랜타	시카고
24	프랑크푸르트	런던	더블린	밴쿠버	마이애미	에든버러
25	제네바	에든버러	취리히	부에노스아이레스	샌프란시스코	샌프란시스코
26	암스테르담	취리히	제네바	더블린	휴스턴	브뤼셀
27	뮌헨	제네바	쿠알라룸푸르	텔아비브	댈러스	암스테르담
28	베를린	텔아비브	방콕	홍콩	워싱턴 D.C.	상트페테르부르크
29	파리	리스본	리야드	마드리드	스톡홀름	시드니
30	빈	암스테르담	산티아고	바르셀로나	마드리드	더블린

주: WCOC에서 상위 10개 도시만 표시함.

출처: 도표는 MasterCard. 2008. *2008 Worldwide Centers of Commerce Index*. Purchase, NY: MasterCard를 토대로 작성함.

도표 4.3b 비즈니스 활동의 용이성과 하위 지표들(2부)

순위	지표 3: 비즈니스 활동의 용이성	금융 서비스	진입과 탈출의 용이성	투자자 보호	기업세 부담	계약의 집행
1	밴쿠버	런던	싱가포르	싱가포르	싱가포르	싱가포르
2	토론토	뉴욕	홍콩	홍콩	홍콩	홍콩
3	몬트리올	싱가포르	프랑크푸르트	쿠알라룸푸르	두바이	빈
4	싱가포르	홍콩	암스테르담	뉴욕	리야드	시드니
5	런던	파리	토론토	시카고	더블린	멜버른
6	더블린	프랑크푸르트	코펜하겐	필라델피아	런던	뉴욕
7	코펜하겐	암스테르담	스톡홀름	로스앤젤리스	에든버러	시카고
8	샌프란시스코	마드리드	베를린	보스턴	코펜하겐	필라델피아
9	뉴욕	코펜하겐	뮌헨	애틀랜타	산티아고	로스앤젤리스
10	로스앤젤리스	취리히	빈	마이애미	스톡홀름	보스턴
11	워싱턴 D.C.	스톡홀름	함부르크	샌프란시스코	토론토	애틀랜타
12	홍콩	베를린	몬트리올	휴스턴	몬트리올	마이애미
13	보스턴	뮌헨	밴쿠버	댈러스	밴쿠버	샌프란시스코
14	시카고	빈	뒤셀도르프	워싱턴 D.C.	암스테르담	휴스턴
15	스톡홀름	더블린	프라하	텔아비브	요하네스버그	댈러스
16	도쿄	브뤼셀	파리	토론토	취리히	워싱턴 D.C.
17	마이애미	함부르크	서울	몬트리올	제네바	서울
18	브뤼셀	바르셀로나	취리히	밴쿠버	리스본	파리
19	시드니	뒤셀도르프	상하이	더블린	베이루트	더블린
20	애틀랜타	제네바	밀라노	요하네스버그	시드니	부다페스트
21	휴스턴	두바이	타이베이	런던	멜버른	도쿄
22	멜버른	에든버러	더블린	에든버러	뉴욕	오사카
23	취리히	도쿄	브뤼셀	도쿄	시카고	브뤼셀
24	프랑크푸르트	시드니	제네바	오사카	필라델피아	프랑크푸르트
25	제네바	토론토	두바이	브뤼셀	로스앤젤리스	베를린
26	암스테르담	로스앤젤리스	리스본	코펜하겐	보스턴	뮌헨
27	뮌헨	오사카	로마	보고타	애틀랜타	함부르크
28	베를린	밀라노	산티아고	리스본	마이애미	뒤셀도르프
29	파리	몬트리올	베이징	뭄바이	샌프란시스코	모스크바
30	빈	댈러스	부다페스트	산티아고	휴스턴	상트페테르부르크

주: WCOC에서 상위 10개 도시만 표시함.

출처: 도표는 MasterCard. 2008. *2008 Worldwide Centers of Commerce Index*. Purchase, NY: MasterCard를 토대로 작성함.

도표 4.4 거주 적합성과 일부 하위 지표들

순위	지표 7: 거주 적합성	삶의 질	기초 서비스	건강과 안전	개인의 자유
1	밴쿠버	로스앤젤리스	싱가포르	취리히	뉴욕
2	뒤셀도르프	시드니	코펜하겐	제네바	도쿄
3	샌프란시스코	샌프란시스코	뮌헨	스톡홀름	시카고
4	프랑크푸르트	멜버른	프랑크푸르트	프랑크푸르트	파리
5	빈	런던	밴쿠버	암스테르담	프랑크푸르트
6	뮌헨	뉴욕	뒤셀도르프	토론토	암스테르담
7	취리히	파리	도쿄	코펜하겐	토론토
8	도쿄	밀라노	취리히	뮌헨	코펜하겐
9	파리	로마	스톡홀름	빈	취리히
10	코펜하겐	보스턴	빈	더블린	스톡홀름
11	시드니	베를린	런던	몬트리올	필라델피아
12	베를린	워싱턴 D.C.	오사카	밴쿠버	로스앤젤리스
13	토론토	밴쿠버	몬트리올	뒤셀도르프	오사카
14	보스턴	도쿄	댈러스	베를린	밀라노
15	제네바	시카고	파리	브뤼셀	보스턴
16	스톡홀름	빈	시드니	함부르크	애틀랜타
17	로스앤젤리스	댈러스	토론토	에든버러	베를린
18	암스테르담	뒤셀도르프	애틀랜타	싱가포르	마이애미
19	몬트리올	요하네스버그	함부르크	도쿄	뮌헨
20	멜버른	프랑크푸르트	암스테르담	오사카	빈
21	워싱턴 D.C.	토론토	필라델피아	보스턴	샌프란시스코
22	브뤼셀	애틀랜타	보스턴	샌프란시스코	브뤼셀
23	오사카	마이애미	브뤼셀	파리	함부르크
24	런던	브뤼셀	워싱턴 D.C.	멜버른	몬트리올
25	뉴욕	암스테르담	제네바	시카고	휴스턴
26	시카고	필라델피아	멜버른	시드니	댈러스
27	함부르크	오사카	뉴욕	필라델피아	워싱턴 D.C.
28	댈러스	뮌헨	시카고	워싱턴 D.C.	밴쿠버
29	필라델피아	휴스턴	베를린	런던	뒤셀도르프
30	밀라노	바르셀로나	로스앤젤리스	마드리드	제네바

주: WCOC에서 상위 10개 도시만 표시함.

출처: 도표는 MasterCard. 2008. *2008 Worldwide Centers of Commerce Index*. Purchase, NY: MasterCard를 토대로 작성함.

도표 4.5 2006년 전 세계 경제 중심 도시(WCOC) 지수

순위	도시	WCOC 지수	순위	도시	WCOC 지수
1	런던	77.79	11	암스테르담	57.30
2	뉴욕	73.80	12	토론토	57.11
3	도쿄	68.09	13	보스턴	56.47
4	시카고	67.19	14	시드니	56.26
5	홍콩	62.32	15	코펜하겐	56.14
6	싱가포르	61.95	16	마드리드	56.06
7	프랑크푸르트	61.34	17	스톡홀름	54.51
8	파리	61.19	18	샌프란시스코	54.36
9	서울	60.70	19	취리히	54.33
10	로스앤젤레스	59.05	20	애틀랜타	54.19

주: 100점 만점.
출처: 도표는 MasterCard. 2008. *2008 Worldwide Centers of Commerce Index*. Purchase, NY: MasterCard를 토대로 작성함.

이, 상파울루와 같은 도시들은 금융 및 경제 서비스 측면에서 최고 그룹에 속하지만, 비즈니스 활동의 용이성과 거주 적합성 등에서 낮은 점수를 받아 전체 점수는 낮게 평가되었는데, 이는 특히 수많은 인구의 낮은 삶의 질 수준을 고려할 때 당연한 결과로 보인다(도표 A.4.1–A.4.2 참조).

각자의 차별성을 가지면서 늘어나는 세계도시는 점차 다극화된 세계로의 이행을 나타낸다. 2006년 조사 결과와 비교하여 미국 도시의 위상이 낮아졌다는 점이 이러한 이행의 일부를 보여 준다(도표 4.5). 로스앤젤레스는 10위에서 17위로, 보스턴은 13위에서 23위로 하락한 반면, 유럽과 아시아의 도시들이 상위 그룹으로 평가되었고, 특히 16위에서 11위로 올라선 마드리드가 두드러진다. 2006년에 미국은 상위 20위권에 6개의 도시가 있었지만, 2008년에는 4개만이 남았다. 이러한 이행은 지배적인 경제적 및 군사적 파워로서 미국의 위상이 낮아졌다는 점을 아울러 보여 준다. 이것은 물론 미국이 갑자기 열등해졌다는 것이 아니라, 세계의 다른 지역들이 성장했고 경제적, 정치적, 문화

적 힘을 강화하는 많은 요소들이 여러 장소에 존재한다는 점을 의미한다.

지식경제를 촉진시키는 도시/농촌의 고유성

한 도시가 입지한 특정한 글로벌 회로는 해당 도시의 강점에 따라 다양하며, 도시 집단도 개별 회로에 따라 다양하다. 이 모든 것들은 도시의 특화된 차별성이 중요하다는 점, 도시 간 경쟁이 상식과 달리 비교적 낮다는 점, 도시 기능의 글로벌 분화 또는 지역적 분화는 오히려 더 높다는 점을 각각 보여 준다. 예를 들어 상파울루, 시카고, 상하이의 지식경제는 주요 중공업에 서비스를 제공해 왔던 오랜 경험을 공통적으로 갖고 있다. 이는 뉴욕, 런던과 같은 세계도시가 전혀 갖지 못한 경제적 역사이다. 이러한 특화된 차별성으로부터 도시 기능의 세계적 분화가 등장한다. 따라서 세계화하려는 제철소, 광물 기업, 기계 제조업체 등은 법률, 회계, 금융, 보험, 경제 전망 및 여타 특별한 서비스를 구하기 위해 그들이 입지한 곳에 따라서 상파울루, 상하이 혹은 시카고로 갈 것이다. 그들은 이와 같이 특별한 서비스를 위해 뉴욕이나 런던으로는 가지 않을 것이다. 따라서 상파울루, 상하이, 시카고 등의 도시경제는 네트워크화된 글로벌 플랫폼의 일부가 된다.

한 장소의 깊은 경제적 역사와 이것이 창출하는 특화된 경제적 강점은 세계화된 경제에서 점차 중요해진다. 이는 세계화가 경제를 동질화한다는 일반적인 견해와 물론 상반되는 것이다. 이런 고유성이 얼마나 중요한지는 지역경제 여건에 따라 차이가 있을 것이다. 도시/지역이 어떻게 지식경제가 되는지를 이해하는 것은 상당히 구체적인 연구를 필요로 한다. 그래서 저자가 연구한 시카고의 사례를 활용하여 이 점을 설명하고자 한다. 시카고는 보통 뉴욕과 런던에 비해 15년 정도 뒤처진 지식경제의 후발 주자로 간주된다. 그 이유에 대해 사람들은 시카고 스스로가 농업에 집중된 과거 유산을 극복해야만 했기 때문이라고 설명한다. 즉 뉴욕, 런던과 같이 오랜 무역 및 금융 중심지와 비교할 때 시카고의 경제적 역사는 단점으로 간주되었던 것이다. 그러나 저자는 시카고의 과거가 단점이 아니라 오히려 시카고가 갖는 비교 우위의 중요한 원천이라는 점을 파악하였다. 가축 처리 시설 위에 구축된 선물시장으로서 시카고의 탁월한 지위를 보면, 이러한 점을 잘 알 수 있다. 원래 역사적인 시카고 농업 경제의 복잡성, 스케일 및 국제적 속성은 매우 전문화된 금융, 회계, 법률적 전문 지식을 필요로 하였다. 이것은 뉴욕에서 특화된 서비스 수출, 금융, 무역 등의 부문을 다루는 데 필요했던 전문 지식과는 상당히 달랐으며, 현재에도 똑같이 다르다. 시카고에 핵심적이며 뚜렷한 지식경제 요소를 제공한 것, 시카고를 선도적인 글로벌 선물 금융 중심지로 또한 중공업, 대형 화물 수송, 대규모 농업을 위한 특화된 서비스(회계, 법률, 보험 등)를 제공하는 글로벌 중심지로 만든 것은 모두 거대한 농업 복합단지로서 시카고의 과거이다. 시카고, 상파울루, 상하이, 도쿄, 서울 등이 이렇게 특화된 기업 서비스를 제공하는 글로벌 중심지에 포함되어 있으며, 이들은 주요 중공업 거점으로 기능했던 과거에도 불구하고 성장한 것이 아니라 바로 그 과거 때문에 세계도시로 성장한 것이다. 마찬가지로 지식경제로 진입하는 것이 필요하다고 결정했을 때, 보잉사는 본사를 뉴욕이 아니라 시카고로 이전하였다.

후기 산업 생산 거점으로서의 세계도시

우리는 대도시에서 새로운 생산자 서비스 복합단지의 형성을 목격하고 있다. 그러나 국제화를 위한 경영, 금융, 서비스 과정의 복합단지가 실제로 도시에서 어떻게 구축되는가? 기업과 시장의 글로벌 활동을 운영하는 거대한 작업 중 실제로 도시에서 이루어지는 요소는 무엇인가? 이 두 가지 질문에 대한 해답은 1980년대 시작된 세계경제 시대에 특정 도시의 새로운 또는 급격히 확대된 역할을 이해하는 데 도움을 줄 것이다.

그러한 변화의 핵심에는 현재 매우 중요한 두 가지 서로 관련된 과정이 존재한다. 첫 번째 과정은 경제활동에 있어 세계화의 급격한 증대(제2장 참조)와 그에 따른 국제 거래의 규모와 복잡성의 증대이며, 이는 또한 최고 수준의 다국적기업 본사의 기능과 첨단 기업 서비스의 성장을 촉진하고 있다. 비록 세계화가 기업 활동의 규모와 복잡성을 증대시키지만, 그러한 활동은 국가적으로 또는 지역적으로 활동하는 기업의 사례에서처럼 보다 작은 지리적 스케일과 낮은 복잡성 수준에서도 분명히 나타난다. 국가적 또는 지역적 기업은 글로벌 수준은 아니지만 보다 분산된 기업 활동을 점차 운영하고 있다. 지점의 설립과 꽃, 음식, 연료 등을 판매하는 전통적인 자영업체 인수, 호텔 체인과 광범위한 서비스 시설 운영 등이 그러한 기업 활동에 포함된다. 국가적 또는 지역적 기업은 보다 단순한 여건 속에서 활동하지만, 한편으로 통제, 경영, 특화된 서비스 기능 등을 중앙 집중화할 필요성도 갖게 된다. 국가 및 지역 시장을 겨냥하는 기업은 국경 및 상이한 국가의 규제와 회계 규칙을 고려할 필요가 없지만, 차상위 도시들의 경제성장을 촉진하는 다양한 기업 서비스 수요를 창출한다.

두 번째 과정은 모든 사업 조직 내에서 서비스에 대한 필요성이 강화된 것이다(Sassen, 1991; 2001: 제5장). 이러한 변화는 제조업과 광업에서 금융 및 소비재 산업에 이르기까지 모든 산업에서 법무, 회계, 보험 등 서비스 수요의 거대한 증가를 초래하였다. 도시는 기업을 위한 서비스 생산의 주요 현장이다. 따라서 모든 산업 조직 내 서비스 집약도의 증가는 1980년대 이래로 커다란

도시 성장 효과를 발휘하였다. 기업을 위한 서비스 증대 효과는 국가 도시체계 내 모든 스케일의 도시에서 뚜렷이 나타난다. 일부 도시는 지역 또는 국가 하위 시장을 담당하고, 다른 일부 도시는 국가시장을 담당하지만, 또 다른 일부 도시는 글로벌 시장을 담당한다. 이러한 맥락에서 특정한 세계화의 결과는 스케일 수준과 복잡성 증대 정도에 따라 다르게 나타난다. 도시경제의 관점에서 핵심 과정은 모든 산업 부문의 기업에 의한, 그리고 글로벌·국가적·지역적 시장 스케일에 걸쳐 나타나는 서비스 수요의 증대이다.

이러한 두 가지 서로 교차하는 과정의 결과로서, 우리는 도시에서 고차의 경영 및 비즈니스 서비스 활동으로 구성된 도시경제의 새로운 핵심 지역이 형성되는 것을 목격하는데, 이것은 오래된 특히 제조업 지향의 업무 핵심 지역을 대체하게 된다. 주요 국제 비즈니스 중심지인 도시에서 새로이 형성된 핵심 지역의 스케일, 파워, 이윤 정도는 적어도 두 가지 측면에서 새로운 도시경제의 형성을 시사한다. 첫째, 비록 이들이 오랫동안 비즈니스와 금융의 중심이었지만, 1980년대 중반 이후 비즈니스와 금융 부문의 급격한 구조 변화와 함께 총규모와 도시경제 내 위상의 빠른 상승에 의해 나타났다. 둘째, 새로운 금융 및 서비스 복합지구의 성장은 신경제체제를 창출하였다. 비록 도시경제의 일부만을 차지하더라도, 비즈니스와 금융 부문은 폭넓은 도시경제에서 자신의 존재를 각인시켰다. 가장 뚜렷한 점을 보면, 제조업에서는 절대 불가능한 금융 부문의 엄청난 수익 창출 가능성은 제조업을 점차 평가절하시킬 수 있다.

하지만 이러한 사실은 도시경제 내 모든 것이 변했다는 것을 의미하지 않는다. 그와 반대로, 변화된 도시들은 여전히 글로벌 결절 지점에 위치하지 않은 여타 도시와 비교해도 많은 연속성과 유사성을 보이고 있다. 세계화 과정과 글로벌 시장의 발달은 오히려 도시경제 내 국제화된 부문이 급속히 팽창했다는 점과 새로운 가치 부여 메커니즘, 즉 다양한 경제활동과 결과의 가치를 매기는 새로운 기준들이 부여되었다는 점을 의미한다. 이는 도시경제 내 많은 부문에서 대단히 파괴적인 결과를 초래하였다. 최고급 레스토랑, 호텔 등과 같이 국제화된 부문 및 관련 활동들의 가치 및 이윤 수준이 높기 때문에, 여타 다른 부문이 공간과 투자 기회를 얻기 위해 경쟁하는 것은 점차 어렵게 되었다. 결국 이들 부문 중 상당수는 엄청난 하락세와 퇴출을 경험하였다. 예를 들어 로컬 수요에 맞추어진 근린 지역 매장들은 새로운 고소득 도시 엘리트를 수요자로 삼는 고급 부티크와 레스토랑으로 대체되었다.

비록 그 정도에는 차이가 있지만, 위와 같은 경향은 세계시장으로 통합되었던 개발도상국의 많은 주요 도시에서 1990년대 초반에 나타났는데, 상파울루, 부에노스아이레스, 방콕, 타이페이, 멕시코시티 등이 그 사례이다. 이들 도시에서 새로운 핵심지구는 금융시장의 탈규제, 금융 및 특화 서비스의 성장, 세계시장으로 통합 등에 의해 촉진되었다. 외국 투자자에 대한 주식시장의 개방과 기존 공기업의 민영화 등은 이러한 변동을 초래한 중차대한 제도적 요인이었다. 이들 도시의 규모가 엄청나기 때문에 도시 전체에 미치는 새로운 핵심지구의 영향력은 런던 혹은 프랑크푸르트의 핵심지구처럼 뚜렷하지는 않지만, 도시 내 변동은 실제로 분명하게 나타나고 있다.

생산자 서비스

생산자 서비스의 증가는 오늘날 선도적인 도시경제에서, 그리고 정도는 덜하지만 국가경제에서 성장의 중심 요소이다. 선진국에서 생산자 서비스의 증가와 관련해 중요했던 시기는 1980년대였으며, 그러한 증가를 고찰함으로써 우리는 도시경제의 근본적인 구조 변동을 이해할 수 있다. 여기에서 우리의 관심은 1980년대 이후 생산자 서비스의 발달을 추적하려는 것이 아니라 경제 변동의 큰 그림을 이해하려는 것이다. 1980년대 선진국 경제는 제조업의 하락 또는 침체와 동시에 생산자 서비스의 빠른 성장을 경험하였다. 다른 연구에서 저자는 그러한 성장의 근본적인 요인이 전 산업 조직에서 나타나는 서비스 집약도의 증대에 있다고 주장하였다(Sassen, [1991] 2001: 166-168). 제조업이든 창고업이든 간에 기업은 이제 더 많은 법률, 금융, 광고, 컨설팅 및 회계 서비스를 이용하고 있다. 경제 여건의 변동에 대한 적응력을 촉진하기 때문에, 이러한 서비스는 한 경제의 역량 중 일부로 간주될 수 있다(Marshall et al., 1986: 16). 서비스는 대가를 받고 경제 교환을 조직하고 판단하는 메커니즘(Thrift, 1987)이며, 광범위한 경제활동의 중개 공간 중 일부(Bryson and Daniels, 2007)이기도 하다.

생산자 서비스는 가장 정교한 것에서부터 가장 기초적인 것까지 기업을 위한 서비스이다. 여기에는 금융, 법률, 일반 경영 문제, 혁신, 개발, 디자인, 관리, 인사, 생산 기술, 유지, 운송, 통신, 도매 물류, 광고, 청소, 보안 및 저장 등이 포함된다. 생산자 서비스 범주의 중심 요소는 복합적인 비즈니스와 소비자 시장을 가진 광범위한 산업들인데, 보험, 은행, 금융 서비스, 부동산, 법률 서비스, 회계, 전문직 협회 등이 이에 해당한다.**2**

비록 대도시에 더 많이 집중되어 있기는 하지만, 생산자 서비스는 대부분의 선진국 경제에서 더 빠르게 성장하고 있다. 생산자 서비스의 성장을 촉진하는 핵심 과정은 모든 산업 부문 내 기업에 의한 서비스 투입의 증대이다. 서비스 소비는 가구에서도 증대했는데, (납세 신고를 위해 회계사를 더 많이 활용하는 것과 같이) 직접적으로 또는 (영세한 자영 소매점이 아니라 프랜차이즈 또는 체인점에서 꽃과 저녁을 구매하는 등) 소비재 산업의 재조직화를 통해 간접적으로 이루어져 왔다. 소비자 대상 서비스는 종종 단순한 직매점을 통해 인구가 집중된 모

도표 4.6 독일, 일본, 미국의 산업 부문별 전국 고용 동향, 1970~2008년(천 명)[a]

산업 부문	독일					일본					미국				
	1970	1980	1990	2000	2008	1970	1980	1990	2000	2008	1970	1980	1990	2000	2008
전 산업	26,610.1	26,684	30,369	39,731	41,875	53,320	57,231.1	63,595.3	67,660	63,850	82,048.8	106,085	126,424	140,863	154,287
농업, 수렵업, 임업 및 어업	1,990.4	1,528	990	982	872	10,151.4	6,111	4,391.3	3,260	2,680	2,955.8	3,117.1	3,566	3,650	2,306
광업 및 채굴업	380.4	339	190	152	109	216.1	108	63.4	60	30	655.2	1,989.8	766	543	845
제조업	9,992	9,106	8,841	8,542	8,517	13,716.6	13,246.1	14,642.7	13,210	11,740	20,823.9	23,550.8	22,464	20,681	16,869
전기, 가스 및 수도	214.8	231	254	290	346	289.9	348.6	333.6	350	320	1,011.1	1,413.2	1,614	1,470	1,254
건설업	2,163.8	1,964	1,847	3,118	2,521	3,963.9	5,282.2	5,342	6,530	5,370	4,967.4	6,664.9	8,471	9,977	12,140
도매, 소매, 식당 및 호텔업	4,034.8	3,788	4,636	6,409	6,751	10,137.5	12,731.1	13,801.7	14,740	15,030	16,047.5	21,292.3	25,811	29,245	32,551
운송, 창고 및 통신업	1,443	1,520	1,620	2,008	2,147	3,235.9	3,504.3	3,674.7	4,150	3,910	4,325.4	5,990.3	6,814	8,547	6,831
금융, 보험, 부동산 및 비즈니스업	1,234.9	1,445	2,375	4,256	5,473	1,384.1	2,003.4	2,661.8	6,160	9,350	6,421.2	10,424.2	13,953	17,197	27,197
공동체, 사회 및 개인 서비스업	5,039.3	6,027	7,733	10,671	11,755	9,457.4	12,314	15,949.6	15,630	14,660	22,519.3	30,175.4	42,215	49,106	54,294
기타		677		203	6,552	39.9	61.5	320.9	390	1,480	2,072.6	1,677.7	30	447	0

주: a. 실업자 수는 제외됨.
b. 1970년, 1980년, 1990년 독일 노동통계는 독일연방공화국 자료에서 얻음.
출처: ILO(2010)에서 발췌함.

든 곳에서 구매될 수 있다. 이러한 점에서 소비자 대상 서비스는 생산자 서비스, 최고 기업을 상대하는 서비스에 비해 지리적으로 훨씬 덜 집중되어 있다. 회계에서 건축까지 가구에 특화된 서비스 수요는 전국적인 서비스 복합 시장의 성장에 기여하는 핵심 요인일 것이다.

중요한 변동의 시기의 전국 고용 동향을 보면, (보통 '광의적 생산자 서비스'로 규정되는) 생산자 서비스가 전체 고용에서 차지하는 비중은 적지만, 대부분의 선진국 경제에서 가장 빠르게 성장하는 부문임을 알 수 있다. 이러한 경향은 일반적으로 오늘날에도 계속되고 있다. 미국에서 전체 고용은 1970년 8200만 명에서 2009년 1억 5420만 명으로 증가했지만(도표 4.6), 광의적 생산자 서비스, 특히 다양한 비즈니스 서비스와 금융 활동은 평균을 훨씬 넘어 성장하였다. 이와 대비하여 제조업의 고용은 크게 줄었다. 또 다른 성장 부문은 보건, 교육, (돌봄서비스, 레저, 손님 접대 등의) 개인 서비스 등을 포함한다. 이와 유사한 성장 패턴이 일본, 영국, 프랑스 등을 포함한 여타 선진국에서도 등장하고 있다.

도시에 초점을 두면, 1980년 중반이라는 중요한 시기에 보다 더 뚜렷한 경향을 볼 수 있다. 글로벌 경제의 성장과 연계된 생산자 서비스는 많은 도시에서 가장 역동적이고 급성장하는 부문이 되었다. 특히 주목받는 경우는 전체 고용이 실제로 줄었으며, 제조업의 극심한 감소를 경험한 영국이다. 1984년에서 1987년까지 단 3년 동안에 런던 중심부 내 여타 모든 산업 부문은 절대적이고 상대적인 고용 감소를 겪었지만, 생산자 서비스 고용은 증가했으며, 전체 고용 대비 비중도 1989년에 이르러 31%에서 40%로 늘었다(Frost and Spence, 1992). 유사한 변화가 뉴욕에서도 발생했는데, 1980년대 경제 부흥의 최정점이었던 1987년에 생산자 서비스는 민간 부문 일자리의 37.7%를 차지했으며, 법무 서비스 일자리의 62% 증가를 포함하여 급격히 성장하였다. 이에 대비하여, 제조업에서는 22%, 운송업에서는 20%의 고용 감소가 나타났다(보다 자세한 논의는 Sassen, 1991: 제8장 참조).

생산자 서비스의 급격한 증가와 더불어 1980년대 내내 주요 도시에서 비즈니스와 금융 서비스 고용의 공간적 특화 수준도 증가하였다. 예를 들어 뉴욕시의 금융, 보험, 부동산(FIRE) 일자리의 90% 이상이 맨해튼에 입지하였으며, 비즈니스 서비스 일자리의 85%도 마찬가지였다. 가구와 기업의 대규모 교외화 이후 1990년에 이르러 뉴욕 대도시권의 금융 및 비즈니스 서비스는 1950년대 중반에 비해 맨해튼에 더욱 집중하였다(Harris, 1991).3

1990년대에 광의적 생산자 서비스는 주요 도시에서보다 전국적으로 더 빠르게 성장하기 시작하였다. 이에 대해 사람들은 주요 도시가 생산자 서비스 일자리를 대도시권 및 소규모 도시에게 잃어버리는 것으로 보통 이해한다. 그러나 저자는 자료를 다르게 해석하고자 한다. 즉 전국적으로 성장한다는 사실은 전 산업 부문에서 생산자 서비스의 중요성이 증대했음을 알 수 있는 증거이다(Sassen, [1991] 2001: 제5장 참조). 만일 우리가 정보 산업이라는 생산자 서비스의 한 부문을 고려한다면, 미국 전체적으로 일자리의 지속적인 성장을 목격하게 된다. 그렇다고 해서 정보 산업의 수가 주요 도시에서 감소한 것은 아니다. 뉴욕 시는 여타 미국 주요 도시에 비해 훨씬 더 높은 집중도를 나타낸다. 1970년에서 2000년까지 전문직 및 비즈니스 서비스의 고용은 뉴욕에서 전체 직업 대비 24.2%에서 37.2%로, 로스앤젤레스에서 24.1%에서 33.2%로, 시카고에서 19.2%에서 33.5%로 각각 증가하였다. 이들 서비스는 도시경제의 구조 변동 시기를 통틀어 전국적으로 15.1%에서 17.6%로 증가했지만, 세 도시 모두에서는 더 높은 증가율을 보였다. 토론토, 시드니에서 프랑크푸르트, 도쿄까지 전 세계 주요 국제 금융 중심지의 핵심지구에서 금융 및 여타 생산자 서비스의 높은 집중은 많은 국제 금융 중심지들이 새로이 글로벌 네트워크에 참여하면서 글로벌 시장에서 그들의 비중이 줄어듦에도 불구하고 스스로의 서비스 특화 수준을 증대시켜 왔음을 보여 준다.

이 도시들은 국가경제 내 다른 지역과 함께 세계를 대상으로 수출하는 기업 서비스의 주요 생산지로 등장하였다. 이 과정에 계층화 및 특화를 지향하는 강력한 경향이 존재한다. 뉴욕과 런던은 회계, 광고, 경영 컨설팅, 국제법 및 다른 비즈니스 서비스의 선도적인 생산지이자 수출지이다. 사실 뉴욕, 런던, 도쿄, 파리, 취리히, 뮌헨은 세계 100대 상장 금융 회사의 자산에서 높은 비중을 차지하며(도표 A.4.3–A.4.5 참조), 현재 1위를 차지한 암스테르담과 함께 세계 50대 보험 회사 자산 중에서도 큰 비중을 차지하고 있다(도표 A.4.6 참조). 이 도시들과 몇몇 일부 도시들은 그러한 서비스의 가장 중요한 국제시장이기도 하다. 일부 도시들, 특히 뉴욕, 런던, 파리, 홍콩 등은 오랫동안 해당 서비스의 주요 수출지였으며, 다른 도시들은 1980년대 새로운 글로벌 시대가 열리면서 주요 수출지가 되었다. 예를 들어 1980년대 말에 이르러서야 도쿄는 자국의 거대 무역회사를 위한 서비스를 제공하던 초기의 제한적인 역할을 넘어 서비스 국제 거래의 중요한 중심지로 등장하게 되었다. 초기부터 일본 기업은 건설과 엔지니어링 등 특정 글로벌 생산자 서비스 시장에서 커다란 비중을 획득하였지만, 광고와 국제 법률 서비스 등의 분야에서는 그렇지 못하였다(Rimmer, 1988). 예를 들어 1970년대 말 미국은 200대 세계 건설 회사 중 60개를 차지한 반면, 일본은 10개 만을 차지하였다(Rimmer, 1986). 1985년에 이르러 급격한 반전 속에서 두 나라는 각각 34개를 차지하게 되었다(Sassen, [1991] 2001: 174–175 참조).

또한 한 국가 내에서는 서로 다른 도시별 특화 경향이 존재한다. 미국에서 뉴욕은 더욱 좁게는 금융, 비즈니스, 문화 센터로 특화되어 있다. 따라서 뉴욕은 은행, 보안, 제조업 관리, 회계 및 광고 분야를 선도한다. 워싱턴 D.C.는 법

도표 4.7 2008년 세계 50대 상장 금융 다국적기업의 자산에 따른 도시 순위[a] (백만 달러, 명)

순위	평균 GSI[b]	금융 다국적 기업 수	도시	총자산	총고용자 수	계열 회사		
						전체 수	해외 수	진출 국가 수
1	52.3	5	파리	8,679,654	553,951	2,498	1,630	217
2	43.9	7	뉴욕	7,422,354	842,192	2,966	1,854	235
3	40.0	5	런던	6,797,451	641,201	2,419	1,290	166
4	30.8	3	도쿄	4,167,163	145,442	311	175	51
5	55.2	4	취리히	3,602,362	194,752	1,337	1,240	126
6	32.6	1	에든버러	3,511,187	199,000	1,169	388	32
7	43.3	3	암스테르담	3,270,013	225,833	2,412	1,436	100
8	52.4	1	프랑크푸르트	3,150,820	80,456	934	713	36
9	39.1	2	빌바오	2,277,942	282,897	660	402	51
10	43.7	3	뮌헨	2,275,604	228,860	1,330	824	105
11	42.4	3	브뤼셀	1,572,522	97,983	973	736	71
12	56.7	1	밀라노	1,495,868	174,519	1,111	1,052	34
13	37.2	3	토론토	1,319,023	166,372	350	286	53
14	32.2	3	스톡홀름	1,285,432	66,132	388	295	47
15	38.9	1	토리노	910,062	108,310	218	127	26
16	26.2	1	코펜하겐	680,095	23,624	73	50	10
17	59.5	1	트리에스테	549,269	84,063	396	342	41
18	25.8	1	더블린	277,705	16,026	197	101	13
19	33.5	1	오마하	267,399	246,000	570	200	32
20	31.1	1	오슬로	263,592	14,057	33	32	10

주: a. 지리적 분산지수(b 참조)에 의한 최고 금융 회사임. 자료는 블룸버그에서 제공하는 2008년 자산(백만 달러) 및 고용자 수 자료임. 계열 회사 자료는 Dun and Bradstreet의 "Who Owns Whom" 자료에 기초함.

b. 지리적 분산지수(GSI)는 국제화 지수 값과 진출 국가 수를 곱한 값의 제곱근으로 계산됨. 평균 GSI는 도시 내 입지한 해당 최대 금융 회사에 대한 평균값임.

출처: UNCTAD(2009b: 234)를 토대로 계산함.

률 서비스, 컴퓨팅 및 데이터 처리, 관리 및 홍보, 연구 및 개발, 회원 조직 등을 선도한다. 동시에 워싱턴 D.C.에 집중된 일부 법률 서비스는 법률 및 규정 절차와 로비 등을 거쳐야만 하는 뉴욕의 기업을 고객으로 삼는다. 이러한 서비스는 반드시 수도에 입지하게 되며, 많은 서비스는 국가 전체 경제를 대상으로 하거나 비경제적 목적을 위해서 제공된다. 더 나아가 뉴욕과 워싱턴의 또 다른 많은 특화된 활동은 의료 및 보건 연구와 같은 부문에서 세계경제가 아니라 국가경제를 대상으로 삼는다. 따라서 올바른 이해를 위해 우리는 한 도시 내 생산자 서비스 복합지구의 구성을 규명하고, 그것이 세계시장과 글로벌 경제로의 통합을 지향하는지 또는 대체로 국내 수요에 대응하는지를 파악해야 한다.[4]

비록 주요 도시 내에서 지배적인 지위가 사라졌다고 하더라도, 제조업이 모든 국가경제에서 여전히 중차대한 부문이라는 점을 인식하는 것이 중요하다. 실제로 새로운 경향이 도시에서 등장하기 시작했던 1980년대와 더욱 강하게 나타났던 1990년대에 고도화된 서비스가 지배하는 도시경제에서 제조업의 위상을 둘러싼 뜨거운 논쟁이 있었다. 일부 학자들은 생산자 서비스 부문이 제조업의 토대 없이 존재할 수 없다고 주장하였다(Cohen and Zysman, 1987; Markusen, 1994). 거대 뉴욕 지역 내 제조업 부문의 약화가 선도적인 금융 및 생산자 서비스 중심으로서 뉴욕의 지위를 위협할 수 있다고 간주되었다(Markusen and Gwiasda, 1994). 이러한 주장의 핵심 내용은 생산자 서비스의 성장이 바로 제조업에 의존한다는 것이다(Noyelle and Dutka, 1988; Sassen, [1991] 2001; Drennan, 1992). 그러나 1980년대와 1990년대 뉴욕 시의 생산자 서비스에 대한 선도적 분석가인 드레넌(1992)은 뉴욕의 경우 세계시장으로의 통합이 너무도 강해서 뉴욕 배후 지역과의 연계는 부차적인 것이 되기 때문에, 도시 내 산업 기반의 쇠락에도 불구하고 강력한 금융 및 생산자 서비스 부문의 발전이 가능하다고 주장하였다.

한편 기존 두 가지 입장과 달리(Sassen, [1991] 2001), 저자는 먼저 제조업이 생산자 서비스 부문의 성장을 촉진하는 하나의 요인이라는 점과 함께 제조업의 역할은 그것이 해당 지역 내 입지하든 해외에 있든 마찬가지라는 점을 주장한다. 비록 제조업 및 광업과 농업 모두 생산자 서비스 수요의 증대를 촉진할지라도, 그것들의 실제 입지는 글로벌 수준의 서비스 기업에게 있어 부차적인 문제이다. 따라서 제조업이 필요한 법무·회계 서비스를 최상위 기업으로부터 구매하려는 다국적기업에 해당한다면, 그 제조업 공장이 해외에 있든 국내에 있든 문제가 되지 않는다. 둘째, 저자는 공장의 공간적 분산, 특히 국제적인 분산은 실제로 생산자 서비스의 수요를 증대시킨다고 주장하였다(제2장 '세계도시'에 대한 절 참조). 이는 세계화의 또 다른 의미, 혹은 그 결과이다. 달리 말하면, 제조업이 다국적기업 네트워크의 일부에 해당한다면 뉴욕 런던, 파리 등에 본사를 둔 생산자 서비스 기업의 성장은 입지와 상관없이 제조업에 의해서 촉진될 수 있다. 따라서 아웃소싱에 따른 디트로이트의 제조업 고용 감소와 뉴욕의 고급 생산자 서비스 일자리의 증가는 동전의 양면에 해당한다. 셋째, 상당히 많은 생산자 서비스 부문은 다수의 글로벌 금융시장에서처럼 제조업과 전혀 무관한 금융과 비즈니스 거래에 의해서도 촉진된다. 또는 (기업의 활동이 무엇이든 상관없이 기업을 사고파는 데 초점을 둔) 많은 인수 및 합병 활동과 무엇보다도 투자 수단의 금융 혁신에서처럼, 제조업과 직접적으로 상관없는 거래에 의해서도 촉진된다.

새로운 생산복합지구의 형성

정보 산업에 대한 보편적인 생각에 따르면, 중심 도시에서 생산자 서비스의 빠른 성장과 과도한 집중은 발생해서는 안 된다. 특히 최고의 정보기술에 근거하고 있기에, 고급 기업 서비스의 경우에는 특히 더 그러하다고 인식된다. 고급 기업 서비스는 주요 도시에서 특징적으로 나타나는 높은 비용과 혼잡성을 우회할 수 있는 입지 선택권을 가진다고 생각된다. 그러나 도시는 집적 경제와 고도로 혁신적인 환경을 제공한다. 그리고 일부 고급 기업 서비스는 기업 내부에서 생산되기도 하지만, 많은 부분은 특화된 서비스 기업으로 아웃소싱 된다. 기업이 요구하는 서비스의 복잡성, 다양성, 특화 등의 증대는 기업 내에서 상근 전문직을 고용하는 것보다 특화된 기업으로부터 구매하는 것이 더욱 효율적이도록 만든다. 이러한 서비스 수요의 증대는 독립적인 특화된 서비스 부문이 도시 내에서 경제적으로 성공하게 만든다.

기업 서비스를 생산하는 일은 다른 특화된 서비스로의 근접성으로부터 혜택을 받는데, 특히 서비스 산업 내 선도적이고 가장 혁신적인 부문에서 더욱 그러하다. 복잡성과 혁신은 종종 여러 산업으로부터 고도로 특화된 투입을 요구한다. 예를 들어 금융 상품의 생산은 회계, 광고, 법무 서비스, 경제 컨설팅, 홍보, 소프트웨어 혁신, 디자인, 인쇄 등으로부터 투입을 필요로 한다. 이러한 점에서 서비스 생산은 고도로 네트워크화된 기업에 의해 이루어진다. 생산의 네트워크화된 특성이야말로 1980년대 중반 이후 주요 도시에서 경제적 부흥을 촉진시켰던 경영 및 서비스 기능의 집중을 잘 설명한다.

고도의 전문직 분야에서 대면 상호작용이 필수적이라는 일반적인 설명은 몇 가지 측면에서 수정될 필요가 있다. 다른 유형의 서비스와 달리 생산자 서비스는 수요자, 즉 서비스를 받는 기업과의 공간적 근접성에 반드시 의존할 필요가 없다. 오히려 핵심 투입 요소를 생산하는 다른 서비스 기업에 근접해서 입지할 때와 그러한 근접성이 제공하는 특정 서비스의 합작 생산이 가능할 때, 해당 특화 서비스 기업은 혜택을 보게 된다. 회계 기업은 멀리 떨어진 고객에게 서비스를 제공할 수 있지만, 그러한 서비스의 생산은 변호사에서 프로그래머에 이르기까지 다양한 전문가에 대한 근접성에 의존한다. 저자는 소위 대면 의사소통이 실제로는 동시에 많은 투입 요소와 피드백을 필요로 하는 생산 과정이라고 해석한다. 기술 발전의 현 단계에서도, 적절한 전문가에게 직접적이고 즉각적으로 접근할 수 있다는 점은 여전히 가장 효율적인 작업 방식이며, 특히 고도로 복잡한 생산물을 다룰 때에는 더욱 그러하다. 더욱이 거대한 도시 센터가 제공할 수 있는 어메니티(amenities)와 생활양식을 중시하는, 새로운 고숙련 일자리에 어울리는 사람들이 갖는 수요와 기대는 도시로의 집중을 발생시킨다.

가장 선도적이고 특화된 서비스 부문에서 핵심적 요소는 바로 속도이다. 집적을 위한 동력으로서 시간은 무게를 대체한다. 과거에는 철광석에서 가공되지 않는 농산물에 이르기까지 무게가 가장 무거운 투입 요소는 입지한 지점에서 집적을 촉진했던 주요 제약 요소였다. 오늘날 복잡성의 증대와 경제적 거래의 촉진은 집적을 위한 새로운 동력을 창출하였다. 만일 시간의 압박이나 복잡성이 없다면, 상상컨대 고객은 널리 분포된 특화 기업들을 필요에 따라 모아서 활용할 것이다. 이것은 종종 일상적인 작업의 경우에 해당한다. 그러나 오늘날 많은 선도적인 산업 부문에서와 같이 시간이 중요한 경우에는 특화된 서비스의 생산을 위한 집적의 혜택은 여전히 매우 높으며, 도시 집적의 비용이 아무리 높다고 하더라도 최첨단 특화 서비스 기업의 집중이 필수적이라면 당연히 집적이 발생할 것이다. 여기에서 핵심은 모든 거래의 가속화인데, 특히 (분초를 다투는) 금융, 주식시장, 외환시장, 선물시장 등에서 핵심적으로 작용한다. 이런 부문에서 속도는 변호사, 회계사, 금융가 사이의 경쟁력에뿐만 아니라 재능 있고 경험 많은 전문직 간 상호작용을 통해 나타나는 지식에도 프리미엄을 부여한다.

제약 요소와 이점의 이러한 결합은 모든 주요 도시에서 생산자 서비스 복합지구의 형성을 촉진해 왔다. 생산자 서비스 복합지구는 기업 본사의 세계로 긴밀하게 연결되어 있어 본사-기업 서비스 연합의 복합지구 형성으로 이어진다. 그러나 이 둘을 구분할 필요가 있다. 비록 도시에 여전히 불균형하게 집중되어 있는 경향이 있지만, 많은 본사가 지난 20년 동안 외부로 이전하였다. 본사는 확실히 도시 외부에 입지할 수 있지만, 특화된 서비스와 금융 등에 대한 접근을 위해 어디엔가 있는 생산자 서비스 **복합지구**가 반드시 필요하다. 매우 중요한 해외 활동 혹은 아주 혁신적이고 복잡한 비즈니스 활동을 하는 기업의 본사는 여전히 주요 도시에 입지하는 경향이 있다. 요약하면, 한편으로 보다 일상적인 활동과 주로 지역 혹은 국내 시장을 대상으로 하는 기업은 본사를 이전하거나 도시 외부로 입지하는 자유를 점차 누리는 경향이 있다. 다른 한편으로 매우 경쟁적이고 혁신적인 활동 그리고/혹은 강력한 세계시장 지향성 등을 갖는 기업은 비용이 아무리 높더라도 주요 국제 비즈니스 중심지의 중심에 입지함으로써 필요한 혜택을 누리게 된다.

그러나 두 가지 유형의 기업 모두 기업-서비스 복합지구로의 접근을 필요로 한다. 개별 서비스 기업에 대한 접근은 충분하지 않기 때문이다. 전부는 아닐지라도 대부분의 본사 입장에서 이러한 복합지구가 어디에 입지하는지는 점차 중요하지 않게 된다. 그러나 생산자 서비스 기업의 관점에서 보면, 특화된 복합지구는 교외 오피스 파크가 아니라 도시 내에 입지할 가능성이 매우 높다. 오피스 파크는 생산자 서비스 기업의 입지일 수 있지만, 서비스 복합지구가 입지할 수는 없다. 그리고 이런 복합지구만이 가장 선도적이고 복잡한 기업 수요를 다룰 수 있다.

이 이슈는 다음 두 개의 절에서 다룰 것이다. 먼저 경제활동의 공간적 분산이 어떻게 특화된 서비스 수요의 증대를 초래했는지에 대해 논의한다. 이러한 과정에서 다국적기업은 주요 동인 중 하나이다. 다음으로 기업 본사가 왜 도시를 필요로 하는지, 그리고 만일 그렇다면 어떤 조건하에서 그러한지를 고찰한다.

기업 본사와 도시

국제 비즈니스 중심지로서 한 도시의 위상을 나타내는 지표로 다국적기업 본사의 집중 정도를 활용하는 것은 일상적인 대화나 다소 학술적인 논의 모두에서 일반적이다. 따라서 다국적기업 본사를 잃는다는 것은 도시 위상의 쇠락으로 이해된다. 그러나 사실 기업이 분류되는 방식, 통신이 기업에게 제공하는 입지 선택권, 기업 본사 기능의 아웃소싱 경향을 설명하기 위해 발전된 분석 등을 고려할 때 본사의 집중을 지표로 사용하는 것은 점차 문제가 많은 측정 수단으로 인식되고 있다.

수많은 변수들이 주요 국제 금융 및 비즈니스 중심지에 본사가 집중하는지를 결정한다. 첫째, 우리가 본사를 측정하거나 헤아리는 방식이 중요하다. 종종 주요 측정 수단은 고용과 총수익 등에 기초한 기업의 규모이다. 이 측정 수단을 사용하면, 일부 세계적인 거대 기업은 여전히 제조업이고, 이들 중 많은 기업은 그들의 본사를 주요 생산 거점에 근접해서 입지시킨다. 물론 생산 거점은 대개 공간적 제약 때문에 거대 도시에 거의 입지하지 않는다. 그러나 이런 기업들은 고도로 특화된 기능을 위해 이차적인 본사를 도시에 입지시킬 가능성이 높다. 더욱이 많은 제조업은 국내 시장을 지향하고 있고, 전국을 지배하는 도시의 비즈니스 중심에 입지할 필요도 없다. 따라서 1960년대와 1970년대에 잘 알려진 바대로 뉴욕 시로부터 주요 본사의 탈출은 1990년대 시카고로부터 탈출과 마찬가지로 제조업 기업에서 발생하였다. 미국의 『포춘』지 선정 500대 기업을 고찰하면, 많은 기업들이 거대 도시를 떠났다는 사실을 알 수 있다. 그러나 만일 측정 수단을 규모 대신에 해외 판매에 의한 기업 수익의 비중으로 한다면 『포춘』지 500대 기업에 들지 않는 많은 기업들이 등장하게 된다. 예를 들어 뉴욕의 경우 그 결과는 상당히 다르게 나타난다. 1990년 수익의 절반을 해외 판매로부터 얻는 기업의 40%는 뉴욕 시에 본사를 두고 있었다. 더욱이 주요 대도시권으로부터의 이탈이 광범위한 경제 부문 내 기업들의 보편적인 현상이 되었지만, 생산자 서비스 중 중요한 부분을 차지하는 두 가지 서비스, 즉 첨단 산업 및 금융 서비스는 거대 도시에 계속 집중하고 있다. "중차대한 탈규제가 기업 통합과 시장 확대를 촉진하였다. 이에 대응하여, 거대 기업들은 본사를 주요 대도시권에 입지시키기로 결정하였다"(Klier and Testa, 2002: 14). 전 세계적으로 2,500명 이상을 고용하는 미국의 거대 기업에 대한 클라이어와 테스타의 추정 결과를 보면, 2000년에 뉴욕은 여전히 이들 기업 중 14%의 근거지였고, 미국의 5대 대도시권은 33%의 기업을 차지하였다.

둘째, 한 국가 내 도시체계의 특성이 본사의 지리적 분포를 결정하는 요인이다. 어떠한 측정 수단을 사용하든지 간에, 극심한 종주성은 종주도시에 본사의 불균등한 집중을 초래하는 경향을 보인다. 셋째, 서로 다른 경제적 역사와 비즈니스 전통은 함께 작용하여 상이한 결과를 만들어 낸다. 끝으로, 본사의 집중은 특정한 경제 단계와 연계될 수 있다. 예를 들어 뉴욕이 『포춘』지 500대 기업 본사를 상실한 것과 달리, 도쿄는 그러한 유형의 본사를 획득하였다. 일본 내 다른 두 개의 경제 중심인 오사카와 나고야는 본사를 도쿄에 내 주었다. 이러한 변동은 일본 경제의 지속적인 국제화와 월경적 거래에 대한 지속적인 정부 규제의 역할 등이 결합한 것과 관련 있는 것으로 이해된다. 기업은 정부 규제 담당자에 대한 손쉬운 접근을 필요로 하게 되었고, 결과적으로 도쿄에서 중앙 본사의 통제 및 서비스 기능 증대라는 결과가 나타났다. 요약하면, 본사 집중의 의미를 이해하려면 몇 개의 변수들을 분석하여 추출해야 한다. 본사가 여전히 주요 도시에 불균형하게 집중해 있지만, 1980년대 중반 이후 지금까지 분명해진 패턴은 분명한 변화를 담고 있다(도표 4.1-4.5 및 A.4.1-A.4.8 참조).

생산자 서비스, 생산자 서비스 복합지구, 본사의 입지 패턴 등에 대한 논의는 1980년대 이래 중요한 두 가지 변화를 지적한다. 하나는 경제 조직 내 서비스 집약도의 증대이고, 다른 하나는 서비스를 제공받는 기업의 본사들보다 더 도시 중심에 집중하는 경향을 가진 생산자 서비스 복합지구의 등장이다.

다국적기업의 서비스 기능

지역, 국가, 세계 등 어떤 스케일이든지 간에 다공장 기업의 공간적 분산은 생산자 서비스의 급격한 증대 요인 중 하나이다(도표 A.4.7-A.4.8 참조). 복수의 공장, 사무실, 서비스 아웃렛을 운영하는 기업은 기획, 내부 관리, 유통, 마케팅 및 여타 중앙 본사 기능을 조정해야 한다. 대기업이 최종 소비자 서비스를 생산 및 판매함에 따라 과거 독립된 개별 서비스 기업에 의해 이루어지던 광범위한 경영 기능들이 새로운 기업 사슬의 중앙 본사로 이전되었다. 모텔, 음식점, 꽃집 등의 지역적, 국가적 및 글로벌 체인은 보다 중앙 집중화된 관리 및 서비스 기능 구조를 필요로 하게 된다. 중앙에서 고차원적인 기획 및 통제 활동의 확대라는 패턴은 정부 부문에서도 발생하는데, 이를 가능하게 하는 기술 발전에 의해서, 그리고 규제 및 행정 업무의 복잡성 증대 등에 의해서 이루어진다. 따라서 정부 부문도 모든 종류의 컨설팅 서비스를 외부에서 구매하고, 과거 정부의 업무였던 부분들을 아웃소싱 하고 있다.

공식적으로 현대 기업의 발전과 세계시장에 대한 참여 확대는 기획, 내부관리, 제품 개발 및 연구 등을 더욱 중요하고 복잡하게 만들었다. 생산 라인의 다변화, 인수 합병, 경제활동의 다국적화는 모두 고도로 특화된 기술을 요구한다. 몇몇 지리적으로 분산된 생산 시설을 가진 기업은 생산과 유통에 있어 새로운 기획 형식의 발전을 도모한다. 다입지 제조업, 서비스, 금융의 발전은 공장, 서비스 판매점, 지사 사무실 등의 글로벌 네트워크를 운영하고 통제하기 위한 광범위한 서비스 수요를 창출하고 확대시킨다. 이러한 서비스 활동 중 일부는 내부적으로 이루어질 수도 있지만, 대부분은 그렇지 못하다. 이와 함께 본사와 생산자 서비스는 소위 **글로벌 통제 역량**이라는 요소를 제공한다. 높은 수준의 특화, 일부 서비스 생산의 외부화 가능성, 대기업과 중소기업 및 정부에 의한 수요 증대는 모두 독자적인 생산자 서비스 기업의 시장 발달을 가능하게 하는 동시에 그 결과이기도 하다.

이는 전 세계의 기업 및 국가와 마찬가지로, 소규모 기업도 글로벌 통제 역량의 요소를 구매할 수 있음을 의미한다. 이러한 접근을 통해 주요 도시에서 그러한 서비스 시장의 형성이 촉진된다. 따라서 대기업이 물론 그러한 역량 발전의 핵심 동인이면서 주요 수혜자이지만, 유일한 사용자는 아니다.

대기업의 다국적 활동에 의해 초래된 공간적 분산을 간단히 고찰하면, 지금까지 기술한 일부 논점을 보다 잘 이해할 수 있다. 도표 A.4.7과 A.4.8은 주요 기업의 해외 활동에 대한 정보를 나타낸다. 제2장에서는 다국적기업과 그 계열사 수에 대한 자료를 소개하고, 해외 조세 피난처 네트워크를 통한 주요 기업의 금융 및 은행 활동 분포에 대한 자료를 제공하였다(도표 2.7 참조). 이러한 수치 및 여타 이 책의 통계 자료는 수많은 입지에 흩어진 거대한 글로벌 활동 공간의 존재를 보여 준다. 이러한 광범위한 활동은 중앙 관리, 조정, 통제 및 서비스 기능의 성장을 촉진한다. 일부 기능은 본사에서 수행하지만, 다른 기능은 구매하거나 아웃소싱 하면서 생산자 서비스 복합지구의 성장을 촉진한다.

세계 노동시장의 등장

1990년대 초반 세계 노동시장이 등장하였고, 2011년 오늘날 그 주요 요소들은 이미 확고히 자리를 잡았다. 그러나 노동시장은 그리 개방적이지 않을 뿐만 아니라 글로벌하지도 않다. 그것은 시장, 외국인 고용을 허용하는 정부 정책, 글로벌 채용 관련 기업과 같은 중개인의 활동 등이 결합된 결과이다. 세계 노동시장이 초보 단계임에도 불구하고, 현재의 경제 침체, 강력한 국가 개입, 저임금 이주 노동자와 해외 출신 전문직 종사자에 대한 반감 증대, 보다 까다로워지는 행정 절차 등을 고려할 때 미래는 밝지 않은 듯하다. 그러나 기업의 시각에서 세계 노동시장의 필요성과 효과를 생각한다면, 새로운 시대가 도래했음을 알리는 많은 경향을 확인할 수 있다. 노동자 자신에 대한 이점과 도시 혹은 국가경제에 대한 이점은 물론 별도로 고려되어야 한다.

이제 우리는 기업에 초점을 두고자 한다. 우리의 논의는 기존 자료 및 전 세계에 분포하는 기업과 전문가를 대상으로 한 심층 인터뷰 결과를 토대로 한다. 인터뷰는 중국에서 활동하고 있는 싱가포르 기업 혹은 미국에서 영업하는 멕시코 기업 등의 관리자와 같은 대상을 포함하였다. 고용 관련 특별보고서의 자료와 함께 보통 외국인 노동자의 고용 분석에서 사용하지 않는 경향 자료도 함께 분석하였다. 분석 결과, '인재'의 확보라는 기존 설명을 벗어나 새로운 세계 노동시장 발전 단계를 나타내는 세 가지 경향을 확인하였다. 외국인 전문직을 고용하는 기업의 핵심 주장은 바로 자국 내 인재의 희소성이며, 이는 미국, 영국, 독일에서 고급기술 노동자를 수입하는 사례와 같이 잘 알려져 있다. 지금부터 논의되는 구조적 경향은 세계 노동시장에 대한 수요 확대와 그 시장 요소의 질적 변화를 나타낸다. 그 변화의 이유로는 경제적 세계화의 특성 변화, 특화된 노동시장 분절의 증대, 인구학적 전환 등이 있다. 세 가지 이유 모두 외국인 노동자, 특히 외국인 전문직 수요에 대해 기존의 논의를 초월하여 새로운 이해를 제공할 것이다.

글로벌 기업을 위한 해외 인재의 역할에 있어 세 가지 변화

극히 최근까지 기업의 해외 활동을 위해 자국의 전문가를 데려오는 것이 지배적인 패턴이었으나, 이는 점차 부적절한 것으로 인식되었다. 세계 노동시장에서 이러한 전환을 초래한 세 가지 변화를 확인할 수 있다.

첫째, 외국인 전문직을 고용하는 것 자체가 중요해졌다는 증거가 존재한다. 이는 글로벌 경제가 생각한 대로 '평평'하지 않을 뿐만 아니라 단기간 내에 평평해질 것 같지 않다는 사실과 관련이 있다. 글로벌 수준에서 가장 표준화된 산업 부문에서조차 글로벌 기업은 특정 국가의 독특한 경제 문화뿐만 아니라 국가, 지역, 로컬 각각의 차별적인 정치 경제를 다룰 필요가 있다. 해당 지역의 전문가를 고용하는 것이 인재 발굴 측면에서만 좋은 것이 아니다. 그들이 해외 기업과 해당 국가의 경제 문화를 조응시킬 수 있기 때문에, 기업 운영의 효과와 성공을 극대화하기 위해서도 필요하다.

둘째, 첫 번째 변화로 인해 글로벌 기업은 해외 입지의 특수성과 인재 활용을 숙지하기 위해 외국인 전문가를 본사의 최고위층으로 영입해야 할 것이다. 이는 기업의 문화를 학습시키기 위해 외국인 전문가들을 본사로 불렀던 지금까지의 운영 방식과는 뚜렷이 구별된다. 과거의 방식은 계속되겠지만 점차 부적절하게 될 것이다.

셋째, 해외 활동을 위해 자국 전문가를 불러오는 과거 방식도 해외 지사장과 같은 최고 임원직을 포함하여 현지 전문가 고용과 점차 병행될 필요가 있다. 실제로 인터뷰에서, 우리는 글로벌 기업들이 현지 사무실의 직원뿐만 아니라 지사를 운영할 사람으로 현지 전문가를 채용하고 있다는 사실을 발견하였다.

저자의 연구 결과를 토대로, 인재 탐색에 대한 일반 이론에서 종종 간과되는 매우 중요한 측면을 강조하고자 한다. 그것은 '불완전한 지식'의 문제이다. 시장경제에서 기업은 항상 불완전한 지식의 문제에 직면해 왔다. 이러한 문제는 기업이 해외로 진출할 때 더 심각해진다. 저자의 연구를 보면 회계, 법무, 금융, 전망, 신용 평가, 기업 서비스 및 유사한 특화 기업 서비스 등 생산자 서비스는 기업(혹은 경제 부문)이 세계시장에서 활동할수록 더욱 중요해지는 '조직 관련 상품'이다(Sassen, 2001: 제5장; 2010). 이러한 점은 광업, 농산업, 금융, 보험 등 산업 부문에 상관없이 글로벌 기업과 시장에 모두 적용된다. 한 걸음 더 나아가, 많은 상이한 조건과 수요를 조직하기 위해 기업 활동이 디지털화되고 세계화될수록 불완전한 지식 문제가 더욱 심각해지는데, 이는 부분적으로 고도로 디지털화된 부문에서 가속화된 활동과 의사 결정 때문이다. 이러한 맥락에서 기업의 직원으로 외국인 전문가를 고용하는 것이 불완전한 지식 문제를 다루기 위한 중요한 요소이다. 외국인 직원은 기업이 필요로 하는 기본 기술 또는 인재 역량을 제공할 뿐만 아니라 현지 경제 '문화'에 대한 암묵적 혹은 표준화될 수 없는 지식을 제공한다. 따라서 해외 인재를 영입하는 것은 부분적으로 불완전한 지식 문제를 다루는 것을 의미한다. 해외 인재는 확립된 기업 문화를 학습시키기 위해서 뿐만 아니라 무엇이 훌륭한 투자인지, 무엇이 비공식적 신뢰인지 등을 이해하기 위한 현지 특화적인 새로운 지식을 확보하기 위해서 본사로도 영입된다. 이것은 글로벌 경제에서 해외 인재의 역할 변화의 중요한 측면이다.

이러한 사실은 또한 도시, 특히 오늘날 75개 세계도시에서 작용하고 있다. 특히 글로벌 활동 주체가 갖는 불완전한 지식 문제를 다루기 위해 도시는 다양한 네트워크, 정보 중심지구, 세계 각지로부터 온 전문가 등이 특정한 유형의 지식 자본을 생산하는 특별한 역할을 수행한다. 저자는 이것을 '도시 지식 자본'으로 지칭한다. 이는 도시 내 전문가와 기업 '지식'의 총합 이상의 지식을 의미한다. 따라서 우리는 1990년대와 그 이후 세계화가 확대됨에 따라, 세계 자본주의가 왜 세계도시를 증가시키는 수요를 구조적으로 창출했는지를 이해할 수 있다. 개별 세계도시는 도시 지식 자본이 창출되는 현장이며, 대부분 도시별로 특화된 자본이 만들어진다. 처음부터 저자는 오늘날의 세계화가 도시의 특화된 차별성을 필요로 한다고 주장하였다. 특화된 차별성은 개별 세계도시의 도시 지식 자본을 특수한 것으로 만든다. 로마의 자본은 밀라노의 자본과 다를 것이며, 뉴욕은 시카고와, 홍콩은 상하이와 다를 것이다. 특화된 차별성은 또한 글로벌 기업 내 현지 인재의 중요성 증대를 설명한다. 현지 직원은 자신이 고용된 목적인 특수한 지식을 제공할 수 있다.

현 시기의 특수성은 글로벌 기업들에 대한 우리의 인터뷰 조사 결과에 잘 나타나 있다(Sassen with Nicol and Walinska, 2011). 기업들은 자신이 활동하는 엄청나게 다양한 조건들을 강조하였다. 또한 그들이 활동하는 개별 국가의 특이한 차이점들도 지적하였다. 그리고 이러한 차이점을 다루면서 과거의 전략을 수정해야 한다는 것을 잘 알고 있다고 분명히 응답하였다. 차이점은 미국과 중국 간 잘 알려진 차이점을 포함하여, 전 세계 국가에 걸쳐 매우 상이한 정치 경제 및 경영 문화 등과 같은 측면만 의미하는 것은 아니다. 또한 커다란 차이점을 찾는 것이 미국과 영국 등 지배적인 경제문화를 지닌 글로벌 기업만도 아니다. 멕시코, 인도, 말레이시아와 같이 덜 지배적인 국가의 글로벌 기업들도 그러한 차이점이 중요하다는 점과 그것을 제대로 인식해야 한다는 점을 잘 알고 있다.

인터뷰 조사를 통해 기업이 어떻게 외국인 전문가를 다루는지에 대해 기대하지 못했던 사실을 알게 되었다. 먼저 오늘날 두 개의 글로벌 파워인 중국과 미국의 사례에서, 오래된 이민 역사와 이민자가 기여한 수많은 혜택을 고려할 때 미국이 중국보다 외국인 전문가를 통해서 더 많이 나아질 것이라고 보통 기대할 것이다. 그러나 우리는 미국 관련 이와 같은 설명에 대한 비판과 덜 민주적이고 더 폐쇄된 중국이 오히려 외국인 인재와 관련해서 더욱 전향적인 입장을 가지고 있다는 견해를 접하게 되었다. 한 가지 이유로 생각할 수 있는 것은 중국 지도자가 외국인 전문가와 기업을 영입해야 하는 필요성을 인지하고 있는 반면, 미국은 그 필요성을 덜 인지하고 외국인 전문가의 존재를 당연한 것으로 여긴다는 점이다. 두 번째로 파악된 사실은 부문의 차이이다. 즉 다른 기업의 인적 자원을 전문적으로 다루는(글로벌 기업을 위해 적절한 사람을 모집하는) 글로벌 기업은 각 국가의 법률과 정책을 다루어야 하며, 이는 채용 전문 기업의 지속적인 과업이다. 이것은 제품을 생산하고 서비스를 전달하는 비즈니스 관련 글로벌 기업과는 매우 다르다. 두 가지 유형의 기업은 전문가를 위한 세계 노동시장의 발전에 있어 핵심적인 동인이다.

마지막으로, 외국인 노동자 문제와 관련되어 있기 때문에 정부의 지속적인 개입이 필요하다는 점에서 세계 노동시장은 여전히 불완전한 시장이다. 상술한 내용의 상당 부분은 시스템적 위상 정립의 문제이다. 즉 개별 국가는 글로벌 경제와 통합되는 자신만의 독특한 방식을 갖고 있다. 다른 한편, 세계 노동시장 내 엄청난 다양성과 분절이 존재한다는 것도 나타나고 있다. 사실상 전문가를 위한 세계 노동시장은 하나의 시장이라기보다는 상당 부분 다수의 특화된 시장으로 구성되어 있다. 더 나아가 전 세계 70여 개 세계도시 간 차이점은 글로벌 경제가 평평하다는 생각이 시사하는 것보다 더 중요하다는 사실이 분명히 강조되어야 한다.

세계 노동시장 분절의 증대

최고급 전문가와 관련해서 상술한 구조적 경향이 의미하는 상당 부분은 실제로 광범위한 유형의 직업에도 해당된다(도표 4.8). 27개 국가에 걸쳐 외국인 직원을 채용한 28,000명 이상의 고용주를 대상으로 한 2008년 인적 자원 조사 결과를 보면, 외국인 직원을 채용한 10대 직업에 단순 인부, 엔지니어, 생산 오퍼레이터, 기술자, 정보기술 직원, 판매 대리인, 관리 보조원/비서, 고객 서

도표 4.8 2000년 부문별 외국인 고숙련 직원의 비율

부문	국가			
	독일	프랑스	영국	네덜란드
화학	4.83	2.19	4.14	10.33
제조	1.93	3.09	3.56	7.30
금융	1.58	1.56	0.28	1.05
정보기술	4.54	2.60	3.41	4.49
R&D	10.88	10.68	8.84	9.58

출처: Bauer, Thomas K. and Kunze, Astrid, 2004. "The Demand for High-skilled Workers and Immigration Policy," IZA Discussion Paper 999, Institute for the Study of Labor(IZA). 2000년 International Employer Survey 자료. 제시된 비율은 외국인 고숙련 직원의 수를 전체 고숙련 직원의 수로 나눈 값임.

비스 대리인, 최고 중역/이사, 회계 및 재무직 등이 포함된다(도표 4.9). 고숙련 외국인 직원은 언어 능력과 해외 시장 관련 지식 등 다양한 이유로 고용된다(도표 4.10).

분명히 생산직에서 고위 임원직에 이르기까지 상당히 다양한 직업군이 이에 포함된다. 맨파워사의 이런 조사 결과는 2009년 BBC 월드 서비스가 이민

도표 4.9 2007년 외국인 직원에 의해 채워진 10대 직업

순위	직업	순위	직업
1	단순 인부	6	판매 대리인
2	엔지니어	7	관리 보조원/비서
3	생산 오퍼레이터	8	고객 서비스 대리인
4	기술자	9	최고 중역/이사
5	정보기술	10	회계 및 재무직

출처: Manpower Inc. 2008. *Borderless Workforce Survey Global* Summary. (http://files.shareholder.com/downloads/MAN/1216175933x0x208357/41b8de87-062c-4840-960a-ff48bd175b4/2008_Borderless%20Workforce%20Survey_Global%20Results_FINAL.pdf): Manpower Inc.

도표 4.10 2007년 외국인 고숙련 직원 채용의 이유

이유("외국인 비고용자를 채용한 이유")	동의함(%)	강하게 동의함(%)
전반적으로 가장 훌륭한 지원자임	49.07	9.26
좋은 국내 지원자가 부족함	55.45	10.91
해외 시장을 알고 있음	64.86	36.04
외국어를 말함	71.17	47.75
영어를 말함	56.13	26.42
직업이 요구하는 지식이 국내 교육 시스템으로 생산되지 않음	27.93	4.50
그들의 기술이 일자리가 요구하는 바에 더 맞음	51.35	15.32

출처: Bauer, Thomas K. and Kunze, Astrid, 2004. "The Demand for High-skilled Workers and Immigration Policy," IZA Discussion Paper 999, Institute for the Study of Labor(IZA). 2000년 International Employer Survey 자료. 대학 학위를 가진 외국인 직원 채용을 결정할 때 해당 이유가 고려되었다는 점에 동의한다고(강하게 동의한다고) 응답한 기업의 비율임.

정책연구소(2009)에 의뢰한 연구에 의해서도 확인된다. 이 연구는 전 세계 외국인 노동자의 고용을 조사하여 외국인 노동자 수요가 전문적 인재뿐만 아니라 생산직 노동자에도 해당된다는 점을 발견하였다. 세계 노동시장 분절의 강화는 많은 형태를 갖게 된다. 세계 노동시장에 대한 광범위한 해석은 우리에게 분절의 원인에 대해 알려 주는데, (1) 특화된 인재 시장과 특별한 모집 경로의 조합, (2) 직무 배치 서비스 및 전문적인 채용 기관과 같은 중개 기관의 역할, (3) 한편으로는 고용자의 입장에서, 다른 한편으로는 근로자의 입장에서 기능하는 외국인 근로자 채용 관련 정부 정책의 다양성 증대 등이 포함된다.

외국인 노동자는 선호하는 목적지를 가지고 있으며, 그 목적지가 가장 많은 수요를 가진 장소와 항상 일치하지는 않는다. 2007년 자료(도표 4.11)는 외국인 노동자가 선호하는 10대 국가와 그들에 대한 수요가 높은 상위 10개 국가 간 상당한 불일치가 있음을 보여 준다. 두 가지 측면을 상위 20개 국가로 확대해 고찰하면, 일치도가 증가하는 것을 확인할 수 있다. 전 세계적으로 대부분의 이민이 통일적으로 기획되지 않는다는 점을 고려할 때, 장차 일치도가 높

도표 4.11 외국인 인재가 선호하는 10대 국가와 외국인 인재를 배출하는 10대 국가 간 비교

외국인 인재가 선호하는 10대 국가		외국인 인재를 배출하는 10대 국가	
순위	국가	순위	국가
1	미국	1	중국
2	영국	2	미국
3	스페인	3	인도
4	캐나다	4	영국
5	오스트레일리아	5	독일
6	아랍에미리트	6	일본
7	프랑스	7	스페인
8	이탈리아	8	프랑스
9	독일	9	캐나다
10	아르헨티나	10	폴란드

아질 것이라고 가정할 수는 없다.

세계 이민 지표는 이민자에 대한 한 국가의 매력과 태도를 측정하기 위해 이민자에 대한 매력도 및 접근성 등 두 가지 범주에 해당하는 복합 지표를 활용하였다. 개별 범주에는 광범위한 지표들이 포함된다. 이 조사는 또한 경제성장을 지속하기 위한 한 국가의 이민자 수요 정도를 평가하기 위해 수요 범주를 활용하는데, 그 안에 광범위한 지표들이 포함된다.

첫 번째 조사는 외국인 근로자가 가장 필요한 국가가 왜 덜 매력적인지 이해하고자 한다(도표 4.12). 일부 자료로부터 우리는 외국인 직원이 민주주의 수준, 법치, 국가의 노동 및 창업시장 개방도 등을 중시한다는 것을 파악하였다(Global Migration Barometer, 2008). 전문직이든 생산직이든 세계 노동시장에서 주요 주체인 기업과 외국인 노동자는 더 높은 시장 조절과 더 낮은 정부 규제를 원한다. 전문직에 대한 자료도 그들이 시장 조건에 반응한다는 점을 잘 보여 준다. 잘 알려진 사례 중 하나는 실리콘밸리에서 닷컴 위기로 많은 기업이 문을 닫음에 따라 1만 명 이상의 고숙련 근로자가 고향인 인도로 돌아갔다는 사실과 그에 따라 점차 인도가 첨단 기업과 일자리의 주요 목적지가 되었다는 사실이다.

더 깊은 조사가 필요한 두 번째 이슈는 이민자가 이동하면서 거치는 체제의 복잡성 증대 및 다양한 체제 간 조합이다. 체제의 수는 1980년대 이후, 특히 세계화가 빠르게 확대하면서 전 세계 국가들을 통합시켰던 1990년대 이후 급격히 증가하였다. 노동시장이 기능하게 되는 국가별 체제의 다양성은 외국인 노동자의 10대 송출국과 수입국을 고려할 때 분명해진다. 상술한 맨파워사(2008)의 조사에 따르면, 고용된 외국인 노동자의 출신국은 순서대로 중국, 미국, 인도, 영국, 독일, 일본, 스페인, 프랑스, 캐나다, 폴란드 등이다. 세계 노동시장과 채용, 그리고 필요한 서류 작업과 관계된 기업의 입장에서 보면, 이러

도표 4.12 이민자에 대한 국가의 매력도 및 접근성을 결정하는 지표

	해당 범주의 10대 국가	
이민자에 대한 매력도	**순위**	**국가**
1.1 명목 GDP	1	미국
1.2 일인당 명목 GDP(구매력 기준)	2	영국
1.3 역사적/상업적 연계	3	오스트레일리아
1.4 지역 통합	4	노르웨이
1.5 의료 서비스의 질	5	프랑스
1.6 교육 서비스의 질	6	캐나다
1.7 실적 위주 보상	7	스위스
1.8 해외직접투자	8	스웨덴
1.9 해외 송금 가능성/용이함	9	아일랜드
1.10 금융 서비스 접근도	10	홍콩
1.11 자본에 대한 접근도		
1.12 창업의 용이성		
1.13 시민으로서 자유		
1.14 사회 불안		
이민자에 대한 접근성		
2.1 정부의 이민 정책	1	오스트레일리아
2.2 외국인 채용의 용이함	2	캐나다
2.3 이민자의 자격 요건	3	싱가포르
2.4 가족 재결합의 용이함	4	뉴질랜드
2.5 이민자 통합 프로그램	5	아일랜드
2.6 이민자에 대한 문화 개방성	6	포르투갈
2.7 노동조합의 힘	7	미국
2.8 법률상 혹은 사실상 차별	8	코스타리카
	9	스웨덴
	10	홍콩
이민자에 대한 수요		
1.1 노년 부양비	1	일본
1.2 인구 자연 증가율	2	이탈리아
1.3 고용률	3	포르투갈
1.4 고용 경직성	4	핀란드
1.5 노동 생산성	5	체코
1.6 비보조 연금 및 의료보험 부담금	6	그리스
1.7 연금에 대한 공공지출	7	프랑스
1.8 실업 급여	8	라트비아
1.9 국내 노동 이동	9	벨기에
1.10 노동력	10	오스트리아

출처: Global Migration Barometer. 2008. Methodology, *Results and Findings*. London: Economist Intelligence Unit.

한 결과는 분명히 국가별 비자 체제의 조합에 의한 것이다.

기업의 입장에서 자국 노동자 유출을 걱정하는 10대 목적지 국가에는 중국, 미국, 인도, 영국, 일본, 오스트레일리아, 독일, 러시아, 스페인, 브라질 등이 포함된다(도표 4.13). 항상 중요했던 이슈는 인재를 유출하는 국가의 관점을 잘 나타내는 두뇌 유출 문제이다. 맨파워사의 조사 결과에서 흥미로운 점은 외국인 인재 경쟁에서 미국이 더 이상 가장 강력한 위협이 아니라 바로 중국이라는 사실이다. 중국과 미국 다음으로 나타나는 국가들은 예상된 국가와 그렇지 못한 국가 모두를 포함하는데, 인도, 영국, 일본, 오스트레일리아, 독일, 러시아, 스페인, 브라질 등이 이에 해당한다. 이 목록상 일부 국가는 정반대의 목록에도 다시 나타난다는 점, 즉 맨파워사의 조사 결과에 따라 자국 인재의 해외 유출을 고용주가 가장 많이 걱정하는 국가에 포함된다는 사실도 지적되어야 한다. 실제 조사 결과를 보면, 페루는 82%, 아르헨티나는 66%, 남아프리카공화국은 65%의 고용주가 걱정을 한다고 응답하였고, 인도는 57%, 독일은 39%, 프랑스는 38%가 그렇다고 응답하였다(도표 4.14).

기존 노동시장은 정교하게 조직된 수요를 충족시킬 만큼 충분히 발달되어 있지 않다. 핵심 중개 기관들은 더 나은 규모의 경제가 발생하기까지는 특화된 인재를 위한 고도로 세분화된 수요를 수익 창출이 가능한 일거리로 삼는데 어려움을 겪을 것이다. 정부 프로그램도 고도로 특화된 노동자를 위해 수십 개의 새로운 비자를 만들어야 한다면, 아마도 관료적 제약에 의해 압도될 것이다. 그러나 결국 제대로 작동하는 세계 노동시장을 시급히 발전시켜야 한다는 점을 강조하는 배경은 바로 인구학적 전환이다. 오늘날 널리 인정되는 바, 선진국 사회의 인구 상황은 마이너스 성장으로 나아가고 있다. 현재 높은 실업과 저성장 경제 때문에, 특정 부문에서 노동력 부족에 직면하리라 예상하는 것은 쉽지 않다. 그러나 임박한 인구학적 미래는 이미 다가오고 있으며, 그

도표 4.13 자국 근로자의 상실: 위협으로 간주되는 10대 국가

순위	국가	순위	국가
1	중국	6	오스트레일리아
2	미국	7	독일
3	인도	8	러시아
4	영국	9	스페인
5	일본	10	브라질

출처: Manpower Inc. 2008. *Borderless Workforce Survey Global* Summary: (http://files.shareholder.com/downloads/MAN/1216175933x0x208357/41b8de87-062c-4840-960a-ff48bd175b4/2008_Borderless%20Workforce%20Survey_Global%20Results_FINAL.pdf): Manpower Inc.

도표 4.14 국가로부터 두뇌 유출을 걱정하는 고용주

가장 걱정하는 고용주			가장 덜 걱정하는 고용주		
순위	국가	비율(%)	순위	국가	비율(%)
1	페루	82	1	중국	1
2	아르헨티나	66	2	아일랜드	7
3	남아프리카공화국	65	3	일본	12
4	타이완	64	4	스위스	12
5	인도	57	5	네덜란드	13
6	뉴질랜드	52	6	미국	14
7	이탈리아	42	7	벨기에	17
8	스페인	41	8	노르웨이	17
9	독일	39	9	영국	18
10	프랑스	38	10	캐나다	19
11	멕시코	37	11	홍콩	20
12	오스트리아	31	12	싱가포르	22

출처: Manpower Inc. 2008. *Borderless Workforce Survey Global* Summary: (http://files.shareholder.com/downloads/MAN/1216175933x0x208357/41b8de87-062c-4840-960a-ff48bd175b4/2008_Borderless%20Workforce%20Survey_Global%20Results_FINAL.pdf): Manpower Inc.

것은 예측의 문제라기보다는 단지 시간의 문제이다.

만일 외국인 노동자, 특히 혁신적인 부문에서 전문가가 활용되는 방식의 증대를 고려한다면, 우리는 그러한 노동 수요가 지속될 것이라는 사실을 알 수 있다. 한 가지 흥미로운 요인은 2008년 경제 및 외환위기 당시에 대기업들이 채용에 덜 공격적이었기 때문에 외국인 노동자가 필요했던 소규모 또는 덜 지배적인 기업이 그들을 채용하는 것이 더 쉬웠다는 사실이다. 나아가 세계화가 많은 국가들을 특화된 경제 회로로 통합시킴에 따라 세계도시와 외국인 노동자 모두가 더욱중요하게 될 것이다. 1980년대와 비교하여 현재의 글로벌 경제는 훨씬 더 다양하고 복잡하다. 외국계 기업의 소극적 수용자였던 국가들은 오늘날 자신의 역량 및 우선순위와 선호하는 바가 무엇인지에 대한 인식을 더욱 공고히 하고 있다. 이 모든 다양한 부문과 지리를 연결하는 한 가지 요인은 전문가의 세계 순환과 덜 가시적이지만 숙련 육체노동자의 순환이다. 이들을 고용하는 기업 및 글로벌 고용 서비스 기업과 같은 중개 기관 등을 위한 어젠다에서 핵심 항목은 두 가지 유형의 노동자를 위한 적절한 보호와 계약의 보장을 확실히 마련하는 것이다.

결론: 후기 산업사회 생산 거점으로서의 도시

본 장의 중심 주제는 우리 시대 선도적인 서비스 산업을 위한 생산 거점으로서 도시와 더 나아가 선진 기업 경제를 운영하는 데 필요한 활동의 하부구조, 기업, 일자리 등의 회복이다. 특화된 서비스는 보통 관련된 생산 과정이 아니라 특화된 산출물 측면에서 이해되고 있다. 그러나 생산 과정에 초점을 둠으로써 우리는 (1) 생산 과정의 일부 입지적 특성을 파악할 수 있고, (2) 서비스를 제공하는 기업과는 다른 입지 및 생산 특성을 가진 생산자 서비스 복합지구가 존재한다는 주장을 고찰할 수 있다. 일반적으로 도시 입지로부터 혜택을 받고 또한 그것을 필요로 하는 것은 본사보다는 바로 생산자 서비스 복합지구이다. 우리는 세계적 수준에서 지역까지 다양한 도시계층의 수준에서 작용하는 집적의 역동성을 알게 되었다.

주요 도시들은 글로벌 통제 역량을 생산하는 핵심 동인인 기반 시설과 서비스 기능을 집중시킨다. 공장, 사무실 혹은 금융시장이든지 상관없이 경제활동의 지리적 분산이 소유권과 이윤 전유의 집중하에서 여전히 발생한다면, 그러한 역량은 무척 중요하다. 역량은 경제활동의 세계화의 구조적 측면하에서 단순히 나타나는 것이 아니라 반드시 창출되어야 한다. 대기업의 파워가 아무리 대단하다고 해도, 그것을 단정하거나 당연시하는 것은 적절하지 않다.

역량의 생산에 초점을 둠으로써, 우리는 대기업의 파워라는 친숙한 이슈에서 간과되었던 차원을 포함시킨다. 글로벌 조정의 **실천**, 즉 경제 집중의 조건하에서 글로벌 생산 시스템과 글로벌 금융시장 모두의 조직 및 관리를 생산하고 재생산하는 일이 새롭게 강조된다. 세계경제의 조직에서 파워가 필수적이며, 창출도 마찬가지이다. 여기에서는 글로벌 통제 역량과 생산 관련 일자리의 기반 시설을 구성하는 투입 요소의 창출을 의미한다. 이러한 점을 통해 우리는 도시와 이러한 활동과 관련된 도시 사회질서에 초점을 둘 수 있다.

*** 주석**

1. 2008년 글로벌 무역 중심지에 대한 최고의 연구는 거주 적합성과 도시의 글로벌 인지도뿐만 아니라 정치적 및 법률적 토대와 같은 거시적 요인에서 수입 혹은 수출 활동을 수행하는 것이 얼마나 용이한지 혹은 기업을 설립하고 폐업하는 데 며칠이 걸리는지 등의 상세한 요인까지 광범위한 조건을 다루는 100개의 요인들을 취합하였다. 저자는 이 프로젝트를 위한 전문가 중 한 명이다.

2. 혼합된 시장은 측정의 문제를 유발시킨다. 이러한 문제는 이들 산업에서 소비자와 비즈니스 시장이 종종 매우 상이한 기업과 서로 다른 입지 패턴을 가지며, 그에 기초하여 구분될 수 있다는 사실에 의해 부분적으로 극복될 수 있다. 혼합된 시장의 존재와 관련 자료에서 시장 구분이 어렵다는 점을 고려할 때, 이들 서비스를 '대체로' 생산자 서비스, 즉 개인이 아니라 주로 기업을 위해 생산된 서비스 범주로 분류하는 것이 유용하다. 이들을 편의상 **생산자 서비스**로 지칭하는 것이 이제 일반화되었다.
3. 미국 내 다른 주요 도시와 비교할 때, 뉴욕의 중심업무지구에 일자리가 더 많이 집중되어 있다. 1980년대 말에 이르러 통합 통계 지역 내 모든 일자리 중 약 27%가 맨해튼에 집중되었으며, 이에 비해 전국적으로는 9% 정도였다(Drennan, 1989). 금융의 90% 집중률은 상식적인 수준을 훨씬 뛰어넘는 수준이다.
4. 미국의 생산자 서비스에 대한 자료는 혼돈을 야기한다. 국가적으로 그리고 중간 규모 도시에서 더 빠른 성장은 뉴욕 혹은 시카고와 같은 선도적인 센터의 비중 감소와 위상 쇠퇴를 의미한다고 종종 해석된다. 따라서 이러한 자료를 해석하는 한 방법은 생산자 서비스의 분산으로 이해하는 것이다. 즉 뉴욕과 시카고는 미국 내 전체 생산자 서비스 대비 비중이 약해지고 있으며, 이는 새로운 입지의 성장은 사실상 기존 입지의 쇠퇴로 이해된다는 제로섬 상황과 같다. 또 다른 해석 방법은 모든 곳에서 성장으로 이해하는 것이다. 증거를 보면 두 번째 설명이 타당한 것으로 보인다. 전국적으로 경제활동에서 서비스 집약도의 증가는 주요 도시 내 생산자 서비스의 축소와 여타 도시로의 이전보다는 중간 규모 도시에서의 성장을 설명하는 주된 요인이다.

〈제4장 부록〉

도표 A.4.1a 금융 측면과 일부 하위 지표들(1부)

순위	지수 4: 금융 측면	주식 거래 총액	총 파생 상품 계약 건수	총 상품 계약 건수
1	런던	뉴욕	서울	뉴욕
2	뉴욕	런던	시카고	런던
3	프랑크푸르트	도쿄	프랑크푸르트	시카고
4	서울	프랑크푸르트	런던	상하이
5	시카고	상하이	필라델피아	도쿄
6	도쿄	싱가포르	뭄바이	뭄바이
7	뭄바이	파리	상파울루	오사카
8	모스크바	밀라노	요하네스버그	쿠알라룸푸르
9	상하이	홍콩	뉴욕	상파울루
10	마드리드	선전	멕시코시티	요하네스버그
11	싱가포르	서울	암스테르담	파리
12	파리	취리히	보스턴	두바이
13	홍콩	토론토	타이베이	시드니
14	시드니	암스테르담	오사카	부에노스아이레스
15	밀라노	시드니	텔아비브	싱가포르
16	상파울루	모스크바	파리	방콕
17	암스테르담	뭄바이	시드니	타이베이
18	코펜하겐	타이베이	홍콩	부다페스트
19	타이베이	스톡홀름	모스크바	자카르타
20	취리히	필라델피아	부에노스아이레스	함부르크
21	토론토	마드리드	코펜하겐	뒤셀도르프
22	요하네스버그	리야드	스톡홀름	모스크바
23	스톡홀름	상파울루	싱가포르	뉴델리
24	방콕	요하네스버그	밀라노	상트페테르부르크
25	필라델피아	이스탄불	도쿄	홍콩
26	부에노스아이레스	오사카	몬트리올	서울
27	두바이	코펜하겐	마드리드	프랑크푸르트
28	쿠알라룸푸르	브뤼셀	바르샤바	암스테르담
29	멕시코시티	뒤셀도르프	아테네	마드리드
30	선전	바르셀로나	부다페스트	토론토

주: WCOC에서 상위 10개 도시만 표시함.

출처: 도표는 MasterCard. 2008. *2008 Worldwide Centers of Commerce Index*. Purchase, NY: MasterCard를 토대로 작성함.

도표 A.4.1b 금융 측면과 일부 하위 지표들(2부)

순위	지수 4: 금융 측면	은행/금융 서비스 회사	보험 회사	투자/증권 회사	채권 거래 총액
1	런던	런던	런던	뉴욕	런던
2	뉴욕	뉴욕	뉴욕	런던	코펜하겐
3	프랑크푸르트	도쿄	홍콩	도쿄	마드리드
4	서울	홍콩	싱가포르	홍콩	모스크바
5	시카고	프랑크푸르트	파리	싱가포르	보고타
6	도쿄	싱가포르	더블린	시카고	이스탄불
7	뭄바이	파리	베이징	파리	서울
8	모스크바	상하이	상하이	서울	프랑크푸르트
9	상하이	밀라노	밀라노	프랑크푸르트	밀라노
10	마드리드	마드리드	시카고	마드리드	텔아비브
11	싱가포르	암스테르담	로스앤젤리스	시드니	취리히
12	파리	상파울루	보스턴	토론토	산티아고
13	홍콩	서울	토론토	취리히	바르셀로나
14	시드니	모스크바	도쿄	로스앤젤리스	뭄바이
15	밀라노	베이징	마드리드	상하이	부에노스아이레스
16	상파울루	시드니	시드니	밀라노	베를린
17	암스테르담	취리히	취리히	샌프란시스코	더블린
18	코펜하겐	시카고	애틀랜타	방콕	프라하
19	타이베이	뭄바이	휴스턴	베이징	상하이
20	취리히	쿠알라룸푸르	방콕	상파울루	싱가포르
21	토론토	멕시코시티	멜버른	마이애미	암스테르담
22	요하네스버그	자카르타	산티아고	두바이	파리
23	스톡홀름	브뤼셀	뭄바이	암스테르담	토론토
24	방콕	방콕	프랑크푸르트	보스턴	카이로
25	필라델피아	제네바	코펜하겐	애틀랜타	선전
26	부에노스아이레스	이스탄불	스톡홀름	휴스턴	도쿄
27	두바이	뮌헨	빈	제네바	스톡홀름
28	쿠알라룸푸르	바르샤바	몬트리올	뭄바이	쿠알라룸푸르
29	멕시코시티	토론토	멕시코시티	멕시코시티	시드니
30	선전	로스앤젤리스	보고타	부에노스아이레스	부다페스트

주: WCOC에서 상위 10개 도시만 표시함.

출처: 도표는 MasterCard. 2008. *2008 Worldwide Centers of Commerce Index*. Purchase, NY: MasterCard를 토대로 작성함.

도표 A.4.2 비즈니스 중심지와 일부 하위 지표들

순위	지수 5: 비즈니스 중심지	항공 여객 및 항공기 수	5성급 호텔 수	상업용 부동산 개발 규모	항만 TEU 규모	항공 화물량	국제 항공 여객 수
1	홍콩	런던	런던	홍콩	싱가포르	홍콩	런던
2	런던	시카고	두바이	뉴욕	상하이	도쿄	파리
3	싱가포르	애틀랜타	파리	싱가포르	홍콩	상하이	암스테르담
4	뉴욕	파리	마드리드	상파울루	선전	서울	프랑크푸르트
5	도쿄	도쿄	카이로	토론토	두바이	프랑크푸르트	홍콩
6	로스앤젤리스	댈러스	싱가포르	부에노스아이레스	함부르크	파리	도쿄
7	파리	뉴욕	방콕	밴쿠버	로스앤젠리스	마이애미	싱가포르
8	시카고	휴스턴	홍콩	두바이	뉴욕	싱가포르	두바이
9	암스테르담	로스앤젤리스	상하이	밀라노	도쿄	로스앤젤리스	서울
10	상하이	프랑크푸르트	베를린	리우데자네이루	자카르타	런던	방콕
11	서울	워싱턴 D.C.	서울	서울	밀라노	두바이	마드리드
12	프랑크푸르트	마드리드	뭄바이	텔아비브	바르셀로나	암스테르담	밀라노
13	마이애미	상하이	베이징	도쿄	밴쿠버	타이베이	뮌헨
14	방콕	암스테르담	상파울루	마이애미	타이베이	뉴욕	로마
15	토론토	베이징	뉴욕	오사카	멜버른	시카고	뉴욕
16	두바이	모스크바	시드니	벵갈루루	오사카	방콕	모스크바
17	애틀랜타	밀라노	부에노스아이레스	마드리드	시드니	베이징	더블린
18	시드니	토론토	프랑크푸르트	카라카스	휴스턴	오사카	타이베이

(계속)

순위	지수 5: 비즈니스 중심지	항공 여객 및 항공기 수	5성급 호텔 수	상업용 부동산 개발 규모	항만 TEU 규모	항공 화물량	국제 항공 여객 수
19	멜버른	필라델피아	밀라노	이스탄불	방콕	브뤼셀	취리히
20	샌프란시스코	로마	도쿄	모스크바	아테네	댈러스	코펜하겐
21	휴스턴	서울	애틀랜타	선전	몬트리올	애틀랜타	빈
22	몬트리올	홍콩	에든버러	쿠알라룸푸르	부에노스아이레스	쿠알라룸푸르	바르셀로나
23	마드리드	뮌헨	로마	산티아고	상트페테르부르크	밀라노	브뤼셀
24	밴쿠버	상파울루	이스탄불	상트페테르부르크	베이루트	시드니	토론토
25	워싱턴 D.C.	샌프란시스코	함부르크	몬트리올	마이애미	선전	상하이
26	밀라노	마이애미	워싱턴 D.C.	암스테르담	더블린	보고타	로스앤젤리스
27	브뤼셀	바르셀로나	뉴델리	시카고	암스테르담	샌프란시스코	쿠알라룸푸르
28	보스턴	보스턴	샌프란시스코	런던	리스본	필라델피아	마이애미
29	더블린	방콕	멜버른	샌프란시스코	이스탄불	뭄바이	이스탄불
30	뮌헨	멕시코시티	시카고	상하이	리우데자네이루	상파울루	뒤셀도르프

주: WCOC에서 상위 10개 도시만 표시함.

출처: 도표는 MasterCard. 2008. *2008 Worldwide Centers of Commerce Index*. Purchase, NY: MasterCard를 토대로 작성함.

도표 A.4.3 2003년 세계 100대 상장 금융 회사 자산 기준 도시 순위(백만 달러)

순위	도시	자산	전체 대비 비중
1	뉴욕	6,503,764	15.532
2	도쿄	4,640,834	11.083
3	파리	3,799,065	9.074
4	런던	3,599,982	8.605
5	취리히	2,474,926	5.916
6	뮌헨	2,238,616	5.357
7	프랑크푸르트	1,997,733	4.778
8	암스테르담	1,686,464	4.039
9	에든버러	1,544,645	3.691
10	브뤼셀	1,383,624	3.3011
11	토론토	1,082,111	2.5812
12	워싱턴 D.C.*	1,009,569	2.4113
13	스톡홀름*	821,879	1.9614
14	매클레인	803,449	1.9215
15	밀라노	627,724	1.5016
16	오사카	514,090	1.2317
17	로마	488,853	1.1718
18	멜버른	445,715	1.0619
19	마드리드	443,010	1.0620
20	윈스턴세일럼	401,032	0.9621
21	시드니	396,318	0.9522
22	샌프란시스코*	387,798	0.9323
23	빌바오*	361,608	0.8624
24	안트베르펜*	326,951	0.7825
25	뉴어크*	321,274	0.7726
26	오타와*	310,551	0.7427
27	코펜하겐*	308,456	0.7428
28	헤이그*	294,646	0.7029
29	서울	290,253	0.6030
	기타 도시들	2,368,506	5.660
	전체 합계	41,873,446	100.00

주: 별표(*)는 100대 기업 중 단 하나의 본사를 가진 도시를 나타냄. 『월스트리트저널』의 Market Data Group과 FactSet Research Systems, Inc. 등에 의해 결정된 자산에 의거한 순위임. 수치는 개별 기업의 2003년 회계 결과(일본 기업은 2004년)를 토대로 함.

출처: World Business(2004)를 토대로 함.

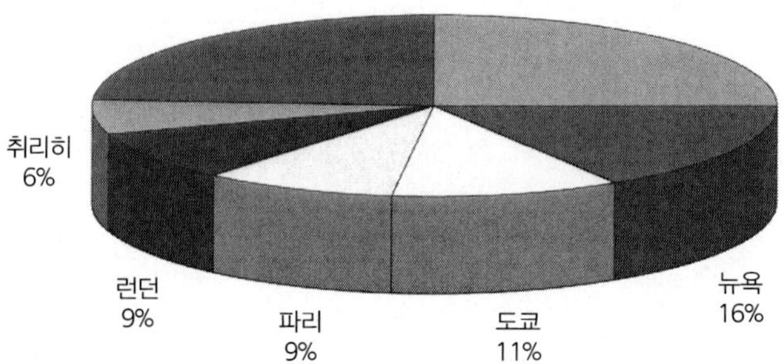

도표 A.4.4 2003년 세계 100대 상장 금융 회사 자산 기준 도시 순위(백만 달러)

주: 『월스트리트저널』의 Market Data Group과 FactSet Research Systems, Inc. 등에 의해 결절된 자산에 의거한 순위임. 수치는 개별 기업의 2003년 회계 결과(일본 기업은 2004년)를 토대로 함.
출처: World Business(2004)를 토대로 계산함.

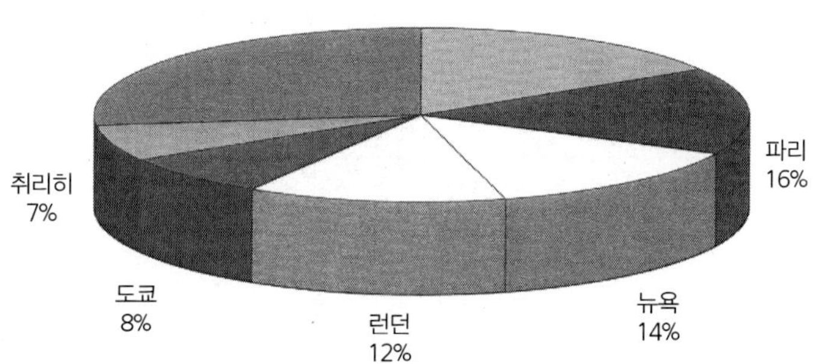

도표 A.4.5 2008년 세계 50대 상장 금융 다국적기업의 자산 기준 도시 순위(지리적 분산지수 기준)

주: 지리적 분산지수(GSI)는 국제화 지수와 유치 국가 수를 곱한 값의 제곱근으로 계산함.
출처: UNCTAD(2009b: 234)를 토대로 계산함.

도표 A.4.6a 2005년 세계 50대 보험 회사의 자산 기준 도시 순위(십억 달러, %)

순위	도시	자산	50대 기업 중 비중
총합계	8,324,240	100.00	
미국 기업 합계	2,760,140	33.16	
세계 20대 도시(자산 기준)			
1	뮌헨	1,374,460	16.51
2	뉴욕	1,251,180	15.03
3	런던	938,180	11.27
4	파리	759,880	9.13
5	취리히	553,280	6.64
6	토론토	338,110	4.66
7	뉴어크	381,940	4.59
8	도쿄	352,370	4.23
9	트리에스테	317,660	3.81
10	헤이그	311,160	3.74
11	하트퍼드	259,740	3.12
12	오마하	181,860	2.18
13	노스브룩	149,730	1.80
14	콜럼버스, 오하이오 주	116,880	1.40
15	필라델피아	110,380	1.33
16	세인트폴	109,680	1.32
17	해밀턴, 버뮤다	103,470	1.24
18	타이베이	68,840	0.83
19	도킹	60,020	0.72
20	시드니	55,400	0.67
미국 내 10대 도시			
1	뉴욕	1,251,180	15.03
2	뉴어크	381,940	4.59
3	하트퍼드	259,740	3.12
4	오마하	181,860	2.18
5	노스브룩	149,730	1.80
6	콜럼버스, 오하이오 주	116,880	1.40
7	필라델피아	110,380	1.33
8	세인트폴	109,680	1.32
9	콜럼버스, 조지아 주	52,910	0.64
10	워런	43,130	0.52

주: "The Forbes Global 2000"(2005)을 토대로 계산함.

도표 A.4.6b 2009년 세계 50대 보험 회사의 자산 기준 도시 순위(십억 달러, %)

순위	도시	자산	50대 기업 중 비중
총합계		13,188.93	100.00
미국 기업 합계		2,896.38	21.96
세계 20대 도시(자산 기준)			
1	암스테르담	1,853.39	14.05
2	런던	1,705.45	12.93
3	뮌헨	1,621.83	12.30
4	뉴욕	1,431.96	10.86
5	파리	1,311.53	9.94
6	취리히	769.07	5.83
7	트리에스테	546.50	4.14
8	토론토	459.56	3.48
9	도쿄	455.01	3.45
10	뉴어크	445.01	3.37
11	헤이그	399.80	3.03
12	하트퍼드	287.58	2.18
13	에든버러	199.68	1.51
14	타이베이	167.07	1.28
15	래드너	163.14	1.24
16	노스브룩	134.80	1.02
17	베이징	127.83	0.97
18	세인트폴	109.75	0.83
19	리치먼드	107.38	0.81
20	더블린	100.38	0.76
미국 내 10대 도시			
1	뉴욕	1,413.96	10.86
2	뉴어크	445.01	3.37
3	하트퍼드	287.58	2.18
4	래드너	163.14	1.24
5	노스브룩	134.80	1.02
6	세인트 폴	109.75	0.83
7	리치먼드	107.39	0.81
8	콜럼버스, 조지아	79.33	0.60
9	채터누가	49.43	0.37
10	워런	48.43	0.37

주: “The Forbes Global 2000”(2005)을 토대로 계산함.

도표 A.4.7a 1990년 해외 자산 기준 25대 비금융 다국적기업 순위(십억 달러 및 종사자 수)

순위	회사	국가	산업[a]	해외 자산	전체 자산	해외 판매	전체 판매	해외 고용	전체 고용
1	로열더치셸	영국/네덜란드	정유	69.2[b]	106.4	47.1[b]	106.5	99,000	137,000
2	포드	미국	자동차, 부품	55.2	173.7	47.3	97.7	188,904	370,383
3	GM	미국	자동차, 부품	52.6	180.2	37.3	122	251,130	767,200
4	엑손	미국	정유	51.6	87.7	90.5	115.8	65,000	104,000
5	IBM	미국	컴퓨터	45.7	87.6	41.9	69	167,868	373,816
6	BP	영국	정유	31.6	59.3	43.3	59.3	87,200	118,050
7	ABB	스위스	기계, 중공업	26.9	30.2	25.6[d]	26.7	200,177	215,154
8	네슬레	스위스	식품	–[c]	28	35.8	36.5	192,070	199,021
9	필립스	네덜란드	전자	23.3	30.6	28.8[d]	30.8	217,149	272,800
10	모빌	미국	정유	22.3	41.7	44.3	57.8	27,593	67,300
11	유니레버	영국/네덜란드	식품	–[c]	24.7	16.7[b]	39.6	261,000	304,000
12	마쓰시타 전기	일본	전자	–[c]	62	21	46.8	67,000	210,848
13	피아트	이탈리아	자동차, 부품	19.5	66.3	20.7[d]	47.5	66,712	303,238
14	지멘스	독일	전자	–[c]	43.1	14.7[d]	39.2	143,000	373,000
15	소니	일본	전자	–[c]	32.6	12.7	20.9	62,100	112,900
16	폭스바겐	독일	자동차, 부품	–[c]	42	25.5[d]	42.1	95,934	268,744
17	엘프아키텐	프랑스	정유	17	42.6	11.4[d]	32.4	33,957	90,000
18	미쓰비시	일본	무역	16.7	73.8	45.5	129.3	–	32,417
19	GE	미국	전자	16.5	153.9	8.3	57.7	62,580	298,000

(계속)

순위	회사	국가	산업[a]	해외 자산	전체 자산	해외 판매	전체 판매	해외 고용	전체 고용
20	듀폰	미국	화학	16	38.9	17.5	37.8	36,400	124,900
21	알카텔	프랑스	전자	15.3	38.2	13	26.6	112,966	205,500
22	미쓰이	일본	무역	15	60.8	48.1	136.2	–	9,094
23	뉴스코퍼레이션	오스트레일리아	출판 및 인쇄	14.6	20.7	4.6	5.7	–	38.432
24	바이엘	독일	화학	14.2	25.4	20.3	25.9	80,000	171,000
25	BAT인더스트리스	영국	담배	–[c]	48.1	16.5[d]	22.9	–	217,373

주: a. 기업의 산업 분류는 1991년 7월 29일자 『포춘』에 실린 "Fortune Global 500" 목록과 1991년 8월 26일자 『포춘』에 실린 "Fortune Global Service 500" 목록을 따름. 『포춘』의 분류에서, 기업은 가장 많은 판매액을 나타내는 산업 및 서비스에 포함되었고, 산업 집단은 미국 예산관리국의 구분을 따름. 그러나 일부 기업은 매우 다변화되어 있음을 지적함.

b. 여타 유럽의 국가는 제외함.

c. 해외 자산 자료는 없음. 순위는 전체 대비 해외 종사자 비중, 전체 대비 해외 자산 비중 또는 유사한 비율을 토대로 다국적기업 및 경영 부서에서 추정한 해외 자산에 따름.

d. 별도로 산정되지 않기에 수출액을 포함함.

출처: UNCTAD, 다국적기업 프로그램, 회사의 연간 재무 보고서, Worldscope의 기업 회계 자료, 기업의 미출간 자료, 스웨덴 스톡홀름의 The Industrial Institute for Economic and Social Research(2005), Stopford(1992)의 자료를 토대로 함. Worldscope의 자료는 회계 용어의 차이점을 조정하기 위해 표준화된 자료 정의를 활용함. 회계 연도 말이 1991년 2월 10일인 미국 기업과 1991년 1월 15일인 비미국 기업의 자료는 1990년 자료로 분류함.

도표 A.4.7b 2002년 해외 자산 기준 25대 비금융 다국적기업 순위(십억 달러 및 종사자 수)

총자산에 의한 순위

순위	지수[a]	기업	국가	산업[b]	해외 자산	전체 자산	해외 판매	전체 판매	해외 고용	전체 고용
1	84	GE	미국	전기전자	229.0	575.2	45.4	131.7	150,000	315,000
2	12	보더폰	영국	통신	207.6	232.9	33.6	42.3	56,667	66,667
3	67	포드	미국	자동차	165.0	295.2	54.4	163.4	188,453	350,321
4	16	BP	영국	석유	126.1	159.1	146.0	180.2	97,400	116,300
5	95	GM	미국	자동차	107.9	370.8	48.0	186.8	101,000	350,000
6	45	로열더치셸	영국/네덜란드	석유	94.4	145.4	114.3	179.4	65,000	111,000
7	73	도요타	일본	자동차	79.4	167.3	72.8	127.1	85,057	264,096
8	22	토털피나엘프	프랑스	석유	79.0	89.5	77.5	97.0	68,554	121,469
9	65	프랑스 텔레콤	프랑스	통신	73.5	111.7	18.2	44.1	102,016	243,573
10	41	엑손모빌	미국	석유	60.8	94.9	141.3	200.9	56,000	92,000
11	53	폭스바겐	독일	자동차	57.1	114.2	59.7	82.2	157,887	324,892
12	86	E.On	독일	전기, 가스, 수자원	52.3	118.5	13.1	35.1	42,063	107,856
13	78	RWE	독일	전기, 가스, 수자원	50.7	105.1	17.6	44.1	55,563	131,765
14	40	비방디유니버설	프랑스	미디어	49.7	72.7	30.0	55.0	45,772	61,815
15	50	셰브런	미국	석유	48.5	77.4	55.1	98.7	37,038	66,038
16	29	허친슨왐포아	홍콩	다양한 부문	48.0	63.3	8.1	14.2	124,942	154,813
17	–	지멘스	독일	전기전자	47.5	76.5	50.7	77.2	251,340	426,000
18	94	프랑스 전력공사	프랑스	전기, 가스, 수자원	47.4	151.8	12.6	45.7	50,437	171,995

(계속)

순위	지수[a]	기업	국가	산업[b]	해외 자산	전체 자산	해외 판매	전체 판매	해외 고용	전체 고용
19	66	피아트	이탈리아	자동차	46.2	97.0	24.6	52.6	98,703	186,492
20	31	혼다	일본	자동차	43.6	63.8	49.2	65.4	42,885	63,310
21	9	뉴스코퍼레이션	오스트레일리아	미디어	40.3	45.2	16.0	17.4	31,220	35,000
22	6	로슈	스위스	제약	40.2	46.2	18.8	19.2	61,090	69,659
23	19	수에즈	프랑스	전기, 가스, 수자원	38.7	44.8	34.2	43.6	138,200	198,750
24	58	BMW	독일	자동차	37.6	58.2	30.2	40.0	20,120	96,263
25	64	Eni	이탈리아	석유	37.0	69.0	22.8	45.3	36,973	80,655

주: a. 다국적성 지수. 전체 대비 해외 자산 비중, 전체 대비 해외 매출액 비중, 전체 대비 해외 고용 비중 등 세 가지 비율의 평균 값으로 계산됨.
b. 회사의 산업 분류는 미국증권거래위원회에서 사용되는 바대로 미국 표준산업분류를 따름.
c. 해외 매출액은 유럽 이외 지역인 반면, 해외 고용은 영국과 네덜란드 이외 지역에 해당함.
d. 해외 자산 자료는 정보 노출을 피해 발표되지 않았거나 존재하지 않음. 활용이 불가능한 경우에 전체 대비 해외 자산의 비중 또는 유사한 비율을 토대로 추정함.

도표 A.4.7c 2007년 해외 자산에 의거한 25대 비금융 다국적기업 순위(십억 달러 및 종사자 수)

해외 자산에 의한 순위

순위	지수[a]	기업	국가	산업[b]	해외 자산	전체 자산	해외 판매	전체 판매	해외 고용	전체 고용
1	76	GE	미국	전기, 전자장비	420.3	795.3	86.5	172.7	168,112	327,000
2	6	보더폰	영국	통신	230.6	254.9	60.3	71.1	62,008	72,375
3	35	로열더치셸	네덜란드/미국	석유	196.8	269.5	207.3	355.8	86,000	104,000
4	23	BP	영국	석유	185.3	236.1	223.2	285.4	80,600	97,600
5	41	엑손모빌	미국	석유	174.7	242.1	269.2	390.3	50,904	80,800
6	75	도요타	일본	자동차	153.4	284.7	145.6	230.6	121,775	316,121
7	26	토털	프랑스	석유	143.8	167.1	177.8	233.7	59,146	96,442
8	94	프랑스 전력공사	프랑스	전기, 가스, 수자원	129.0	274.0	40.3	87.8	16,971[c]	154,033
9	78	포드	미국	자동차	127.9	276.5	91.6	172.5	134,734	246,000
10	69	E.On	독일	전기, 가스	123.4	202.1	41.4	101.2	53,344	90,758
11	3	아르셀로미탈	룩셈부르크	금속, 철강	119.5	133.6	105.2	105.2	244,872	311,000
12	38	텔레포니카	스페인	통신	107.6	155.9	52.1	83.1	192,127	245,427
13	59	폭스바겐	독일	자동차	104.4	214.0	120.8	160.3	153,388	328,594
14	90	코노코필립스	미국	석유	103.5	177.8	56.0	187.4	14,591	32,600
15	33	지멘스	독일	전기, 전자장비	103.1	134.8	76.0	106.7	272,000	398,000

(계속)

순위	지수[a]	기업	국가	산업[b]	해외 자산	전체 자산	해외 판매	전체 판매	해외 고용	전체 고용
16	63	다임러크라이슬러	독일/미국	자동차	100.5	198.9	113.1	146.3	105.703	272,382
17	56	셰브런	미국	석유	97.5	148.8	120.1	214.1	34,000	65,000
18	74	프랑스 텔레콤	프랑스	통신	97.0	149.0	37.0	78.0	81,159	187,331
19	85	독일 텔레콤	독일	통신	96.0	177.6	46.8	92.0	92,488	241,426
20	39	수에즈	프랑스	전기, 가스, 수자원	90.7	116.5	52.3	69.9	82,070	149,131
21	61	BMW	독일	자동차	84.4	131.0	64.9	82.5	27,376	107,539
22	13	허친슨왐포아	홍콩	다양한 부문	83.4	102.4	33.3	39.6	190,428[c]	230,000
23	16	혼다	일본	자동차	83.2	110.7	87.3	105.3	158,962	178,960
24	68	Eni	이탈리아	석유	78.3	149.3	73.5	128.5	39,319	75,862
25	29	Eads	네덜란드	항공	75.1	111.1	52.5	57.6	72,471	116,493

주: a. 다국적성 지수. 전체 대비 해외 자산 비중, 전체 대비 해외 매출액 비중, 전체 대비 해외 고용 비중 등 세 가지 비율의 평균값으로 계산됨.
b. 회사의 산업분류는 미국증권거래위원회에서 사용되는 바대로 미국 표준산업분류를 따름.
c. 해외 매출액은 유럽 이외 지역인 반면, 해외 고용은 영국과 네덜란드 이외 지역에 해당함.
d. 해외 고용 자료는 이전 연도 전체 대비 해외 고용 비중을 2007년 전체 종사자 수에 적용하여 계산함.
출처: UNCTAD(2009b: 225).

도표 A.4.8a 해외 자산, 해외 매출액, 해외 고용 및 진입 업체 수 기준 다국적기업의 지리적 집중(전체 대비 비중 및 수)

지역/경제	해외 자산	해외 매출액	해외 고용	진입 업체 수
EU	37	38	46	39
프랑스	9	8	9	11
독일	12	11	12	9
네덜란드	8	8	10	3
영국	12	12	15	11
일본	16	26	10	18
미국	33	27	20	30
총합계	1,475	2,147.9	4,447,732	100

출처: UNCTAD(1997: 35).

도표 A.4.8b 2006~2007년 일부 국가의 세계 100대 다국적기업의 다국적 지수[a]

지역/경제	2006년 평균 TNI	2007년 평균 TNI	2007년 100대 다국적 기업에 속한 수
EU 27개국 전체	64.2	66.4	57
프랑스	63.8	63.6	14
독일	54.8	56.5	13
영국	72.8	74.1	15
일본	52.1	53.9	10
미국	57.8	57.1	20
전 세계	61.6	62.4	100

주: a. 다국적 지수 혹은 TNI는 전체 대비 해외 자산 비중, 전체 대비 해외 매출액 비중, 전체 대비 해외 고용 비중 등 세 가지 비율의 평균값으로 계산됨.

출처: UNCTAD(2009b: 19).

Chapter
05

새로운 도시경제의 이슈와 사례 연구

제4장에서 제기된 몇 가지 질문은 개별 도시가 어떻게 세계도시 기능을 발전시켰는지 자세히 고찰함으로써 효과적으로 다룰 수 있다. 첫 번째 도시 사례군(마이애미, 토론토, 시드니)에서 이 장이 다루는 핵심 주장 중 하나를 경험적으로 탐구할 수 있다. 그 주장은 글로벌 통신의 발전이 지리적 분산을 초래할 것이라고 예상되는 현 시기에 새로운 도시경제의 핵심으로서 금융 및 서비스 기능의 집중도 증가와 특화에 대한 것이다. 이 사례 연구는 전혀 세계적이지 않은 도시가 어떻게 글로벌하게 되는지에 대한 통찰력을 제공한다. 이들 도시의 변동은 세계화가 특정 장소에서 어떻게 체화되는지 설명한다. 사례 연구는 또한 다소 도식적으로나마 다른 도시 연구의 이슈에도 적용될 수 있는 학술적인 논리를 제공한다. 다양한 이슈를 설명하기 위해 최고 수준에 속하지도 않고, 뉴욕이나 런던처럼 잘 알려져 있지 않은 도시들을 선택하였다. 이 사례들은 일반적인 실험군의 역할을 한다. 두 번째 사례군(홍콩, 상하이, 걸프만 도시국가, 이스탄불)은 최근 10년간 주요 도전과 기회를 어떻게 겪어 왔는지 경험적으로 잘 보여 준다.

이 장은 세계도시 기능의 형성에 대한 고찰로 시작한다. 그 과정을 설명하기 위해 마이애미를 선택했는데, 이는 마이애미가 제4장에서 기술한 성장 역동성이 실현된 모습을 보여 주기 때문이다. 여기에서 질문은 다음과 같다. 어떠한 조건하에서 세계도시 기능들이 실현되는가? 마이애미를 통해 다음 질문과 같은 이슈도 함께 검토할 수 있다. 세계 무역 및 금융 중심지로서 역사가 없는 도시도 세계도시가 될 수 있는가? 다음 사례는 1980년대 중반 금융지구를 일부 재건하면서 오래된 금융 중심지에 비해 훨씬 더 공간적으로 분산된 토론토이다. 토론토는 금융 중심지의 공간적 집중이 그 이전부터 내려온 기존의 건조 환경에 의해 결정되는 오래된 금융 중심지에서는 분명히 알 수 없는 독특한 실마리를 제공한다. 세 번째 도시 시드니는 집중화 경향이 어떻게 오스트레일리아와 같이 다극적인 도시 시스템과 거대하고 풍요로운 대륙 규모의 경제 속에서 작동하는지를 보여 준다. 우리는 세계도시 기능의 배분에서 이와 유사한 다극성을 기대할 수 있는가?

두 번째 도시군은 세 가지 추가적인 역동성을 고찰하는 데 도움이 된다. 중국의 두 선도적인 금융 및 비즈니스 중심지인 홍콩과 상하이 간의 복잡한 관계는 경쟁과 특화된 차별성의 상호작용 변화를 잘 보여 준다. 그들은 경쟁자로 시작했으나 각자의 특화된 차별성을 통해 점차 강력해졌다. 또한 1980년대 경쟁으로부터 최근 10년간 보다 안정적인 특화된 차별성을 이룬 시드니와 멜버른의 사례에서 우리는 유사한 변동을 확인한다. 보다 일반적으로 우리는 세계도시 간 관계의 핵심적 측면, 즉 (1) 경쟁은 일반적으로 인식되는 것보다 훨씬 덜 중요하다는 점과 (2) 도시의 특화된 차이가 보통 이해되는 것보다 더욱 중요하다는 점 등으로 파악한다(Xu and Yeh, 2010: 제5장). 한편 걸프만 국가들의 사례는 위상 재정립의 복잡한 과정을 고찰하는 데 도움이 된다. 걸프만 국가들은 현재 석유 의존성에서 벗어나 이슬람권 금융, 재생 에너지, 문화 등보다 더 복잡한 활동 영역을 개발하는 과정에 있다. 마지막으로 이스탄불은 3,000년 된 제국의 수도가 어떻게 오래된 남북 축의 지배를 극복하고 오늘날 세계를 새롭게 조직하는 동서 축의 전략적 결절점이 되었는지를 보여 준다.

실험적 사례로서 이상의 도시들을 고찰한 후, 우리는 발전된 디지털 기술의 시대에 금융 및 최고차 서비스 기능의 급격한 집중이라는 일반적 경향을 논의 주제로 다룬다. 이것은 새로운 경향인가? 또한 앞으로 변화하지 않을 것인가? 우리는 도시 형태 관련 질문으로 결론짓는다. 새로운 정보기술과 센터의 공간적 상관성, 즉 국제 금융 및 비스니스 중심지와 생산자 서비스 복합단지가 실현되는 토대를 변화시켰는가? 오늘날 글로벌 경제에서 등장하는 거대 지역들은 두 유형의 매우 상이한 경제 공간, 즉 승자(세계도시)와 패자(탈산업화된 도시)를 통합시킬 수 있는가? 그리고 거대 지역들은 오늘날 드러난 바와 같이 승자를 단순히 강화하는 것이 아니라 잔혹한 경제적 경쟁 속에서도 패자에게 혜택을 돌리는 방향으로 통합될 수 있는가?

세계도시 기능의 발달: 마이애미의 사례

오늘날 개별 세계도시는 현재 자신의 지위를 가능하게 만든 특별한 역사를 갖고 있다. 세계 주요 도시들은 은행 및 무역 중심지로서 혹은 중상주의 제국의 수도로서 긴 역사를 향유한다.[1] 이 사실로 인해 우리는 두 가지 직접적인 의문을 갖게 된다. 오늘날 세계도시의 어떤 측면이 과거 기능의 연장인가? 국제적인 금융 및 무역 중심지로서 긴 역사를 갖고 있지 않은 도시에서 어떻게 세계도시 기능이 등장할 수 있는가?

마이애미는 이러한 측면에서 적절한 사례이다. 한편으로 중요한 국제적인 기능을 갖지 못한 짧은 역사를 가진 도시이고, 다른 한편으로 도시로의 거대한 쿠바 이민자 유입은 1960년대와 1970년대 라틴아메리카와 카리브 해 지역을 향한 국제무역 복합단지의 발달과 라틴아메리카의 개인 또는 기업에 의한 소규모 부동산 투자의 유입을 초래하였다. 상대적으로 단순한 마이애미의 역사와 국제적인 무역 기능은 두 가지 핵심적 과정, 즉 (1) 쿠바 인이 이끄는 무역 복합단지의 지속성과 (2) 쿠바 이민자들과는 무관하며 최근 세계화 과정이 창출한 수요와 관련하여 1980년대 말 새롭게 형성된 비즈니스 복합단지 등을 쉽게 파악하는 데 기여한다.

따라서 마이애미의 사례는 우선 세계 금융 및 비즈니스 센터로서 중요한 역사가 없는 도시가 어떻게 세계도시 기능의 현장이 되었는지 이해하는 데, 둘째로 세계도시 형성이 오래된 국제주의 경험과 어떤 방식으로 관계를 맺는지 혹은 맺지 않는지를 해석하는 데 도움을 준다.

마이애미에서는 1970년대에 이미 부유한 쿠바 엘리트들이 대부분 시작하고 소유한 국제무역 활동의 집중 현상이 나타났다(Portes and Stepick, 1993). 1959년 쿠바혁명 이후 그들이 도착한 1960년대 이래로 쿠바 공동체는 라틴아메리카와 카리브 해 지역으로 들어온 기업과 은행들로 가득한 중요한 국제 무역항을 건설하였다. 그렇다면 라틴아메리카와 카리브 해 지역을 대상으로 다양한 무역 활동을 전개한 쿠바인 민족공동체의 존재가 오늘날 새로운 세계도시 기능이 토대가 되었나? 또는 세계도시 기능의 발달이 마이애미에서 무역 활동의 집중으로부터 혜택을 받았지만 전혀 다른 논리를 따르는 다소 독자적인 과정인가? 아마도 쿠바 인 민족공동체가 없었다면 마이애미에서는 발생하지 않았을 테지만, 어째든 나타난 결과들이 모두 남부 대서양 연안 지역에서 결국에는 발생했을 현상인가? 요약하면 두 가지 과정, 즉 과거 사건에 의해 만들어진 것과 현재 경제적 세계화의 수요에 의한 것 사이의 관계는 무엇인가?

세계도시에 대한 연구에서 일부 가설은 본 논의에서 흥미로운데, 특히 오늘날 경제적 세계화에 의한 공간적 및 조직적 형태와 다국적 경제활동을 운영하는 실제 작업 등에 대한 가설들이 그러하다. 마이애미의 외국계 은행, 외국 기업 본사, 최상급 사무 공간 시장, 주요 통신 시설의 설치, 고소득 주거 및 상업 젠트리피케이션, 값비싼 국제 관광 등 성장 결과는 모두 쿠바 민족공동체와 그들의 카리브 해 수출입 기업만으로 설명될 수 없는 발전 현상이다. 그것은 새로운 형태의 경제적 세계화에 근거한 또다른 역동성을 나타내는 것이며, 마이애미의 신규 기업 부문의 성장이 쿠바 민족공동체에 의한 라틴아메리카와 카리브 해 지역 무역 활동의 단순한 확장이 아니라 새로운 역동성에 의한 것이라는 점을 시사한다.

전체적으로 라틴아메리카와 국제 비즈니스 거래는 1980년대 말에서 1990년대까지 짧은 기간 동안에 급격히 증가하였다(제2장 참조). 라틴아메리카 경제에 대한 해외직접투자 총액은 1984~1987년 평균 61억 달러에서 1994년 287억 달러로 늘었고, 1997년에는 561억 달러로 거의 2배가 되었으며, 1999년에는 950억 달러 이상이 되었다. 그 이후 줄어들면서 2004년에는 550억 달러를 기록하였다(41-46쪽 참조). 이 자본 중 많은 부분은 몇몇 라틴아메리카 국가로 해외 기업이 진출함에 따른 것이다. 기업들은 호텔, 항공사, 공장 등을 매입하였다. 이들은 더 나아가 기업의 경영 및 조정 작업을 확대시켰으며, 점점 더 마이애미를 지역 본사의 입지로 활용하게 만들었다. 대부분의 라틴아메리카에서 나타난 민영화, 주식 및 여타 금융시장의 규제완화, 새로운 수출 지향적 발전 모델 등이 진출의 주요 요인들이다. 이 모든 것은 1970년대 마이애미의 성장을 초래했던 초기 무역 형태와는 전혀 다른 막대한 특화 투입 요소를 필요로 하는 매우 복잡한 거래이다.

1980년대에 점점 더 많은 미국, 유럽, 아시아 기업들이 마이애미에 사무실을 설치하기 시작했다. 이스트먼 코닥 회사가 라틴아메리카 영업을 위한 본사를 뉴욕 주 로체스터에서 마이애미로 이전하였다. 휴렛 패커드도 멕시코시티에서 마이애미로 이전했으며, GM도 라틴아메리카 활동의 조정 및 관리를 담당하는 본사를 브라질 상파울루에서 마이애미로 옮겼다. 독일, 프랑스, 이탈리아, 한국, 홍콩, 일본 등의 기업과 은행들이 사무실을 설치하고 수많은 고위 임원을 배치하였다. 마이애미에서 영업 활동을 시작한 프랑스의 아에로스파시알(Aerospatiale), 이탈리아의 리몰디(Rimoldi), 일본의 미쓰이 등과 같은 주요 회사들이 여기에 포함된다. 마이애미는 또한 보다 낮은 수준의 본사들이 엄청나게 유입하는 것도 경험하였다. 거대한 미국 기업들은 라틴아메리카와의 새로운 무역을 처리하기 위해 마이애미 사무실을 재조직하거나 확대하였다. 예를 들어 텍사코의 마이애미 사무소를 1980년대 말부터 1990년대 초까지 콜롬비아와 베네수엘라에서 새로운 영업 활동을 처리하기 위해 직원을 33% 증원하였다. 마이애미의 AT&T 본사도 멕시코 통신 인프라 개선 사업 전체 계약의 60%라는 대단한 일거리를 확보했을 때 인원을 대폭 증원하였다. 국제 운송 회사인 DHL도 마이애미 근처로 본사를 이전하였고, 일본의 미쓰비시도 미국 본사의 입지로 이 지역을 선택하였다. 2005년에 이르러, 남부 플로리다는 1,300개 다국적기업의 근거지가 되었다(Enterprise Florida, 2005a; Nijman, 2010; 도표 5.1).

또한 라틴아메리카, 카리브 해 지역, 유럽, 아시아 등에서 온 수많은 국제 은행들이 자리 잡고 있다. 1992년에 이르러 마이애미는 65개의 해외 은행 사무소를 갖게 되는데, 당시 464개의 뉴욕과 133개의 로스앤젤레스에 비하면 적지만 80개의 시카고에는 근접하게 되었다. 결국 해외은행 사무소의 수에서 샌프란시스코, 보스턴, 애틀랜타를 추월하여 미국 내 4위를 기록하였다. 1998년에 이르러 그 수는 77개로 늘었고, 2005년에는 약 100개의 국제 금융 기관을

도표 5.1 2002년 마이애미의 연계성
출처: Nijman, 2010, *Miami: Mistress of the Americas*. 저자의 허락을 받고 재인쇄함.

갖게 되었다(Enterprise Florida, 2005b). 이는 마이애미를 포함하여 상위 10대 도시들이 미국 내 모든 해외 은행 사무소의 90%를 차지하고 있으며, 뉴욕이 그중 거의 절반을 갖고 있다는 사실을 고려할 때 결코 작은 수치가 아니다. 거의 모든 마이애미 사무실은 완전한 은행 소무 기능을 하는 대리 은행과 대표부 사무소이다. 오늘날 마이애미는 해외은행의 집중도 면에서 뉴욕 다음으로 두 번째 도시에 해당한다(Nijman, 2010).

마이애미는 또한 미국 내 라틴아메리카 기업의 활동과 결과적으로 다른 라틴아메리카 국가와의 거래를 위한 핵심 플랫폼이다. 마이애미가 담당하는 특별한 역할은 글로벌 경제와 잘 연결되어 있지 않은 도시와 국가들 간 가교의 역할이다. 이는 많은 중앙아메리카 은행의 경우에 해당한다. 나이만(Nijman, 2000)은 좀 더 자세히 검토할 가치가 있는 연구를 제시하였다. 2000년에 중앙아메리카에 본사를 둔 가장 중요한 22개 은행은 역외에 총 319개의 환거래 은행과 연계를 유지하고 있었다. 환거래 은행들은 예를 들어 서비스가 필요한 곳에 지점이 없기 때문에 중앙아메리카 은행들이 서비스를 제공할 수 없을 때, 이들 은행을 대신해서 해당 고객에게 서비스를 제공한다. 319개 연계 관계 중 168개가 마이애미에 해당하고, 뉴욕은 단지 35개로 2위를 차지한다. 마이애미는 중앙아메리카의 대외 금융 연계에서 주요 주체이다.

마지막으로 마이애미는 지역의 주요 통신 센터로 진화 발전하고 있다. 예를 들어 AT&T는 남미로의 해저 광섬유 케이블을 처음 설치하면서 남부 플로리다를 푸에르토리코, 도미니카공화국, 자메이카, 콜롬비아와 연결시켰다. 또한 이탈리아, 스페인, 멕시코 등과 협력을 통해 이들 국가와 카리브 해 지역 및 플로리다를 연결하는 또 다른 광섬유 연결망을 설치하였다. 끝으로 거대한 CIA 지역 본사와 관련된 막대한 통신 시설이 집중되어 있으며, 이는 종종 고도로 특화된 기존 공급자 네트워크와 매우 복잡한 인프라 서비스를 제공하는 인재풀 등을 통해서 상업활동에 간접적으로 도움을 줄 수 있다(Grosfoguel, 1993).

이러한 변화는 비즈니스를 위한 금융 및 특화 서비스의 성장을 가져오면서 지역의 고용구조에서 해당 비중을 증가시켰다. 서비스 부문 고용은 일반적으로 1970년에서 1990년까지 46.3% 성장했고, 2003년에 이르러 마이애미 데이드 카운티 총고용의 90%를 차지하였다(Miami-Dade County, Florida 2003). 비록 이러한 증가가 부분적으로 인구 성장과 일반적인 경제 재구조화의 결과이기는 하지만, 서비스 구성 요소에 있어 뚜렷한 재조정 현상도 분명히 나타났다. 과거에 주요 성장 부문은 국내 관광 및 소매업이었지만, 1980년대 말에 이르러서는 국제 관광 및 고가의 새로운 관광, 국내 및 기업과 디자인 세계의 확대에 의존하는 새로운 고급 소매업 그리고 금융 및 생산자 서비스 등이 해당한다. 새롭게 등장하는 마이애미 지역경제에서 중요한 한 가지 요인은 생산자 서비스 산업의 성장이었다. 이 부문의 고용은 데이드 카운티에서 1970~1989년 기간 동안에 거의 두 배로 성장하였고, 특히 마이애미 대도시권 내 모든 민간 부문 고용의 20%를 차지하였다(Perez-Stable and Uriarte, 1993). 또한 은행 및 신용 정보 회사의 고용은 거의 세 배로 증가하였다. 엔지니어링에서 회계까지 특화된 서비스와 마찬가지로 비즈니스 서비스도 두 배 이상 증가하였다. 가장 급격한 성장은 네 배로 성장한 법무 서비스 부문 고용이었다(비록 이러한 성장의 일부가 마이애미의 주요 산업인 마약과 무기류 거래 증가의 결과이기는 하지만, 적어도 일부는 국제 금융 및 서비스 기능의 성장과 연계되어 있다). 1990년대 중반에야 선도적인 부문의 고용은 안정되었다. 2004년에 이르러 생산자 서비스는 전체 민간 부문 고용의 42%를 차지 했는데, 주요 구성 요소는 19.4%를 차지한 금융 및 신용 서비스와 17.8%를 차지한 비즈니스 서비스였다(Florida Agency for Workforce Innovation, 2005).

산업 서비스는 이러한 마이애미 지역경제 발전의 한 요인이다. 마이애미는 미국에서 가장 분주한 편에 속하는 항만과 공항을 가진 거대한 교통 허브이다. 도시와 인근 항만은 미국 내 어떤 항만보다 많은 컨테이너 화물을 라틴아메리카로 보내고 있다. 외국 승객과 화물의 운송량으로 보면, 마이애미 국제공항은 뉴욕의 존에프케네디 국제공항 다음으로 큰 규모를 자랑한다. 게다가 현재 미국 제품의 주요 고객이 되고 있는 카리브 해 및 라틴아메리카 지역 수출시장을 겨냥한 제조업이 이 지역에 집중하고 있다. 마이애미의 자유무역지대는 미국에서 가장 큰 자유무역지대 중 하나이다.

성장을 둘러싼 모든 활동들은 지역 내에 수용되어야 한다. 1980년대 말에 이르러 마이애미는 주요 임대용 사무 공간 공급 면에서 미국 내 상위 15대 대도시 지역에 포함되었다. 비록 4400만 ft^2라는 마이애미의 사무 공간은 1위를 차지한 뉴욕의 4억 56600만 ft^2에 비해 매우 작은 규모에 해당하지만, 무의미한 성과는 결코 아니다. 게다가 독일, 프랑스, 이탈리아 기업에 의한 직원 사택용 부동산 민간투자는 1990년대에 급격히 증가하였다. 1999년에 이르러서는 뉴욕 대도시 지역의 6억 8840만 ft^2에 비해 마이애미 대도시 지역은 9690만 ft^2의 사무실 면적을 갖게 되었다(Lang, 2000).

왜 이러한 국제적인 기업 부문의 성장이 마이애미에서 발생하였는가? 민주화와 해외무역 및 투자에 대한 라틴아메리카의 개방 등의 요인이 마이애미를 이처럼 더 중요하게가 아니라 덜 중요하게 만들었어야 한다고 주장할 수 있다. 그러나 라틴아메리카 내 활동을 겨냥한 최고위 경영 및 특화서비스는 집중이 마이애미에서 급격히 증가하였다. 제3장과 제4장에서 기술된 바와 같이, 이러한 집중은 국제적인 비즈니스 중심지로서 기능하는 도시에 대한 하나의 분명한 증거이다. 이는 또 다른 질문을 갖게 한다. 쿠바 민족공동체가 없었다면, 그러한 기능들이 다른 곳에 집중되었을까? 쿠바 민족공동체의 성장은 국제적인 비즈니스 기술을 갖춘 이중 언어를 사용하는 관리자와 창업인 풀을 창출함으로써 도시의 국제화를 지원하였다. 이러한 자원은 라틴아메리카 무역을 위한 경쟁에서 마이애미에 강점을 제공하였다. 그러나 이것이 미국, 유럽, 아시아 기업 본사와 은행 사무실의 지속적인 집중과 금융 서비스의 급격한 성장을 설명하는 데 충분한가?

지금까지의 변화를 창출함에 있어 쿠바 민족공동체의 역할에 대한 하나의 시각은 세계도시로서 마이애미에 대한 선도적인 연구자인 나이먼(Nijman, 2000)에 의해 제시되었다. 그의 관심은 주로 쿠바 민족공동체에 집중되었지만, 실제로 마이애미는 미국 내 주요 도시들 중 가장 높은 이민자 비중을 가진 곳이며, 다른 어떤 주요 도시도 최근 이민자의 절대 다수를 갖고 있지 않다는 점에서도 마이애미가 특별하다는 점을 인식하였다. 이민자 인구의 규모가 로스앤젤레스나 다른 주요 도시에 비해 훨씬 적은 것은 사실이지만, 비중은 더욱 높은 편이다. 마이애미는 미국 내 다른 어떤 도시보다 해외에서 태어난 시민의 비중이 높으며, 영어 이외 다른 언어를 사용하는 주민의 비중도 가장 높은 곳이다. 마지막으로 이민자 중 상당 부분은 미국 내 다른 도시의 전형적인 이민자들에 비해 사회경제적 지위가 매우 높다. 마이애미 내 상대적으로 많은 이민자들은 부유하고, 교육을 받았으며, 상당한 창업 기술과 경험을 갖고 있다. 이러한 사실은 쿠바 이민자 1세대에 해당할 뿐만 아니라 유럽과 아시아에서 온 고도의 전문가, 관리자 및 선도적인 디자인과 패션 관계자들을 포함하여 세계 각 지역과 카리브 해 및 라틴아메리카 지역의 최근 이민자에게도 해당한다. 주요 미국 도시 내 일반적인 모습과 달리 마이애미에서 부유한 사람, 기업가, 정치인, 부동산 소유자들은 대부분 최근 이민자이다. "마이애미의 엘리트는 유동성이 높은 코즈모폴리턴 엘리트이며 … 로스앤젤레스는 미국에서 만들어진 주류 미국 문화를 가진 궁극적인 미국적 장소이고 … 많은 미국인에게 마이애미는 이해하기 힘들고 어디에 속하는지 알기 힘든 '외국과 같은' 장소로 여겨진다. 아마도 이 점이 마이애미가 시대에 앞서 있으면서 도시의 미래에 대해 힌트를 주는 이유이다"(Nijman, 2000: 135).

이민 관련 사실을 이전에 논의한 발전의 스케일과 함께 고려할 때, 최고 규모의 세계도시는 비록 아니지만, 마이애미는 세계도시 기능의 현장으로 등장했음을 알 수 있다. 마이애미 관련 미디어 이미지는 이민 및 마약 등과 매우 강력히 연계되어 있기 때문에, 새로운 국제적인 기업 부문이 형성되었다는 사실을 미디어가 실제로 인지하는 데 꽤 오랜 시간이 걸렸다. 국제적인 패션 및 디자인 세계에서 주요 인물과 덜 중요한 인물 모두가 찾는 곳이 되었던 1990년대 중반이 되어서야 드디어 마이애미는 국제 미디어 무대에 등장하였다. 그러나 실제 세계도시로 등장한 과정은 10년 전부터 시작되었었다. 오늘날 마이애미에는 다른 여러 지역에 입지하던 다양한 다국적 기능들이 집중하고 있다. 마이애미 대도시 지역은 이제 국제적인 비즈니스의 수행과 다른 세계의 기업들이 라틴아메리카 및 카리브 해 지역과의 거래를 원격 조정하는 것 등을 위한 플랫폼으로 간주될 수 있다.

마이애미에서 세계도시 기능의 발전은 최근 라틴아메리카에 대한 절대적인 국제 투자의 급격한 증가, 이와 관련된 거래의 복잡성 증대, 세상 모든 기업 활동의 세계화 경향 등에 중점을 두는데, 이 세 가지 경향은 모두 앞 장들에서 기술하였다. 쿠바 민족공동체는 국제적인 서비스를 제공하는 노하우부터 스페인 어를 구사하는 사람까지 중요한 자원의 보고이다. 그러나 과거 10년 동안의 특정한 경제적 세계화는 민족공동체로부터 혜택을 입었지만, 그것과 뚜렷이 구별되는 성장 동력을 마이애미에 심었다. 이와 함께 국제적인 기업 부문이 마이애미를 전 세계에서 온 기업들의 다국적 활동의 현장으로 만들었지만, 그러한 활동은 대체로 라틴아메리카와 카리브 해 지역에 여전히 국한되어 있다. 이러한 점에서 마이애미는 런던 및 파리와 같은 세계도시는 아니지만, 세계도시 기능의 현장임은 분명하다.

대체로 이민자들과 그들이 갖고 들어온 국제적인 비즈니스 경험에 의해 추동되었지만, 1960년대 말에서 1980년대 중반까지 나타난 믿기 힘든 마이애미의 변동은 또한 국제적인 은행의 성장을 가능하게 만든 은행법의 변화, 코카인 이윤의 막대한 유입에 의해 창출된 은행 수익, 건설 및 부동산 개발 덕분이기도 하다. 그러나 코카인 단속이 20달러 지폐가 가득한 자루 형태로 수백만 달러가 마이애미 은행에 입금되는 것을 막은 이후에도, 은행 부문은 대체로 안정된 이민자 비즈니스 집단과 코카인 시절에 발달하던 건설 및 부동산 부문을 토대로 계속 번성하였다. 은행 부문은 계속 성장했고, 마이애미에서 미국 연방예금보험공사(FDIC)가 보증하는 은행 수와 계좌 수는 2000~2009년 기간 동안 두 배가 되었다(Miami-Dade County, Florida, 2010). 많은 주요 도시와 달리, 마이애미는 주요 제조업 기반을 만들 기회도 혹은 필요도 없었다. 제조업을 육성하려고 할 때 이미 값싼 노동력을 토대로 제조업을 발전시킬 수 있는 인근 카리브 해 국가가 있었기에, 마이애미는 대신 완벽한 서비스 허브로 발전하게 되었기 때문이다(Nijman, 2010). 라틴아메리카와의 다양한 형태의 연결성 덕분에 1990년대 초에 이르러 마이애미는 이전 회의론자들에 의해 '아메리카의 홍콩'으로 간주되었다. 이는 빠르게 성장하는 지역과 근접성 및 상호 연결성을 가지고 잘 운영되고 있는 금융자본으로서 마이애미의 독특한 위상 정립 때문이기도 하다(Booth and Long, 1993). 마이애미는 뉴욕, 런던, 도쿄와 비교하여 주식시장이나 주요 기업의 본사가 적으며, 그것의 강점은 오히려 다른 곳, 즉 고도로 연결되어 많은 경우에 세계의 금융자본과 남미의 주요 자본 간 네트워크 브로커의 역할 수행에 있다(Nijman, 2010). 예를 들어 2009년 마이애미 항은 379억 달러의 재화를 수입하였는데, 이 중 347억 달러(전체의 92%)가 라틴아메리카로부터 온 것이며, 218억 달러를 수출하였는데, 이 중 167억 달러(전체의 77%)가 역시 같은 곳으로 수출되었다(Miami-Dade County, Florida, 2010). 남북 간 중요한 중개자로서 역할을 지속적으로 수행하는 마이애미의 세계적 중요성은 안정기에 접어든 것으로 보이지만, 향후 수십 년간 라틴아메리카의 경제성장 전망에 비추어 그 성장과 중요성은 더욱 증가할 수 있을 것이다.

마이애미의 사례는 결코 이례적인 것이 아니다. 세계도시 역량은 주어지는 것이 아니다. 이는 새롭게 창출되어야 한다. 세계화 경향은 다양한 발전 단계에 있는 세계 모든 지역 내 도시에서 발견된다. 그러한 경향은 종종 지역 내 교두보에서 시작된다. 최근에 싱가포르와 두바이 사례가 많은 관심을 받았다. 싱가포르가 두바이에 비해 세계도시로서 위상이 더 높지만, 두 도시 모두 세계적 활동 주체를 향한 성장 전략을 촉진시키고 있다.

싱가포르는 세계도시로서 잘 발견된 곳이다. 1990년대 초에 이르러, 싱가포르는 지식 집약 산업 발전 전략을 추진하였다. 예를 들어 싱가포르 사이언스 파크는 1980년 연구개발 투자를 유치하기 위한 정책하에서 건설되었다. 1997년 5월 세계도시 역량 개발을 촉진하기 위해 싱가포르 경쟁력위원회가 설립되었다. 싱가포르는 자원의존형 생산 시설을 개발도상국으로 이전한 반면, 고부가가치 활동에 고도로 집중하였다. 이러한 활동의 재분배를 위한 지역은 기본적으로 싱가포르, 말레이시아, 인도네시아 등으로 구성된 성장 삼각지대였다(Debrah et al., 2010). 싱가포르 국영 기업들은 외국 기업의 전략적 위상을 인수함으로써 국제시장으로 영역을 확대하고 있다. 예를 들어 싱가포르 텔레커뮤니케이션스는 2001년 오스트레일리아의 제2위 통신회사인 옵터스를 인수하였다(Singtel, 2001). 이러한 전략은 싱가포르를 지역 허브와 조정 중심지로 만들었다.

두바이는 세계도시 역량의 구축을 겨냥한 공격적인 프로그램을 더욱 최근에 추진한 역사를 가지고 있다. 토후국은 석유 자원이 점차 고갈되면서 역내 무역, 비즈니스 서비스, 운송 서비스, 관광 등의 확대에 의존하게 되었다. 예를 들어 두바이의 변화에 있어 중요했던 1980년과 2000년 사이에 서비스 부문의 비중은 22%에서 42%, 제조업의 비중은 3.8%에서 11.4%로 각각 증가하였다(Parsa et al., 2003). 글로벌 시장에 대한 통합의 증대도, 특히 자국 부동산 시장의 국제화 때문에 두바이는 2008년 글로벌 금융 위기를 심하게 겪기도 했다. 금융 위기는 두바이의 지불 능력에 대한 의구심을 촉발시켰고, 2009년 2월 부채 부담을 해소시키기 위해 200억 달러 채권 발행을 추진했으며, 이웃 아부다비 왕국에서도 100억 달러를 추가로 지원하기도 하였다(CIA World Factbook, 2010).

금융지구 내 밀도 및 기능 특화의 증대: 토론토

세계의 모든 선도적인 금융지구에서 1980년대 이후 오피스 빌딩의 밀도가 빠르게 증가하였다. 또한 빌딩 내 주요 활동에 있어 특화도의 증가라는 두드러진 경향도 존재해 왔다. 컴퓨터 시대에 이렇게 집중이 계속 증대한 이유 중 하나는 이들 지구가 과거 통신 발달 이전 시대에 만들어진 인프라가 남아 있어서 고차의 금융 및 기업 서비스를 위해 필요한 인프라를 갖고 있지 못하다는 점이다. 다시 말하면, 우리가 목격하는 바 특화의 증대와 함께 도시 밀도의 새로운 증가는 과거로부터 부여된 물리적인 형태이고, 고차의 금융 서비스에 의한 실제 수요를 반영하는 것과는 무관하다는 사실이다.

금융 붐이 시작되고 새로운 기술 활용이 확립되었으며 공간적 분산이 실제 선택 가능한 옵션이었던 1980년대 중반과 말에 현재 금융지구의 매우 많은 부분이 건설되었다는 점에서 토론토의 사례는 흥미롭다. 토론토는 뉴욕, 런던, 암스테르담 등과 같은 도시들 보다 작고 중요도가 약한 금융지구를 가지고 1980년대를 시작했으며(City of Toronto, 1990; Todd, 1993; 1995), 따라서 가장 바람직한 공간적 패턴에 부응하여 금융 중심지를 자유롭게 재개발했다고 생각할 수 있다. 당시에 토론토는 금융 및 비즈니스 중심지로서 몬트리올을 여전히 추월하지는 못하였다(Levine, 1990). 게다가 1980년대 기업용 최신 사무용 빌딩의 대대적인 건설이 도시 중심에서 거대한 대도시권으로 이전하여 나타났으며, 당시 제공될 수 있었던 최신 통신 시설의 설치도 함께 이루어졌다. 빌딩과 통신기술을 고려한다면, 금융 부문의 많은 오피스 인프라는 비좁은 도심을 벗어나 외곽에 입지하는 것이 당연한 것으로 보였다.

그러나 그와 같은 일은 발생하지 않았다. 토론토 사무 공간 관련 경제의 공간적 측면에 대한 선도적인 분석가인 건더개드(Gunther Gad)에 따르면, 금융 회사는 고밀도의 업무지구를 원했다고 한다. 밀도 이슈에 대한 조사 결과, 15분의 도보 거리는 '먼 거리'로 간주되었고 '화가 날 정도로 멀게' 느껴졌다(Gad, 1991: 206–207; Canadian Urban Institute, 1993 참조). 토론토 사례가 보여 주는 첫 번째 경향은, 비록 주요 대기업의 본사로 둘러싸여 아름답게 꾸며진 시 외곽 장소로 이동할 선택이 주어진다고 하더라도, 금융 회사는 오히려 밀집된 도심 입지를 고집한다는 점이다.

토론토가 보여 주는 뚜렷한 두 번째 경향은 금융 및 관련 특화 서비스 기능으로 도심의 특화도가 증가했다는 점이다. 한때 토론토의 중심업무지구는 제조 및 도매업 기업의 본사, 두 개의 주요 신문의 인쇄 공장, 수많은 보험 회사 등을 갖고 있었다. 많은 공간이 또한 소매업으로 이용되었는데, 당시 대부분의 길거리에 가게와 식당이 있었다. 그후 모두 지하로 옮겨 가면서 사무실의 실제와 가시적 밀도가 증가하게 되었다. 1950년대까지 현재의 금융지구는 여전히 대도시 지역의 보편적인 업무지구로서 모든 주요 산업의 기업 본사가 입지하였다. 그때 그리고 이후 20년을 더 지나면서 보험, 출판, 건축, 엔지니어링 등 광범위한 범위의 산업체들이 외부로 이전하였다. 이는 제조업의 본사, 보험 회사, 여타 거대한 사무실 등의 이탈을 경험해 온 다른 대도시에서도 나타나는 뚜렷한 패턴이었다. 런던은 수많은 보험 회사 본사를 잃었고, 프랑크푸르트와 취리히 도심도 점차 특화된 금융지구로 변했으며, 뉴욕에서도 광고, 법률 서비스와 같은 성장 산업을 수용하기 위해 새로운 미드타운 업무지구가 개발되면서 월 가는 점점 더 특화된 금융지구로 변모하였다.

1970년과 1989년 사이 토론토 금융지구의 사무직 고용은 두 배가 되었고, 비사무직 일자리가 줄어든 것과 동시에 전체 고용에서 비중도 77.6%에서 92.3%로 증가하였다. 그러나 사무직 일자리의 구성도 같은 기간 동안에 변모하였다. 보험업의 경우 절대 수치는 증가하였지만, 전체 사무직 활동에서 차지하는 비중은 14.6%에서 9.8%로 감소하였다. 더욱이 1996년과 1999년 사이에 토론토 보험업의 고용은 11% 줄어들었지만, 전문직 일자리는 1996~1998년 기간 동안에 24% 증가하였다. 1989년에 이르러 금융, 보험 및 부동산업은 전체 사무직 일자리의 절반을 훨씬 넘어섰고, 28%가 생산자 서비스업에 속하였다. 은행, 신탁회사, 증권 거래를 포함한 투자 서비스, 부동산 개발 회사 등이 1980년대에 빠르게 성장하였다(Gad, 1991). 법률 서비스, 회계, 경영 컨설팅, 컴퓨터 서비스 등 생산자 서비스업도 마찬가지였다. 그러나 건축, 엔지니어링 컨설팅 등 일부 서비스는 예외였다. 1990년대 이후 새로운 고용은 회계, 법률, 경영, 컴퓨터, 엔지니어링 기업 등을 포함한 비즈니스와 기술 서비스 및 금융과 부동산 서비스와 같이 보다 장기적으로 성장한 부문에서 대부분 창출되었다. "1981년과 1996년 사이 금융, 보험 및 부동산업은 38% 성장하였는데, 이는 보스턴, 시카고, 샌프란시스코를 추월하지만 애틀랜타, 댈러스, 미니애폴리스, 필라델피아, 시애틀의 성장에는 미치지 못한다"(City of Toronto, 2001). 금융 서비스 부문은 1990년대와 2000년에 이르러 토론토 전체 고용의 9~11%를 계속 차지했으며, 오늘날 토론토 GDP의 약 14%를 점유하고 있다(City of Toronto, 2010).

1990년대 초에 이르러 토론토는 캐나다에서 기업 사무 기능이 가장 집중된 곳이 되었다. 캐나다의 50대 금융 회사의 본사가 토론토에 입지하였고, 그중 39개 본사는 금융지구에 입지하였다. 이 회사들은 주요 캐나다 은행, 외국계 은행 및 신탁회사 등이다. 캐나다 최대 투자회사, 일부 최대 연금 펀드, 다양한 금융 및 은행 관련 협회 등도 1990년대에 이전해 왔다(Todd, 1995). 2010년에 토론토는 캐나다 5대 은행, 90%의 외국계 은행, 85%의 뮤추얼펀드, 절반 이상의 벤처 캐피털 회사 등의 근거지가 되었다(City of Toronto, 2010). 많은 다른 금융 기관들도 토론토에 주요 사무실 지점을 갖고 있으며, 일부 타지의 보험 회사들도 토론토에 투자회사를 갖고 있다. 더욱이 "65%의 캐나다 연금 운용 매니저들이 토론토에서 활동하고 있으며, 이는 운영되는 연금 자산의 50%를 차지한다"(City of Toronto, 2005b). 2010년에 토론토의 금융시장은 시가총액 2.1조 달러로서 북미 전체에서 3위, 전 세계에서 8위를 차지하였다(TSFA, 2010; TMX, 2010).

은행업에 대한 보다 자세한 분석을 통해 또 다른 패턴을 파악할 수 있다. 1970년대까지 선진국 주요 도시에서 대규모 은행이 도시 금융지구 내 하나의 빌딩에서 모든 업무를 처리하는 것이 전형적인 모습이었다. 1980년대 초에 이르러 그 기관들은 백오피스(back office) 일자리와 지점 기능을 금융지구 내 주요 사무실에서 거대 대도시권 내 다른 입지로 이전하는 것이 보편화되었다. 동일한 패턴이 토론토에서도 나타났다. 보다 일상적인 활동의 공간적 확산은 또한 다른 산업에서도 나타났는데, 이는 모든 주요 비즈니스 중심지에서 전형적인 패턴이었다. 고차의 전문직 및 관리직 일자리 비중의 증가와 함께, 이러한 경향은 토론토 금융지구 내 매우 양극적인 고용구조를 초래했는데, 최고 수준 일자리 비중은 1980년 31.5%에서 1990년대 말 41%가 되었고 2004년에는 52%까지 증가하였다(TFSA, 2010).

일반적으로 최고 수준의 기능과 가장 복잡하고 혁신적인 활동은 주요 도시의 금융지구에서 수행된다. 일상적인 업무는 금융지구 밖으로 이전될 수 있다. 주식 거래와 같은 보다 위험하고 투기에 가까운 활동들은 금융지구 내에서 비중이 증대하였다. 토론토의 금융지구는 거대하고 복잡한 대출 활동이 통합되고, 까다로운 인수 및 합병이 실행되며, 부동산 개발 혹은 광업과 같이 위험한 사업을 위한 막대한 투자가 필요한 대기업이 종종 몇몇 여신 기관과 다중의 여신 전략을 결합하면서 자신이 원하는 것을 확보하는 장소이다.

이것이 오늘날 주요 도시 내 금융지구에서 나타나는 특화된 생산 과정이다. 거대한 자본, 복잡성, 위험, 개별 거래에 참여하는 다수의 기업 등 이러한 활동의 특성은 지구 내 높은 밀도 형성에 기여한다. 모든 중요한 주체가 입지해 있는 금융지구에 입지한다는 것 자체에 내재된 이점이 있다. 위험, 복잡성, 많은 활동이 갖고 있는 투기적 속성 등이 대면 상호작용의 중요성을 증대시킨다. 금융지구는 조찬 모임, 오찬, 기업 간 및 기업 내 회의, 칵테일 파티, 그리고 최근에는 헬스클럽 등 다양한 대면 접촉의 가능성을 제공한다. 이는 중요한 인물과의 정기적인 회동, 함께 사업을 할 수 있는 잠재적 파트너와의 특별한 신뢰 구축, 인수 합병 혹은 합작 투자에 관한 혁신적인 제안 마련 등을 위한 기회가 된다. 게다가 제4장에서 논의했듯이, 다른 국가의 여건에 대한 지식을 포함하여 다양한 특화된 지식을 교차 활용함으로써 혜택을 누리는 작업 과정도 분명히 존재한다(Garcia, 2002). 정보 순환 및 거래 집행의 가속화뿐만 아니라 복잡성, 불완전한 지식, 고위험, 많은 활동의 투기적 속성 등은 개인적 접촉과 공간적 집중의 중요성을 강화시킨다.

토론토에서 금융지구의 성장과 집중은 공간적 수요를 충족시키기 위해 종종 외연적으로뿐만 아니라 수직적으로 계속 확대되었다(Hume, 2010). 물리적인 거래소가 더 이상 필요하지 않게 된 이후에도, 금융 산업에서 대면 및 실시간 접촉의 지속적인 필요성은 2010년 6월 토론토 G20 정상회의 기간 동안에 분명해졌다. 223,000명의 금융 서비스 임직원이 일하는 금융지구는 물리적으로 안전한 교외 지역으로 이전되었다. 이는 토론토 증권거래소, 몇몇 선도적

은행과 중개 회사 등의 협력적 노력을 필요로 했으며(Pasternak, 2010), 금융 부문에서 일종의 중앙집권적인 기획으로 추진되는 하나의 선례를 만들었다. 거래소, 은행, 중개 회사 등이 종업원들을 물리적으로 완벽한 시설이 갖춰진 교외 시설로 이전했음에도 불구하고 토론토의 경우 북미 최고 수준의 광섬유 케이블의 집중으로 대별되는 고도의 통신기술이 갖는 한계를 잘 보여 준다(City of Toronto, 2010). G20 정상회의 이후, 그들은 스스로가 선택한 결정을 행동으로 보여 주었다. 교외 입지에서 상대적으로 잘 활동했음에도 불구하고, 거래소와 기업 시장은 그들에게 가장 잘 맞았던 집중된 금융지구로 바로 돌아왔다.

토론토의 사례는 모든 주요 금융지구에서 분명히 나타나는 높은 밀도와 특화가 금융 및 관련 산업 조직의 최근 경향에 의해 촉발된 서비스 수요에 대한 대응이라는 점을 보여 준다. 토론토는 최첨단 통신 시설을 통해 토론토 대도시권으로 확장했던 주요 국내 및 해외 기업들의 본사가 그러했던 것처럼, 금융지구를 보다 분산된 형태로 만들 수 있었다. 그러나 토론토는 그렇게 하지 않았다. 이는 먼저 토론토 도심의 금융지구 밀도가 물려받은 오래된 인프라의 결과가 아니라, 현재 경제적 측면의 요구 사항에 대한 대응이라는 점과 둘째로 세계도시 내 금융지구의 입지 패턴과 제약 요소는 외곽으로 이전한 기업 본사의 그것과 다르다는 점을 시사한다.

기능의 집중과 지리적 스케일: 시드니

토론토에 대한 분석은 두 가지 집중을 밝혀 주었다. 앞 절의 주요 주제였듯이 첫째는 최신 인프라와 빌딩을 가진 대도시권에 입지할 선택이 있을 때에도 도시 내 작은 지구에 금융 기능이 불균형적으로 집중된다는 점이다. 둘째는 캐나다의 모든 국내 금융 및 본사 기능이 하나의 도시 토론토에 불균형적으로 집중되었다는 점이다. 한편 한 국가가 대륙 규모만큼 크고 세계시장을 향한 다수의 성장거점이 발달한 역사를 가지는데, 하나의 도시에 최고 수준의 경제적 기능이 그렇게 집중되는 것은 드문 일인가?

여기에서 오스트레일리아의 사례를 가지고 이러한 두 번째 경향에 대해 고찰하고자 한다. 캐나다, 미국과 함께 오스트레일리아는 상당한 다중심적으로 특징지어진 도시체계를 갖고 있다. 이는 섬으로 형성된 대륙이면서 개별 주요 도시에서 강력한 외부 지향성을 추구해 온 사실로 인해 더욱 강화된 결과이다. 따라서 우리는 소수의 고도로 국제적인 금융 및 비즈니스 중심지의 등장이라는 뚜렷한 경향을 발견할 것이라고 기대할 것이다. 그렇지 않다면 오스트레일리아 공간경제의 특징도 한 도시에 국제적인 비즈니스 및 금융 기능이 불균형적으로 집중되어 있다는 것인가? 만일 캐나다와 오스트레일리아 모두가 다극성에서 하나의 도시에 의한 지배 강화 형태로 변했다면, 우리는 현 시기 경제적 역동성 속에서 이러한 체계적인 경향이 존재함을 확인할 수 있다(제4장 참조). 제2차 세계대전에서 1970년대까지의 기간 동안에 오스트레일리아는 활발한 농업 및 제조업 수출과 낮은 실업에 힘입어 매우 부유한 국가가 되었다. 이 기간에 오스트레일리아는 몇몇 주요 도시 지역과 많은 성장거점을 구축하였다. 빅토리아 주의 오랜 주도인 멜버른은 상업, 은행, 본사 등의 주요 거점이었으며 그 지위는 지속되었고 일반적으로 오스트레일리아 내 전통적인 부를 대표하는 장소였다.

여타 선진 경제와 마찬가지로, 오스트레일리아도 1970년대 초를 시작으로 엄청난 구조재편, 즉 제조업 고용의 급감, 서비스 고용의 증가, 정보 집약적 산업으로 이행, 생산 과정, 서비스, 투자 등의 국제화 증대 등을 경험하였다. 1980년대 중반 금융 기관 규제완화되면서 글로벌 금융시장으로 통합되었다. 막대한 외국인 직접투자의 증가가 나타났고, 이와 함께 농업, 광업, 제조업에서 부동산과 서비스업으로, 그리고 유럽에서 아시아로 투자 원천의 전환도 있었다(Daly and Stimson, 1992). 아시아 국가들은 오늘날 모든 산업에서 외국인 투자의 주요 원천이 되었고, 일반적으로 환태평양 지역을 향한 뚜렷한 무역 및 투자 경향을 갖고 있다. 1980년대에 생산자 서비스는 모든 대도시 지역에 걸쳐 주요 성장 부문으로 등장하였고, (도소매 및 커뮤니티 서비스와 합하여) 1980년대 말 오스트레일리아 전체 고용의 48%를 차지하게 되었다. 가장 빠르게 성장하는 수출 부문도 생산자 서비스와 관광이다.

1980년대 제조업에서 금융, 부동산, 서비스로의 투자 전환은 대도시 지역에서 뚜렷하게 나타났다(Stimson, 1993). 이러한 전환 속에서, 시드니는 부동산 및 금융 투자의 주요 목적지가 되었다. 1982년에서 1983년까지 시드니에서 제조업 투자는 11.5억 호주 달러였고, 금융, 부동산, 비즈니스 투자액 13.2억 호주 달러였다. 1984년에서 1985년까지 각각의 투자는 8.2억 호주 달러와 14.9억 호주 달러를 기록하였다. 이러한 경향은 여타 주요 도시에서도 그 정도가 작긴 하지만 뚜렷하였다(Stimson, 1993: 5). 그러나 1986년에 이르러 시드니에의 금융 및 비즈니스 서비스에 대한 불균형적 집중은 다른 주요 도시와 더욱 격차를 벌였다. 1985~1988년 기간 동안에 거대한 부동산 붐에 따라 시드니는 투자 수준과 고급 사무 공간 부분에서 오스트레일리아 내 지배적인 시장이 되었다.

데일리와 스팀슨(Daly and Stimson, 1992; Brotchie et al., 1995 참조)에 따르면, 시드니는 오스트레일리아의 주요 국제적인 관문도시이자 유일한 '세계도시'이다. 1980년대 말에 이르러 시드니는 한때 국가의 경제수도였던 멜버른을 추월하면서 국제적인 비즈니스 및 금융 회사들이 가장 많이 집적한 도시가 되었다(도표 5.2). 2009년에 오스트레일리아 200대 기업 중 멜버른에는 42개의 기업 본사(21.7%)가 입지했으며, 시드니에는 83개 기업(41.5%)의 본사가 입지하였다. 유사한 집중도를 은행업에서도 찾아 볼 수 있다. 시드니는 또한 주요 생산자 서비스 부문의 고용 중 상당한 비중을 차지하게 되었다. 전체 금융 및 보험 서비스 부문 중 35%와 과학기술서비스의 27.6%, 정보, 미디어, 통신 부문의 31.3%를 시드니가 차지하였다(멜버른의 경우 각각 23.2%, 23.1%, 23.5%). 1990년에 시드니의 주식시장은 세계 10위를 차지하였다. 아시아-태평양 지역 본사를 설립한 다국적기업 중 약 2/3가 시드니에 입지했으며, 금융 및 보험 부문에 국한해서 그 비중은 80%까지 올라간다(Fitzgerald, 2005). 오스트레일리아는 아시아 기업의 제2 본사를 위한 매력적인 입지가 되었고, 국내 최고의 국제적인 도시로서 시드니는 1980년대에 이미 선호되는 지역이었으며(O'Connor, 1990), 2000년대에도 여전히 그 인기를 누리고 있다(Fitzgerald, 2005; 도표 5.2)

1980년대는 그러한 변화의 성격을 이해하는 데 매우 중요한 시기이다. 오스트레일리아는 제조업, 광업, 농업 부문을 개발하기 위해 오랫동안 외국인 투자에 의존해 왔지만, 1980년대에는 외국인 투자의 비중, 구성, 원천, 규모 등에서 질적인 변화를 나타내는데, 그러한 의미에서 전혀 다른 경제적 국제화 과정을 잘 보여 준다. 1983년부터 1984년, 1988년을 지나 1989년까지, 오스트레일리아로의 외국인 투자는 819억 호주 달러에서 2229억 호주 달러로 매년 34%씩 증가하였다. 그러나 금융, 부동산, 비즈니스 서비스 부문에서는 매년 83%씩 증가하였다. 이러한 투자는 점차 아시아와 일본으로부터 유입되면서 과거 주요 투자국이었던 미국과 영국의 투자 비중은 줄어들었다. 일본의 비중은 280%가 증가하여, 1989년에 전체 외국인 투자 중 거의 15%에 달하였다. 1990년대에는 싱가포르, 홍콩, 타이완, 캐나다, 독일 등이 또한 주요 투자국으

도표 5.2 시드니와 멜버른의 기업 집중, 2009

도시	기업 수[a]	오스트레일리아 소유 은행	은행입지[b]		전체 고용대비 비중[c]		
			외국계 은행 자회사	외국계 은행 지점수	금융 및 보험 서비스	전문 과학 기술 서비스	정보, 미디어 및 통신
시드니	83	6	8	34	35.0%	27.6%	31.3%
멜버른	42	3	1	1	23.2%	23.1%	23.5%

주: a. 200대 상장 오스트레일리아 회사.
b. 은행 집단은 인가예금기관 라이선스를 가진 곳으로 투자 은행은 포함하지 않음. 일부 외국계 인가예금기관은 오스트레일리아에서 자회사 은행이나 지점을 운영하고 있음.
c. '전체 고용대비 비중'은 오스트레일리아에서 마지막 센서스가 있었던 2006년 수치임.
출처: a. Australia and New Zealand Banking Group Ltd(2009) and Forbes(2009).
b. New South Wales Department of State and Regional Development(2009).
c. Australia Bureau of Statistics(2006).

로 등장하였다. 1980년대 후반 특히 금융 기관의 규제완화에 따라서 무역 회사와 은행이 자본이 들어오는 주요 통로가 되었다. 부동산 붐은 외국인 투자와 직접 연결되어 있었으며, 1989~1990년 부동산 위기에 외국인 투자자들은 오스트레일리아 시장에 돈을 쏟아붓는 것을 중단하기도 하였다. 1985~1986년 기간에 전체 외국인 투자의 28% 이상이 부동산으로 몰렸으며, 1988~1989년 기간에는 46%까지 증가하였다. 일본 투자자들은 이러한 투자의 1/3 이상을 차지하였다. 그 직후 금융 및 부동산 위기로 이러한 비중은 급격히 낮아졌지만, 1996~2004년 기간에 부동산에 대한 외국인 투자는 다시 21.5%에서 28.2%로 증가하였다. 투자국의 구성도 더욱 다양해졌는데, 2004년에 최대 투자국인 싱가포르도 단지 12%를 차지할 정도였다. 시드니로 급속히 몰렸던 1980년대 외국인 투자는 멜버른이 입지한 빅토리아 주와 같은 과거의 투자 지역이 아니라 뉴사우스웨일스 주와 퀸즐랜드 주에 집중적으로 분포했는데, 이들은 각각 전체 투자의 1/3을 차지하였다. 시드니가 입지한 뉴사우스웨일스 주에 대한 전체 투자의 절반 이상이 상업용 부동산에 대한 투자였다.

투자의 지리학은 이미 논의한 지역적 측면에 비해 더욱 독특하다. 투자의 상당 부분이 주요 도시의 중심업무지구에 집중했으며, 시드니는 그 최대 수혜자였다. 1975~1984년 기간에 외국인 투자는 상업용 부동산 전체 투자의 10%를 차지했으며, 1980~1984년 기간에는 1980년대 초반 해외투자의 침체를 반영하여 실제로 감소하였다. 그러나 곧바로 회복하기 시작해서 1984년에 시드니 중심업무지구 사무실의 약 15%가 외국인 소유였으며, 멜버른은 12.5%였다(Adrian, 1984). 1980년대 후반 모든 주요 도시의 중심업무지구에 대한 투자가 빠르게 증가하였는데, 특히 시드니, 멜버른, 브리즈번 등이 대표적이다. 1990년 시드니의 중심업무지구에서 일본 투자자가 소유한 토지 가치는 15.5억 호주 달러로 추정되며, 이러한 투자가 모두 1980년대 후반에 이루어진 것이라고 스팀슨(Stimson, 1993)은 밝혔다. 부동산 붐이 절정이었던 1988~1989년 기간에 시드니 중심업무지구의 토지 가치는 공식적으로 174억 호주 달러로 추정되었으며, 이 중 10%를 일본 투자자가 소유하였다.

멜버른의 중심업무지구 또한 많은 외국인 투자와 인수의 대상이었고, 상업용 부동산 건설도 기록적이었다. 브리즈번에서는 전체 사무용 공간의 40% 이상이 1983~1990년 사이에 건설되었다. 이러한 부동산 붐 시기를 지나면서 외국인 투자는 급격히 감소하였고, 당시 전 세계 주요 비즈니스 중심지에서와 마찬가지로 중심업무지구 내 사무실 시장은 침체기를 맞게 되었다. 1990년대와 2000년대는 오스트레일리아의 거대한 번영의 시기였다. 특히 시드니는 그러한 성장의 더 많은 부분을 차지하였다(Connell, 2000; O'Neil and McGuirk, 2002). 시드니는 현재 전국 GDP의 25%를 생산하며, 아시아 태평양 지역에서 활동하는 500개 글로벌 기업의 지역 본사가 입지하고 있고, 오스트레일리아 전체 금융과 비즈니스 서비스 활동의 65%가 집중된 곳이다(City of Sydney, 2011). 또한 오스트레일리아에 있는 외국계 및 국내 은행의 85%가 시드니에 있다(City of Sydney, 2011). 금융 서비스 공간과 마찬가지로, 부동산 및 비즈니스 서비스에 해당하는 도시 내 연상 면적도 계속적으로 증가하고 있다(Salmon, 2006). 금융과 보험은 뉴사우스웨일스 주에서 가장 빠르게 성장하는 산업으로서, 1999~2009년 사이에 불변 가격 기준 3.6%의 연평균 증가율을 기록하였다(NSW, 2010). 시드니는 시차적으로 뉴욕과 런던 시장을 연결하는 시간대의 시장이라는 점과, 다양한 언어 사용 문화, 항구 지역 내 거대한 친환경적 비즈니스 지구의 개발 등을 강조하면서 새로운 비즈니스와 투자자를 계속 물색하고 있다(NSW, 2010).

따라서 오스트레일리아와 같은 지리적 및 경제적 규모를 가지고 있는 국가에서조차도 투자의 국제화와 함께 금융 및 서비스의 성장은 하나의 도시에 전략적 기능 및 투자의 불균형한 집중을 초래할 수 있는 것으로 보인다. 오스트레일리아 경제에 대한 전문가들은 국제화의 증대와 지역, 산업 부문, 도시 등을 글로벌 경제로 연결하는 새로운 연계의 형성이 오스트레일리아의 경제 구조재편에 있어 핵심 요소라고 밝혔다(Rimmer, 1988; O'Connor, 1990; Daly and Stimson, 1992; Stimson, 1993; Connell, 2000; O'Neill and McGuirk, 2002). 외국인 투자 패턴, 국제 항공여객 및 관광, 글로벌 네트워크에 의존하는 활동 및 본사의 입지 모두는 국제화와 집중의 과정을 반영하는 것이다. 그러나 이러한 일반적인 경향 이면에는 시드니가 오스트레일리아의 다른 어떤 도시보다도 뚜렷하게 성장을 경험했다는 사실이 있다.

동시에 2010년 글로벌 시대가 세 번째 10년을 시작하면서, 글로벌 경제의 확장 시기를 특징짓는 것은 차별화라는 것이 분명해졌다. 멜버른은 시드니가 소유한 것을 두고서는 경쟁하지 않는다. 시드니는 독자적으로 특화된 세계도시이다. 우리는 다음에서 논의할 상하이와 홍콩 사례에서 이러한 점을 고찰한다.

경쟁 혹은 특화된 차이: 홍콩과 상하이의 금융 중심지

중국 내 두 선도적인 금융 및 비즈니스 중심지인 홍콩과 상하이가 직접적인 비즈니스 경쟁 관계에 있다는 일반적인 인식에도 불구하고, 두 도시는 실제로 그다지 경쟁하지 않는다. 세계화는 표준을 동질화하고, 표준화된 제품의 글로벌 시장을 창출한다고 하지만, 실제로 글로벌 경제에서 도시의 역할을 강화시키는 것은 도시가 수행하는 기능의 다양성과 특화된 역량이다.

개방된 경제 및 국제무역과 오랜 연계를 가진 홍콩은 중국에서 오랫동안 금융의 선도자였다. 역사적으로 홍콩은 모든 지역에서, 특히 상하이에서 공산주의 체제를 피해 이주한 숙련되고 국제적으로 잘 연계된 망명자들 덕분에 세계적 금융 중심지로 발달하였다! 이러한 점에서는 마이애미와 어느 정도 유사점이 존재한다(Nijman, 2010). 외환 거래에 대한 법률적 제약이 거의 없으며, 역사적으로 발달하지 못한 호구제도 등과 함께 도시의 자유 시장경제는 홍콩을 국제시장으로 진출하려는 중국인 투자자와 중국 시장으로 진입하려는 외국인 투자자 모두가 선택하는 장소로 만들었다. 1,200개 이상의 상장 회사와 15%의 법인세율로 인해서 홍콩은 중요한 글로벌 투자 대상지로서 자신의 위상을 유지하고 있다(Richburg, 2010). 홍콩은 또한 자신과 중국 본토 사이에 있는 일부 비효율성 탓에 복잡한 차액 거래와 프로그램 매매에서 선도적이며, 2010년 가을 처음으로 단기 매매에서 도쿄를 추월하여 아시아 최고 지위를 달성하였다(Thomasson, 2010; 도표 4.1~4.5; A.4.1, A.4.2 참조).

홍콩은 전체 경제의 88%가 금융 부문에 속한 금융도시로 유지되는데, 일부 사람들은 글로벌 경제의 변동을 고려할 때 이를 도시의 중요한 약점으로 간주하기도 한다(Fernando, 2010). 더욱이 전체 GDP 대비 비중으로서 홍콩의 금융 및 서비스 부문의 성장은 일부 본토, 특히 중국의 선전으로 제조업이 이전한 탓이다. 선전이 지역 내 금융 허브인 홍콩의 뒷마당이 되는 소위 '선-콩 대도시(Shen-Kong metropolis)' 형성을 통해, 홍콩과 선전 모두 서로에 대한 근접성에서 혜택을 모색하고 있다(Chen, 2009; Chen and de'Medici, 2010). 그러나 홍콩은 역사적으로 천연자원, 식량, 원료 등 본토에 상당히 의존하고 있다. 주권의 이양 이후 본토에 대한 의존성이 더욱 증가하면서, 홍콩은 금융, 무역, 관광 등의 연계를 통해 더욱 빠르게 중국 시스템에 통합되었고, 그러한 본토와의 연계성이 2008~2009년 글로벌 경제 침체에 대한 완충 작용을 홍콩에 제공한 것으로 보인다. 홍콩 증권거래소에 상장된 기업의 약 40%가 중국 본토 기업이며(CIA World Factbook, 2010), 거래소 대표인 찰스 리(Charles Lee)는 본토에서 비즈니스를 하는 기업들이 상장총액의 57%를 점유한다(Thomasson, 2010).

상하이는 매우 다변화된 경제를 가지면서 국내 경제와 긴밀히 연결되어 있으며, 대체로 국가의 금융 중심지로서 기능한다(Chen, 2009; 도표 4.1-4.5; A.4.1, A.4.2 참조). 이것이 상하이의 강점이자 홍콩과의 차이점을 만드는 것이다. 이러한 점에서 1990년대 말 전문가가 예견했던 것보다 두 도시 간의 경쟁은 훨씬 약하다(Sassen, 1999). 무엇보다도 매우 특화된 부문의 금융 기능이 존재한다. 상하이 주식시장의 재개장과 1990년대 초반 경제 개혁 이후 수년 동안에 시장은 대체로 정부 재원의 지배 속에 있었고, 지금도 여전히 외국인 투자자에 대한 광범위한 법적 규제 속에 놓여 있다. 상하이 주식시장에서 모든 A 주식 투자는 본토 중국인으로 제한되어 있으며, B 주식조차도 87%가 본토 중국인, 8%는 해외 중국인 소유라서 남은 약 5%의 B 주식만을 다른 국가와 지역 사람들이 갖고 있다(Shanghai Stock Exchange, 2010). 저자가 이해하기로는 이는 전적으로 부정적인 현상이 아니다. 그 이유 한 가지를 들면, 글로벌 금융 위기로부터 상하이는 훨씬 더 보호되어 있다는 점이다.

900개의 상장 기업을 가진 주식시장의 성장도 달성했지만, 상하이는 경제의 다른 부문을 통해서도 발전하고 있다(Richburg, 2010). 상하이는 세계에서 세 번째로 긴 양쯔 강과 중국 인구의 1/3이 살고 있는 인근 지역 등을 해외 무역과 연계시키는 주요한 항구로서의 역할을 여전히 수행하고 있다. 국제무역을 위한 이 동맥은 여객, 석탄과 같은 광산 자원, 모든 종류의 제조업 제품 등을 깊숙한 중국 대륙 안과 밖으로 운반하고 있다. 중국을 세계로 연결시키는 중요한 거점으로서 상하이의 위상을 과소평가할 수는 없지만, 2020년 계획에서 보다 더 자유로운 중국 경제체제 속에서도 홍콩이 뉴욕에 맞먹는 반면 상하이는 시카고에 필적할 것이라고 저자는 오랫동안 생각해 왔다(*Urban Geography*, 2002; 2008).

게다가 우연히 외국인 투자자의 주목을 받은 것은 처음에는 교외 지역을 확대해서 혼잡한 도심의 밀도를 낮추기 위한 정책이었던 상하이 내 '신도시' 개발이다. 그러나 식당이나 교통 시설 등 어메니티가 부족했던 탓에, '신도시'는 도시 엘리트의 주말 별장 또는 부동산 투자처로서 개발되었다(Wang et al., 2010). 상하이는 홍콩과 비교되는 것이 아니라 홍콩과의 근접성으로 인해 '인스턴트 도시'로서 빠르게 성장했던 선전과 더 비교가 될 것이다(Chen and de'Medici, 2010). 홍콩과 선전은 매일 두 도시를 오가는 통근자와 같은 인적 자원을 포함하여 많은 자원을 공유한다. 산업 부문의 다양성과 거대한 경제 규모로 인해 상하이는 다른 주요 세계도시에 비해 금융 부문에 덜 의존적이다. 이러한 특징은 중국 내부 지역 및 중앙정부와의 긴밀한 연계와 함께 2008~2009년 글로벌 경기 침체가 홍콩에 미친 영향에 비해 상하이에 미친 영향을 상당히 적게 만들었다.

에너지와 금융에서 새로운 글로벌 회로의 창출: 걸프만 국가들

석유를 둘러싼 지정학적 관계는 걸프만의 글로벌 회로를 구성해 온 주요 요인들 중 하나이다. 그러나 석유 매장량 감소의 지정학도 향후 마찬가지로 기능할 것이다. 걸프만 국가들은 경제기반의 다변화를 통해 이러한 역사적 변동에 대응하였다.

두바이는 그러한 변동의 가장 극단적인 형태이다. 두바이는 석유 수출 및 무역 관문으로부터 걸프만을 훨씬 초월하여 비즈니스 범위를 가진 기업과 가구를 위한 최신 플랫폼으로 변모하였다. 인도, 미국, 영국 등 수많은 나라의 기업들이 두바이에 본사를 설립하였다. 수많은 국가의 전문가들도 마찬가지로 두바이에 자리를 잡았다. 지난 20년간 걸프만 일대 몇몇 도시들은 금융 거래 네트워크에의 참여, 새로운 금융 거래의 창출, 독자적인 투자 기금의 형성 등을 통해서 글로벌 금융 시스템의 주요 주체가 되었다.[2] 몇몇 걸프만 국가들은 또한 말레이시아, 인도네시아, 싱가포르 등의 시장이 가장 빠르게 성장하는 이슬람 금융의 중심으로 스스로의 위상을 정립하고 있다.[3] 일부 걸프만 도시들은 과거에는 런던, 암스테르담, 프랑크푸르트 등에서 환승했을 장거리 여객을 위한 허브 공항 건설을 자신의 목표로 추진하고 있다. 끝으로 재생 에너지 영역으로 진입하는 것도 석유에 기반을 둔 일부 국가에서 중요한 선택으로 고려되고 있다. 재생 에너지와 생태 도시를 둘러싼 아부다비의, 그리고 교육 및 문화 회로를 둘러싼 샤르자의 실질적인 프로젝트들은 단순한 석유 추출에 대한 중요한 대안으로 추진되고 있다.[4]

여기서 종종 간과되어 왔지만 에너지 생산 그 자체를 초월하여 복잡한 역량 구축 문제와 관련된 변화의 중간 단계에 잠시 초점을 두고자 한다. 그것은 결국 글로벌 시장과 그 시장이 기능하는 글로벌 회로의 구축을 위한 역량을 말한다. 이는 종종 논의에서 제외되었던 단계이다. 따라서 '석유를 재생 에너지로 대체하는'과 같은 자주 인용되는 구절에서, '대체'라는 용어는 대안적 에너지 선택 문제를 넘어 반드시 이루어져야 하는 일에 대한 초점을 흐리게 한다. 외국 투자자와 기업에게 특혜를 제공하는 시책으로서 '자유무역지대'를 개발하는 것도 충분하지 않다. '자유무역지대'의 위상은 그러한 역량 구축 프로젝트 중 하나의 요소에 불과하고, 프로젝트는 단순히 그러한 지대를 개발하는 것으로 간주될 수 없다고 생각된다.

필요한 것은 엔지니어링과 과학, 자금 조달 및 새로운 금융 거래 구축, 새로운 구매자 및 중개인과 연결, 새로운 해상 운송 및 수송관 추진 등을 위한 광범위한 신규 유형의 회로 구축을 착수하고 유지하는 것이다.

신재생 대안 에너지 및 이슬람 금융 등의 글로벌 시장 개발은 모두 특별한 복합적 역량을 필요로 한다. 에너지와 금융의 지정학은 전통적인 자유무역지대보다 더 복잡한 글로벌 공간을 필요로 한다. 즉 그것은 외국인 주체의 활동을 촉진시키는 것 이상을 의미하는 것이다.[5] 새로운 지정학은 세계도시, 즉 새로운 유형의 글로벌 공간을 필요로 한다. 자유무역지대는 세계도시가 아니다. 세계도시는(좋은 혹은 그렇게 좋지 않는 목적을 위해 활용되는) 복합적 역량을 창출하기 위한 공간이다.[6] 그리고 세계도시라는 공간을 구성하는 것이 바로 그 구축 과정이다.[7] 재생 에너지에 있어 아부다비의 마스다르시티(Masdar City)는 아마도 그러한 복합적인 역량 구축 공간을 향한 가장 중요한 움직임이다. 마나마, 도하, 두바이, 아부다비 모두는 사우디아라비아와 마찬가지로 재생 에너지를 위한 글로벌 플랫폼을 발전시키고 있다.

요약하면, 걸프만의 도시들은 대표적으로 에너지와 금융뿐만 아니라 교육과 문화에서 대안적인 글로벌 회로들을 창출하였다. 글로벌 이미지 형성에서 걸프만의 지배적인 이미지는 두바이의 이미지인데, 엄청난 규모의 저임금 외국인 노동자의 희생 속에서 세워진 지나친 화려함을 지칭한다. 그러나 걸프만 도시들은 서로 다른 가능성의 미래를 향해 계속 전진하고 있으며, 그중 아부다비와 샤르자가 가장 두드러진다. 이러한 경향에서 반드시 강조해야 할 것은 바로 지역 내 교육 및 문화적 개발 노력이다. 이 지역의 상당한 자원, 지난 10년간 발전된 복합적 역량, 새로운 계획을 통해 개발될 새로운 역량 등을 모두 고려할 때, 이곳에는 극히 다변화된 발전을 위한 거대한 잠재력이 존재한다. 그 결과는 걸프만 도시들을 세계 여타 도시와 연계시키는 상당히 확대된 형태의 글로벌 회로가 될 것임에 틀림없다.

오늘날 새로운 동서 지정학에서 오래된 제국도시: 이스탄불

3,000년이 된 도시가 오늘날 동서 교류의 지정학 등장에서 핵심적인 전략적 결절지로서 부상하고 있다. 이스탄불은 오랫동안 동서 간 및 남북 축을 따라 거대한 사람과 물자 흐름의 교차점이었다. 그러나 다른 나라와 마찬가지로 터키에서 국가를 세우는 기간은 국가경제의 내적 변동 및 발전의 시기였다. 오늘날 핵심 축이 과거 식민지 시대 역사를 지배했던 남북 축이 아니라 동서 축으로 바뀌고 있는 글로벌 시대에서, 점차 부각되는 것은 바로 이스탄불의 전략적 위치이다.

그러나 입지만으로는 이스탄불의 부상을 설명하기에 충분하지 않다. 또 다른 설명 요인으로는 도시의 심오한 역사와 그것이 창출하는 특화된 역량 등이 있다. 교차로의 오랜 역사로부터 네트워크 기능을 다루고 향상시키는 특별한 역량 개발의 필요성이 도출된다. 그것은 단지 교차로상 입지의 문제가 아니다. 다양한 역사와 지리를 거쳐 그러한 역량을 개발한 것은 이스탄불의 심오한 역사가 갖는 특수성이라고 생각된다. 그것은 또한 오늘날 네트워크화된 세상에서 중요해지는 것 중 하나이다. 몇 가지 주요 경향이 역량 개발을 실현시키고 있는데, 여기에서는 세 가지를 언급하고자 한다. 첫 번째 경향은 자본의 흐름과 관련되어 있다. 이스탄불은 동서로 뻗어 있는 자본 흐름의 지리상 중심에 해당한다. 비록 EU가 터키의 지배적인 무역 및 투자 파트너이지만, 냉전 이후 현재의 지정학은 아시아 국가들을 점점 더 중요하게 만들고 있다. 두 번째 경향은 사람의 유입과 유출 흐름인데, 여기에서도 또 다시 유럽과 아시아의 뚜렷한 양극성을 볼 수 있다.

이스탄불을 오가는 사람들의 다양성은 교차로에서 나타나는 특정한 형태의 지식에 대한 질문, 그리고 다양하고 복잡한 세상의 문화들 간 결합이 전 세계적으로 증대하는 시기에 네트워크화된 흐름의 핵심 콘텐츠에 대한 질문 등을 제기한다. 그에 대한 대답은 아마도 정치적 및 문화적 변수를 통한 전 세계 60대 도시에 대한 연구에서 나타나는 세 번째 경향에 반영되어 있다(A. T. Kearney, 2010). 이스탄불은 특히 글로벌 정책 연계로서, 그리고 인적 자본 및 인재의 도시로서 30위를 차지하고 있다.

다음으로 이 들 세 가지 경향에 대해 좀 더 자세히 다루고자 한다.

자본 흐름에 있어, 터키의 지배적인 무역 및 투자 파트너는 EU이다. 2007년 터키와 EU 간 교역은 124억 달러를 기록했는데, 이는 1990~2000년 사이의 연평균 교역액의 30배에 이르는 놀라운 성장이었다. 모든 EU 국가들 중 네덜란드는 57억 달러를 투자함으로써 가장 큰 규모의 대 터키 투자국이 되었으며, 여타 작은 EU 국가들과 함께 투자한 금액도 49억 달러에 달한다. 제2차 세계대전과 냉전 시대 이후 유럽과의 오랜 경제적 상호작용의 역사는 이러한 유럽의 지배적 위상을 촉진하였다.

그러나 아시아도 빠르게 성장하고 있다. 2007년 말 터키의 해외직접투자를 많이 받은 2대 국가는 네덜란드와 아제르바이잔이었는데, 이는 동서 간 지리적 연결지로서 터키의 위상을 확실히 보여 주는 결과이다. 그 뒤를 몰타, 룩셈부르크, 독일, 미국, 카자흐스탄 등이 따른다. 해외직접투자가 갖는 주요 산업 부문을 보면, 건설 및 부동산 부문이 터키에서 활동하는 외국계 기업의 20%를 차지한다. 터키의 건설 회사도 해외 여러 국가에서 활동을 하고 있는데, 1980~ 2009년 기간에 투자된 총액이 많은 국가들에는 이탈리아(1020억 달러), 리비아(500억 달러), 우크라이나(210억 달러) 등이 포함된다. 총투자액이 100억~160억 달러 범위에 해당되는 국가인 스위스, 룩셈부르크, 러시아, 수단 등을 포함하여 수많은 국가들에서 터키 기업들이 활동하고 있는데, 이러한 사실은 다시금 서로 다른 역사적 지역을 연결하는 터키의 위상을 잘 보여 준다.

지정학적 지역을 아우르는 교역의 동향과 함께(*Urban Age*, Istanbul Newsletter, 2008: 38 참조), 터키의 해외직접투자 총액도 급격히 증가하였다. 2007년에 터키의 해외직접투자는 122억 달러로서 1990년(11억 달러)에 비해 11배가 증가하였고, 2000년(37억 달러)에 비해서는 3.5배 증가하였다. 마찬가지로 자본이 터키에서 기하급수적으로 빠져나간 반면, 2007년 대 터키 외국인 직접투자도 1460억 달러로서 1990년(110억 달러)에 비해 13배가 증가하였고, 2000년(192억 달러; 도표 5.3)에 비해서는 7.5배 증가하였다. 이스탄불을 자본 이동의 교차점으로 확인시켜 주는 것은 바로 지역 내외로, 그리고 지역을 거쳐 가는 각종 자본 흐름의 조합이다. 지난 20년 동안 지역 간 및 지역 내 자본 관계의 급격한 증가는 이스탄불에서 제조업의 변화, 금융업 및 서비스 산업의 역량 구축과 함께 오늘날 인적 자본 및 혁신의 집중을 초래하였다.

도표 5.3 해외직접투자의 흐름과 터키에서 활동하는 외국 기업, 2007-2009*

국가	터키에서 활동하는 국제적 기업 수(2007년)	터키로의 해외직접투자(2004~2008년, 백만 달러)	터키 외부로의 해외직접투자(1980~2009년, 백만 달러)
유럽연합(27개국)	10,720	44,245	8,679
독일	3,125	2,992	665
네덜란드	1,419	13,043	4,266
영국	1,831	2,957	536
프랑스	-	3,633	105
이탈리아	-	1,191	120
그 외 EU 국가	4,345	20,429	2,986
EU 제외한 유럽 국가	1,691	2,401	1,016
아프리카	309	111	426
미국	834	6,048	702
캐나다	120	242	2
중남미	105	595	17
중남미와 카리브 해			
중앙 아시아	3,072	6,381	3,826
아제르바이젠	453	-	3,420
이라크	511	-	7
이란	910	-	162
아라비아 해	-	5,722	56
중국	300	-	-
한국	134	-	-
일본	-	-	-
그 외 아시아 국가들	796	1,058	867

주: * 절반 이상의 국제적인 기업들이 주요 사무소를 이스탄불에 두고 있음.
출처: Turkish Government Statistical Records, Annual Report, DIE(Turkish Government Statistical Institute) Report, Ankara, Annual; Turkish Statistical Institute(Turksta), Ankara. (http://www.turkstat.gov).

이스탄불에는 터키 내 활동하는 외국계 기업의 상당 수가 입지해 있다(Istanbul Metropolitan Municipality, Annual; Turkish Government's Statistical Records, Annual). 터키에서 활동하는 19,000개 이상의 외국계 회사 중 절반을

훨씬 넘는 수가 이스탄불에 본사를 두고 있다. 그중 독일 기업 3,100개와 영국 기업 1,800개를 포함하여 약 10,700개의 EU 기업이 있다. 또한 이란 기업 910개, 아제르바이잔 기업 450개, 중국 기업 300개 등을 포함하여 4,300개의 아시아 기업이 있다. EU 기업들이 여전히 지배적이지만, 아시아의 부상 및 인근 지역의 지정학적 변동에 따라서 이스탄불은 전 세계로부터 수많은 기업과 프로젝트가 함께 존재하는 거대한 공간의 핵심에 자리 잡게 되었다. 유럽 도시의 미래에 대한 연구에 따르면, 이스탄불은 서유럽과 서아시아 사이에 존재하는 지리적 공간으로서 새로이 부상하는 유럽이라는 지역 내 핵심적 도시 중 하나이다(도표 5.4).

자본의 흐름이 도시로 확대되는 경제 관계를 파악하는 하나의 수단인 반면, 사람의 흐름은 기술, 독창성, 문화 등을 가져온다. 이는 인구 이동을 둘러싼 논의에서 쉽게 간과되는 요소이다. 이동하는 사람 및 글로벌-로컬 상호 교차 등에 의해 형성되는 세밀한 속성의 문화는 도시로 전파되면서 '도시성'을 성숙시

도표 5.4 2009년 부상하는 10대 유럽 도시들

순위	도시	국가
1	부다페스트	헝가리
2	바르샤바	폴란드
3	모스크바	러시아
4	이스탄불	터키
5	소피아	불가리아
6	부쿠레슈티	루마니아
7	상트페테르부르크	러시아
8	앙카라	터키
9	키예프	우크라이나
10	예카테린부르크	러시아

출처: Ernst and Young 2010. Reinventing European Growth: 2009 European Attractiveness Survey.

킨다. 이 모든 것은 이스탄불의 독특한 지정학 및 문화에 영향을 미쳤다. 2006년 터키의 인구 유출 지도를 여전히 지배하는 것은 하나의 목적지 국가인 독일이다. 터키 국적을 가진 170만 명과 터키에서 태어났지만 터키 국적을 반드시 갖고 있지 않은 270만 명을 고려하든지 혹은 최근 독일의 귀화 법률 개정에 따라 더 이상 모호한 시민권 지위를 갖고 있지 않는 더 많은 이민 2세와 3세의 터키계 독일인들을 고려하든지 간에, 독일 내 터키 인구의 존재는 매우 뚜렷하다. 다음으로 터키 인이 많이 거주하는 국가는 프랑스(229,000명), 네덜란드(171,000명), 오스트리아(150,000명), 벨기에(111,000명) 순이며, 그 뒤를 10만 명이 조금 안 되는 스웨덴에서 2,000명의 러시아에 이르기까지 수많은 국가들이 따르고 있다.

터키 인 인구 유출의 글로벌 지리가 변화하고 있다. 동서로 이동하는 자본의 흐름을 반영하여, 터키를 떠나는 사람들의 주요 목적지는 계속 유럽이다. 아직은 아시아로의 이동은 작지만 점차 증가하는 것으로 나타난다. 2000~2006년 동안에 누적 인구 유출 수는 독일로 322,000명, 프랑스로 57,000명, 오스트리아로 55,700명이며, 그 외 수많은 나라로 보다 적은 수의 터키 인들이 이민을 갔다. 그러나 터키와 유럽 간 지배적인 관계만 강조하는 것은 오늘날 이민의 지리가 갖는 변화를 간과할 수도 있다. 예를 들어 2006년에 독일로 떠난 이민자 수는 30,000명이며, 그 뒤를 사우디아라비아 20,000명, 프랑스 8,300명 순이며, 그 외에 적지만 중요한 흐름이 아시아권 과거 소비에트 국가들을 향하고 있다.

터키로의 이민은 소수인데, 터키 전체 인구 중 1.9%만이 외국에서 태어난 사람들이며, 이 수치는 독일 및 여타 지역에서 돌아온 이민자도 포함한 것이다. 그러나 최근 EU 이 외 지역에서 들어오는 이민자로 인해 새로운 이민의 지리가 형성되는 것이 목격된다. 2006년에 191,000명의 외국인이 터키로 이

도표 5.5 출발국과 도착국에 따른 인구 이동 수. 터키로의 단기적인 외국인 방문자 수

국가	단기 방문의 누적 수 (국민과 외국인 포함, 2000~2006년)	터키로의 인구 유입 누적 수(2000~2006년)	터키로부터 인구 유출 누적 수(2000~2006년)
독일	23,933,415	48,400	322,000
러시아	8,959,822	46,200	–
영국	8,724,427	32,300	–
불가리아	6,872,570	373,700	–
네덜란드	6,335,209	–	30,900
이란	4,089,853	41,500	–
프랑스	3,869,890	–	56,900
오스트리아	2,809,797	–	55,700
미국	2,671,226	41,900	–
그리스	2,569,173	45,800	–
벨기에	2,552,993	–	23,100
이스라엘	2,270,623	–	–
이탈리아	2,104,938	–	–
우크라이나	1,931,396	–	–
아제르바이젠	1,836,595	73,300	–
조지아	1,824,789	–	–
스웨덴	1,774,612	–	7,200
루마니아	1,429,198	–	–
스위스	1,331,262	–	18,400

출처: Turkish Government Statistical Records, Annual Report, DIE(Turkish Government Statistical Institute) Report, Ankara, Annual.

민하였는데, 그 대부분이 불가리아와 아제르바이잔으로부터 왔다. 이 두 나라는 2000~2006년 동안의 외국인 이민자 누적 수도 지배하는데, 불가리아로부터 총 373,700명, 아제르바이잔으로부터 총 73,000명이 들어온 반면 독일로부터는 단지 48,400명만이 이주하였다. 이러한 지배적인 흐름 뒤로는 작지만 중요한 이민의 흐름들이 그리스, 러시아, 미국, 이란, 이라크, 영국 및 기타 국가로부터 발생하였다. 이민의 출발지는 점차 서구에서 동구로 전환되고 있다.

터키로의 이민은 대부분 불가리아와 아제르바이잔으로부터 오지만, 터키에서의 이민은 대부분 독일과 프랑스를 향한다.

한편 중요하지만 보다 일시적인 일자리와 민족 문화 간 교차점은 단기적인 방문에서 발생한다(Turkish Government's Statistical Records Annual). 대부분의 국가에서처럼, 다양한 단기 방문을 목적으로 터키로 오는 외국인과 터키 시민권을 가진 사람들은 이민자의 규모보다 훨씬 많다. 2006년 가장 중요한 방문 목적으로는 여행, 위락, 문화 및 가족과 친구 방문이었다. 또한 사람들은 일을 위해서 터키를 방문하기도 한다. 2006년에 외국인 중 가장 큰 집단은 700만 명의 관리자 및 전문직 종사자였으며, 110만 명은 하위 서비스 직업군 종사자였다. 2006년 외국인 입국자는 1930만 명이었는데, 이는 2004년 1370만 명과 2001년 1130만 명에 비해 증가한 수치이다. 2001년과 2006년 사이에 2300만 명 이상의 사람들이 독일에서 터키로 방문하였고, 러시아와 영국에서도 각각 거의 900만 명이 왔으며, 700만 명이 불가리아에서, 그리고 400만 명이 이란에서 왔었다. 이는 결코 적은 수치가 아니라 엄청나게 다양한 사람들이 터키를 오가는 것을 나타내며, 각각의 사람들이 고유한 역사와 문화를 가지고 오면서 이스탄불의 세계시민주의를 촉진시키고 있다(Turkish Government's Statistical Records Annual).

이렇게 등장하는 자본과 사람 흐름의 지리는 결국 논의가 필요한 두 가지 최종 변수들을 촉진하게 된다. 첫째는 글로벌 정책 교환의 중심지로서 이스탄불의 중요한 역할이다. 비즈니스 활동, 인적 자본, 정보 교환, 문화, 정책 개입 등 다섯 가지 변수를 통한 60개 도시에 대한 커니(Kearney)의 2010년 연구에서 이스탄불은 워싱턴, 베이징, 파리, 카이로, 런던, 브뤼셀 등과 함께 정책 개입 변수 측면에서 세계 10대 도시에 들었다(도표 5.6). 이 연구는 정책 개입 변수를 '글로벌 정책 입안 및 정치적 담화에 대한 영향'으로 정의하고 있다. 둘째

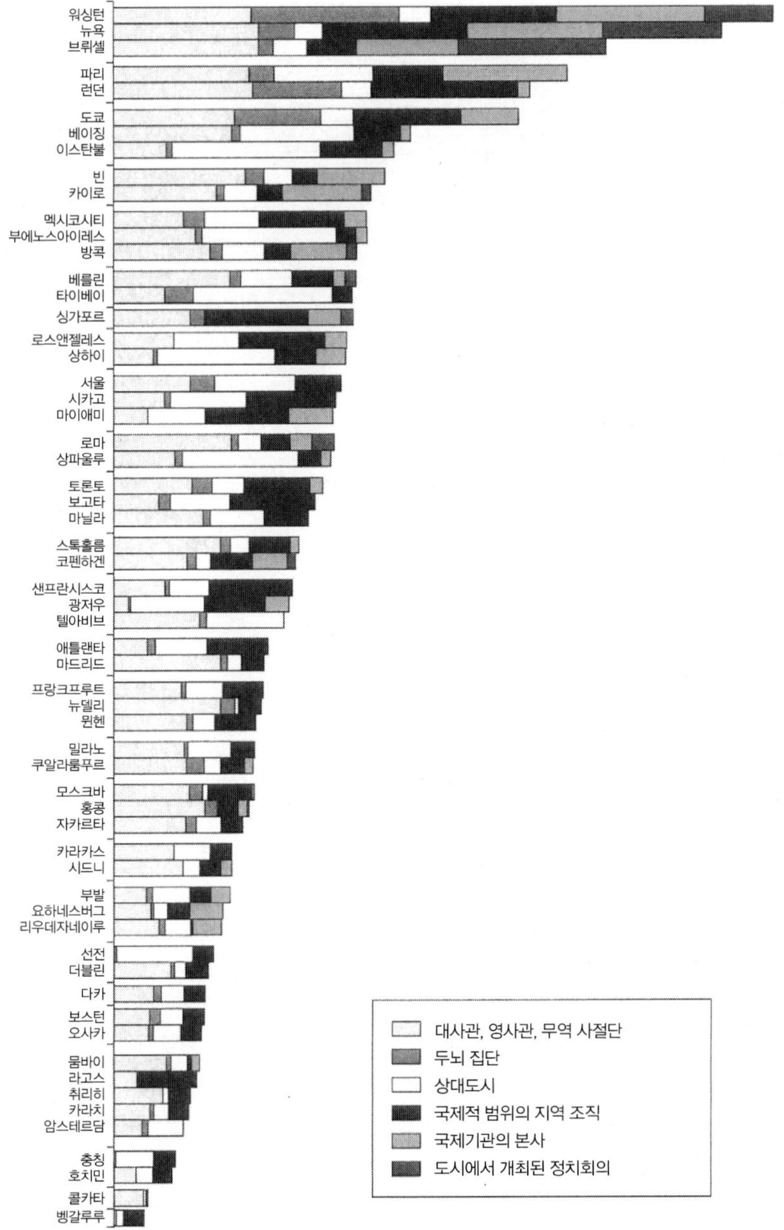

도표 5.6 세계적 정치 영향력을 가진 도시

출처: Copyright © 2010, A. T. Kearney, The Chicago Council on Global Affairs and Foreign Policy Magazine. All rights reserved. A. T. Kearney is a registered service mark of A. T. Kearney, Inc. The Chicago Council on Global Affairs is a registered service mark of The Chicago Council on Global Affairs. Foreign Policy is a registered service marke of the Washington Post.

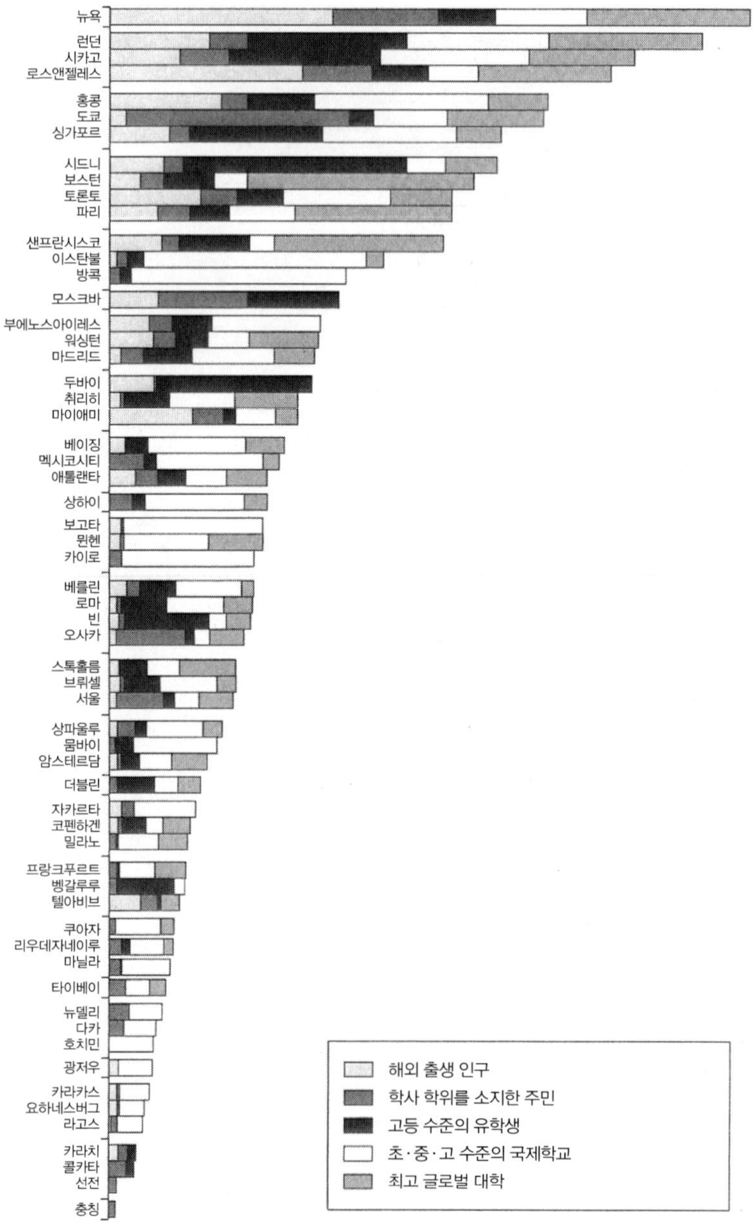

도표 5.7 인적 자본을 가진 도시

출처: Copyright ⓒ 2010, A. T. Kearney, The Chicago Council on Global Affairs and Foreign Policy Magazine. All rights reserved. A. T. Kearney is a registered service mark of A. T. Kearney, Inc. The Chicago Council on Global Affairs is a registered service mark of The Chicago Council on Global Affairs. Foreign Policy is a registered service marke of the Washington Post.

는, 물론 첫째와 관련되어 있지만, 같은 연구를 통해 '다양한 집단과 사람을 끌어들이는 자석 역할을 하는' 도시로 정의되는 인적 자본 변수 측면에서 이스탄불이 세계 15대 도시에 포함된다는 점이다(도표 5.7). 이들 도시에는 도쿄, 뉴욕, 홍콩, 시카고, 시드니, 런던 등도 포함된다. 이스탄불의 높은 성적에 결정적인 요인은 바로 수많은 국제학교 수이며, 이는 재학생 자녀의 부모가 갖는 특성을 나타내는 지표로서 이해된다.

측정된 다섯 가지 요인 중 최고 순위의 도시에 기여한 가장 중요한 요인이 해외 출생 인구의 비중이라는 점에 주목할 필요가 있다. 이 요인은 의심할 바 없이 인적 자본 측면에서 뉴욕이 1위를 차지하게 만든 가장 중요한 요인이며, 홍콩이 4위를 차지하게 만든 가장 중요한 두 가지 요인 중 하나이다. 이스탄불도 이러한 점에서 성공적일 수 있는 위상을 갖고 있다. 여전히 해외 출생 인구의 비중이 매우 낮은 국가이기는 하지만, 들어오는 이민자들의 출신지가 매우 다양하다는 점에서 점차 혜택을 도모할 수 있을 것이다. 정책 개입과 인적 자본 측면에서 뛰어난 위상은 다양한 경제적 및 지정학적 지리의 교차점에서 이스탄불의 전략적 역할과 관련된 것으로 간주된다. 점점 더 네트워크화되는 세상에서 그러한 역할 및 관련된 역량은 더욱 중요하다.

도시들은 월경적 회로, 즉 자본, 노동, 재화, 원료, 상인, 여행자 등의 흐름의 교차점에 오랫동안 존재해 왔다. 아시아와 아프리카에는 가장 오래되고 가장 거대한 흐름이 존재했고, 유럽에는 가장 집약적인 흐름이 존재하였다. 도시들은 교차점을 관리하고 지배하는 데 필요한 역량을 구축하기 위해 그리고 경제적, 정치적, 문화적 권력을 수용하기 위해 그러한 흐름에서 파생하는 경제와 문화를 위한 전략적 공간이다. 회로들은 세계를 종횡으로 누비면서 도시 간 지리적 연계를 촉진시킨다. 도시 간 지리의 형성은 오늘날 새로운 글로벌 정치 경제, 새로운 문화 공간, 새로운 유형의 정치 등을 위한 중차대한 인프라를 제공하고 있다. 일부 도시 간 지리는 전문직 종사자, 여행자, 예술가, 특정 도시 집단 내 이민자 등과 같이 상당한 규모를 가지면서도 매우 가시적이다. 또 다른 도시 간 지리는 관련된 수단에 의존하여 특정 도시를 연결하는 고도로 특화된 금융 거래 네트워크 혹은 수출 허브에서 수입 허브로 연결되는 다양한 제품의 글로벌 상품 사슬 등과 같이 규모가 작고 훨씬 덜 가시적인 경우도 있다.

최근 이와 같이 엄청나게 확대되고 있는 흐름의 지리는 교차점에 위치한 도시의 중요성을 더욱더 증대시켰다. 이스탄불과 같은 일부 도시에게 이러한 점은 오랜 역사적 현상이며, 마이애미와 같은 여타 도시에게는 새로운 현상이다. 세계의 경제 및 지정학적 지도에서 아시아의 부상은 일부 도시에게 전략적 중요성을 새로이 부여했는데, 그중 이스탄불은 가장 부각되는 도시이다.

세계화와 집중: 선도적인 금융 중심지의 사례

주요 선진국 경제는 하나의 중심지에 금융 활동 및 관련 생산자 서비스의 급격한 집중이라는 유사한 패턴을 보이고 있다. 프랑스의 파리, 이탈리아의 밀라노, 스위스의 취리히, 독일의 프랑크푸르트, 캐나다의 토론토, 일본의 도쿄, 네덜란드의 암스테르담과 앞에서 고찰한 오스트레일리아의 시드니 등이 그 사례이다. 이러한 선도적인 중심지에서 금융 활동의 집중이 실제로 1980년대 말부터 증가했다는 점도 분명한 사실이다. 따라서 이전에 스위스에서 가장 중요한 금융 중심지였던 바젤은 1980년대에 취리히에게 그 지위를 빼앗기게 되었다(Keil and Ronneberger, 1992). 또한 캐나다에서 또 다른 주요 중심지인 몬트리올도 1980년대 말에 토론토에게 그 지위를 넘겨 주었다(Levine, 1990).

마찬가지로 오사카도 1980년대 말 이전에는 일본 금융시장에서 매우 강력한 도쿄의 경쟁 도시였다(Sassen [1991] 2001: 제6장과 제7장). 런던과 뉴욕은 각각 자국 내에서 다른 도시들과 격차를 한껏 벌리게 되었다.

이러한 수위 중심지로의 집중 증대가 반드시 차하위 중심지의 침체를 초래하는 것은 아니다. 대체로 차하위 중심지도 함께 성장한다. 따라서 대체로 전체적인 성장이 수위 센터의 집중을 초래하는, 즉 수위 중심지들이 다른 중심지에 비해 빠르게 성장하거나 또는 적어도 빠르게 성장하는 차하위 중심지조차 격차를 줄이지 못하는 역동적인 상황을 의미한다. 많은 측면에서 이것은 전자적 네트워크에서 활동하며 디지털화된 제품을 취급하는 부문을 고려할 때, 충격적이고 직관에서 벗어나는 현상이다. 컴퓨터 중심의 네트워크 역량과 중심 도시 내 높은 활동 비용을 고려할 때 일반적으로 집중보다는 분산이 예상되기 때문이다.

개별 국가 내 집중화 경향이 금융 중심지에 있어 새로운 발전 현상인가? 광범위한 역사적 관점에서 고찰하면, 흥미로운 패턴을 보게 된다. 최초의 시기 이래로 금융 활동은 공간적으로 집중되어 왔다(Arrighi, 1994). 금융가는 종종 영국, 네덜란드와 같은 제국 또는 20세기 중반 경제적 및 군사적 우위를 점한 미국과 같은 준제국의 배경 속에서 활동하였다. 유럽 최초의 일부 금융 중심지들은 중세 이탈리아 도시였는데, 자체 통화인 플로린이 유럽 대륙에서 가장 안정적이었던 피렌체가 좋은 사례이다. 그러나 17세기에 이르러 하나의 금융 중심지가 지배하게 되었다. 그것은 아마도 거대한 국제 상업 및 무역 활동과 독보적인 무역 및 교환의 국제도시로서 역할 등을 반영하는, 중앙은행과 주식시장을 도입한 암스테르담이었다. 100년 뒤에는 런던이 주요 국제 금융 중심지이자 유럽의 정부 자금 조달을 위한 주요 시장으로서 등장하였다. 런던은 20세기가 한창일 때까지 대영제국의 영향에 따라 전 세계의 금융 수도로서 지위를 유지하였다. 미국 내 은행 비즈니스 경쟁에서 필라델피아와 보스턴을 이긴 뉴욕은 1914년에 이르러 런던에 대한 도전자로 등장하였다. 그러나 런던은 또한 국제적인 금융 시스템에서 전략적인 구성 요소였으며, 뉴욕은 그러한 역할을 감당할 준비가 되지 못하였다. 그러나 제2차 세계대전 이후 미국의 엄청난 경제력과 영국 및 여타 유럽 국가들의 전쟁에 의한 도시 파괴로 인해 뉴욕이 세계의 금융 중심지로 등장하게 되었다.

한편 하나의 선도적인 금융 중심지가 되기 위한 배경은 이미 제1차 세계대전 이래로 변하기 시작했었다. 초기 제국의 패턴에 대응한 국민국가의 형성은 특히 개별 국가의 수도에 다양한 금융 중심지의 형성을 가능하게 만들었다. 더욱이 거대한 제조업의 성장은 지역을 기반으로 한 막대한 부의 창출과 함께 해당 지역 내 이차적인 금융 센터의 형성에 기여하였는데, 시카고와 오사카가 그 사례에 해당한다. 한 국가 내 지역 간 격차 완화 촉진을 목표로 하는 케인스주의 정책은 점차 전 세계적으로 보편화되었다. 1960년대에 이러한 경향은 국가 내 금융 중심지들(예를 들어 이탈리아는 11개, 독일은 7개의 금융 중심지를 가짐), 고도로 통제되는 은행 시스템, 엄격한 오스트레일리아의 등의 활성화에 기여하였다. 대부분의 20세기 동안에 대량 제조업의 지배는 금융과 은행이 제조업 경제와 대량 소비의 수요에 의해 상당히 형성됨을 의미하였다. 비록 뉴욕은 20세기 초반 이래 선도적인 국제 금융 중심지였지만, 1980년대에 등장했던 것과는 전혀 다른 패턴을 따라 글로벌 지배를 구축하려 했던 미국 정부의 전략의 일부로서 당시에 그러한 지위를 누렸을 뿐이다(Sassen, 2008a: 제4장).

1980년대에 시작된 발전은 대량 생산과 대량 소비에 초점을 둔 폐쇄적이고 보호된 국가 금융 시스템의 패턴과 분명한 결별을 보여 준다. 해외 투자자에 대한 국가경제의 개방과 금융의 투기적 특성을 고양시키고 자본의 원천인 고도로 통제된 자국 상업은행을 대체하기 시작했던 금융 혁신의 폭발적 확대 등은 제한된 수의 금융 중심지로의 집중 경향을 강화시켰다. 이것은 비록 제국주의 시대의 패턴을 연상시키기도 하지만, 관련된 실제적인 조건과 과정은 같지 않다. 1980년대에는 전 세계적으로 금융 활동의 절대적 수준이 엄청나게 증가하였다. 그러나 그러한 증가는 제한된 수의 국가와 도시에 보다 뚜렷이 집중하게 되었다. 국제적인 은행 여신은 1980년 1.89조 달러에서 1991년 6.24조 달러로 10년 동안에 3배 증가했으며, 1998년에는 9.03조 달러가 되었다(Bank for International Settlements, [1992, 1999, 2004]에서 계산). 이러한 대출의 상당 부분을 담당하는 많은 거대 은행들이 또한 금융 서비스 기업이 되었다는 점을 볼 때, 은행 여신을 추적하는 것은 점차 어렵게 되었다. 전 세계적으로 은행 활동의 감독을 책임지는 선도적인 기관인 국제 결제 은행의 자료(2004)에 따르면, 1980년에 동일한 7개 국가가 여신의 거의 2/3를 차지하였고, 1998년에는 그 비중이 75%로 증가하였다가 2004년에 이르러 1980년대 수준으로 하락하였다. 이러한 여신 활동 대부분은 해당 개별 국가 내 선도적인 금융 중심지에서 혹은 전 세계 선물 거래를 지배하는 시카고와 같은 특화된 시장에서 이루어진다. 1990년대 말에는 뉴욕, 런던, 도쿄, 파리, 프랑크푸르트 등 다섯 개 도시에 모든 금융 활동이 불균형적으로 집중하였다. 강력한 집중 패턴은 또한 주식 시가총액과 외환 거래 시장에서도 뚜렷하였다(도표 5.8). 이들 또한 제한된 수의 금융 중심지로의 지속적인 집중 현상을 보여 주고 있다.

변함없는 집중 수준은 점차 많은 국가들이 세계시장으로 통합되어 감을 의미하는 제조업의 절대적인 증가, 탈규제, 세계화 등의 맥락에서 발생하였다. 게다가 그것은 금융 서비스가 여느 때보다 가장 유동적일 때 발생하였다. 세계화, 탈규제(세계화의 가장 중요한 필수 요소), 금융증권화 등은 통신 및 전자 네트워크의 거대한 진보 속에서 그러한 유동성의 핵심 요인이었다.**8** 하나의 결

도표 5.8 특정 국가와 특정 기간(1992~2007)에 있어 외환 거래 신고 총액(비중)

국가	1992	1995	1998	2001	2004	2007
영국	27.0	29.5	32.5	31.2	31.0	34.1
미국	15.5	15.5	17.9	15.7	19.2	16.6
일본	11.2	10.2	6.9	9.1	8.2	6.0
싱가포르	6.9	6.7	7.1	6.2	5.2	5.8
독일	5.1	4.8	4.8	5.5	4.8	2.5
홍콩	5.6	5.7	4.0	4.1	4.2	4.4
오스트레일리아	2.7	2.5	2.4	3.2	4.2	4.3
프랑스	3.1	3.7	3.7	3.0	2.6	3.0
캐나다	2.0	1.9	1.9	2.6	2.2	1.5
네덜란드	1.9	1.7	2.1	1.9	2.0	0.6
덴마크	2.5	2.0	1.4	1.4	1.7	2.2
스웨덴	2.0	1.3	0.8	1.5	1.3	1.1

주: 현물, 확정일 인도 선물환, 외환 스와프 등의 총액. 지역 내 이중 계산을 위해 조정된 금액('순 총액').
출처: Bank for International Settlements(2005; 2007: 6-7).

과로 나타나는 것은 고도로 유동적인 활동을 유치하기 위한 중심지 간 경쟁의 격화이다. 그러나 이러한 주제에 대한 일반적이거나 특정한 설명 모두에서 경쟁에 대한 과도한 강조가 있어 왔다. 제3장에서 주장한 바와 같이, 다양한 주요 금융 중심지들 간에 기능적인 분업도 존재한다. 이러한 글로벌 금융 산업의 모습은 다수의 국가 간 기능 분화와 더욱 유사하다.

금융자본이 갖는 고도의 이동성은 기술의 중요성을 더욱 강조하고 있다. 현재는 전 세계 모든 곳으로 화폐를 이동시킬 수 있고, 컴퓨터 단말기를 떠나지 않고서도 거래를 이룰 수 있다. 전자공학으로 인해 실체가 없는 시장이 등장하였는데, 우리는 이를 국제 금융의 사이버공간으로 생각할 수 있다. 나스닥과 일부 표준화된 외환 거래 시장은 거래장소를 갖춘 구식 주식시장과 달리 실체가 없는 시장의 사례들이다.

그러나 선도적인 중심지들 간 네트워크의 확대 속에서도 집중 경향은 지속되고 있다. 1980년대와 1990년대로 넘어오면서 분명했던 뉴욕, 런던, 도쿄 등의 절대적인 지배는 더 이상 존재하지는 않는다(Sassen, [1991] 2001). 더욱이 유럽 단일 시장 및 금융 시스템의 형성은 금융 기능과 자본을 제한된 금융 중심지로 집중시키는 하나의 유럽 금융 시스템을 만들고 있다. 이는 개별 유럽 국가 내 선도적인 금융 중심지로부터 일부 주요한 금융 기능을 넘겨받고 있으며, 또한 종종 선도적인 중심지와 부차적인 중심지를 결합하는 등 전혀 새로운 형태의 유럽 금융 중심지 간 협력도 촉발시키고 있다. 실질적으로 연합체의 강화, 특히 파리, 암스테르담, 브뤼셀, 리스본 간 연합체(유로넥스트)의 등장은 새로이 부각되는 경향이다.

이러한 집중 경향은 금융 시스템의 본질적인 특성으로 구현된다고 여겨진다. 최고 수준의 중심지들은 다양한 특화 금융시장 내에서 상당한 비중을 차지하면서 수많은 금융 기관과 시장의 존재라는 특징을 가진다. 이들은 보통 상당한 비중의 국제 여신, 외환 거래, 펀드 운영을 담당하는 수많은 은행과 금융 기관을 보유하고 있다. 또한 채권, 증권 혹은 파생 상품이든지 간에 시장성 유가증권을 위한 거대한 혹은 중요한 시장도 갖고 있다. 거대한 금융 중심지 중 일부는 국제적인 비즈니스에 의해서 지배되고, 다른 일부는 국내 비즈니스에 의해 지배된다. 따라서 전 세계로부터 온 상당한 외국계 기업의 존재와 강력한 유로달러 및 외환시장을 가진 런던은 극단적으로 국제적인 반면, 거대한 국가경제를 가진 뉴욕과 도쿄는 필연적으로 엄청난 수의 국내 수신, 여신, 투자 기관들을 갖고 있다. 끝으로 산업의 세계화는 거래의 복잡성 수준을 높였으며, 탈규제는 많은 새로운 및 점차 더 투기적인 기법의 발명을 촉진하였다. 이러한 변화는 권위 있는 혁신을 창출하고 오늘날 금융 시스템 내 복잡성을 다루는 역량을 가진 유일한 중심지라면, 그러한 선도적인 중심지의 권력 구축에 기여해 왔다.

다음 절에서 우리는 중심지를 연결하는 네트워크와 장소에 미치는 디지털화의 영향에 특히 초점을 두면서 이러한 이슈들을 보다 더 자세히 고찰하고자 한다.

글로벌 디지털 시대에 금융 중심지들이 왜 여전히 존재하는가?

글로벌 금융 시스템은 글로벌 중심지들 간 월경적 네트워크가 필요할 만큼 복잡한 수준에 도달하였다. 이러한 복잡성은 글로벌 기업에 의해 점차 복잡해지는 금융 서비스 수요에 따라서도 일부 촉진되었다. 그러나 복잡성은 또한 금융에 내재한 역동성, 즉 서로 상승 작용을 하면서 결국에는 극단적인 금융자본의 축적이나 재앙적인 붕괴에 도달하는 보다 더 투기적인 금융 기법의 발달에 의해서도 촉진되고 있다(제8장 참조). 오늘날 금융 중심지의 네트워크는 국제적인 금융 시스템의 초기 모습과는 완전히 다르다. 대체로 폐쇄적인 국가 금융 시스템으로 이루어진 세계 속에서는 개별 국가가 경제를 위해 필요한 대부분의 기능을 중복 수행한다. 종종 서로 다른 국가의 금융시장 간 협력은 단지 청산 및 결제와 같이 관련된 두 국가에서 동일한 일련의 활동을 함께 수행하는 것에 불과하다. 역외 시장이나 일부 거대 은행과 같이 극소수의 예외도 있지만, 국제적인 시스템은 일련의 폐쇄적인 국내 시스템과 제한적이며 일상적인 상호작용 등으로 구성되어 있었다(Sassen, 2008a: 제5장; [1991] 2001: 제4장).

1980년대 시작된 시장의 글로벌 통합과 탈규제는 협력을 매우 복잡한 작업으로 만들면서 불필요한 다양한 시스템을 제거하게 되었다. 더 이상 주어진 거래에서 개별 국가 내 기본적인 은행 업무 과정을 단순히 모방하는 것이 아니었다. 글로벌 금융 시스템에 연결된 모든 국가에 내재한 하나의 시스템에 접근한다는 것은 선도적인 금융 중심지들의 중요성을 증대시키는 어쩌면 역설적인 효과를 가져왔다. 그것은 참여하는 모든 국가들이 채택해야 하는 표준과 법칙을 창출하는 중심지로 기능한다. 모든 주요 기능과 특화 시장을 복제하는 활동을 위한 개별 국가들의 중심지로 이루어진 글로벌 시스템이 아니다. 오히려 모든 글로벌 중심지가 가져야 하는 기초적인 기능과 함께 분명한 특성을 지닌 20여 개 선도적인 글로벌 중심지로 이루어진 더욱 세계적으로 분배된 시스템이 이제 존재하는 것이다. 오늘날 선도적인 개별 금융 중심지(도표 4.1-4.4 참조)는 이 장의 홍콩과 상하이 논의에서 잘 파악된 바와 같이 분명한 각자의 강점을 보유하고 있다. 이러한 맥락에서 뉴욕과 런던은 어마어마한 자원과 인재의 집중과 함께 전체 시스템을 위한 보다 전략적이고 복잡한 활동을 담당하는 글로벌 네트워크 내 막강 파워로 계속 존재하지만, 또한 약 20개 선도적인 글로벌 중심지로 이루어진 보다 큰 네트워크에 점점 더 의존하고 있다. 두 도시는 금융 서비스의 선도적인 수출지역이며, 특히 브리티시텔레콤과 프랑스텔레콤 등의 민영화와 같이 국제적인 주요 기업 공개의 역할을 담당하고 있다.

한편 이러한 지배 현상은 글로벌 금융 시스템이 성장하는 하나의 길이 더 많은 국가 경제를 포섭하는 것, 즉 종종 2차 층위와 3차 층위 세계도시로 발달하는 개별 국가 내 최신 금융 중심지의 발달을 통해 나타나는 과정이라는 사실을 배제하지 않는다. 다른 한편, 유럽연합의 사례에서 단일 통화 유로존의 형성은 개별 국가가 완벽히 발달한 금융 중심지를 가지는 시대의 종말을 초래하고 있다. 프랑크푸르트와 파리가 유로존의 정점에 위치하며, 이런 주요 중심지이거나 가입국에 속하지 않는 중심지를 중심으로 가입국들이 교차하는 급격한 계층구조가 나타날 개연성이 매우 높다.

전 세계적으로 점점 더 많아지는 국가 내 주요 금융 중심지들은 국내 및 해외 자본의 출입을 위한 관문 기능을 점점 더 수행하고 있다. 이러한 중심지 각각은 해당 국가의 부와 글로벌 시장, 해외 투자자와 해당 국가 내 투자 기회 등이 결합되는 지점이다. 그 결과 투자의 원천과 목적지가 모두 성장하는 것이다. 관문 기능은 출입하는 자본 흐름을 패키지 하는 혁신의 창출이라기보다 글로벌 금융시장으로 통합하기 위한 주요 메커니즘이다. 혁신의 창출은 20여 개의 선도적인 중심지에 집중하는 경향을 보이는데, 이는 그들이 특화된 인재를 가지고 있을 뿐만 아니라 혁신적 기법을 구매하도록 투자자를 설득할 수 있는 강력한 영향력도 가지고 있기 때문이다. 게다가 대부분의 2차 층위와 3차 층위 금융 중심지에서의 복잡한 활동은 계열 회사, 지사 또는 서비스의 직접 수입 등을 통해 외국계 글로벌 투자, 회계, 법률 서비스 기업에 의해 이루어지는 경향이 있다.

글로벌 시장을 위한 관문은 또한 금융 위기의 역동성을 향한 관문이기도 하다. 즉 자본은 들어오는 만큼 쉽고 빠르게 나갈 수 있다. 그리고 한때 국내 자본으로 간주되었던 것도 이제는 쉽게 그러한 유출에 동참할 수 있다. 예를 들어 1994년 12월 멕시코의 금융 위기 동안에 멕시코 시장을 처음 떠난 자본은 외국 자본이 아니라 자국 자본이다. 1997~1998년 금융 위기에, 1998년 9월 초까지 매일 10억 달러로 추정되는 브라질을 떠난 자본 중 상당한 부분은 외국 자본이 아니라 브라질 자본이었다. 더 최근에 2008년에서 2009년의 글로벌 금융 위기는 미국에 기반을 둔 신용부도스와프(CDS) 위기 및 그것의 글로벌 파급 효과와 함께 폭발하였다(제8장 참조).

글로벌하게 통합된 금융 시스템이 금융 중심지들 간 또는 국가들 간 경쟁만을 의미하는 것이 아니기 때문에, 특별한 협력적 노력이 국경을 넘어 증대하고 있다. 이는 또한 금융 시스템의 네트워크화된 특성을 더욱 강화시키는 효과도 갖는다. 금융 시스템이 도쿄 혹은 홍콩의 몰락, 혹은 그 때문에 나타나는 부에노스아이레스의 몰락으로 인해 얻는 것은 별로 없다. 런던, 뉴욕, 파리 혹은 프랑크푸르트의 지속적인 성장은 일부 금융 중심지의 글로벌 네트워크에 의한 것이다. 글로벌 네트워크를 강력하게 만드는 동일한 특성이 또한 위기의 효과가 파급되는 통로의 역할도 한다.

마지막으로, 전자화된 네트워크가 수적으로나 범위 면에서 성장하고 있음에도 불구하고, 금융 중심지의 필요성을 없애지는 않을 것이다(Sassen, 2008a: 제5장과 제7장; 2009). 오히려 그것은 서로 다른 도시들 간 교환 속에서 전략적으로 혹은 기능적으로 연합하는 중심지들의 네트워크를 강화시키고 있다. 이러한 연합은 기업의 초국경적 인수 및 합병과 같은 것으로 당연히 발전할 것이다. 또한 전자화된 거래는, 예를 들어 프랑크푸르트의 독일 파생 상품거래소와 같은 하나의 시장이 전 세계의 많은 다른 시장에서 활동하거나 또는 캔터 피츠제럴드와 같은 하나의 전문 중개 회사가 1998년 9월 이후 미국 전역의 거래인에 의해 사용되는 국채 선물 가격을 설정하는 등 근본적으로 새로운 패턴 창출에 기여하고 있다. 게다가 금융 중심지는 복잡한 활동을 수행하고 글로벌 기업과 시장에 서비스를 제공하는 데 필요한 다양한 자원과 인재를 결합하기 때문에, 전자화된 거래가 중심지의 필요성을 약화시키지도 않는다. 마지막으로, 금융 중심지는 그들의 교환 활동으로 축소되어 생각될 수 없다. 그것은 금융 시스템에서 매우 복합한 구조물의 일부이며, 교환보다 그 구조물 내 더욱더 복잡한 구조를 구성한다.

디지털 시대의 분산과 집중

전 세계 대부분의 국가가 국제적인 금융 중심지를 가지고 있으며, 선도적인 중심지와 글로벌 금융 산업의 확대라는 맥락 속에서 뚜렷하게 나타난 현상은 바로 20개 남짓한 선도적인 중심지에 과도하게 집중된 파워이다. 이러한 권력의 정도를 나타내는 하나의 지표는 소수의 중심지에 불균형적으로 집중된 금융자본의 양이다. 전체 금융 중심지 수의 증가와 함께 소수의 중심지가 강화되는 현상은 한 국가 내에서도 분명하다. 예를 들어 미국에서 뉴욕은 또 다른 하나의 국제적인 금융 중심지인 시카고와 함께 가장 선도적인 투자은행의 높은 집중도를 자랑한다. 보스턴도 강력한 금융 중심지이지만, 필라델피아와 마찬가지로 뉴욕에게 그 지분을 빼앗겼다. 몇몇 금융 중심지도 마찬가지로 자신의 지분을 잃어버렸다. 우리는 이미 시드니와 토론토가 한때 자국 내 주요 상업 중심지였던 도시들로부터 어떻게 기능과 시장 점유율을 획득했는지 고찰하였다. 마찬가지로 상파울루와 뭄바이도 각각 브라질의 리우데자네이루와 인도의 뉴델리 및 콜카타로부터 점유율과 시장을 획득하였다. 두 나라는 모두 거대한 나라이기에 각각 다수의 주요 금융 중심지를 가질 수 있다고 생각할 수도 있을 것이다. 프랑스의 파리는 1970년대보다 더 많은 비중의 금융 중심지를 가지고 있으며, 현재 발전하는 지역 내 허브로서 리옹이 있지만, 과거 중요한 주식시장이었던 것에 비하면 지방 수준으로 격하되었다. 밀라노는 1997년 9월 거래소를 민영화했으며, 이탈리아의 10개 지역시장을 전자적으로 통합하였다. 프랑크푸르트는 1980년대보다 독일 금융시장에서 더 많은 비중을 차지하고 있으며, 스위스의 취리히도 마찬가지이다. 게다가 집중의 증대라는 이러한 과정은 빠르게 진행되었다. 예를 들어 1997년 프랑크푸르트의 시가총액은 독일 내 다른 모든 지역시장의 합의 5배가 되었는데, 1992년에는 단지 두 배에 지나지 않았다. 이러한 현상은 다른 많은 국가에도 해당되며, 오늘날에도 지속되고 있다. 분명한 것은 한 국가 내 한두 개 중심지의 강화라는 패턴이 반드시 경쟁에서 뒤처지는 도시들의 쇠퇴 탓이라기보다는 전체 금융 부문의 빠른 성장에 따른 결과라는 점이다.

국가에 의한 경제의 탈규제에 따라 글로벌 네트워크의 일부가 되는 국가 내 그리고 국가 간 소수의 금융 중심지의 강화 및 중심지 수의 급격한 증가라는 두 가지 현상이 모두 존재한다는 점을 명심해야 한다. 예를 들어 상파울루와 뭄바이는 1990년대 초 브라질과 인도가 일부 금융 시스템을 각각 규제완화한 이후에 글로벌 금융 네트워크에 참여하게 되었다. 글로벌 네트워크에 참여하는 이러한 방식은 한때 자국 내 중심지였을 때 가졌던 기능을 상실하는 대가를 종종 치른다. 오늘날 외국계 금융, 회계, 법률 서비스 기업들이 새로이 등장하는 월경적 활동을 다루기 위해 시장으로 진입하였다. 한 국가의 금융 중심지가 글로벌 네트워크로 통합되는 것은 중심지 활동의 규모 및 가치의 빠른 증가를 동반함에도 불구하고, 일반적으로 해당 중심지가 지배할 수 있는 글로벌 시장 내 비중의 증가가 없는 채 이루어진다. 글로벌화된 시장에서 주식시장 가치의 절대적 성장을 차지하거나 그로부터 혜택을 누리는 사람은 당연히 외국인 투자자일 것이다.

이 모든 경향들은 금융 중심지 네트워크와 그 총규모, 전자화된 네트워크의 성장 등이 왜 세계적인 선도적 금융 중심지에서 높은 시장 점유율의 집중을 초래했는지 또는 그 집중을 줄이는 데 실패했는지에 대한 의문을 다시 한번 상기시킨다. 왜냐하면 세계화와 전자화된 거래 모두 국가경제와 거래 장소라는 제한된 영역을 초월한 확장과 분산을 의미하기 때문이다. 이제 세계화와 전자화된 거래라는 조건 속에서 왜 금융 중심지들이 여전히 중요한지에 대한 질문이 당연히 생길 수밖에 없다.

디지털시대의 집적

주요 센터의 중요성이 지속되는 것은 어떤 면에서는 금융 중심지의 네트워크 확장과 마찬가지로 직관적인 추론에 어긋나는 현상이다. 전자화된 교환의 급속한 발전과 상당한 금융 활동의 디지털화 증대는 입지가 절대 중요하지 않다는 점을 시사하기 때문이다. 사실 지리적 분산은 주요 금융 중심지 내 높은 운영비용을 고려할 때 매우 훌륭한 선택으로 간주되며, 디지털화는 지리적 기반을 가져야 하는 대부분의 이유를 무색하게 만드는 것으로 보인다. 게다가 금융 전문가 및 금융 서비스 기업의 지리적 이동성은 계속 증대하였고, 다국적 전문가 및 경영 계층의 수요를 충족시키는 다양한 산업의 발전을 초래하면서 이동성을 더욱 증대시키고 있다.

글로벌 경제로 점차 통합되고 있는 수많은 국가들에서 비즈니스를 안전하게 운영하려는 목적으로, 특정 금융 활동의 지리적 분산이 이루어져 왔다. 그러나 이것은 단순히 기업 활동의 지리적 분산이었을 뿐 본사는 여전히 통제력과 이윤을 전유하고 있다. 많은 선도적인 투자은행들은 이제 1980년대 초반에 그러했던 것보다 더 많은 국가에서 비즈니스를 운영하고 있다. 같은 활동이 일부 시장뿐만 아니라 최고의 회계와 법률 서비스 및 여타 특화된 기업 서비스에서도 확인된다. 예를 들어 1980년대에 모든 기초적인 대량 외환 거래는 런던에서 이루어졌다. 오늘날 그러한 활동은 런던과 다른 일부 중심지에 분배되어 있다(비록 이들 중심지의 수가 외환이 거래되는 국가의 수에 비해 턱없이 적음에도 불구하고).

대규모 분산이 아니라 소수의 중심지의 강화 경향을 설명하는 적어도 세 가지 이유가 존재한다. 저자는 먼저 1980년대에 뉴욕, 런던, 도쿄에 초점을 두었고, 그 이후에는 더 큰 금융 중심지의 네트워크에 초점을 두면서 저서인 『세계도시론(The Global City)』(Sassen, [1991] 2001)에서 그러한 분석을 발전시켰다. 선도적인 중심지의 수위성을 설명하는 이유는 일부 투기적 금융의 성장과 전자화된 시장이 새로운 유형의 위기, 즉 우리가 시장위기라고 부를 수 있는 것에 기여한다는 사실로 인해 지난 몇 년 동안에 보다 분명하고 명확해졌다. 시장 위기란 파생 상품 활용을 통해 하나의 기업이 분산시킨 위기가 전자화된 시장에서 기업이 분산시킨 모든 위기를 해당 시장이 흡수할 때 모든 기업에게 부메랑 효과를 창출하는 것을 말한다(Sassen, 2008a: 제7장). 2008년 금융 위기는 이것의 한 사례이다. 신용부도스와프와 새로운 형태의 부채담보부증권(CDOs)과 같은 신종 금융 기법은 시스템 위기를 증대시켰는데, 이 주제는 제8장에 다시 검토할 것이다.

1. **사회적 연결성**. 첫째, 기업의 경우에 제1장에서 이미 다룬 바와 같이, 비록 새로운 통신기술이 시스템 통합성을 유지하면서도 금융 활동의 지리적 분산을 촉진시키지만, 또한 금융 기업과 시장의 중앙 조정 및 통제 기능의 중요성을 강화하는 효과를 갖기도 한다. 금융 거래를 점차 공개된 기업 활동으로 만들고, 그에 따라 교환이라는 활동과는 어울리지 않지만 실제로 기업이 활동하는 과정의 일부인 중앙 경영 기능의 발전을 초래하는 경향을 고려할 때 그러한 사실은 더욱 분명하다. 계열사와 지사의 느슨하게 확대된 네트워크와 다중의 시장에서 활동하는 것은 모든 기업에 있어 중앙 통제 기능을 더욱더 복잡하게 만든다. 여기에서 이제 우리는 금융 거래를 고려하게 되는데, 전자화된 네트워크에 의해 가능해 거래의 속도를 고려할 때 금융 부문에서 통제 기능은 더욱더 복잡한 것이 된다. 그러한 중앙 기능의 수행은 기술, 회계, 법률 서비스, 경제 전망 및 다른 많은 새로운 기업 서비스에 있어 최고의 인재와 혁신적 환경에 대한 접근을 필요로 한다. 금융 중심지가 통신의 효과를 극대화

하도록 하고, 선도적인 센터의 경우에는 글로벌 활동을 위한 새로운 조건을 조직하고 관리하도록 만드는, 막대하게 집중된 최신의 자원을 금융 중심지는 보유하고 있다. 나스닥과 E*Trade와 같은 전자화된 시장조차도 특정한 장소에 입지한, 그리고 적어도 일부는 주요 금융 중심지에 입지한 거래 대리인과 은행에 의존하고 있다.

점점 더 분명해지고 있는 하나의 사실은 새로운 정보기술의 효과를 극대화하기 위해 하부구조뿐만 아니라 복잡한 조합의 여타 자원을 필요로 한다는 점이다. 선진적인 서비스 기업을 위해 그러한 기술이 가져오는 대부분의 가치는 외부성에 놓여 있다. 그리고 이것은 물적 및 인적 자원, 즉 최신식 오피스 건물, 최고의 인재, 연결성의 혜택을 극대화하는 사회적 네트워킹의 역량을 의미한다. 모든 도시들이 광섬유 케이블을 가질 수 있다. 그러나 나머지도 과연 가지고 있는가?

두 번째로 분명하게 등장하는 사실은 **정보**의 의미와 관련되어 있다. 국제화된 거래의 세계에서는 두 가지 형태의 정보가 존재한다. 하나는 데이터이다. 어떤 수준에서 월가가 폐장했는가? 아르헨티나가 상수도 부문 공기업 매각을 완료했는가? 일본이 ○○은행의 파산을 선언했는가? 다른 하나는 해석, 평가, 판단의 조합에 가까운 매우 복잡한 형태의 정보이다. 그것은 보다 높은 수준의 데이터 생산이라는 희망 속에서 일련의 데이터와 일련의 다른 데이터 해석을 연계시키는 것을 수반한다. 첫 번째 유형의 정보에 대한 접근은 디지털 혁명으로 인해 글로벌하며 즉각적이다. 당신은 콜로라도 로키 산맥 지역에서도 중개인으로서 이러한 정보에 접근할 수 있다. 그러나 두 번째 정보는 복잡한 요소들의 조합, 즉 글로벌 연결성을 위한 사회적 하부구조를 필요로 하며, 이것이 바로 주요 금융 중심지에서 선도적인 지위를 부여하는 것이다.

이론상 우리는 기술적인 하부구조를 어느 곳에서라도 재생산할 수 있다. 예를 들어 싱가포르는 홍콩과 견줄 수 있는 기술적 연결성을 가지고 있다. 그러나 싱가포르가 홍콩의 사회적 연결성을 갖고 있는가? 기업이 얼마를 지불하더라도 주요 국제적인 거래를 실행하는 데 필요한 아주 복잡한 정보를 기존 데이터베이스에서 구할 수 없을 때, 해당 기업은 재능과 지식을 가진 사람들 간에 교류되는 정보와 함께 전달되는 관련된 해석과 추론을 가진 사회적 정보 회로를 필요로 한다. 이 투입 요소의 중요성은 예를 들어 신용평가기관에게 완전히 새로운 부담을 부여한다. 평가의 일부는 기업 또는 정부 자원의 질에 대한 해석 및 평가와 관련되어 있다. 신용평가 기업은 **권위 있는** 정보를 창출하고 그것을 모든 사람이 사용 가능한 정보로 제공하는 비즈니스를 수행한다(Sinclair, 2004). 그러나 기업들, 특히 글로벌 금융 기업들은 신용평가 기업들이 판매하는 것 이상을 필요로 한다. 그들은 이러한 선진적인 정보를 그들의 일상적인 작업 과정에 체화시킬 필요가 있으며, 이는 인재뿐만 아니라 풍부한 정보 환경을 요구한다(Sassen, 2008a: 제7장). 일반적으로 금융 중심지들, 특히 선도적인 금융 중심지들이 바로 그러한 환경이다.

예를 들어 다수의 국가와 시장에서 활동함으로써 야기된 복잡성 및 불확실성 증대의 결과로서 세계화에 따라 점차 중요해진 위기 관리는 중앙 통제 기능의 매우 정밀한 조율 작업을 요구한다. 현재 우리는 1990년대 거래 손실의 상당수가 사람의 실수 또는 사기와 관련되어 있다는 점을 알고 있다. 위기관리의 질은 단순히 전자적인 감시와 같은 기술적인 조건보다는 기업 내 최고위 인력들에게 더 많이 의존한다. 위기관리 활동, 보통 기업 내 가장 중요한 활동 등을 한 지점에 집중시키는 것은 현재 더 효과적이라고 일반적으로 간주된다. 이것은 몇몇 주요 은행들에 해당하는데, 미국 내 체이스와 모건 스탠리, 유럽 내 도이체방크와 크레디트스위스 등이 포함된다.

요약하면, 금융 중심지는 기업 또는 시장이 자신의 기술적인 연결성의 혜택을 극대화하고 속도가 금융 기업에 부여한 부가적 압력을 다룰 수 있게 만드는 사회적 연결성을 제공한다.

2. **막대한 자원에 대한 수요**. 금융 산업에서 글로벌 주자는 엄청난 자원을 필요로 하는데, 이는 첫째로는 신속한 기업의 인수 및 합병으로, 둘째로는 서로 다른 국가 내 금융 거래 간 전략적 제휴로 나아가는 경향을 말한다. 이 두 가지 현상은 10년 전에는 아무도 예견하지 못한 스케일과 조합으로 나타나고 있다. 이러한 경향이 활발하게 되던 1990년대 말의 사례가 바로 2년 전에는 아마도 예견치 못했던 시티뱅크와 트래블러스그룹, 샐러먼브라더스와 스미스바니, 뱅커스트러스트와 알렉스브라운 등의 합병이다. 합병의 흐름이 너무도 급격해서 결과적으로 도이체방크와 드레스드너방크와 같은 막강한 기업들이 각각 미국 내 증권 회사를 매입하고자 결정했을 때, 마땅한 해당 기업체가 없다고 불평하였다. 2000년대 초반 등장한 분석가들 사이의 한 가지 공통된 의견은 모건스탠리, 골드만삭스와 같은 글로벌 거대 기업을 생각할 때 중간 규모의 기업들이 글로벌 시장에서 생존하기 어려울 것이라는 사실이다. 실제로 2000년대 말 위기가 폭발하면서 완전히 새로운 인수 및 합병의 흐름이 등장하였다. 회계 기업, 법률 회사, 보험중개 회사 간 합병은 점차 보편적인 것이 되었다. 요약하면, 글로벌 서비스를 제공할 필요가 있는 기업들 간 합병에 해당한다. 분석가들은 소수의 글로벌 투자은행, 약 25명의 거대한 펀드 매니저들, 점차 통합되는 특화 서비스 기업 집단 등에 의해 지배되는 시스템을 예견하고 있다. 유사한 경향이 글로벌 통신 산업에서도 기대되는데, 그것은 금융 기업을 포함한 글로벌 고객에게 최신의 글로벌 차원의 서비스를 제공하기 위해 통합되어야 할 것이다. 실제로 과거 10년 동안에 몇몇 거대 통신회사의 몰락과 일부 기능이 남은 기업에 흡수되는 것을 목격하였다.

또 다른 종류의 합병은 소수의 선택된 수의 거래를 연결하는 전자화된 네트워크의 통합이다. 유럽 내 30개 이상의 증권거래소는 다양한 형태의 제휴 형성을 모색해 왔다. 최근까지 유로넥스트는 파리, 암스테르담, 리스본, 브뤼셀 증권거래소 간 제휴로서 유럽 내 가장 큰 증권거래소 합병이었다. 이후에 유로넥스트와 뉴욕 거래소 간 합병이 있었고, 2011년에는 도이치 거래소가 NYSE 유로넥스트의 지분 60%를 인수하였다. 런던 증권거래소도 2005년 이래로 적대적인 인수 시도의 대상이 되어 왔다. 1990년대에 에스토니아의 탈린 증권거래소는 헬싱키 거래소와 제휴를 맺었고, 또한 일련의 느슨한 네트워크가 다양하게 시도되었다. 예를 들어 뉴욕 거래소 다음으로 미국 내 제2의 규모를 자랑하는 거래소인 나스닥은 나스닥 일본, 나스닥 캐나다 및 몇몇 유사한 제휴 회사를 설립하였다. 이를 통해 일본과 캐나다의 투자자는 미국 시장에 직접 접근할 수 있게 되었다. 토론토 증권거래소도 별도의 글로벌 투자 플랫폼을 만들기 위해 뉴욕 거래소와 제휴를 맺었다. 뉴욕 거래소는 글로벌 거래 제휴 협약인 글로벌 증권시장(GEM)의 설립 회원이며, 글로벌 증권시장은 도쿄 거래소와 유로넥스트를 비롯해 10개의 거래소를 포함하고 있다. 이와 같은 거대한 조직적 혁신은 전 세계 금융자산(주식시장 총액과 채권 및 대출금 총액) 총가치의 급격한 증대에 기여했으며, 그것은 2010년 말 사상 최대치인 212조 달러에 달하였다(McKensey, 2011; 일반적으로 도표 5.9, 5.10 및 4.1~4.4 참조).

글로벌 기업 수의 축소가 이러한 활동의 확산에 영향을 미치는가? 기업 혹은 거래소 등이 전 세계에 걸쳐 활동과 제휴를 유지할 수 있기 때문에, 반드시 그러하지는 않다. 그러나 그것은 글로벌 네트워크 내 계층을 강화할 것이다. 보스턴컨설팅그룹(2011)에 따르면, 기관에 의해 운영되는 자산의 가치는 1999년 초에 15조 달러였는데, 2010년에는 56.4조 달러에 달했다. 기관에 의해 운영되는 주식 지분의 전 세계적 분포는 자국 경제의 규제완화에 따라서 글로

도표 5.9 2008년과 2009년 주식 거래 가치 기준 최대 거래소(십억 달러)

순위	거래소	2009년	2008년	변화율(%)
1	뉴욕 증권거래소(US)	17,521	27,651	−36.6
2	나스닥	13,608	23,845	−42.9
3	상하이 증권거래소	5,056	2,584	95.7
4	도쿄 증권거래소	3,704	5,243	−29.4
5	선전 증권거래소	2,772	1,242	123.2
6	뉴욕 증권거래소(유럽)	1,935	3,837	−49.6
7	런던 증권거래소	1,772	3,844	−53.9
8	한국거래소	1,570	1,435	9.4
9	독일 증권거래소	1,516	3,148	−51.8
10	홍콩 증권거래소	1,416	1,562	−9.3

출처: World Federation of Exchanges, First Half 2010 Market Highlights.

도표 5.10 2009년 5대 활황 시장 지수, 현지 화폐 기준

순위	미주 지역	2008~2009년 변화율(%)
1	부에노스아이레스 증권거래소	103.6
2	리마 증권거래소	101.0
3	브라질 증권거래소	82.7
4	콜롬비아 증권거래소	53.5
5	산티아고 증권거래소	46.9
순위	아시아 및 태평양 지역	2008~2009년 변화율(%)
1	콜롬보 증권거래소	125.2
2	선전 증권거래소	117.1
3	뭄바이 증권거래소	90.2
4	인도 증권거래소	88.6
5	인도네시아 증권거래소	87.0
순위	유럽/아프리카/중동 지역	2008~2009년 변화율(%)
1	이스탄불 증권거래소	96.6
2	텔아이브 증권거래소	78.8
3	오슬로 증권거래소	60.1
4	룩셈부르크 증권거래소	54.6
5	바르샤바 증권거래소	46.9

출처: World Federation of Exchanges, First Half 2010 Market Highlights.

벌 주식시장에 통합되어 온 수많은 도시 간 상당한 분산 실태와 함께 과거 몇 년 동안 매력적인 투자 목적지로서 신흥시장의 등장이라는 사실을 잘 보여 준다. 예를 들어 톰슨파이낸셜(1999)은 (톰슨파이낸셜이 이러한 정보를 만든 마지막 해인) 1998년 말에 25개 도시가 기관이 운영하는 전 세계 주식의 83%를 차지한다고 추정하였다(당시에 이러한 25개 도시는 또한 1998년 말 22조 달러에 달했던 전 세계 시가총액의 약 48%를 차지하였다). 그러나 글로벌 시장은 상위 6개 또는 7개 도시에 불균형적 집중으로 특징지어진다. 1998년 말 기관이 운영하는 전 세계 주식의 1/3를 런던, 뉴욕, 도쿄가 차지하였다.

이러한 발달 과정은 현재 글로벌 시대를 여러모로 특징짓는 두 번째 중요한 경향을 분명히 보여 준다. 다양한 중심지들은 서로 경쟁만 하는 것은 아니다. 오히려 협력과 분업이 존재한다. 전후 국제적인 시스템에서 개별 국가의 금융 중심지는 원칙적으로 자국 기업과 시장에 서비스를 제공하는 데 필요한 모든 기능을 담당하였다. 물론 금융의 세계는 오늘날의 그것에 비해 엄청 단순하였다. 1980년대 규제완화의 초기 단계에서는 주요 중심지들 간, 특히 뉴욕, 런던, 도쿄 등 선도적인 중심지들 간의 관계를 경쟁으로 간주하는 뚜렷한 경향이 있었다. 그러나 그 당시에 대한 연구에서, 저자는 이미 이들 세 중심지들 간에 특정 영역에서의 경쟁과 함께 분업도 확인하였다. 그러나 현재 우리가 고찰하는 것은 세 번째 패턴인데, 국경을 초월하여 기업 간뿐만 아니라 시장 간의 전략적 제휴가 그것이다. 경쟁, 전략적 제휴 및 계층이 함께 존재한다. 그러나 이것은 또한 최고 경영 기능이 실패할 때 막대한 실패와 폐해를 만들 수 있다. 이러한 점은 10년 전 널리 알려졌던 엔론 사건과 보다 최근의 버니 매도프 사기 사건에서 확인된다.

요약하면, 증대하는 글로벌 활동과 복잡한 중앙 기능의 성장을 다루기 위한 막대한 자원의 필요성은 금융 중심지의 양적 증대와 함께 최고위 금융 중심지로의 집중 경향을 창출한다.

3. **기업 엘리트의 탈국적화.** 끝으로 글로벌 활동 주체와 그들의 고객에 있어 국가적인 애착과 정체성은 점차 약해지고 있다. 따라서 주요 미국 및 유럽의 투자은행들은 글로벌 비즈니스의 다양한 측면을 다루기 위해 런던에 특별 사무실을 설립하였다. 탈규제와 민영화는 **국가적인** 금융 중심지의 필요성을 더욱 약화시켰다. 이들 부문에서 국적 문제는 1980년대 초반에 그랬던 것과 다르게 작용한다. 글로벌 금융 상품은 국내 시장에 접근이 가능하며, 국내 투자자도 글로벌 시장에서 활동할 수 있다. 투자은행이 특정 국가의 시장을 담당하기 위해 자신의 분석 팀을 국가별로 분리하기도 했지만, 현재는 특화된 부문에 따라 처리한다는 사실은 흥미로운 일이다.

저자는 *Losing Control?*(Sassen, 1996; 또한 2008a: 제5장도 참조)이란 책에서 이 과정을 오늘날 우리가 알고 있는 경제적 세계화의 필요조건인 특정 제도적 영역의 초기 탈국적화로 묘사하였다. 글로벌 경제의 정교화는 소비자 측면과 상반되는 조직적 측면이 단지 전략적인 제도적 영역에만 관련될 필요가 있다는 사실에 놓여 있다. 즉 대부분의 국가 시스템은 기본적으로 변하지 않을 수 있다. 중국이 좋은 사례이다. 중국은 1993년에 이미 국제적인 회계 법칙을 채택하였다. 이는 국제적인 거래에 일반적으로 사용되는 앵글로아메리칸 표준과 다른 회계 기준을 사용하는 국가에게 유리하기 때문이다. 그러나 중국은 이로 인한 전체 경제의 근본적인 재구조화를 겪을 필요는 없었다. 해외 기업과 거래할 경우에만 그러한 표준을 사용하였기 때문이다. 해외에서 활동하는 일본 기업도 정부가 요구할 것을 검토하기 전부터 그러한 표준을 채택하였다. 이러한 점에서 세계화의 조직적 측면은 성공한다는 것이 대중적 수준에서 국가적 취향의 변화를 요구해야 하는 글로벌 대중소비 시장과는 확연히 다르다.

경제 영역에서 탈국적화 과정은 종종 특정 국가의 경제와 기업에게 부정적인 결과를 가진 도구적이고 실천적인 함의를 가진다. 예를 들어 한국과 태국의 주요 경제 부문의 탈국적화는 1997~1998년 아시아 금융 위기에 의해 촉진되었는데, 이는 한때 자국 엘리트들이 완벽히 지배하던 이들 국가에서 수많은 기업과 자산을 외국 기업들이 매입할 수 있었기 때문이라고 저자는 주장한다. 그러나 이러한 과정은 또한 수많은 중소기업의 몰락과 대개 자국 소비자를 대상으로 하는 많은 우량 기업들이 외국 기업에게 인수되는 것을 초래하였다. 여러 가지 점에서 보아 아시아의 금융 위기는 한국과 태국 경제 내 주요 부문에 대한 지배를 탈국적화하는 메커니즘으로 일부 기능하였다. 금융 위기가 거대한 외국 자본의 유입을 허용했음에도 불구하고, 선도적인 국가 기업들은 통제를 완전히 상실하지는 않았다. 이것은 기업 활동의 글로벌 분산을 통해서 자본에 대한 통제 집중이 증대한 또 다른 경우이다. 여러모로 이것이 오늘날 글로벌 경제의 매우 심각한 문제점이다.

주요 국제적인 비스니스 센터는 새로운 하위 문화라고 생각되는 것들을 생산한다. 재치 있는 통찰력으로 『이코노미스트』는 다보스에서 열린 1997년 1월 세계경제포럼을 다루면서, 기사 제목을 "채텀하우스 인간에서 다보스 인간으로(From Chatham house Man to Davos Man)"라고 달았다. 이는 각각 국제 관계의 '국가적' 형태와 '글로벌' 형태를 암시하고 있다. 인수 및 합병, 특히 1980년대와 1990년대 유럽에서 적대적 인수 또는 동아시아에서 외국인 소유 및 통제 등에 대한 저항은 새로운 글로벌 경제 문화와는 양립할 수 없는 민족주의적 비즈니스 문화를 나타낸다. 저자는 세계도시와 금융 중심지들이 기업의 엘리트를 탈국적화하는 데 기여한다는 점을 발견하였다. 그것이 긍정적인지 또는 부정적인지는 별개의 이슈이다. 다만 그것은 글로벌 경제 시스템을 위해 필요한 시스템과 하위 문화가 자리잡기 위한 하나의 조건이라고 저자는 믿는다.

중심성의 공간 경제

이러한 경제활동의 핵심에 따른 공간적 결과는 무엇인가? 그 결과를 수용하는 도시 형태는 무엇인가?

주요 도시에서, 선진국에서, 그리고 점차 세계의 다른 곳에서 등장하는 세 가지 분명한 패턴이 존재한다. 첫째, 1980년대 이래로 선도적인 부문과 관련 산업의 성장으로 대부분 설명되는 주요 도시 내 기업 수의 증가이다. 도시 중심부 내 이러한 유형의 경제성장은 또한 서울, 방콕, 타이베이, 뭄바이, 상파울루, 멕시코시티, 부에노스아이레스 등과 같이 빠르게 성장하는 개발도상국 내 일부 가장 역동적인 도시들에서 발생하였다. 둘째, 이러한 중심 도시의 성장과 함께 광역 도시 지역 내 상업 개발 및 비즈니스 활동이 밀집한 결절지역도 형성되기 시작했는데, 이것은 이전에 논의하던 수출 지향 성장 축 또는 도심에서 중요한 사회변동을 겪고 있는 요하네스버그와 같은 도시들을 제외하고는 개발도상국에서는 보기 힘든 패턴이다. 이러한 결절지는 서로 다른 다양한 형태를 갖고 있는데, 교외 사무용 단지, 에지시티(edge city), 엑소폴(exopole), 주변 지역 내 도시 집적 등이 그것이다. **에지시티**는 최첨단 IT를 이용해 중심 도시 입지와 완벽하게 연결된 주변 지역 내 주거 지역과 함께 사무실과 비즈니스 기능이 상당히 집중된 곳이다. 최근까지 이러한 도시 형태는 도시 인근 지역의 끊임없는 대도시화를 통해 거대한 도시 스프롤(sprawl: 비정형적 도시확산)이 보편화된 개발도상국에서는 거의 나타나지 않았다. 그러나 2010년에 이르러 그러한 도시 형태가 전 세계에 걸쳐 등장하고 있다는 점이 분명해졌다(Ciccolella and Mignaqui, 2002; Ren, 2011). 선진국에서는 재활성화된 도심과 새로운 지역 결절지가 다국적 계층구조 최상위 도시를 위한 공간적 토대를 구성하고 있다. 세 번째 패턴은 세계시장을 지향하는 하위 시스템 외부에서 활동하는 지역과 부문의 **로컬리티**(locality) 또는 한계성의 증가이며, 여기에는 빈곤과 불이익의 증가도 포함된다. 주변부적 로컬리티를 향한 경향에 대한 중요한 예외는 저자가 글로벌 슬럼이라고 명명한 것인데, 이는 스스로를 글로벌 무대에서 활동 주체로 자리매김하는 세계도시 내 주요 슬럼을 말한다(Sassen, 2011b). 이상의 세 가지 패턴으로부터 등장하는 보편적인 역동성은 매우 다양한 경제적, 정치적, 사회적, 문화적 구성을 지닌 도시에서 작용한다. 현재까지 1980년대에 시작해서 2000년대 초반까지 진행되었던 그러한 경향과 공간적 조정에 대한 상당한 연구들이 존재한다(특히 Cobos, 1984; Gans, 1984; Hausserman and Siebel, 1987; Henderson and Castells, 1987; Cheshire and Hay, 1989; Benko and Dunford, 1991; Scott, 2001; Krause and Petro, 2003; Abrahamson, 2004; Gugler, 2004; Rutherford, 2004; Amen, Archer and Bosman, 2006; Sassen,, 2008b 등 참조).

이와 관련하여 몇 가지 의문이 제기된다. 하나는 광범위한 지역에 흩어진 밀집된 전략적 결절지가 특징인 공간 조직 유형이 중심부의 영역을 조직하는 새로운 형태를 구성할 것인지 여부이다. 이것은 그 유형을 교외화 또는 지리적 분산으로 바라보는 보다 전통적인 견해와 대비된다. 저자는 이 다양한 결절지들이 디지털 및 여타 선진적인 통신 시스템으로 연결되어 있는 한, 그것은 가장 선도적인 중심부들의 새로운 지리적 연관성을 대표한다고 주장한다. 이런 디지털 하이웨이의 새로운 망에서 벗어난 장소들은 주변부화된다. 이에 따라 이러한 사실이 교외 및 비중심 지역들이 주로 중심부에 적합하게 구성되어 있기 때문에 중심부로 통합되었던 초기에 비해 오늘날에 더 뚜렷한지에 대한 의문을 가질 수 있다. 사실을 보자면, 오늘날의 패턴은 중심에 주요 도시가 존재하는 방사형 형태라기보다는 지역 내 결절들이 횡적인 관계를 발전시키는 모습이다.

또 다른 의문은 이러한 새로운 중심성의 지형이 과거와 다른 모습인지 여부이다. 기본적으로 모든 결절지 중 여전히 가장 크고 밀집되어 있는 구 중심 도시가 가장 전략적이고 강력한 결절지인가? 구 중심 도시는 새로운 결절지 망과 디지털 하이웨이가 복잡한 공간적인 집적지로 결합하게 만드는 지역에 대한 중력과 같은 힘을 갖고 있는가? 보다 광범위한 다국적인 접근에서 보면, 이것은 거대하게 확장된 중심 지역이다. 중심부의 이러한 재구축은 세계도시의 역동성과 그것이 초래하는 축적 체제에서 벗어난 대부분의 도시에서 여전히 지배적인 집적 현상과는 다르다. 광역 대도시 스케일에서 중심부의 재구축은 도시경제에서 시공간 측면의 재조직화를 나타내는 것이다(Sassen, [1991] 2001: 제5장).

이와 같은 스케일의 조정은 도시의 전통적인 경계 지역, 즉 일종의 주변부가 산업 및 구조적 성장 잠재력을 완전히 발전시킬 수 있게 만든다. 예를 들어 상업 및 사무 공간 개발은 도시 주변부의 다양한 결절지에서 경제활동의 집중을 초래한다(Kotkin, 2005). 이러한 공간적 변화는 도시 주변부를 가장 역동적인 사업의 성장거점으로 만드는 다국적 및 국내 기업들의 입지 결정과 상당히 관련되어 있다. 이는 일반적인 주거지 교외화 또는 대도시화와는 전혀 다른 것이다.

세계도시 형성 패턴을 보면 미국과 서부 유럽 간에 차이점이 존재한다(예를 들어 Fainstein, 1993; Hitz et al., 1995; Graham and Marvin, 1996; Allen, Massey and Pryke, 1999; Marcuse and Van Kempen, 2000; Abrahamson, 2004; Rutherford, 2004; Kazepo, v, 2005; Witlock et al., 2008; Derudder et al., 2010). 미국

에서 뉴욕, 시카고와 같은 주요 도시들은 미국 도시의 주요 특징인 도시 하부 구조의 극심한 방치와 아울러 노후화에 따라 여러 번 재개발된 거대한 도심을 갖고 있다. 이러한 방치와 노후화는 특정 시점에서 지배적인 도시 축적 체제 또는 도시경제의 공간 조직 패턴이 무엇이든지 간에 그것이 요구하는 바에 따라서 도심을 재건축할 수 있는 막대한 공간을 창출한다.

유럽에서 도심은 훨씬 더 보호되며, 광활한 버려진 공간도 거의 갖고 있지 않다. 작업장의 확대와 '인텔리전트' 빌딩 수요는 반드시 구 도심 외부에서 충족되어야 한다. 가장 극단적인 하나의 사례는 파리 도시 내 건조환경에 대한 피해를 극복하기 위해 파리 외곽에 건설된 거대한 최첨단 업무단지인 라데팡스 복합단지이다. 이는 최고 수준의 중심 업무 공간 수요 증대에 대응하는 정부 정책 및 계획의 분명한 사례이다. 주변부 토지로 확장되는 또 다른 사례는 바로 런던의 도크랜드이다. 런던에서 활용도가 낮았던 거대한 항만 지역은 특히 금융 부문에서의 사무 공간 수요의 빠른 증가를 수용하기 위한 대규모 최신 개발프로젝트의 현장이 되었다. 1990년대 초 금융 및 부동산 위기는 프로젝트의 몰락을 초래하였다. 그러나 1993년에 이르러 새로운 컨소시엄하에 재조직화 및 전 세계 구매자의 빠른 요구에 따라 복합단지는 모두 분양되었다 (Fainstein, 2001). 주변 지역을 재중심화하려는 유사한 프로젝트들이 1980년대에 유럽, 북미, 일본 등의 몇몇 주요 도시에서 시도되었다. 뉴욕 시의 타임스퀘어와 같이 1980년대 버려진 한계 지역으로 간주되었던 곳이 1990년대 말에는 훌륭한 업무, 상업, 위락지역이 되었다(Fainstein and Judd, 1999). 도크랜드 및 타임스퀘어의 재개발과 같이, 많은 계획들은 1990~1991년 위기 이후인 1990년대 중반 또는 말까지 성공하지 못하였다. 오늘날 많은 세계도시와 여타 도시에서 한때 교외 경계 지역 및 도시 경계 지역이었던 곳들이 중심 도시 공간의 일부 변형으로서 재구축되었다.

새로운 공간 형태를 향하여: 세계도시와 대도시지역(mega region)

앞 부분에서 경제활동의 스케일, 공간, 내용의 주요 변동에 따라 새로운 공간 형태가 등장할 것이라고 지적하였다. 그중 보다 두드러진 것이 바로 세계도시와 대도시지역인데, 이 둘은 전체 오래된 그리고 새로운 도시 간 지리 구성에 기여한다. 결국 이러한 변화는 새로운 공간적 형태에 대응하고 그 혜택과 분배적 잠재력을 극대화하기 위해 우리들의 해석과 정책적 틀의 변화를 요구한다. 현재까지 대도시지역에 대한 많은 연구성과가 존재한다(예를 들어 Regional Association Planning, 2007; Xu and Ye, 2010).

여기에서 저자의 관심은 지리와 거버넌스 이슈에 초점을 두는 기존의 지배적인 논의와 구별된다. 대도시지역과 세계도시는 분명히 서로 다른 형태이지만, 다른 연구(Sassen, 2007)에서 저자는 그 각각에서 작용하는 유사한 역동성을 분석적으로 확인할 수 있다고 주장하였다. 두 가지 역동성이 두드러진다. 하나는 스케일링과 그 결과인데, 이 경우에 대도시지역 스케일링과 글로벌 스케일링을 말한다. 또 다른 역동성은 지리적 분산과 새로운 집적 경제 간 상호작용인데, 이 경우에도 각각 대도시지역과 세계도시에서 작용하고 있다. 매우 다양한 두 가지 공간적 형태를 위한 공통의 분석 토대를 파악함으로써 우리는 경험적 연구와 아마도 정책에 대한 보다 정교한 접근을 발전시킬 수 있다. 이 다양한 공간적 형태는 또한 정책적 결정이 한 국가의 보다 세계화된 도시(들)와 국가의 공간 계층구조 내에서 종속적인 기능을 현재 수행하고 있는 여타 지역 간 보다 큰 경제적 상호작용을 촉진할 수 있는 정도를 평가하는 데 당연히 도움을 줄 것이다. 바꿔 말하면, 대도시지역 스케일을 채택하는 것은 '발전 지역'과 '침체 지역'을 연결하는 데 기여할 수 있다. 이 장에서 저자는 이미 세계도시에 대해 논의를 하였기 때문에, 이제는 대도시지역의 시각을 통해 그러한 이슈를 고찰하고자 한다.

대도시지역이 발전 및 저발전 지역뿐만 아니라 세계화되는 도시와 지방 도시 등을 모두 포함하는 스케일이라는 사실은 우리에게 기회, 즉 한 국가의 대도시지역 내 발전 지역과 침체 지역을 연결시키는 기회를 제공한다. 이러한 연결이 갖는 하나의 결과는 세계 수준의 도시와 실리콘밸리와 같은 성장거점을 형성하기 위해 자원을 '집중'하는 전형적인 방식과 같이, 발전 지역에만 초점을 둔 정책적 노력에 침체 지역을 함께 고려할 수 있다는 점이다. 보다 정확히 말하면 현재 글로벌 스케일에서 진행되고 있는 현상, 대표적으로 저비용 지역으로 아웃소싱 하듯이, 그리고 실제 대도시지역 내에 저비용 지역이 존재하기에 가능해진 새로운 방식으로, 침체 지역은 해당 대도시지역 내 발전 지역과 역동적으로 상호 연계될 수 있다. 가장 선도적인 부문에 초점을 두는 보통의 경제정책을 추구하는 것이 아니라, 자선책이라기보다 정체 지역도 선도적인 부문의 일부라는 인식으로서 보다 가난한 지역에 초점을 두는 정책을 강력하게 주장하는 희망을 말한다. 결국 주요 기업들이 일자리를 저비용 지역으로 아웃소싱 할 때, 일부 그들의 작업도 아웃소싱 한다. 많은 선도적인 경제 부문은 충분히 다양한 작업을 결합하기에, 일부 작업을 위해 저비용 지역을 선도하지만, 다른 작업을 위해서는 밀집된 고비용 지역도 선도한다.

여러 사례 중 하나를 언급하면, 이러한 시도는 현재 저임금 국가로 아웃소싱 되는 활동들을 수용하도록 개발될 수 있기 때문에, 선진국 내 가난한 지역에 가치를 부여할 것이다. 하나의 핵심 목표는 활동들이 아웃소싱 될 때 나타나듯이 작업장 여건과 임금 표준에서 하향 출혈 경쟁을 피하는 것인데, 동일한 국가 내 본사 및 저임금 활동이 함께 존재할 때 해결이 더 쉬운 법이다. 두 번째 목표는 오늘날 지배적인 방식, 즉 생명기술단지, 최고급 업무단지와 같은 최첨단 경제활동을 선호하는 정책에 대한 대안적 또는 보완적 발전 방식을 제공해야 한다는 점이다.

침체 지역 또는 성공하지 못한 지역을 오늘날 대부분 성공한 지역을 대상으로 하는 정책 틀에 통합하려는 이러한 노력과 병행하여, 도시 계층구조상 중간층에 해당하는 도시들을 오늘날 세계도시 상호 간 지리에 어떻게 적응시킬지를 파악하려는 노력도 존재한다. 예를 들어 미국의 경우 많은 중간 계층의 도시들이 또한 대도시지역의 일부분이다. 대도시지역과 도시 간 지리의 분석적 연결점은 점점 더 많아지는 기업들의 활동 체인이 오늘날 상기한 두 가지 공간적 형태의 일부라는 사실이다(Sassen, 2008b; Derudder et al., 2010 참조). 이는 기존의 세계도시 연구에 더하여 경제의 세계화와 장소에 대한 새로운 연구 주제를 제기한다. 그중 하나는 바로 하나의 대도시지역이 기업의 가치 사슬을 구성하는 광범위한 활동, 즉 고도로 집적된 장소에서 분산된 장소를 수용하려고 노력하는지 여부이다. 실제로 이는 낮은 임금과 적은 규제를 위해 현재 해외로 나가는 일부 서비스 및 일자리와 생산 활동을 대도시지역으로 전환시키거나 돌아오게 하는 가능성을 말한다. 이러한 것들이 대도시지역 내 저성장 저비용 지역으로 다시 투입될 수 있는가? 어떠한 유형의 계획이 필요하며, 기업뿐만 아니라 노동자와 해당 지역 등 관련 당사자 모두의 혜택을 최대화하는 방식으로 이루어질 수 있는가? 이는 오늘날 선호되는 시책인 업무단지, 과학단지를 초월하여 성장을 최적화하는 프로젝트를 확대하고 훨씬 더 다양한 경제 부문을 아우르게 된다. 이것은 높은 집적경제를 필요로 하는 활동부터 낮은 집적경제를 필요로 하는 활동까지 상이한 유형의 활동을 공급하는 다양한 공간을 제공하기 위해 대도시지역 스케일이라는 수단을 사용할 것이다. 결국 대도시지역 스케일은 이런 다양한 경제의 상호작용으로부터 나타나는 성장 효과를 최적화하는 데 기여할 것이다. 성장 효과는 오늘날 국가에 걸쳐 그리고/또는 세계에 퍼져 있는 기업의 저비용 활동을 지역적으로 재배치함으로써 극대화될 것이다.

대도시지역 스케일에 대한 이러한 사고방식은 저임금 지역으로 생산 활동을 이전할 때 기업이 추구하는 혜택을 보장하는 과제를 포함해서, 이해 당사자 모두를 위한 최적의 결과를 확보하기 위한 계획과 조정의 중요성을 높인다. 이는 일부 경제 부문 또는 기업을 위해 작용할 뿐 모두를 위해 작용하는 것은 아니다. 다른 국가로 아웃소싱 된 일부 활동은 제대로 작동하지 않아서 다시 되돌아 오기도 했는데, 항공사 판매 대리점에서 의복 및 첨단 산업 등 다양한 산업 내 특정 디자인 작업까지 다양한 활동이 해당한다. 그러나 기업에 관한 한 많은 아웃소싱 된 활동들은 제대로 이루어지고 있다. 미국 내 저임금 노동자를 활용하는 적절한 기업의 이점이 무엇이며, 어떻게 획득되며, 어디에서 이루어지는지 확립하기 위해서는 연구 및 정책이 요구된다. 주어진 기업의 본사가 입지한 대도시지역에서 저비용 요소의 입지가 어떻게 높은 비용을 보완하는지 이해하는 것도 포함된다. 일종의 농촌 엔터프라이즈존(Enterprise zone)과 같이, 그러한 일자리를 위한 저비용 지역을 개발하는 데 대도시지역 차원의 투자도 필요할 것이다.

하향 출혈 경쟁을 피할 수 있고 지역 내 저임금 지역에서 합리적인 임금과 다양한 간접 보조금을 통해 일정 수준의 수요가 확보만 된다면, 아웃소싱 되었던 일자리를 다시 불러들임으로써 긍정적인 거시적 효과를 누릴 수 있다. 이는 저소득 가구가 자신 소득의 상당 부분을 거주지 내에서 소비하는 경향인 한 대도시지역 내 낙후 지역에 긍정적인 효과를 가져온다. 그들은 소득의 대부분을 해외 투자에 할당하는 고소득층의 투자 자본 같은 것을 갖고 있지 못하다. 끝으로 이는 또한 보다 공평한 결과를 확보해야 하는 더 큰 과제에서 하나의 요인이 된다(선택 사항의 분석에 대해서는 Henderson, 2005 참조). 현재의 구성 및 여기서 기술한 바대로 최적화된 결과의 분배적 효과에 대해 의문을 갖는 것은 중요한 일이다. 경제성장 혜택의 극도로 잘못된 분배가 장기적으로 얼마나 바람직하지 못한지에 대한 충분한 증거가 존재한다.

대도시지역(혹은 지역)의 의미를 규정하는 이러한 방식을 통해 개념적 '포장'으로서 용어 사용을 넘어 대도시지역의 보다 역동적인 개념으로 나아가게 된다. 도시화의 이점과 함께, 대도시지역은 다양하면서 상호작용하는 저소득 및 고소득 지역들의 혜택을 최적화하기에 충분히 큰 스케일이다. 이러한 맥락에서 대도시지역이 제공하는 것은 하나의 도시 또는 대도시 지역보다도 더 광범위한 입지 유형인데, 고도의 집적 경제를 제공하는 입지에서 이점이 분산으로 이점이 발생하는 입지까지 다양하다. 이것은 하나의 대도시지역 내 높은 집적 지역과 낮은 집적 지역 간 직접적인 성장 효과를 의미한다. 전자가 성장하면 할수록 후자도 또한 성장하게 됨을 말한다. 따라서 하나의 대도시지역이 이러한 두 가지 유형의 입지가 함께 존재하는 것을 극대화하는 것이 바람직하다. 또한 저소득 지역이 희망이 없는 침체 지역으로 정책적으로 간주되는 것에서 해방되는 것도 의미한다.

실천적인 맥락에서 대도시지역이 두 가지 유형의 지역을 함께 보유하는 것, 즉 대도시지역이 기업 활동 사슬의 집적과 분산 관련 부분을 모두 보유하는 정도를 극대화하는 것에는 상당한 도전이 분명히 존재한다. 그 하나를 보면, 직관과 어긋나는 제안이다. 하나의 대도시지역 내 글로벌 및 국가적 기업의 본사가 입지한 고도로 역동적인 경제 공간(세계도시의 핵심 지구 및 실리콘밸리)이 동일한 기업의 '분산화된 입지'로 인해 어떻게 강화될 수 있는지를 파악하는 것은 쉽지 않다. '분산화된 입지'를 부정적인 외부성을 최대한 활용하는 하나의 방식으로 생각하는 것은 회의적인 사람들에게 보다 더 인정될 수 있게 만들 것이다. 사람들은 과도한 혼잡으로 인해 불이익을 겪고 나면, 지리적으로 분산화된 조정으로부터 혜택을 누리는 활동을 지향하게 될 것이다. 그러나 현 시점에서 하나의 옵션은 물론 골프 코스와 준교외 대규모 호화주택과 같은 것이다. 대도시지역이 그러한 토지이용에 대해서는 최적이 아니지만 '분산화된 입지'를 위해서는 최적인 많은 토지를 가지고 있기 때문에 이것은 반박이 가능한 주장이다. 더욱이 낙후 지역에 대한 저자의 본질적인 관심을 위해서도 중요한 것을 본다면, 그러한 지역은 하향 출혈 경쟁을 피할 수만 있다면 분산화된 발전으로부터 혜택을 받을 수 있다. 끝으로, 한 국가의 대도시지역 내 발전 지역과 침체 지역을 연결하는 것이 글로벌 정치 경제에서 승자와 패자의 연계성을 강화함으로써 월경적인 도시 간 네트워크 형성으로 확장될 수 있는지에 대한 질문도 제기되고 있다.

* **주석**

1. 두 가지 특별하고 상이한 설명을 보려면 브로델(Braudel, 1984)과 킹(King, 1990)을 참조하라.
2. 이러한 네트워크의 사례로서 런던 주식거래소 등 여타 거래소에 대한 두바이의 참여가 있다. 카타르 투자청의 투자기구인 카타르 홀딩과 NYSE 유로넥스트는 카타르 증권거래소를 설립하였다. 이와 함께 우리는 걸프만 국가들의 부에 기초한 독자적인 펀드도 추가해야 하는데, 특히 아부다비의 펀드는 세계에서 규모가 가장 큰 것이다. 아부다비, 쿠웨이트, 카타르 등을 포함하여 10대 걸프만 국가들의 독자적인 펀드의 총 자산이 2.2조 달러에 달하며, 이 중 절반이 국제적인 유가증권에 투자되어 있는 것으로 추정된다.
3. 이슬람 금융은 걸프만 도시들을 위한 완전히 새로운 글로벌 회로를 창출할 것이다. 말레이시아가 이슬람 금융의 허브였던 반면, 두바이는 과거 몇 년간 상당히 성공했으며, 아부다비의 이슬람 뱅크(Islamic Bank)는 아시아에서 이슬람 율법에 따르는 부의 운영 기회의 발전을 계획하고 있다.
4. 예를 들어 아부다비의 마스다르는 템스 강 하구에 입지한 세계 최대 풍력발전단지에 투자하였다.
5. 외국인 주체의 활동을 촉진하는 것 이상을 의미하는 것처럼, 두바이가 일부 '자유지대'의 명칭을 사용하는 것에서 같은 사례를 지적할 수 있다.
6. *The Global City*(Princeton University Press, 2001; 1st ed., 1991)를 참조하라.

7. 종종 이해하기 어려운 사실은 세계도시라는 공간의 창출이 핵심적 결정, 규제 그리고 재무부, 중앙은행, 상무부 등 특정 중앙정부 부처의 승인 등을 포함한다는 점이다. 이들 정부 부처의 역할은 세계도시 발전을 위해 전략상 중요하다(Sassen, 2008a: 제5장 참조). 이것은 국가를 개방하려고 노력하는 자유무역지대와는 다르다. 따라서 저자의 연구는 걸프만 지역 내 새로운 발전이 특정한 정부 부처의 개입을 수반할 것이라고 주장한다.

8. 금융증권화는 전통적인 은행 금융을 거래 가능한 부채로 대체하는 것이다. 예를 들어 주택담보대출은 수천 개의 다른 상품과 결합되어 특화된 시장에서 거래될 수 있는 패키지로 묶여 있다. 이것은 1980년대 금융 산업에서 주요한 혁신 중 하나이다. 금융증권화는 모든 종류의 (가치가 있다고 생각되는) 부채의 판매를 가능하게 만들어서 산업의 전체 거래량을 증대시킨다.

〈제5장 부록〉

도표 A.5.1 2008년, 2009년 투자 흐름 기반 최대 거래소(십억 달러, %)

순위	거래소	2009년	2008년	변화율
1	NYSE 유로넥스트(US)	234.2	280.2	−16.4
2	런던 증권거래소	122.3	124.6	−1.8
3	오스트레일리아 증권거래소	86.2	48.9	76.3
4	홍콩 증권거래소	81.4	55.0	48.0
5	상하이 증권거래소	47.7	27.6	72.8
6	도쿄 증권거래소	44.2	13.8	220.3
7	브라질 증권거래소	41.7	28.8	44.8
8	보르샤 증권거래소	25.9	11.1	133.3
9	선전 증권거래소	25.4	17.4	46.0
10	스페인 증권거래소	21.6	32.2	−32.9

출처: 세계거래소연맹 2010. Market Highlights, 2010년 전반기. 파리: 세계거래소연맹.

도표 A.5.2 2009년 채권거래 총액 기준 최대 거래소(십억 달러, %)

순위	거래소	2009년	2008년	변화율 (미화)	변화율 (현지 화폐)
1	스페인 증권거래소	8,138	6,823	19.3	24.5
2	런던 증권거래소	6,896	6,118	12.7	22.8
3	나스닥 북유럽 증권거래소	2,419	2,942	−17.8	−14.5
4	콜롬비아 증권거래소	960	468	105.0	123.5
5	한국거래소	403	348	15.9	36.3
6	이스탄불 증권거래소	402	406	−1.2	21.2
7	보르샤 증권거래소	313	256	22.1	26.9
8	텔아비브 증권거래소	246	262	−6.4	2.9
9	오슬로 증권거래소	227	124	82.8	95.8
10	산티아고 증권거래소	188	167	12.6	19.2

출처: 세계거래소연맹 2010. Market Highlights, 2010년 전반기. 파리: 세계거래소연맹.

도표 A.5.3 2009년 채권거래 총액 기준 최대 성장 거래소(%)

순위	거래소	2008~2009년 변화율
1	암만 증권거래소	316.4
2	아일랜드 증권거래소	252.2
3	콜롬비아 증권거래소	105.0
4	이집트 증권거래소	98.0
5	뭄바이 증권거래소	86.6
6	오슬로 증권거래소	82.8
7	도쿄 증권거래소	73.2
8	인도 증권거래소	69.9
9	선전 증권거래소	53.4
10	TMX 그룹	52.5

출처: 세계거래소연맹 2010. Market Highlights, 2010년 전반기. 파리: 세계거래소연맹.

도표 A.5.4 시장 유형에 따른 파생 상품

증권 파생 상품 거래액 기반 5대 거래소(십억 달러, %)

순위	거래소	2009년	2008년	변화율
1	홍콩 증권거래소	429.7	574.5	−25.2
2	한국거래소	174.1	85.7	103.2
3	독일 증권거래소	87.9	165.3	−46.8
4	스위스 증권거래소	34.6	55.9	−38.1
5	텔아비브 증권거래소	33.8	38.7	−12.7

2009년 주식 옵션 계약 거래 기반 5대 거래소(계약 거래 수, %)

순위	거래소	2009년	2008년	변화율
1	국제증권거래소	946,693,771	989,525,443	−4.3
2	시카코 옵션 거래소	911,976,695	933,855,344	−2.3
3	필라델피아 증권거래소	579,907,593	537,954,692	7.8
4	브라질 증권거래소	546,317,664	350,063,629	56.1
5	유렉스(Eurex)	282,834,019	349,331,404	−19.0

(계속)

2009년 개별 주식 선물 계약 거래 기반 5대 거래소(계약 거래 수, %)

순위	거래소	2009년	2008년	변화율
1	런던 국제금융선물거래소	165,796,059	124,468,809	33.2
2	인도 증권거래소	161,053,345	225,777,205	−28.7
3	국제 증권거래소	113,751,549	130,210,348	−12.6
4	요한네스버그 증권거래소	88,866,925	420,344,791	−78.8
5	스페인 증권거래소	37,509,467	46,237,747	−18.9

주가지수 옵션 계약 거래 기반 5대 거래소(계약 거래 수, %)

순위	거래소	2009년	2008년	변화율
1	한국거래소	2,920,990,655	2,766,474,406	5.6
2	유럽 파생상품거래소	364,953,360	514,894,678	−29.1
3	인도 증권거래소	321,265,217	150,916,778	112.9
4	시카고 옵션 거래소	222,781,717	259,496,193	−14.1
5	대만 선물 거래소	76,177,097	98,122,308	−22.4

2009년 주가지수 선물 계약 거래 기반 5대 거래소(계약 거래 수, %)

순위	거래소	2009년	2008년	변화율
1	CME 그룹	703,072,175	882,432,628	−20.3
2	유럽 파생상품거래소	367,546,179	511,748,879	−28.2
3	인도 증권거래소	195,759,414	202,390,223	−3.3
4	오사카 증권거래소	130,107,633	131,028,334	−0.7
5	한국거래소	83,117,062	66,436,912	25.1

출처: 세계거래소연맹 2010. Market Highlights, 2010년 전반기. 파리: 세계거래소연맹.

Chapter
06

도시 내 새로운 불평등

20세기 시장 기반 경제에서 제조업이 주도적 부문이었을 때, 방대한 중산층을 확대할 수 있는 다음과 같은 조건들을 조성하였다. 첫째, 제조업은 노동조합 결성을 활용하였다. 둘째, 제조업은 상당 부분 가구 소비에 기반하고 있기 때문에 임금수준은 그들이 창출하는 유효 수요에 중요하게 작용하였다. 셋째, 선도적인 제조업 부문들을 대변하는 상대적으로 높은 임금수준과 사회적 혜택은 경제 전 부문의 모델이 되었다. 금융과 생산자 서비스 주도가 주요 도시들의 광범위한 사회적 경제적 구조에 미치는 영향은 무엇인가? 그리고 새로운 도시경제가 도시 노동력의 소득분배에 어떤 결과를 가져왔는가? 이들 주요 도시들에서 현재 선진적인 경제 부문들이 요구하는 높은 교육수준을 갖추지 못한 노동자들은 더 이상 필요하지 않은 것으로 보인다. 이것은 후진적으로 보이거나, 새로운 주도 부문의 기반이 되는 선진 기술과 인적 자본이 부족한 기업과 부문의 장소에 있어서도 마찬가지라 할 수 있다. 혹은 그런 노동자들, 기업들, 그리고 부문들의 중요한 몫이 기업과 노동자의 사회적, 경제적, 인종적 그리고 조직적 속성들이 심각하게 분절되어 있는 여건하에서 실제로 경제 핵심에 잘 전해지고 있는가? 만약 그렇다면 이 분할이 인종주의 및 차별과 결합된 민족 혹은 인종 분할(segmentation)에 의해 만들어지거나 강화된 것은 어느 정도인가?

최근 20~30년간의 연구는 선진국의 주요 도시와 지금 후진국의 도시들에서도 점차 사회경제적 그리고 공간적 불평등이 심화되는 것을 보여 준다. 이러한 경향은 새로운 사회형태나 계급재편의 등장과 연관되지 않은 단지 양적인 차원에서 불평등 수준이 악화된 것으로 해석할 수 있다. 그러나 이것은 사회적 경제적 재구조화로서 해석할 수도 있다. 새로운 사회형태의 출현을 보여 주는 상당한 증거가 있다. 첫째, 고도로 발전한 선진국 대도시에서 비공식 경제의 성장, 둘째 고소득 상업 및 주거의 젠트리피케이션, 셋째, 부유한 나라에서 부랑인과 같은 기존 홈리스와는 다른 유형, 예컨대 가족단위 홈리스의 가파른 증가 등이 그것이다.

이 장에서 저자의 관심은 이러한 전환의 일반적 개요를 설명하는 것이다. 이 주제의 본질은 이 책의 범위를 벗어난 작업인 각 도시에 전형적인 특정 조건을 보여 주는 완전히 정리된 설명을 요구한다. (더 구체적인 설명은 Sassen, [1991] 2001: 제8-9장; 2008b; 2010). 이런 이유로 여기서는 일부 구체적인 설명의 경험적 배경을 미국 사례에서 도출하였다. 특별히 미국에 중점을 둔 다른 이유는 논의 중인 경향들이 첨예하기 때문이다. 대부분의 유럽 국가들은 국민들이 일정 수준의 빈곤선 이하로 떨어지는 것을 방지하기 위해 사회복지 체계라는 중요한 보호책을 갖고 있다. 그래서 동일한 구조적 변동이 발생하더라도 사회적 결과는 덜 극단적이고 어떤 면에서는 잘 드러나지 않는다. 이 장의 전반부는 노동 과정, 특히 대도시에서 나타나는 조직상에서의 변동에 대해 논의한다. 후반부는 서비스 주도 경제에서 소득분배에 초점을 둔다. 이 논의는 변화된 소득분배의 일부인 두 가지 핵심 과정인, 비공식 경제와 도시 소비의 재구조화에 대한 보다 구체적인 설명을 포함하고 있다.

노동 과정 조직의 전환

새로운 경제 핵심인 전문직 활동과 서비스 활동의 통합은 제조업의 쇠퇴와 서비스 경제로의 일반적 이동에 따른 것으로 볼 필요가 있다. 새로운 경제 부문은 일자리 공급도 재편한다. 그런데 새로운 경제 부문과 기존 경제 부문을 조직하는 작업 또한 새로운 방식들로 진행한다. 현재 컴퓨터는 전문적인 일과 사무작업 그리고 생산 작업에도 사용할 수 있다. 불과 15년 전 상점 바닥에서 이루어지며 생산 직종으로 분류되었던 작업 과정의 요소들이 오늘날에는 기계/서비스 노동자 또는 노동자/엔지니어의 결합으로 대체되고 있다. 이 경우 기계는 보통 컴퓨터화된다. 예를 들어 이전에는 고도의 숙련된 장인들을 필요로 하던 특정 작업을 지금은 컴퓨터지원설계(CAD)와 교정(calibration)을 통해 수행할 수 있다. 과거에는 단일 서비스 소매업체에서 통합하여 수행하던 활동들을 지금은 서비스 전달 업체(outlet)와 중앙본부로 구분하고 있다. 마지막으로 한때 대량생산으로 표준화된 많은 작업들이 오늘날에는 점점 주문 제작, 유연적 전문화, 하청 네트워크, 그리고 때로는 노동착취공장(sweat shop)과 가내공업까지 포함한 비공식화 등으로 특징지어지고 있다. 간단히 말해서 주요 대도시에서 분명하게 나타나는 일자리 공급에서의 변화는 새로운 부문의 작용일 뿐만 아니라 새로운 부문과 기존 부문 내 작업 재조직화의 작용이기도 하다.

제2차 세계대전 이후 중산층의 방대한 확대에 기여하였던 경제성장을 규정하는 역사적 형태들 특히 고정자본 집약, 표준화된 생산, 그리고 교외화 주도

성장은 대량생산과 대량소비에 중점을 둔 경제체제를 구축하면서 불평등에 대한 체제적 성향을 억제하고 줄였다. 게다가 문화적 형식들이 일상생활 구조를 조성하여 이러한 과정들과 함께 이루어졌다. 교외에 거주하는 대규모 중산층은 대량소비와 생산의 표준화에 기여하였다. 이러한 다양한 경향들이 국가경제의 성장과 이윤에서 대량생산과 소비의 집중화, 대규모 생산에 의해 지원받는 노동자 임파워먼트의 다른 형태와 더 큰 수준의 노동조합화를 주도하였다. 정부 프로그램과 함께 이러한 경제성장 형태는 미국과 고도로 발전한 대부분의 선진국에서 빈곤 감소와 중산층 확대에 기여하였다(도표 6.1, 6.2, 6.3).

고도로 발전한 국가들 중 심각한 구조적 문제를 안고 있는 나라는 미국이다. 미국의 국가 수준 데이터는 불평등의 급격한 성장을 보이고 있다. 예를 들어 2001년부터 2005년 사이에 경제는 크게 성장하였으나, 분배는 매우 불평등하게 이루어졌다. 경제성장의 대부분은 상위 10%, 특히 상위 1% 가구에 돌

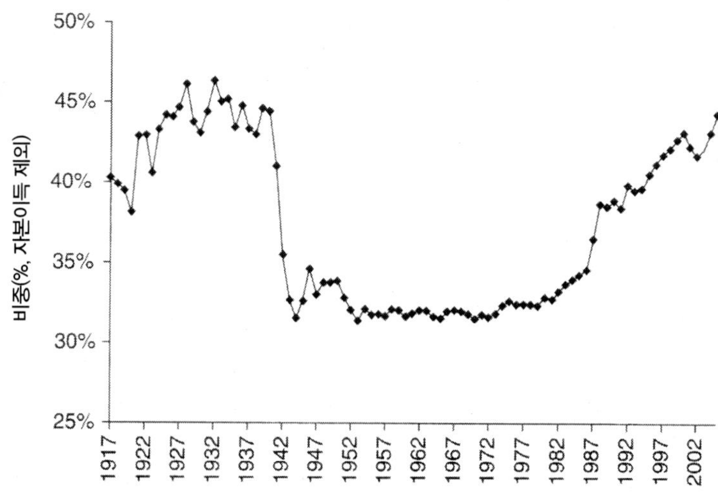

도표 6.1 소득 최상위 10분위의 비중, 1917-2005

주: 소득은 자본이득을 제외한 시장소득임.

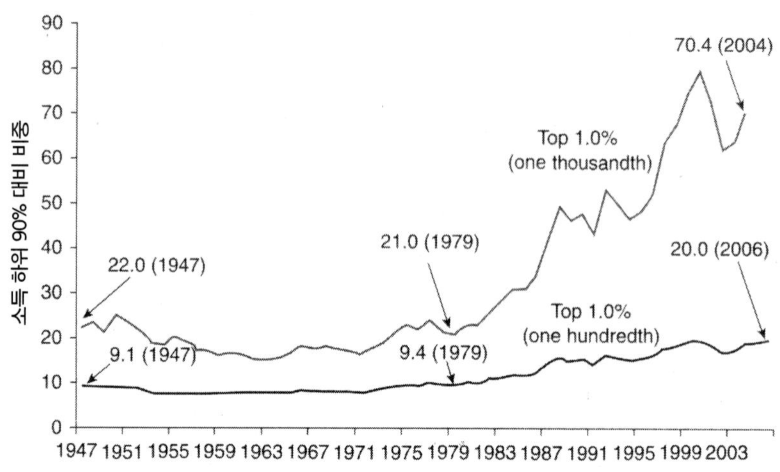

도표 6.2 소득 하위 90% 대비 최고소득자의 소득비율

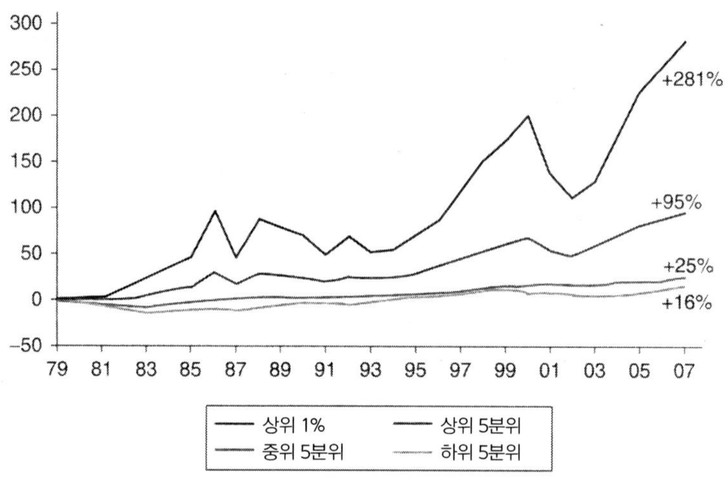

도표 6.3 1979-2007년간 미국 세후소득 비율변화

아갔다. 전체 가구의 90%에 해당하는 그 나머지는 시장 소득 기준으로 4.2% 하락하였다(Mishel, 2007). 만약 우리가 그 90%를 소득 수준별로 나누어 살펴본다면, 손실 발생은 소득 사다리를 내려갈 때마다 늘어날 것이다. 2001년 이

른바 경제 회복이 시작된 이후 상위 1%의 소득 비중은 2005년 3.6%가 전체의 21.8%를 차지하였고, 총가구소득은 2680억 달러에 해당하였다. 반대로 하위 50%의 소득비중은 1.4%가 떨어져 2005년 16%였고, 2001년 이후 소득으로는 2720억 달러가 줄어들었다. 도표 6.1은 1917년부터의 장기 패턴을 추적하고 있는데, 케인스 시대에 해당하는 기간 이후 심각한 불평등으로의 회귀를 분명히 보이고 있다. 1970년대 이후 미국의 전반적인 추세는 잦은 부침과 함께 빈곤이 증가하고 있다.

전후 시기를 1960년대 후반과 1970년대 초반으로 연장하면 공식 노동시장으로 편입된 노동자가 선진국들 중 가장 높은 수준에 달하였다. 고용 관계의 공식화는 노동자를 보호하고 잦은 폭력적인 노동자 투쟁의 결실을 보장하는데 종합적인 효과를 갖는 일련의 규제를 동시에 수행한다. 그러나 이러한 공식화는 여성과 소수민족과 같은 노동력의 분명한 분할을 통한 배제 또한 포함한다. 이것은 노동조합화가 강력한 산업에서 특히 그러하다.

부분적으로 노동 과정의 공식화 때문에 1960년대 고용 증가는 모든 소득 분위의 상근 노동자들을 중심으로 이루어졌다. 상위 소득 분위에서는 약간은 더 많은 성장을, 하위 소득 분위에서는 덜 성장하였다(도표 6.5). 한정된 관점에서 본다면, 후기산업사회와 선진 경제에 대한 많은 분석들은 일반적으로 고학력 노동자에 대한 필요는 크게 늘어날 것으로 상정하고 있는 반면, 저학력 노동자, 특히 이민자의 고용 기회는 급격하게 감소할 것으로 보고 있다. 하지만 고도로 발전한 선진국 주요 도시를 대상으로 한 구체적인 경험 연구에서는 저임금 노동자에 대한 지속적인 수요와 낮은 교육수준과 낮은 임금수준의 신규 및 기존 일자리의 공급을 보여 주고 있다. 세계도시 내 선도적 부문들의 일상 작업과 관련한 일자리의 상당 부분은 저임금의 육체노동으로, 주로 여성 이민자들이 수행하고 있다. 심지어 가장 앞선 전문직의 경우에도 최첨단 사무실을 유지하기 위한 사무직, 청소부, 수선 담당자가 필요하며, 소프트웨어와 화장실 휴지를 가져오는 트럭 운전자도 필요하다. 비록 이런 형태의 노동자와 일자리가 세계경제를 구성하는 부문으로 대표되지는 않겠지만, 이들은 사실 국제금융과 같은 선진적인 형태의 세계경제가 작동하고 실행하는 데 기반이 되는 일자리의 일부이다. 게다가 전문직 종사자들의 최첨단 생활양식은 마찬가지로 완전히 새로운 영역의 가사 노동자 특히 가정부와 보모 등에 대한 수요를 만들었다. 양극화된 소득분배를 갖고 있는 매우 역동적인 부문의 출현은 그 자체가 소비 영역(또는 더 일반적으로 사회적 재생산)에서의 저임금 일자리 창출에 영향을 미친다. 이러한 양극화된 소득 분포 패턴은 1990년대 일자리 성장에서 명백하게 나타났는데, 여기서는 하위 20%와 상위 40%의 성장이라는 훨씬 더 이중적인 형태를 보인다(도표 6.6).

1970년대 중반 이후 경제 부문에서의 경제적 사회적 전환은 도시 노동시장에서 특정한 형태들을 전제로 한다. 도시 노동시장의 기능 변화는 수많은 가능성 있는 기원을 갖고 있다. 가장 명백한 변화는 고용 부문에서 직종과 산업 균형상의 장기 전환에서 기원한다. 그 전환은 소득 수준과 고용 안정성, 그리고 지역 노동자에게 유용한 경력 형태 등의 일자리 특성에 직접적인 영향을 준다. 수요 측면에서는 이러한 발전은 국제 경쟁, 불안한 상품시장, 그리고 공공 부문 프로그램에 대한 미약한 정치적 지원 등과 같은 압력 속에서 고용주들이 찾으려고 노력하는 새로운 유연성을 포함하고 있다. 이 새로운 유연성은 더 많은 시간제 근무와 임시직을 의미한다. 한편 공급 측면에서 핵심 요인은 1970년대와 1980년대 많은 대도시에서 고용주의 거래 지위를 확연하게 바꾸어 놓은 오랜 기간 지속된 높은 실업과 노동시장에서 가장 취약한 집단의 불안정 혹은 주변화이다. 1980년대 일자리에 필사적이었던 노동자들은 호감이 안가는 직업들도 점차 기꺼이 선택하였다. 노동시장에서의 이와 같은 중요한

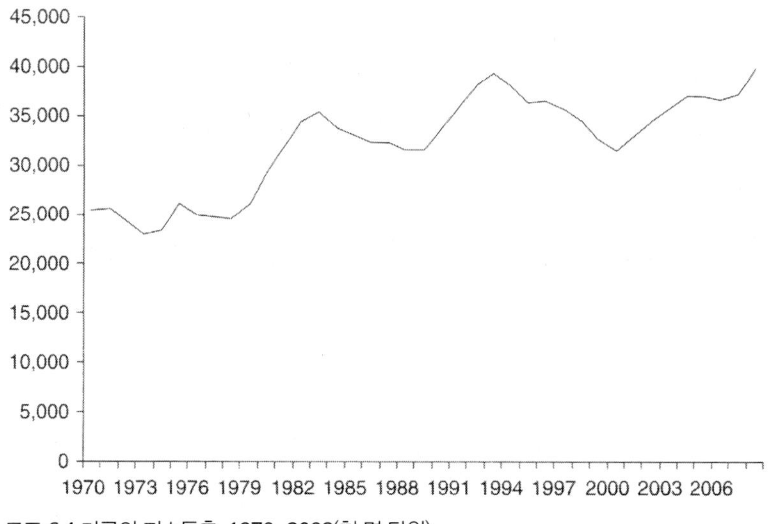

도표 6.4 미국의 저소득층, 1970-2008(천 명 단위)

도표 6.5 일자리 수준별 미국 일자리 성장, 18-64세 상근노동자, 1963-1970

변화, 특히 도심 지역에서 심각했던 변화는 한편으로는 임시직 또는 비공식 일자리의 증가와 같은 고용 불안의 고조를, 그리고 다른 한편으로는 새로운 형태의 사회적 분화와 함께 고용 기회의 양극화 심화를 유도하는 것으로 나타났다.

대도시 노동시장은 특정 재구조화 영향을 넘어서는 다양한 배경 요인들을

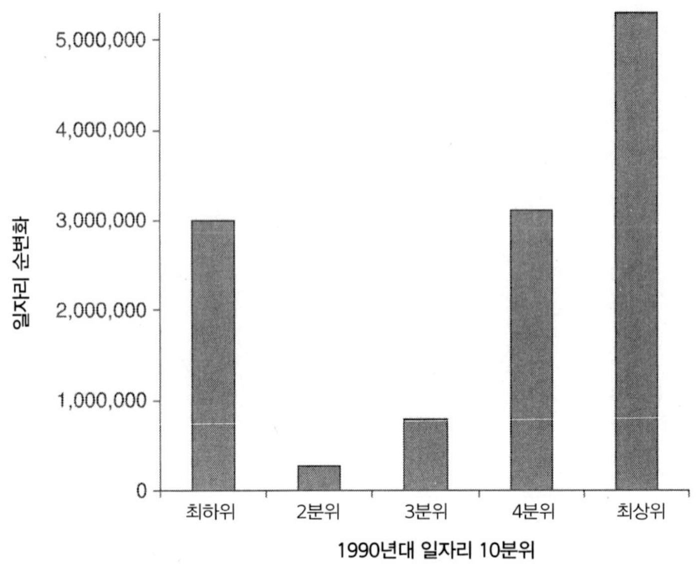

도표 6.6 일자리 수준별 미국 일자리 성장, 18-64세 상근노동자, 1992-2000

반영하기도 한다. 가장 중요한 배경 요인으로는 순수한 규모와 밀도, 고용 기반인 특정 산업과 직업의 혼재, 노동 수요에서 탄탄함과 느슨함의 상태, 도시 내 이민자 집단의 존재와 특성 등이 있다. 오늘날 주요 도시의 노동시장이 갖고 있는 과거와 다른 두 가지 특성은 유동성과 개방성이다. 특정 지역이 갖고 있는 분명한 특성은 특정적인 활동 유형과 주민들의 노동시장 경험에 영향을 미칠 수 있다는 점이다. 도시 내, 그리고 주변의 노동시장은 보상, 안정, 접근 여건들이 분명하게 조합된 특정 일자리들에 의해 구조화된다.

주요 도시의 핵심 산업 부문이 갖고 있는 노동시장의 특성은 초단기 고용 경향이 두드러진다는 것이다. 도시 기관의 중요한 몫은 의류수출, 사적 소비자 서비스, 빌딩 계약, 투기적 금융 서비스와 같은 다양한 부문에서는 종종 매우 불안정한 시장에서 경쟁적으로 작동한다. 대형 기관과 독점적 관료화된 조직에 비해 이들 부문에서의 매우 높은 회전율이 그 증거이다. 도시경제에서의 높은 발생률을 설명하는 한 가지 핵심 사항은 도시가 이러한 불안정한 활동에 생산품과 서비스 수요에 따라 조정될 수 있는 노동력에 더 쉽게 접근할 수 있도록 만든다는 사실이다.

높은 회전율은 또한 공급 측면에서도 이민자에게, 특히 폐쇄적인 고용 부문에 접근이 어려운 소수민족과 직업 안정성에 대한 우선순위가 낮은 젊은 독신 노동자에게 도시의 매력을 더하는 의미를 갖는다는 것이다. 이러한 특정 노동력 공급의 유용성은 고용주의 전략에 더 큰 의미는 갖는다. 도시 노동시장의 실제 구조는 집적 경제와 노동자 집단, 자연적 선택으로 설명할 수 있는 것보다 더 복잡하고 변화무쌍하다. 1980년대, 그리고 1990년대에도 지속되고 있는 유럽 많은 도시의 높은 실업률은 이러한 다양한 과정의 총체적 결과로 파악된다(도표 6.7). 유럽의 경우는 정부가 강력한 노동자보호 전통을 갖고 있어 특히 더 흥미롭다.

대규모 이민자 노동력의 존재 혹은 부재가 갖는 잠재적 중요성은 하위 노동시장 부문의 임금수준과 그것이 생활비에 대해 갖는 함의, 그리고 지역 활동의 경쟁력뿐만 아니라 토착 노동자의 승진 기회와 분화 패턴 등 다양한 쟁점으로 확대된다는 것이다. 게다가 중심 도시의 특정장소에 새로운 이민자가 집중되면, 이민은 노동력 공급의 공간적 패턴 변화에 영향을 미친다. 특히 교외로의 백인 탈출 형태가 자주 나타났던 미국의 경우 백인 인구의 외곽 지역으로의 확연한 분산은 다시 1970년대 중반부터 도심으로의 제3세계 출신 이민자에 의해 균형이 맞추어졌다. 1980년대 초반 미국에서는 특히 젊은 고학력 백인들이 중심 도시로 적극적인 유입이 나타났으며, 최근에는 교외 지역에 이민자 정착지가 상당히 늘어나고 있다. 오늘날 미국 주요 도시들은 1960년대와 1970년대에 비해 이민자와 고학력 고임금의 전문직의 비중이 높아지고 있다.

이러한 첨예한 분포양상은 역동적인 도시 양극화에서 비롯된다. 소수의 집단화된 노동자와 가구는 대도시에 불균형적으로 집중되어 있다. 미국의 공식 빈곤율은 대략 18%이다. 이것은 선진국에 비해 매우 높은 수준이지만, 미국의 많은 도시에서는 이보다 훨씬 더 높은 수준이다. 또한 가난하다고 여겨지지 않는 도시들도 마찬가지이다. 미국 도시들의 빈곤율을 살펴보면 마이애미는 38%, 뉴욕과 시카고, 미니애폴리스 25%, 휴스턴, 로스앤젤레스, 워싱턴은 23%이다. 이들 도시에는 미국의 평균 소득보다 훨씬 높은 최상위 소득의 가구들이 다수 거주하고 있다. 샌프란시스코는 30%, 워싱턴은 26%, 뉴욕과 보스턴은 20%, 로스앤젤레스는 19%, 시카고는 17%이다. 상위 소득 가구의 경우 뉴욕과 샌프란스시코, 로스앤젤레스, 워싱턴은 19~21%, 애틀랜타는 15%,

도표 6.7 유럽 주요도시의 실업률, 1980, 1990, 2001, 2004(비율)

도시	1980	1990	2001	2004
암스테르담	8.2	19.5(1988)	4.3	7.3
바르셀로나	15.5(1981)	14.6(1988)	10.4	12.0
버밍엄	16	10.3	9.5	8.5
브뤼셀	6	16.7(1989)	18.3	21.2
코펜하겐	7.8	11.3(1988)	4.5	5.2
도르트문트	5.7	11.9	13.5	15
더블린	9.9	18.4(1987)	6.7	5.4
글래스고	8	15	10.8	7.8
함부르크	3.2	11.2	7.6	10.7
리버풀	16	20	11.1	8.0
리옹	6.1	8.3	11.5	11.3
마드리드	12	12.5	12.4	6.6
마르세유	12.2	18.1	20.3	16.9
몽펠리어	6.8	10.3	18	NA
파리	7	8.4	11.7	11.3
렌	8.1	10.1	9	NA
로데르담	8.8	17.1(1988)	5.9	9.7
세비야	18.7	25.2	22.8	14.3
발렌시아	9.9	17.5	14.2	7.4

마이애미는 11%이다. 최상위와 상위 소득 집단은 도시주민의 대략 절반을 차지하는데, 이는 인구의 절반이 대체로 중산층이었던 1980년대 전후 시기보다 더 많은 수준이다. 2006년 중산층은 18~25%였다. 도표 6.8은 오늘날 미국의 가장 강력하고 부유한 도시들의 이러한 분할을 정리하여 개관한 것이다.

소득 상위 10%, 주요 대도시에서는 쉽게 20%에 이르는 고소득 인구의 증가 이면에 놓인 한 가지 핵심적인 현상은 대체로 기업을 대상으로 하는 높은 수준의 서비스가 강화되고 확대된 것이다. 정부와 가구도 이들 서비스를 구매하는데, 이것은 무엇보다 사업하고 교환하며 그리고 복잡한 조직(병원, 광산, 금융 서비스 기업 혹은 거래소)을 운영하는 데 새로운 필요 조건이다. 이 조직들은 이 부문의 가장 발전된 구성 요소를 먹여 살리며, 그리고 이를 고도로 발전한 선진국에서 도시의 주요 경제 핵심으로 만든다. 이 부문은 다수의 일자리를 책임지지는 못하나, 이것은 특히 주요 도시들에서 분명한 경제활동 및 이와 관련된 공간적, 사회적 전환의 새로운 체제를 구축한다.[1]

두 번째 성장의 핵심적 현상은 세계도시의 전 세계적 네트워크가 성장하면서 고소득 초국적 전문직 및 관리직의 유입을 가져왔다. 그런데 이는 주요 도시의 일부 지역에 백인 주민의 증가를 의미한다.[2] 도표 6.8과 도표 6.9는 지난 10년간 미국의 주요 세계도시에 대한 자료이다(도표 4.1–4.4 참조). 표에서 나타난 주요 세계도시 연구에 따르면 현재 미국의 10대 세계도시에 들어가는 애틀랜타는 2000년에서 2005년 사이 백인 인구가 20% 증가하였다. 그리고 지난 몇 년간 스스로 확고한 핵심 경제 중심지로 자리 잡은 워싱턴은 백인 인구가 15% 늘어났다. 이와는 대조적으로 오랜 세계도시인 뉴욕은 이 기간 동안 단지 1.9%의 백인 인구 증가를 보였다. 뉴욕의 경우 이와 유사한 기간이 1980년대와 1990년대 초반인데, 이때는 전반적인 인구 감소의 와중에 젊은 고학력 백인과 이민자들만이 인구가 증가한 유일한 집단이었다. 브루킹스 조사에

도표 6.8 미국 주요 도시의 인종별 경제불평등, 2006

도시	백인 중간소득	흑인 중간소득	라틴계 중간소득	아시아인 중간소득	백인 빈곤율	흑인 빈곤율	라틴계 빈곤율
애틀랜타	77,236	25,674	37,636	44,102	7.2	32.8	–
보스턴	60,521	31,915	28,276	37,044	12.9	26.8	27.0
시카고	60,166	28,607	39,526	51,677	9.7	32.0	21.6
댈러스	60,191	28,200	31,466	46,779	7.6	28.2	29.0
휴스턴	61,124	29,772	32,367	42,455	8.9	29.9	25.5
로스앤젤레스	62,634	31,051	35,496	49,920	10.0	26.3	24.9
마이애미	63,723	18,710	25,673	36,541	14.7	41.0	24.8
뉴욕	62,931	36,589	32,791	48,951	11.1	22.7	27.9
필라델피아	43,583	26,728	23,469	36,221	13.8	31.6	39.2
샌프란시스코	82,177	31,080	49,561	55,072	9.1	31.1	15.2
워싱턴	91,631	34,484	43,547	67,137	8.1	26.8	18.4
평균	65,992	29,346	34,531	46,900	10.3	29.9	25.2

출처: Brookings Institute. "Living Cities Census Series" [Data file]. May 2008 http://www.brookings.edu/projects/Living-Cities.aspx 데이터를 검색.

서 나머지 25개 도시는 백인 인구가 마이너스 증가율을 보였는데, −2%에서 −5%의 소규모 변화를 보인 도시로는 덴버, 샌프란시스코, 휴스턴이며, 시카고는 −5%에서 −7%, 마이애미는 −7%에서 −14% 사이에 해당된다. 이 두 번째 그룹에서 세계도시는 유일하게 시카고이다. 시카고의 세계적 권력은 지난 10년간 급격하게 성장하였으며, 백인 인구 또한 실제로 일반적으로 측정하는 더 넓은 단위인 쿡카운티(Cook County)가 아니라 도시의 중심지를 기준으로 측정한다면 상당히 증가하였다.[3]

외국 출생 인구 또한 상당히 증가하고 있다. 1980년대 뉴욕을 연상케 하는 패턴으로 애틀랜타가 이 부문의 선두이다. 2000년 이후 미국으로 들어온 외국인 인구가 전체 외국인 인구에서 차지하는 비중을 보면, 애틀랜타 48%, 워싱턴 33%, 휴스턴 32%, 마이애미 23%, 시카고 20%, 그 외 뉴욕, 샌프란시스

도표 6.9 미국 주요 도시 내 외국 출생 인구 중 2000년 이후 미국에 들어온 사람 수, 2006

도시	외국 출생 인구	2000년 이후 미국 유입 수	비중(%)
애틀랜타	34.682	16.563	47.8
보스턴	156.591	45.030	28.8
시카고	599.802	140.332	23.4
댈러스	321.253	98.043	30.5
휴스턴	576.035	1,77.772	30.9
로스앤젤레스	1,507.032	308.462	20.5
마이애미	206.485	49.499	24.0
뉴욕	3,038.139	628.944	20.7
필라델피아	157.661	54.095	34.3
샌프란시스코	270.357	51.923	19.2
워싱턴	73.820	24.189	32.8

출처: Brookings Institute. "Living Cities Census Series" [Data file]. May 2008 http://www.brookings.edu/projects/Living-Cities.aspx 데이터를 검색.

코, 로스앤젤레스는 약 20%에 해당한다. 즉 오랜 이민 도시들은 2000년 이후 외국인 입국자의 증가 수준이 상대적으로 하락하고 있다. 이민자와 소수민족의 중심지 집중 경향은 다른 선진국의 주요 도시들, 잘 알려진 런던에서부터 덜 알려진 도쿄까지 분명하게 나타난다.

성장 추세로 인한 저임금 일자리의 확대는 자본-노동 관계의 재조직화로 이어진다. 이 효과를 분명하게 살펴보기 위해 우리는 일자리 부문 입지로부터 일자리의 특성을 구분해야 한다. 고도로 역동적이고 기술적으로 앞선 성장 부문들도 저임금, 장래성 없는 일자리들을 갖고 있을 수 있다는 것이다. 나아가 부문 특성과 부문 성장 패턴 간의 구분은 결정적이다. 쇠퇴하는 제조업이나 저임금 서비스 직업들처럼 퇴보하는 부문은 고도로 선진화된 경제 내 중요한 성장 추세의 일부분일 수 있다. 퇴보하는 부문은 종종 하락하는 경향을 보인다고 추정된다. 마찬가지로 금융과 같은 앞선 산업은 일반적으로 근사한 화이트 컬러 일자리들을 갖는다고 여기는 경향이 있다. 실제로 이들 산업 또한 청소부에서 창고 담당자에 이르기까지 상당한 규모의 저임금 일자리들을 갖고 있다.

금융과 전문화된 서비스는 생산이라기보다 전문 기술로 생각하기 쉽다. 회계에서부터 의사 결정 기술에 이르는 높은 수준의 사업 서비스는 대체로 생산 과정에 대해 분석하지 않는다. 서비스 생산 과정과 관련된 고임금에서부터 저임금에 이르는 일자리들의 실제 배열에 충분한 관심을 갖지 않는다. 더구나 생산 과정 그 자체에는 대개 정보경제의 일부라고 생각지 않는, 대표적으로 비서, 정비공, 화물차 운전사와 같은 다양한 노동자와 기업들이 포함된다. 또한 이들 일자리는 서비스 경제의 핵심적인 구성 요소이다. 어떤 도시가 새로운 초국적 계층 위계에서 얼마나 높은 지위를 차지하든, 그 도시 역시 상당한 규모의 선진 정보경제와 무관한 것처럼 보이는 저임금 일자리를 가질 것이다.

다품종 소량생산, 고부가가치 상품 차별화, 그리고 신속한 결과물 변화의 존재와 함께 제조업의 조직화 형태상 전환들이 이루어지고 있다. 이러한 요인들은 선진 산업이나 쇠퇴하는 산업 모두에서 찾아볼 수 있는 하청 관계와 생산을 조직하는 유연한 방법들을 활용하고 있다. 생산을 조직화하는 그 같은 방법들은 노동시장과 노동력 수요의 구성 부문, 그리고 노동력을 고용하는 여건에서 뚜렷이 구분되는 방식을 상정하고 있다. 이러한 변화의 조짐으로는 제조업 부문에서의 노동조합의 퇴조, 다양한 계약상 보호 조항의 감소, 비자발적 시간제, 임시직, 그리고 다양한 형태의 파견노동력 등의 증가가 있다. 이러한 하향화를 보여 주는 단적인 예가 바로 열악한 노동 착취 공장과 가내수공업의 성장이다. 사양화된 제조업 부문의 확대는 부분적으로 조직화된 공장과 좋은 보수의 일자리를 갖고 있던 동종 산업에도 영향을 미쳐 도급과 가내수공업과 같은 다른 생산 방식과 작업 조직화로 대체되고 있다. 그러나 새로운 주요 성장 추세와 연관된 새로운 종류의 활동들 또한 해당된다. 조직화된 공장의 대안을 개발할 가능성은 제조업 성장 부문에서 특히 중요해지고 있다. 사회적 혹은 기술적 전환으로 침체된 제조업 부문을 통합하려는 것은 1960년대와 1970년대 초반 수많은 국가에서 나타난 평균임금 상승과 투쟁에 대한 정치경제적 대응이라 할 수 있다.

새로운 유형의 노동시장 분절은 1980년대 출현하기 시작하였다. 두 가지 특징이 두드러졌는데, 하나는 노동시장의 역할과 비용의 일부가 가구와 공동체로 이전된 것이다. 두 번째는 고용 관계를 구조화하는 데 기업의 역할이 약화된 것이다. 대신 시장의 역할이 더욱 커졌다. 특히 첫 번째 특징은 이민자 공동체에서 분명하게 나타난다. 그런데 이것은 심도 있는 연구가 필요한 보다 일반화된 패턴의 일부분이다(Sassen, 1995). 한때 하나의 작업장에서는 한 명 내지는 몇몇의 이주 노동자를 고용하였는데, 이제는 일자리가 생기면 그들의 공동체에서 다른 구성원들을 데려올 수 있다는 방대한 양의 증거가 있다. 이주 노동자들 중 일부는 자진해서 그들이 데려가려는 사람들에게 약간의 직업 훈련과 언어 교육, 그리고 작업과 작업장에 적응하는 일들을 도와준다는 증거가 있다. 이것은 채용, 심사, 훈련과 같은 전통적인 노동시장 기능을 노동시장과 기업으로부터 공동체 혹은 가구로 대체하는 것이다. 비록 여기에 사용된 비용은 종종 돈으로 계산되지는 않지만 노동시장의 기능이 공동체 혹은 가구로 대체되는 것은 노동에 참여하는 노동자에 대한 비용과 책임 문제를 야기한다.[4] 이 모든 것이 현재 우리가 살고 있는 전환기에 연구가 필요한 새로운 주제들이다.

고용 관계를 조직하는 데 기업의 역할이 약화된 것과 관련하여 많은 다른 형태들이 나타나고 있다. 하나는 고용을 구조화하는데, 내적 노동시장의 영향력이 줄어드는 것이다. 이것은 수직적으로 통합된 기업의 영향력이 축소된 것과 많은 기업들에서 나타나는 고도로 전문화된 고학력 노동자에 대한 수요와 동시에 사무원, 서비스, 산업 서비스 혹은 생산직과 같은 미숙련 노동자에 대한 수요로 양극화(bipolarity)된 노동 수요의 재구조화라는 두 가지 현상과 부합하고 있다. 중간 수준의 기술과 교육에 대한 수요 위축은 결국 직장 내 연수 메커니즘과 같은 내부적 노동시장을 갖고 있는 기업의 장점과 그 수요를 감소시켰다. 생산 과정 일부의 해외 이전 등 대규모, 수직적으로 통합된 제조업체들의 분산은 노동조합 가입 작업장 비중의 감소, 임금 하락, 열악한 노동 착취 공장과 가내수공업의 확대에 기여하였다. 이 과정에는 기존 산업의 일자리 축소와 함께 새로운 산업, 대표적으로 전자 조립과 같은 산업에서 특정 일자리 공급이 동시에 이루어지고 있다.

특히 대도시에서 뚜렷하게 나타나는 가계 소비 패턴의 재구성은 대규모 표준화된 설비에서 보편적이었던 것과는 다른 작업 조직을 가져왔다. 이러한 작업 조직상에서의 변화는 소매와 생산 단계 모두에서 분명하게 나타나고 있다. 고소득층의 젠트리피케이션은 종종 대량생산 되지 않거나 대형 할인 매장에서 판매되지 않는 상품과 서비스에 대한 수요를 창출하고 있다. 맞춤형 생산, 소량생산, 특산품, 맛있는 멋진 요리 등은 일반적으로 노동 집약적인 방식을 통해 생산되며, 소규모, 전문 매장에서 판매된다. 생산의 일부는 저비용 업체나 열악한 노동 착취 공장 혹은 가내 수공업을 통해 이루어진다. 그런데 이러한 생산과 운송에 관련된 기업들과 이들에 의한 일자리 공급은 도시 내 또는 도시 외곽에 입지한 대규모 표준화된 공장에서 상품을 조달하는 대형 백화점과 슈퍼마켓에 의한 것과는 사뭇 다르다. 점포와의 근접성이 주문 생산자보다 훨씬 더 중요하다. 게다가 맞춤형 생산 및 배달과는 달리 대량생산과 대량 소비 아울렛은 노동조합 결성이 가능하다.

직업과 소득 배분에서 나타난 변화는 산업 변동의 결과일 뿐만 아니라 기업 조직과 노동시장 조직상 변화의 결과이다. 이는 주요 부문들, 특히 서비스 부문에서 차이가 강화되고 있다. 서비스 산업은 한편으로 자본 노동 비율이 높아지고 생산성을 향상하며 최첨단 기술을 집약적으로 사용하면서, 다른 한편으로 노동 강도와 낮은 임금을 유지하는 경향이 있다. 또한 중위 소득과 중위 교육수준(의 작업)은 점차 각각의 하도급 업체로 나뉘고 있다. 이러한 특성은 각 산업부문별 축적 방식에 영향을 미친다. 첫 번째 산업 부문은 주어진 고임금하에서 높은 자본 노동 비율과 생산성 향상의 압력을 경험하는 데 비해, 두 번째 그룹은 저임금이 자본 집약적 기술 사용의 확대를 억제하고, 낮은 생산성이 더 많은 저임금 노동자에 대한 수요를 유도한다. 이러한 상황은 결국 각 영역별 하위 부문에 내재된 이윤 창출 역량의 차이를 재생산하는 데 기여한다.

도시 제조업(Mitchell and Sassen, 1996)이라 일컬어지는 것이 모든 경제에서 핵심 부문으로 남아 있다. 심지어 일부 도시에서는 전통적인 제조업이 중단되었을 때조차도 이어지고 있었다. 뉴욕과 같은 도시에서 제조업은 패션 산업을 위한 의류 생산에서부터 건축가, 가구 디자이너, 그리고 다른 디자인 산업을 위한 목공예와 금속공예에까지 이르고 있다. 예를 들면 영화관과 오페라와 같은 주도적 문화 산업은 의상과 무대장치를 위해 제조업에서 중요한 요소들을 필요로 한다. 저자는 다음과 같은 유형의 제조업을 도시 제조업이라 규정한다. 1) 제조업과 서비스업의 전통적 관계와 반대되는 제조업, 즉 서비스 산업에 서비스를 제공하는 제조업, 2) 다음과 같은 이유로 도시 입지를 필요로 하는 제조업으로, a) 수요가 입지하고 있기 때문이며, b) 생산 과정이 공급자 및 하청업자와 긴밀하게 연계되어 있기 때문이며, c) 좀 더 빠른 회전율과 더 상세한 컨설팅, 그리고 고객들을 살피기 위해서이다. 정책 측면에서 도시 제조업은 고수익을 창출하는 기업이 주도하는 오늘날의 도시경제 내에서 생존에 필요한 어떤 지원이나 인정도 받지 못하고 있다. 사실 도시 제조업은 어떤 면에서 열악한 노동 착취 공장에서 이루어진다. 강력한 도시 제조업 부문은 오늘날 많은 핵심 서비스 산업을 위해 여전히 필요한 부문이다.

모든 세계도시를 특징짓는 선진 서비스 기반 도시경제의 두 가지 상반되는 구성 요소는 소위 말하는 문화 부문과 새로운 유형의 비공식 경제이다. 이른바 문화 산업은 1980년대 시작해서 1990년대 후반 도약하여 급속한 성장을 기록하였다(Clark, 2003; Florida, 2004; 2006; Lloyd, 2005). 전 세계 많은 도시에서 오랫동안 결정적인 역할을 해 오고 있지만, 지난 시기 이룬 것은 문화를 산업화하여 이를 경제학의 영역으로 확장한 것이다. 컨퍼런스와 엔터테인먼트 단지 개발은 딱 들어맞는 사례이다. 다양한 종류의 페스티벌은 또 다른 성장 부문이다. 심지어 거리 공연자들도 지금은 부가가치를 창출하는 것으로 보고 있고 수많은 도시에서 허가를 받도록 하고 있다. 창조도시론은 가장 최근의 논의이다. 이것은 문화와 엔터테인먼트 산업의 혼합일 뿐만 아니라 성장하는 전문화된 서비스 산업이 점점 문화적으로 발전된 도시에서 살고 또 일하기를 원하는 재능 있는 창조적인 사람들을 고용한다는 사실까지 망라하고 있다. 창조도시와 관련한 쟁점들을 다룬 방대한 저술들이 있는데, 그중 주킨(Zukin, 2005)의 책이 눈에 띈다(Florida, 2006도 참조). 이 부문에서 최고의 작업은 창조산업을 비판적 정치 경제학과 결합한 로이드의 neo-bohemias(Lloyd, 2005)에 대한 책이다. 도시의 문화적 전환에서 나타나는 두 가지 특징은 하나는 관광목적지로서, 다른 하나는 문화적 작업을 위한 비공식 공간으로서 도시의 부상이다. 점점 더 많은 사람들이 교외 지역과 소도시에서 살기 시작하면서 대규모 단지들로 이루어진 이국적인 경관 형태가 되고 있다. 늘어나는 많은 관광객들은 박물관이나 옛것을 보기 위해서뿐만 아니라 펑크 씬(punk scene), 전 세계에서 온 다양한 사람들의 혼합, 최신 브랜드의 건축, 그리고 거리 공연자 등 이른바 도회적인 것들(urban exotica)을 경험하기 위해 도시에 가고자 한다. 도시에서 이루어지는 지금의 비공식 문화 활동(퍼레이드, 거리공연, 그리고 정치의 연극 등)의 활력은 그 자체가 바로 거대한 주제이다. 이 책의 중요한 목적은 바로 정치 세계의 이러한 변화 또한 도시 르네상스의 경험에 기여한다는 점이다.

비공식 경제

가치가 떨어지는 제조업의 대부분이 오늘날 대도시 경제활동에서 광범위하게 나타나는 비공식화의 사례라 하겠다. 사실 비공식 부문은 1980년대 세계적인 저개발 도시에서 출현한 것으로 여겨졌지만, 뉴욕과 로스앤젤레스에서부터 파리와 암스테르담에 이르는 주요 선진국 세계도시에서 비공식 활동이 급격하게 성장하기 시작하였다. 그러나 이것은 결정적인 자료가 부족한 시기에는 논란거리였다. 왜냐하면 1900년대 초반 시작된 경제 규제의 증가 경향과는 반대였기 때문이다. 또한 이러한 경향은 경제의 진보적 근대화를 사실로 받아들이는 이론적 모델을 제공하였다. 경제의 진보적 근대화에서는 비공식화를 후퇴이자 한 세기 동안 이룬 경제패턴의 실패를 표현하는 것이라 여기기 때문에 어떤 논란도 인정하지 않는다. 그러나 일부에서는 비공식화가 발생하고 있다는 데 의심의 여지가 없으며, 현장 연구가 이를 반박하지 못하게 만들고 있다(Portes, Castells and Benton, 1989; Sassen-Koob, 1982; Sassen, 1998: 제8장; Renooy, 1984; WIACT, 1993; Komolosy et al., 1997). 쟁점은 비공식화의 존재가 아니라 이것을 어떻게 해석하느냐이다. 1990년대 선진국 주요 도시들을 대상으로한 구체적인 현장 연구에서는 비공식 경제의 역동성과 규모에 대해 매우 중요한 시사점을 제공하고 있다(Lazzarato, 1997; Peraldi and Perrin,

1996; Komlosy et al., 1997; Tabak and Chrichlow, 2000; Martin, 1997; Russell and Rath, 2002 등 참조). 그러나 이 중 선진 경제 내 비공식 경제에 대한 구체적 현장 연구는 일부에 불과하다.

비공식 경제에서 생산된 상품과 서비스의 순환을 위해 두 가지 영역은 구분할 필요가 있다. 한 영역은 내부 순환으로, 이민 공동체 내 소규모 이민자 소유 점포처럼 대체로 공동체 구성원의 수요를 충족하기 위한 것이다. 다른 하나는 '공식' 경제 부문을 위한 순환이다. 이 두 번째 영역에서는 비공식화가 이윤 극대화를 위한 직접적인 전략을 의미하는데, 하청이나 노동 착취 공장과 가내노동의 활용, 또는 직접적인 상품 혹은 서비스의 구입 등을 통해 작동할 수 있다. 또한 이 모든 옵션은 계약자의 유연성을 향상시킨다. 비공식화는 제조업 활동을 약화시키는 경향이 있으며, 공공 부문이나 민간 부문 관계없이 대규모 소비자 서비스를 점점 더 훼손하고 있다. 그러나 다른 한편으로 이것은 대량 소비자 시장을 위한 고가의 상품이나 서비스 비용을 낮추는 데 기여하고 있다.

주요 대도시에서 특히 분명하게 나타나는 현상들이 서로 혼합되면서 비공식화를 유도하고 있다. (1) 고소득 인구의 확대에 따른 고가의 맞춤형 서비스와 제품에 대한 늘어나는 수요, (2) 저소득 인구의 확대에 따른 극도의 저비용 서비스와 제품에 대한 늘어나는 수요, (3) 맞춤형 서비스와 상품에 대한 수요 혹은 최종 또는 중간 구매자를 대상으로한 기업으로부터 제한된 활동 및 하청의 성장을 유도하는 경향, (4) 선도적 산업의 급격한 성장과 강력한 집적 패턴으로 인한 토지에 대한 극심한 경쟁 하에 구매력이 다른 기업들 사이에서 증가하는 불평등, (5) 상승하는 임대료와 생산비, 그리고 강화된 규제로 살아남는 것조차 점점 어려운 이윤율이 낮은 기업에서 생산하는 상품과 서비스에 대해 선도적 산업 및 고소득 노동자를 포함한 다양한 기업과 인구 부문에 의한 계속되는 수요.

기업과 가구의 구매력에서의 불평등 심화, 그리고 최종 및 중간 소비의 변화가 경제부문에서의 광범위한 비공식화를 유도한다. 결국 비공식 경제의 존재는 심지어 생존을 위해 비용 절감이 필요하지 않은 기업과 가정에서도 비용을 줄이고, 그것이 필수적이거나 유리한 경우에는 유연성을 제공하는 메커니즘이 되고 있다.

서비스 주도 경제와 소득 분포

이 같은 다양한 변화가 서비스 주도 경제에서 소득 분포와 구조에 미치는 영향은 무엇인가? 1990년대까지 무언가 급격하게 변화하고 있었던 것이 분명하다. 1990년대 서비스 산업의 직업 및 소득 분포에 관한 많은 연구에서는 서비스 산업이 제조업보다 많은 규모의 저임금 일자리를 만든다는 것을 밝혀냈다. 물론 서비스업은 점점 제조업과 비슷한 수준에 이를 것이다. 게다가 몇몇 주요 서비스 산업은 최고 임금수준의 직업에서도 많은 일자리를 만든다는 사실도 밝혀냈다(Stanback and Nayelle, 1982; Silver, 1984; Nelson and Lorence, 1985; Sheets, Norad and Phelps, 1987; Harrison and Bluestone, 1988; Goldsmith and Blakely, 1992; Munger, 2002; Economic Policy Institute, 2005b).

1950년대와 1960년대에는 소득 불평등을 줄이는 제조업의 중요성에 학문적 관심이 집중되었다(Blumberg, 1981; Stanback et al., 1981). 이러한 효과를 가져오는 것으로 확인된 대표적 근거는 제조업에서 찾을 수 있는 높은 생산성과 강력한 노동조합화이다. 그러나 이런 연구는 대개 그런 조건들로 특징지어지는 기간을 포괄적으로 다루는 경향이 있다. 1970년대 이후 제조업 일자리 구조는 눈에 띄는 변화가 있었다. 중요한 돌파구에 해당하는 시기인 1980년대 제조업 부문 소득이 지난 20년 간의 많은 산업과 직업보다 더 낮았다는 사실을 해리슨과 블루스톤(Harrison and Bluestone, 1988)이 구체적인 직종과 산업 자료 분석을 통해 밝혀냈다. 그리고 글리크먼과 글래스마이어(Glickman and Glasmeier, 1989)는 1970년대와 1980년대 전성기를 구가한 선벨트 지역의 제조업 일자리의 대부분에서 임금수준이 낮았음을 알아냈고, 페르난데스켈리와 사센(Fernandez-Kelly and Sassen, 1992)은 1980년대 후반 뉴욕과 로스앤젤레스 일부 산업 부문에서 노동 착취 공장과 가내수공업이 증가하고 임금이 낮아지는 현상을 확인하였다.

강한 이론적 편향성을 지닌 상당수의 연구(Sassen-Koob, 1982; 1988; Massey, 1984; Scott and Storper, 1986; Lipietz, 1988; Hill, 1989)들이 국가 성장과정에서 대량생산의 중심성 약화와 선도적 경제 부문으로서 서비스 산업의 전환이 일련의 배열의 종말에 기여했다고 주장하였다. 제2차 세계대전 이후 경제는 중심부 제조업에서 창출된 이익을 주변부 경제에 전달하는 동력에 근거하여 작동하였다. 가격의 편익과 시장 안정성, 생산성 향상이 공급자와 하청업자를 포함한 2차 기업들뿐만 아니라 덜 직접적으로 관련된 산업, 예컨대 고임금 공장 노동자의 소비를 통해서도 관련 산업에 이전될 수 있었다. 물론 이 같은 그림자 효과의 혜택을 받지 못했던 기업과 노동자들도 상당수 있었지만, 제2차 세계대전 이후 시기가 아마 가장 적었을 것이다. 1980년대 초반 선도적 제조업 부문의 임금 협상력은 급격하게 떨어졌는데, 도표 6.10에 잘 나타나 있다. 1990년대에 시작된 시간당 생산 임금의 상승은 상당 부분 첨단제조업 부문과 바이오 기술산업의 폭발적 성장에 기인하고 있다(도표 6.9, 6.10).

서비스 산업이 도시의 소득 구조에 미치는 영향에 대한 연구는 대부분의 나라에서 1980년대에 등장하기 시작하였다. 관심이 전환되던 이 시기에 미국 주요 대도시 지역에서 서비스 산업 성장이 사회에 미치는 영향을 구체적으로 분석한 몇몇 연구(Shanback and Noyelle, 1982; Ross and Trachte, 1983; Nelson and Lorence, 1985; Sheets et al., 1987; Fainstein et al., 1992)는 지금도 살펴볼 만하다. 시츠(Sheets et al., 1987)는 1970년부터 1980년까지 몇몇 서비스 산업이 불완전고용의 성장에 지대한 영향을 미쳤음을 밝혔다. 여기서 불완전고용은 199개 대도시 지역에서 빈곤선 이하의 임금을 지불하는 고용으로 규정하였다. 가장 강력한 효과는 생산자 서비스와 소매업의 성장과 연관되어 있다. 상대적으로 가장 큰 기여는 저자들이 '조합적 서비스(FIRE: 사업 서비스, 법률 서비스, 회원 조직, 전문 서비스)'라 부르는 것에서부터 비롯되었는데, 이들 서비스 산업에서 고용의 1% 증가는 상근직, 일년직, 저임금 일자리 0.37% 증가를 가져온 것으로 나타났다. 더욱이 분배 서비스에서의 1% 증가는 상근직, 일년직, 저임금 일자리 0.32%의 증가를 가져왔다. 반대로 개인 서비스에서 고용의 1% 증가는 상근직 0.13% 및 더 높은 비중의 시간제 근무와 저임금 일자리의 증가

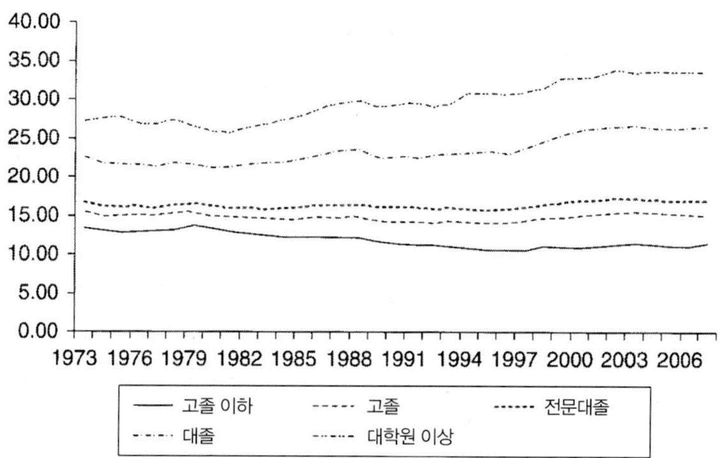

도표 6.10 미국의 학력별 노동자 시간당 평균 실질임금, 1973-2007(2007년 달러)

주: 별첨 B에서 언급한 미국 조사통계국 인구조사데이터를 분석함.

출처: Economic Policy Institute(2008b) 자료 편집.

를 가져왔다. 소매업은 시간제 근무, 일년직, 저임금 일자리의 창출에 지대한 영향을 미쳤다. 소매업 고용의 1% 증가는 그러한 일자리 0.88%가 증가하는 결과를 가져왔다. 이러한 일자리 공급의 변화는 1960년대에서 1990년대 사이 일자리의 질이 바뀐 것을 설명하는 데 도움이 된다(도표 6.5, 6.6).

최고 소득계층에서 하위 90%의 소득 구성 변화는 노동자 집단의 분화에 엄청난 불평등이 있음을 보여 준다. 이미 논의한 바와 같이 지난 30년간 상위 1%와 하위 90% 간의 소득 비율은 1979년에서 2007년 사이 9.4에서 20.0으로 변화하였으며, 상위 0.1%와 하위 90% 간의 임금 비율은 1979년에서 2004년 사이 21.0에서 70.4로 변화하였다(도표 6.2). 더 나아가 1970년부터 2007년까지 고등학교 학력 이하의 최저 교육 수준 노동자의 시간당 평균 실질임금은 점점 낮아졌다. 이에 비해 학사 이상의 최고 교육 수준 노동자의 임금은 높아졌다(도표 6.10). 그런데 미국에서 노동력의 80%를 구성하고 있는 생산 및 비관리직 노동자의 주당, 그리고 시간당 소득은 다양하다(도표 6.11). 비록 1970년대 초반 떨어졌던 임금은 몇 년 후 다시 회복되었지만, 1970년대 후반 급락한 이후 1990년대 초반까지 다시 회복되지 않았다.

그러나 이 기간 동안 고소득 일자리가 늘어나는 데 서비스 산업이 미친 영향은 무엇인가? 넬슨과 로렌스(Nelson and Lorence, 1985)는 125개 대도시 지역의 센서스 데이터를 사용하여 이 질문을 검토하였다. 서비스 부문 고용수준이 높은 대도시에서 남성 소득이 왜 더 불평등한지를 밝히기 위해, 그들은 대도시의 남성 소득자와 중위 소득자 간의 소득 격차를 살펴보았다. 이를 위해 5분위 이상 중위 소득 비율을 측정하였다. 또한 중위 소득자와 고소득자 간의 차이를 보여 주기 위해 95% 백분위수 비율을 측정하였다. 그 결과 전반적으로 125개 지역에서 불평등이 나타났는데, 이는 중위 소득 계층과 하위 소득 계층 간의 소득 격차보다 고소득층과 중위 소득 계층 간의 소득 격차가 더 크게 나타났다. 그런데 여기에 가장 강력한 영향을 미치는 것은 생산자 서비스이며, 그 다음 요인의 영향은 매우 약한다는 사실 또한 밝혀냈다(1970년대의 사회서비스, 1980년대의 개인 서비스). 많은 사람들이 기이한 것으로 여겨 고려하지 않거나 어렴풋이 인식하고 있던 것이 1990년대에 당당하게 실체로 등장하였다. 2008년까지도 이러한 경향은 여전히 지속되고 있다. 미국에서 상위 5분위 가구의 소득비중은 점점 늘어나고 있는 데 비해 다른 모든 집단의 소득 비중은 줄어들고 있다(도표 6.12). 최고 수준의 학력을 가진 노동자의 시간당 평균 임금은 증가하는 데 반해 하위 수준 학력의 노동자 임금은 떨어지고 있다(도표 6.10, 6.11). 그리고 소득은 점점 불평등해지고 있다(도표 6.2).

상위 20% 가구의 소득 비중은 거의 40년 동안 계속 증가하고 있다. 비록 1970년과 1990년 사이의 최고 소득 계층과 나머지 계층의 수가 극명하지만 이

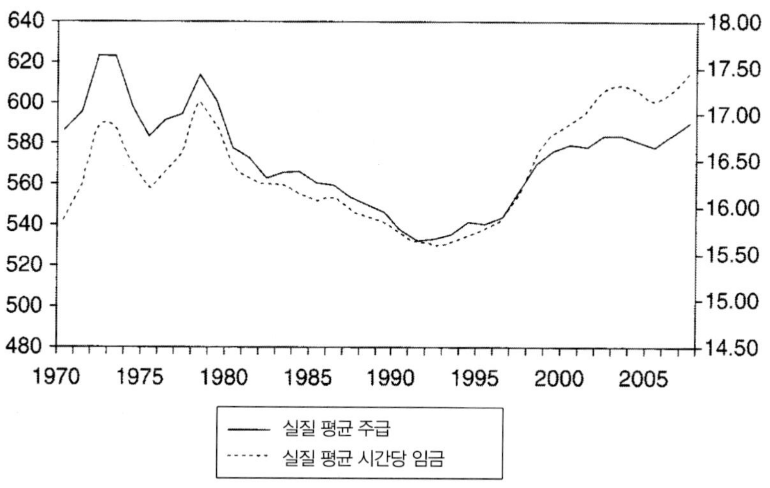

도표 6.11 미국의 생산직 및 비관리직 노동자의 평균 주당 및 시간당 실질임금, 1970–2007(2007년 달러)

주: 별첨B에서 언급한 미국 조사통계국 인구조사데이터를 분석함.
생산직 및 비관리직 노동자는 정규직 고용의 80% 이상을 차지함.
출처: Economic Policy Institute(2008b) 자료 편집.

러한 상황은 계속 악화되고 있다. 2008년 상위 20% 가구가 국가 총소득의 거의 절반에 이르는 47.8%를 차지하였다. 이와는 대조적으로 하위 20% 가구는 총 소득의 4%만 차지하였다. 또한 상위 5% 가구가 현재 국가 총소득의 20.5%를 갖고 있는데, 이는 하위 20%의 4배 이상에 이르는 수준이다(도표 6.12). 한 가구에는 몇 명의 소득자가 있을 수 있다. 따라서 이 수치는 개인 소득자 간의 불평등보다 더 낮은 수준을 보여 줄 수 있다.

그런데 이러한 경향은 이 기간 동안 다른 주요 도시들에서도 다양한 양상으로 나타났다. 예를 들면 도쿄 도심은 1980년대 새로운 경제로 전환하면서 주민 직업 구성에 있어 상당한 변화를 경험하였다. 중심 도시에 거주하는 최상위 전문직 노동자와 저임금 노동자 모두 증가하는 경향을 보였다. 서노버(Sonobe, 1993)에 의하면 두 유형의 노동자의 비중이 1975년 전체 노동자의 20%에서 1985년에는 23% 이상으로 늘어났고, 저임금 합법 그리고 미등록 이민자의 수도 늘어났으며, 이후 급격하게 증가한 것으로 나타났다. 그러나 중간 수준의 노동자 비중은 감소하였다. 예를 들면 숙련 노동자의 비중은 1975년 16%에서 1985년 12%로 오히려 떨어졌다. 유사한 패턴이 도시의 다른 지역에서도 나타났다. 그런데 전체 노동력 규모는 1975년과 1985년 대략 430만 명으로 유사한 수준이었다. 고소득 전문직과 관리직의 성장은 1980년대 하반기와 다시 1990년대 후반 이러한 현상을 더욱 강화시켰다.

고트샬크와 스미딩(Gottschalk and Smeeding, 1997)은 1980년대 선진국에서 시작된 소득 추이에 관한 연구를 검토하고 네 가지 경향을 발견하였다. (1) 독일과 이탈리아를 제외한 거의 모든 선진국에서 1980년대 남성 주요 연령층의 임금 불균형이 상당히 늘어났다. (2) 국가들 간에도 큰 차이가 있는데 미국과 영국은 소득에 있어 극심한 불균형을 보이는 데 비해 북유럽 국가들은 근소한 차이를 보인다. (3) 숙련 노동자 공급의 성장에 있어 국가 간 차이와 함께

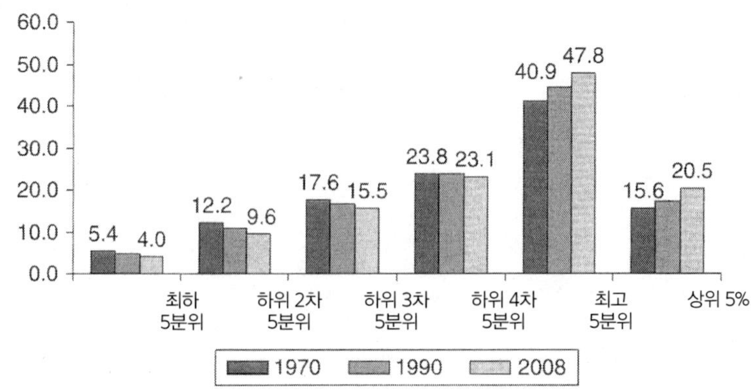

도표 6.12 미국의 소득분위별 및 소득 상위 5%의 총소득이 전체 소득에서 차지하는 비중, 1970, 1990년 그리고 2008년

출처: US통계국(2009b) 자료 편집.

더 많은 숙련 노동자에 대한 수요 증가는 교육과 경험의 경향과 복귀로 상당한 차이를 설명할 수 있으나, 전체를 설명할 수는 없다. (4) 임금에 대한 제도적 제약 또한 영향을 미친다. 중앙 임금통제기관을 갖고 있는 국가들에서 미숙련 노동자의 실업이 상대적으로 증가하지 않았다는 사실은 이러한 기관들이 불균형의 확대를 통제하는 데 도움이 된다는 것을 보여 준다. 1990년대 미국과 영국은 모든 선진국들 가운데 불균형이 가장 확연하게 증가한 대표적인 국가이다(OECD, 1996: 63).

다양한 결과들을 살펴보았지만, 그 결과들은 모두 소득 불균형의 증가라는 동일하고 일반적 방향으로 진행되고 있다. 두 번째 그룹도 근본적인 증가를 보이지만 미국만큼 급격하지는 않다. 여기에는 캐나다, 오스트레일리아, 이스라엘이 해당된다. 비록 1980년대 말로 가면서 불균형이 급격하게 증가했지만, 일본과 프랑스, 네덜란드, 스웨덴, 핀란드는 이 기간 동안 불균형의 심화 정도가 적은 편이었다. 북유럽 국가의 상당수는 매우 낮은 수준의 불균형에서 시작하였으며, 따라서 그 확대 정도는 미국보다 훨씬 덜하였다. 하위 소득 집단의 절대적 감소는 미국에서는 거의 절대적으로 나타나며, 심지어 어떠한 절대 감소도 나타나지 않는 일부 국가들, 대표적으로 일본과 영국에서는 상대적인 감소가 있었다(OECD, 1993: 도표 5.2). 25개 선진국과 개발도상국에 대한 최근의 연구는 1980년대 후반부터 1990년대 후반까지 대부분의 국가가 불균형이 심화되었으며, 한 국가만이 균형성이 높아졌다. 더구나 25개국 중에서 15개국은 같은 기간 동안 불균형이 7% 이상 심화되었고, 그중 2개 국가는 15% 이상 높아졌다(뉴질랜드와 체코). 같은 연구에서 1973년 이후 모든 나라에서 평균 소득은 증가했는데, 상위 15%의 소득은 거의 50% 가까이 상승한 데 비해 하위 15%는 대략 4% 정도 줄어든 것으로 나타났다(Smeeding, 2002).

많은 OECD 국가는 노동자들이 단체교섭과 중앙집중화된 임금 체계를 갖고 있다. 많은 OECD 국가는 이것은 불균형의 심화 정도 차이를 설명해 준다. 미국은 사정이 다르지만, 특히 소득수준이 낮은 집단이 기본적인 안전망을 통해 일정 수준 이하로 추락하지 않도록 하고 있다. 그런데 미국의 경우 하위 10%가 다른 14개 선진국의 하위 10%보다 훨씬 낮은 생활수준에 처해 있다. 심지어 14개 선진국의 하위 10%는 미국보다 더 낮은 중위 소득을 나타낸다. 중위 소득이 미국 중위 소득의 대략 70%에 불과한 나라의 하위 계층도 미국의 하위 계층보다 더 나은 생활수준을 보이고 있다.

국가 차원의 소득 불균형이 심화되고 있는 미국에서도 뉴욕 지역은 더 눈에 띈다. 1979년부터 1996년까지 뉴욕-뉴저지 지역의 소득 불균형은 50% 이상 심화되었고, 그중에서도 1990년대 말에 특히 그러하였다(Brauer, Khan and Miranda, 1998). 이 수치는 상위 계층과 하위 계층의 일년직, 상근직 남성 및 여성 노동자를 대상으로 분석한 것이다. 25~64세 상근직 남성 노동자의 90%는 1979년에서 1996년 사이에 실질소득이 26%(63,600달러에서 80,000달러로) 상승하였으나, 나머지 10%의 실질소득은 21%(19,000달러에서 15,000달러로) 하락하였다. 이러한 추세는 여성도 마찬가지여서 상위 계층은 39,300달러에서 54,000달러로 상승하였으나, 하위 계층은 13,200달러에서 12,300달러로 하락하였다. 90%가 얻은 수입은 전체 국가 수입의 10%보다 훨씬 높은 수준이다. 1989년부터 1996년 사이 상근직 남성 노동자 10%의 총 감소량은 국가 전체 평균 소득의 거의 두 배에 달하는 데 비해 상위 계층의 증가량은 국가 전체 평균 소득보다 더 빨리 상승하였다. 뉴욕 시의 불균형 수준이 더 높은 것은 대체로 금융서비스 산업에 기인한다. 금융서비스 산업은 상위 계층의 소득을 더 높였다. 1989년부터 1996년까지 90%의 소득은 8% 상승하였는데, 이는 국가 전체 상승률인 0.6%와 비교된다. 같은 기간 뉴욕 시에서 하위 10%의 소득은 27% 하락하였는데, 이는 국가 전체 하락률인 7.8%와 비교된다. 최근 데이터에 따르면 뉴욕 시 가구의 34%가 연소득이 12,000달러 이하인 것으로 나타났는데, 미국 전체 평균인 16%와 비교된다. 또한 맨해튼은 미국 3,200개 카운티 중 가장 큰 소득 격차를 보인다.

미국에서 미숙련 노동자의 경제 복지 후퇴는 대부분 실질임금 폭락과 관련이 있다. 고트샬크와 스미딩(1997)은 1973년에서 1994년 사이 누가 잃고 누가 얻었는지를 다음과 같이 묘사하였는데, 1994년 남성 노동자의 78%는 1973년 그들의 상대보다 덜 벌었다고 하였다. 이 기간 동안 불균형의 성장은 교육 수준이 낮은 노동자의 실질소득 하락이 상당 부분을 주도하였다. 대학 졸업자의 주당 실질소득은 5% 상승한 데 비해 고등학교 졸업자의 소득은 20% 하락하였다. 로버트 토플(Robert Topel, 1997)은 다른 시각을 제시하는데, 1969년 물가와 연동하면 90%의 실질임금은 약간 상승하였으나, 50%는 하락하였으며, 그리고 하위 10%는 폭락하였다. "그런데 불균형 측정 기준으로 미국 남성들의 90~10% 임금 차이는 26년 동안 49%로 늘어났는데, 이 격차의 2/3 이상은 하위 10%의 실질임금 하락에 의한 것이다." 몇몇 연구는 실질 최저임금의 하락이 소득불균등 증가의 30%에 해당한다고 추정한다(Fortin and Lemieux, 1997). 고든(Gordon, 1996: 206)에 따르면, 가장 중요한 요인은 경영 결정 및 실천과 관련이 있다고 한다. 노동조합은 남성 소득 불균형 증가를 20% 감소시키는데 영향을 미친 것으로 추정되는데, 여성의 경우는 거의 없는 것으로 추정된다(Freeman, 1994; Lemieux, 1997). 1990년대 중반 이후 경제성장은 5분위 계층 모두에서 1970년 수준 이상으로 실질임금을 높이는 데 기여했으나, 모든 계층이 동일한 수준으로 상승한 것은 아니다. 미국 통계국에 따르면 1970년부터 2003년까지 미국 상위 5%의 소득이 국가 총소득에서 차지하는 비중은 16%에서 21%로 증가하였으며, 상위 20%는 41%에서 48%로 늘어났다. 이 수치들은 상위 소득자들의 부가 비급여에 기반한 수익을 갖고 있는 한 불균형을 과소평가하도록 만들 것이다. 그리고 하위 5분위의 경우에는 어떤 형태의 소득도 없어서 친구나 가족에 의존하거나 혹은 홈리스가 되거나 자선에 의존하는 많은 가난한 사람들을 배제할 것이다. 2005년 보고서에서 EPI는 다음과 같이 서술하였다. "국가 소득의 비중이 최상위 계층에게 축적되는 경향이 있는 비근로 소득(예를 들면 투자 소득과 이윤)의 형태를 취할 경우, 이것을 더 종합한 통계는 늘어나는 불균형을 암시할 것이다"(Economic Policy Institute, 2005a).

세계적인 슬럼의 탄생

세계적으로 심화되는 불균등은 도시 공간 상에 거대한 슬럼을 형성하고 있다. 세계도시를 출현하게 만든 세계적인 경제 재구조화는 전례가 없는 규모의 슬럼 형성 또한 촉진하였다. 『슬럼지구를 덮다(Planet of Slums)』라는 책에서 마이크 데이비스(Mike Davis)는 세계적 경제 재구조화가 어떻게 세상에서 가장 가난한 사람들을 힘들게 살도록 만드는지를 보여 주고 있다. 공공 사업의 민영화, 농업 보조금 폐지, 외국 수입품 관세 삭감, 공공 지출 축소 등 국가 간 시장을 개방하고 부자에게 전례 없는 이윤 창출의 기회를 제공하는 이런 정책들은 농촌의 생활을 파괴하였다. 데이비스의 설명에 따르면 슬럼 거주자들은 고용 기회 때문이 아니라 더 이상 농촌생활을 유지할 수 없어서 도시로 내몰린 것이라고 한다. 이것은 경제성장과 연계되지 않은 도시인구의 증가를 가져온다.

메가슬럼은 세계적인 경제 재구조화의 산물로서 출현하였지만, 점점 더 세계적 순환에 통합되고 있다. 커뮤니케이션 기술과 슬럼의 과밀은 국제적 규모로 활동하는 슬럼 지역 활동조직이 출현하는 계기가 되었다. 예를 들면 Slum Dwellers International은 신용과 저축 프로그램, 여성 옹호, 정보 및 전략 교환을 포함하여, 철거 등 다양한 개발 전략을 막으려고 노력하는 지역 슬럼 거주자 조직의 범국가적 네트워크이다. 이것은 슬럼 내부에 세계와 연결되는 새로운 형태의 주관성(subjectivity)의 출현을 반영한다.

도시소비의 재구조화

고소득 일자리와 저소득 일자리가 높은 비중을 차지하는 산업의 급격한 성장은 소비구조에도 영향을 미치며, 또한 창출된 일자리의 형태와 작업 조직에 단계적으로 피드백 효과를 가져온다. 미국에서 새로운 문화 형태의 출현과 함께 고소득 노동력의 확대가 결국 고소득층의 도심 회귀 현상을 주도하였다. 고소득층의 도심 회귀는 노동 집약적인 것이어서 자본 집약적(규격형 주택, 도로와 고속도로 건설, 자가용 또는 통근열차 의존, 모든 종류의 가정용 장비와 기기에 대한 뚜렷한 의존, 그리고 대규모 쇼핑몰) 과정을 대표하는 전형적인 중산층 교외화와는 대조적이다. 고소득층의 도심 회귀는 직간접적으로 자본 집약적인 많은 부분을 노동자로 대체한다. 마찬가지로 도시의 고소득 주민들은 중산층의 교외 주택보다 가족노동과 기계의 집중 투입과 함께 훨씬 더 광범위한 고용 관리 직원에 의존하고 있다.

비록 미국 대도시보다는 덜 극적이지만 이러한 현상은 서유럽과 라틴아메리카, 그리고 점차 아시아 주요 도시에서도 분명하게 나타난다(Roulleau-Berger, 1999; Parnreiter, 2002; Schiffer, 2002 참조). 거주민을 비롯하여 통근 노동력에서 고소득층의 성장은 생산과 소비 상품 및 서비스 전달 조직의 변화에 기여하였다. 많은 셀프서비스 슈퍼마켓과 백화점을 대체한 델리카트슨과 전문 부티크의 뒤에는 대규모 표준화된 설비를 기반으로한 일반 작업 조직과는 완전히 다른 형태의 작업 조직이 자리 잡고 있다. 작업 조직상의 차이는 소매와 생산 단계 모두에서 분명히 나타난다(Gershuny and Miles, 1983; Sassen, 1998: 제7장, 제8장). 고소득층 도심회귀는 종종 대량생산되지 않거나 대형 매장에서 판매되지 않는 상품과 서비스에 대한 수요를 창출하고 있다. 주문 생산, 소규모 경영, 전문 아이템, 그리고 고급 요리는 일반적으로 노동 집약적인 방식을 통해 생산되고 소규모 통합 서비스 매장을 통해 판매된다. 저비용 기업과 노동 착취 공장 또는 가구한테 이러한 생산의 일부를 하도급 주는 것이 보편적이다. 일자리 공급과 생산 및 납품 관련 기업의 범위면에서 대형 백화점과 슈퍼마켓의 그것과는 다르다. 비록 월마트가 대량생산, 지역 외곽에 입지한 대규모 표준화된 공장들, 그리고 비노조 노동자들을 결합한 새로운 단계를 시작했지만, 맞춤형 생산자들의 틈새시장은 노조화하기가 쉽지 않다. 반면에 역사적으로 대량생산과 대량 분배 매장들은 노조 결성이 용이하였다(Sayer and Wlker, 1992; Munger, 2002).

주요 도시에서 나타나고 있는 고소득 노동자층의 증가와 그들의 높은 소비 수준은 이러한 결과에 기여한다. 주요 도시들은 부유한 주민 혹은 통근자의 오랜 중심이었다. 그런데 부자들의 중심이라는 것 자체가 도시에서 대규모 주거용 및 상업용 도심 회귀 현상을 가져온 것은 아니다. 계층으로서 신흥 고소득 노동자층은 핵심 부자들과는 구분된다. 일반적으로 신흥 고소득 노동자들의 가처분소득은 이들을 중요한 투자가로 만들 정도로 높지는 않다. 하지만 값비싼 상품과 서비스에 대한 수요면에서는 충분히 중요한 집단이다. 그런 종류의 상품과 서비스를 생산하고 또 제공하는 사람들에게 경제적 성공가능성을 충분히 보장할 수 있을 정도로 큰 수요이다. 게다가 가처분소득 수준은 생활양식과 인구패턴에도 영향을 미치는데, 더 많은 소득을 위해 많은 이들이 아기 갖는 걸 미루고 맞벌이를 하고 있다.

저소득 인구의 확대는 또한 소규모 경영의 확산과 저가 상품을 위한 대규모 표준화된 공장 및 대형 체인점에서 벗어나는 데 기여하였다. 좋게 보면 저소득층의 소비 욕구가 소규모, 가족노동에 의존하는, 그리고 종종 최저안전망과 건강 기준 이하의 제조업과 소매점에 의해 충족된다. 그래서 값싸고 동네에서 생산된 노동 착취 공장의 식품들은 저렴한 아시아 수입품들과 경쟁할 수 있다. 지하실에서 제작하는 저렴한 가구에서부터 '불법 택시(gypsy cabs)'와 가족 데이케어에 이르기까지 점점 다양해지는 생산품과 서비스는 늘어나는 저소득층의 수요를 충족하는 데 이용되고 있다(Komlosy et al., 1997; Sassen, 1998: 제8장; Russell and Rath, 2002).

극단적으로는 저소득층을 대상으로한 생산 확대가 세계적 슬럼 지역에서 뚜렷하게 나타나고 있다. 대규모 슬럼 지역에서 급격하게 증가하는 저소득층의 요구를 충족하기 위해 비공식 경제가 커지고 있다. 예를 들면 아르준 아파두라이(Arjun Appadurai)는 "뭄바이 길거리에 넘쳐 나는 소규모 행상, 노점상,

그리고 소매업자들의 폭발적 증가"로 인해 등장한 이질적인 주택시장을 묘사하였다(Appadurai, 200: 642). 뭄바이에서 주택은 늘 상당한 비용을 지불해야 한다. "보도는 반영구적인 불법 구조물인 jopad-pattis(최소의 편의 시설을 갖춘 판자집 단지)로 덮여 있다. 다른 연속체가 이들 구조물을 chawls, 즉 대집단 주택과 다른 형태의 불량주택들과 이어주고 있다"(Appadurai, 200: 637). 도시 소비는 양쪽의 극단에 해당하는 지역 즉 세계도시와 세계적 슬럼 모두에서 극적으로 재구조화되고 있다.

소득면에서 증가하는 불균등이 소비구조를 어떻게 바꾸고, 이러한 변화가 결과적으로 어떻게 작업 조직에 영향을 미치는지를 보여 주는 사례는 많이 있다. 예를 들면 금융지구에서만 운행하는 월가의 특별한 택시 대기줄과 일반 택시가 운행하지 않는 저소득층 지역에서 늘어나는 불법 택시 등이 그 예이다. 또 도심회귀지역에서 특별한 맞춤형 목공예품의 증가와 가난한 지역에서 저렴한 비공식 재활 프로그램의 증가, 부티크용의 고가의 디자이너 상품 내지는 아주 저렴한 상품을 만드는 가내 노동자와 노동 착취 공장의 증가 등도 사례들이라 할 수 있다.

결론: 확대되는 격차

도시에서 발전은 선진 경제라는 더 큰 조직에서의 근본적인 변화와 분리해서 이해할 수는 없다. 경제에서 영향력이 큰 중심적 요소인 대량생산이 축소되는 데 기여한 경제적, 정치적 그리고 기술적 힘의 결합은 고용 관계를 형성하는 더 넓은 제도적 틀의 위축도 가져왔다. 1980년대 초반 강력한 경제적 힘들 중의 하나였고, 오늘날에도 이어지고 있는 서비스 산업 집단은 더 많은 소득과 직업의 다양화, 약화된 노동조합, 그리고 고소득 일자리의 증가와 함께 임시 고용된 저임금 일자리의 증가 등으로 특징지어진다. 고용 관계를 형성하는 데 관련된 제도적 틀은 대규모 제조업의 성장시기와는 구분된다. 오늘날에는 많은 시간제 근무자와 임시직들이 있고, 이들은 일반적으로 보호를 덜 받고 노동력 성장에 따른 부의 혜택도 덜 받는다. 고용 관계에서의 이러한 변화는 사회적 재생산과 소비 영역을 재편하는 데 기여하고 있는데, 이것은 결국 경제 조직과 소득에도 피드백 되고 있다. 초기와는 달리, 이러한 피드백 효과는 중산층의 확대와 재생산에 기여했으며, 최근에는 소득 격차를 확대하고, 노동시장의 임시직화, 그리고 고급 시장과 저렴 시장으로의 소비 재구조화를 낳고 있다. 주요 도시의 최상층 주민들은 고소득 소비와 주문생산 및 서비스에 기여하는 새로운 고소득 전문직의 일부이다.

중간 규모 도시보다 주요 대도시에서 이런 다양한 경향이 더 강하게 나타나는 것은 적어도 다음 세 가지 조건에서 비롯하고 있다. 첫째, 주요 성장 부문의 집중으로, 이것은 대도시에서 저임금 내지는 고임금 일자리의 급격한 소득 분산 또는 과도한 집중을 의미한다. 둘째, 소규모, 저비용 서비스 활동의 급증으로, 이것은 도시에 거주하지 않는 노동자와 여행객이 매일 대규모로 유입되는 것뿐만 아니라 도시 거주민의 대량 집중에 의해 가능하다. 이러한 서비스 활동 수와 거주민 간의 비율은 아마 평균 규모의 도시보다 대도시에서 훨씬 높을 것이다. 게다가 주요 도시에서 사람들의 대규모 집중은 과도한 경쟁과 한계 수준의 수익뿐만 아니라 이러한 활동을 끌어오기 위해 치열한 유치전을 하게 만든다. 이런 여건하에서 노동비는 결정적이며, 그래서 저임금 일자리의 높은 집중 가능성이 커진다. 셋째, 수요의 다른 구성요소들과 같은 이유로 인해 평균 규모의 도시들보다는 뉴욕이나 로스앤젤레스와 같은 대도시에서 쇠퇴하는 제조업 부문과 비공식 경제의 상대적 규모가 더 크다.

이 모든 결과가 심화되고 있는 경제 양극화 경향을 보여주고 있다. 토지이용과 노동시장 조직, 주택시장, 그리고 소비구조에서 양극화 현상을 살펴보면, 저자는 중산층이 반드시 사라질 것이라고 생각지는 않는다. 저자는 20세기 중반, 미국은 1970년대, 그리고 몇몇 선진국에서는 1980년대까지 있었던 중산층의 확대보다는 오히려 불균형에 기여하는 성장의 역동성을 언급하고자 한다. 많은 도시에서 중산층은 인구의 중요한 부분을 차지하며, 그런 이유로 이들은 소득과 생활양식을 합쳐서 사회 형태를 이루는 중요한 통로 역할을 담당한다. 그러나 새로운 내지는 새롭게 재조직된 경제 부문의 성장 역동성이 점점 더 보편화됨에 따라 중산층의 재생산을 보장하는 경제 부문들이 선진 경제에서 차지하는 비중이 작아지고, 중산층의 중요도는 계속 줄어들 것이다.

미국의 중산층은 매우 포괄적인 범주이다. 최근에 들어온 다양한 이민자집단뿐만 아니라 대도시 내 기존 민족공동체(ethnic communities)도 포함된다. 1980년대 초반, 중산층의 일부는 소득과 수입을 통해 더 부유해졌으나, 일부는 더 가난해졌다. 1990년대에는 이러한 경향이 개발도상국(the global South)의 주요 도시들, 즉 상파울루, 뭄바이, 상하이와 같은 도시에서도 뚜렷해졌다. 간단히 말해 중산층은 다른 어떤 시기보다 급격한 상승과 하락의 형태로 분화되고 있다. 여기서 이 논의는 다음과 같은 사항을 제안한다. 즉 중산층이 여전히 다수를 구성하고 있으나, 그들의 팽창과 정치 경제적 권력에 기여했던 조건, 즉 경제성장과 이윤 실현에서 대량생산과 대량소비가 갖는 중심성은 새로운 성장원으로 대체되고 있다. 이것은 단순히 양적 전환이 아니다. 여기에는 새로운 경제체제를 위한 구성 요소가 들어있다.

도시에서 고급 서비스를 포함한 서비스 고용의 성장과 그와 관련한 불균형의 성장에 대한 증거는 이러한 전환이 담고 있는 변화가 어떻게 근본적이냐는 질문을 제기한다. 이러한 질문의 일부는 서비스에 기반한 도시경제의 본질에 관한 것이다. 직업과 소득 분포에 있어 확인한 변화는 신구 부문 모두에서 산업의 전환뿐만 아니라 기업과 노동시장의 조직변화의 결과이다. 기업, 부문, 그리고 노동자 간의 상당한 접합(articulation)이 있다. 이것은 금융과 전문화된 서비스 주도의 도시경제에서는 거의 연결되어 있지 않은 것으로 보이지만, 실제로는 선진 서비스 기반 도시경제와 통합된 부분으로 그 역할을 수행하고 있다. 그런데 이들 각각은 사회적으로나 수입 면에서, 그리고 종종 인종 또는 민족상으로 심하게 세분화된 조건하에서 역할을 담당하고 있다.

* **주석**

1. 대도시 노동시장은 특정 재구조 효과를 벗어나 다양한 배경 요인들을 반영할 것이다. 가장 중요한 요인은 그들의 규모와 밀도, 고용에 기반한 특정 산업과 직업 구성, 노동력 수요에 있어 전반적인 탄력 상태, 그리고 일부 도시의 경우에는 이민자들의 규모와 특성 등이 있다. 주요 도시에서 100년 전이나 지금이나 마찬가지로 작동하는 노동시장의 핵심적인 두 가지 특성은 유동성과 개방성으로, 번성하는 활동 형태뿐만 아니라 주민들의 노동시장 경험에도 영향을 미친다.
2. Brookings Institute. "Living Cities Census Series" [Data file]. Retrived May 2008 http://www.brooking.edu/projects/Living-Cities.aspx
3. Greene, R.P., et al., eds. 2006. *Chicago's Geographies: Metropolis for the 21st Century*. Washinton, D.C.: Association of American Geographers.
4. 여기에 거슈니와 마일즈(Gershuny and Miles, 1983)의 초기 분석과 유사한 흥미로운 사실이 있다. 서비스 경제의 구성 요소 중 하나는 전통적으로 기업에서 수행하던 업무를 가정으로 이전하고 있는데, 예를 들면 가구와 심지어 가정용 기기를 판매자가 조립하지 않은 채 판매하는 것이다.

Chapter 07

세계도시와 세계적 생존 회로

이 책에서는 세계화를 구성하는 데 있어 장소와 다양한 사회적 집단의 의미를 부각하고자 노력하고 있지만, 이것이 일반적으로 세계경제를 설명하는 핵심 주제는 아니라는 점을 알려둔다. 지배적인 설명의 핵심개념, 즉 세계적 비공식 경제, 즉각적 소통, 토머스 프리드먼(Thomas Friedman)의 잘 알려진 경구인 '세계는 평평하다' 등에서 장소는 더 이상 문제가 되지 않는다. 그리고 노동자 형태에서도 문제가 되는 것은 교육수준이 높은 전문직이라고 주장하고 있다. 이 같은 세계경제에 대한 이해는 물질적 구조로의 세계적 전달 능력과 그런 전달에 필요한 작업 과정에 특혜를 준다. 이런 형태의 설명에서는 이주노동자를 현재가 아닌 과거의 후진적 경제의 역사로 보고 있다. 이것은 가정부와 보모의 세계적인 이주가 세계도시에서 새로운 고소득 전문직과 연결되어 있다는 것을 설명할 수 없다. 지배적인 관점에서는 가정부와 보모의 이주는 세계도시와 거의 관계가 없다. 단지 여성들이 그 일을 하기 위해 도시에 가기로 결정한 것일 뿐이다. 그러면 아마도 그들의 이주와 그들이 도착해서 하는 일은 경제의 세계화에 대해 어떤 것도 설명할 수 없으며, 어떤 새로운 통찰력도 제공하지 못할 것이다. 이민 여성 가정노동자는 이미 오래전부터 자국 내 도시와 외국 도시로 이주해 왔었기 때문에 지금의 세계 재구조화 과정과 관련되어 있다고 생각지 못하고 있다. 그러나 오늘날의 이주가 이전의 이주와 동일하다는 것을 의미하지는 않는다. 이주는 시스템 내에서 이루어지며, 그것이 발생한 더 큰 시스템의 특징을 반영한다(Sassen, 1988).

이 장에서는 이러한 보편적인 설명들에 이의를 제기하고자 한다. 세계화의 특정 기능과 세계도시에서, 특히 분명한 국제 이주의 특정 구성 요소 간의 가능한 연관성을 검토할 것이다. 세계화가 가져온 상황과 역동성이 기존 이주 흐름을 바꾸거나 새로운 변화를 가져왔을 뿐만 아니라 새로운 흐름을 만들어 내고 있는 것은 아닌지 알아본다. 중국인 전문직의 새로운 이주가 오래전 흐름과는 매우 다른 이주 형태를 갖는 것처럼, 주어진 국적의 이주가 실제로는 수십 년에 걸쳐 매우 다양한 단계로 진행되고 있을 수 있다.

우리는 두 과정으로 구분할 수 있다. 하나는 세계화가 국가적 또는 지역적으로 이루어지던 기존 과정을 세계적 차원에서 이루어지도록 만든 것이다. 다른 하나는 그것이 새로운 상황과 역동성을 창출하는지 하는 것이다. 다양한 형태의 대규모 이주와 그들이 가는 장소가 정해져 있다고 한다면, 이 장에서는 도시에서 이주와 세계화가 교차하는 것을 이해하는 방식으로서 특정 쟁점에 초점을 맞출 것이다. 1990년대 이후부터 급격하게 늘어나고 있고 또한 광범위한 지역으로 확대하고 있는 가정부, 보모, 간호원, 성매매 종사자 등의 인신매매와 세계적 이주가 그것이다. 에렌라이히와 호소실트(Ehrenreich and Hochschild, 2003)는 이러한 과정을 예리하게 정리하였다. 현재의 이주와 일자리를 위한 제3세계 여성들의 인신매매가 선진국 여성들이 가정에서 담당하던 역할의 일부였다는 것이다.

그런데 이러한 주장은 더 넓은 영역을 보는 창이기도 하다. 이주 및 인신매매 네트워크가 만들어졌고, 이 네트워크는 더 큰 경제적 제약과 기회에 대응해가고 있다(Sassen, 2007: 제5장). 여기에는 저개발국의 전통적 경제 파괴도 포함되는데, 저개발국을 근대화하고 전통적 경제를 외국 기업과 투자가에게 개방하려는 IMF와 세계은행의 재구조화 프로그램이 전통적 경제를 파괴되고 있다. 일부 신흥 중산층의 부는 하나의 결과였을 뿐이다. 대신 이 새로운 부가 소규모 기업가 정신과 농업의 붕괴를 가져왔다. 그 영향은 급격하게 늘어난 고소득층과 새로 등장한 소비 공간에서 요구하는 새로운 형태의 노동력 수요로 더욱 강화되었다. 제4장에서부터 제6장까지 논의했던 바와 같이 이민자들이 세계도시의 다양한 고용 부문에서 요구하는 노동력 수요를 충족하고 있다.

세계경제의 여성

현재 진행되고 있는 여성들의 세계적 이주는 역동적으로 구성되어 있는 두 개의 서로 다른 여성 활동의 기반이 되고 있다. 그중의 하나는 세계도시이며, 다른 하나는 저개발국에서 심화되는 빈곤에 대한 정부 및 경제 전반의 대응 방안으로서 등장한 일련의 생존 회로(survival circuits)이다. 세계도시는 특화된 서비스, 금융, 그리고 세계경제 과정의 관리뿐만 아니라 전략적으로 중요한 부문을 지원하는 활동에 종사하는 많은 이민자들이 서로 결합하는 핵심 장소이다. 이 결합은 직접적으로는 주로 저임금 관리직과 건물 잡역부, 수선공과 같은 서비스업 육체노동자들에 대한 수요를 통해 이루어진다. 간접적으로는 고소득 전문직의 소비 활동 및 가정부와 보모뿐만 아니라 고급 레스토랑과 상점에서 일하는 저임금 노동자들에 대한 수요를 지원하는 활동을 통해 발생한다. 저임금 노동자들은 선도적 부문에 편입된다. 그러나 이들은 선도적 산업 부문에서 일하는 노동자들과의 연계나 조직화를 통해 권한을 갖는 부문이 될 기회가 없는 방식으로 편입되기 때문에 보이지 않는다. 이런 의미에서 '여성과 이민자'는 아웃소싱을 통해 만들어진 역외 프롤레타리아와 시스템상 동일한 것으로 등장하였다(Sassen, 2008c).

또한 보모와 가정부의 세계적 이주는 세계도시에서 최고 수준의 전문직과 관리직 노동력에 기반한 수요를 가시적으로 만드는 데 도움을 준다. 이들에게는 가정일과 일상생활을 처리하는 일반적인 방식은 적용되지 않는다. 이들은 이른바 '주부'가 없는 전문직 가정이라 묘사되는 가구 형태이다. 독신 남성이나 독신 여성, 여성과 남성으로 구성된 커플, 남성끼리 내지는 여성끼리 커플이든 상관없이 파트너 모두 일자리를 갖고 있는 한 아무도 집안일을 할 시간이 없다. 이는 결국 전 세계 모든 세계도시에 소위 "시중 계급(serving classes)"의 귀환을 가져왔는데, 이들은 대부분 이민자와 이민여성들, 그리고 소수의 일반 시민들로 구성되어 있다(Sassen, [1991] 2001: 제9장; Parrenas, 2001; Hondagneu-Sotelo, 2003; Vecchio, 2007; Hyatt, 2008). 이런 방식으로 새로운 초국가적 공동문화는 연결되어 있지 않은 것처럼 보이는 노동의 세계에 부분적으로 기반하고 있다는 사실이 밝혀지고 있다. 선진화된 세계적 '정보'경제의 다른 많은 일자리에 이민자들이 자리 잡고 있다.

두 번째 부문에서는 1990년대 및 그 이후, 여성들의 착취에 기반한 새로운 내지는 새롭게 갱신된 생존 회로가 확산되고 있다. 이들은 저임금 일자리와 성 산업을 위해 인신매매된 노동자와 고국으로 번 돈을 송금하는 이주 노동자 여성들이다. 그들의 노동과 송금액은 고국의 가족들을 위한 것일 뿐만 아니라 심각한 부채를 안고 있는 고국의 정부 수입에도 도움을 준다. 더욱이 이들의 이주와 송금액은 세계적 기업들이 자신들의 국가에 진출할 때 다른 기회들이 사라지는 것을 봤던 사이비 기업가와 세계적인 불법 무역을 바로 추진할 수 있는 오랜 범죄자들에게 새로운 이윤 창출 가능성을 제공한다. 이러한 생존 회로에는 세계적인 여러 장소들과 여러 주체들이 포함되어 있고, 점점 더 세계적인 무역과 노동자의 사슬이 얽혀 복잡하다.

세계도시와 생존회로 두 부문 모두에서 여성은 새롭게 확장하고 있는 경제의 결정적 주체로서 부상하고 있다. 새로운 경제의 핵심 구성 요소들은 가치 없는 경제주체로 여겨졌던 이들에 의해 구축되고 있다. 세계화는 다음 두 가지 측면에서 특별한 역할을 담당하고 있는데, 첫째는 송출국과 유입국 간의 연계 형성에 기여하는 것이며, 둘째는 지방과 지역 차원의 활동을 세계적인 것이 될 수 있게 한 점이다. 한편으로 여성들을 생존 회로에 동원한 역동성이 노동자의 공급을 내몰려서든 매매를 통해서든 늘이고 있는 동안, 세계도시에서 합쳐진 특정 역동성은 이런 유형의 노동자들에 대한 강력한 수요를 창출하고 있다. 다른 한편으로 세계화된 주요산업들의 토대가 되는 일부 기술 기반 시설과 초국가주의는 성격이 완전히 다른 주체들의 활동, 예컨대 자금 세탁이나 불법거래 등을 세계적인 스케일에서 전개할 수 있도록 만들어 주고 있다.[1]

세계적인 것의 지역화

이 책을 통해 저자는 경제의 세계화에는 수많은 지방화가 포함되어 있고, 그중 상당수는 세계경제와 관련되어 있는 것과는 일반적으로 연결되어 있지 않다고 주장한다. 세계도시는 많은 지방화의 핵심 장소 중의 하나이다. 도시는 특정 지역화된 배열 내에서 경제와 사회의 새로운 조직들이 하나가 되는 결합체로서 기능한다. 또한 도시는 세계적 선진국과 세계적 개발도상국에서 모든 이민자들의 불균형한 집중을 위한 장소이다.

세계화의 역동성 중 지역화 요인 중 하나는 발전 가능성이 낮은 저임금 노동자와 일자리에 대한 수요를 크게 증가시킨 세계도시에서의 경제 재구조화 과정이다(제6장). 여성과 이민자는 그들에 대한 높은 수요가 있고 이들의 일자리가 고성장부문일 때도, 저임금과 적은 수당을 제공하는 노동력 공급처로 부상한다. 이처럼 여성과 이민자에게 접근해서 권한을 가진 노동자들을 이끌어 왔던 역사적 결합을 깨트렸고, 나아가 이러한 파괴를 문화적으로 합법화하고 있다. 오늘날 상주 노동자의 대부분이 여성으로, 인구통계학적 전환이 분명한 도시는 새로운 유형들의 경제 조직(이전 장에서 논의된)과 선진국 노동자들이 애써서 번 높은 임금과 수당을 깎아내려는 것 사이를 중재한다고 보고 있다. 예를 들어 만약 이러한 일자리들이 미국과 유럽에서 정통 백인들에 의해 행해진다면, 이러한 일자리들을 업그레이드하려는 압력이 더 강력해질 것이다.

세계화와 거의 관련이 없는 다른 지역화는 제6장에서 간략하게 논의했던 광범위한 일련의 활동들에서 늘어나고 있는 비공식화이다. 비공식화를 구성하는 요소들 중 일부는 커뮤니티와 가구를 다시 도시의 중요한 경제적 공간으로 만든다. 이런 배경 하에서 저자는 비공식화를 시스템의 상층에서 탈규제의 저비용(종종 여성화된)에 상응하는 것으로 본다(제4장 참조). 탈규제(예를 들면 금융 탈규제에서)와 마찬가지로 비공식화는 유연성을 도입하고, 소위 규제의 부담을 줄이며, 그리고 비용, 특히 노동비를 낮춘다. 뉴욕, 런던, 파리, 베를린과 같은 선진국 도시의 비공식화는 종종 도시 내부에 입지한 늘어나는 유효수요가 있는 다양한 활동을 격하시키는 것으로 보고 있다. 이민자 여성과 남성은 이들 도시의 새로운 비공식 경제에서 중요한 주체이다. 그들은 이런 활동들의 비공식화를 담당하고 있다.

세계화 역동성의 또 다른 중요한 지역화로는 새로운 계층의 전문직 여성을 들 수 있다. 어딘가 다른 곳에서 저자는 이들 도시에서 고소득 젠트리피케이션, 주거용과 상업용 모두에 해당하는 것에서뿐만 아니라 중산층 가족생활의 재도시화에서 최상위 계층에서 전문직 여성의 성장이 미치는 영향을 조사하였다(Sassen, 1991; 2001: 제9장 참조). 높은 수준의 전문직에 대한 수요가 크게 늘어나면서 기업체 전문직 일자리에서 여성 고용이 급격하게 증가하였다.**2** 이들 일자리는 긴 노동 시간과 자신들의 업무에 고도의 집중을 요구하는 특성을 갖고 있다. 때문에 많은 시간을 요구한다. 교외 지역보다는 도시 거주가 필요하며, 독신 전문직이나 전문직 맞벌이가구에게는 특히 그러하다. 결과적으로 세계도시에서 이들 전문직 종사자들이 애완동물이나 자녀를 포함하여 모두가 원하는 범위 내에서 비록 그들이 함께 시간을 갖지 못하더라도 가족생활의 재도시화를 창출하면서 고소득 주거 지역은 확대되고 있다. 힘들고 시간 흡수적인 일자리가 주어졌을 때 일반적인 방식으로 가사일과 생활양식을 유지할 수 없다. 이것이 앞서 '주부' 없는 전문직 가구'로 묘사한 가구의 형태이다. 가사일이 시장으로 이전하고 있고 그 비중은 점점 늘어나고 있다. 직접적으로 상품과 서비스를 구입하거나 간접적으로 고용 노동을 통해서이다. 여기에 이중 이동과 유사한 역동성이 있다. 가사일의 일부로 행해지던 기능이 고소득 전문직 가구의 경우에는 노동시장으로 이동하고, 동시에 표준화된 작업장에서 이루어지던 노동시장의 기능은 이민자 가구와 커뮤니티로 옮겨 가고 있다.**3**

도시에서 세계화와 관련된 이러한 경제공간의 재편은 여성과 남성, 남성형 및 여성형 노동문화, 권력과 임파워먼트의 남성 중심 및 여성 중심 형태에 각각 다르게 영향을 미치고 있다. 이런 전환의 일부는 비록 제한적이긴 하지만, 여성의 자율성과 임파워먼트의 가능성을 포함하고 있다. 예를 들어 우리는 선진 도시경제에서 비공식화의 증가가 남성과 여성 간의 경제 관계 유형을 어떻게 재편하는지를 제기하였다. 이주 여성의 관점에서 비공식화는 도시를 근린과 이민자와 상류층 전문직 가구를 포함한 가구를 지불 경제활동을 위한 장소로 만든다. 이런 여건은 여성들을 위한 자체의 역동적 가능성을 갖는다. 비공식화를 통한 경제적 하향화는 저임금 여성들에게 이른바 기회를 제공하고, 그 결과 여성들이 그 안에서 스스로 발견한 일과 가구 계층의 일부를 재편하고 있다. 이것은 전통적으로 강력한 남성 중심 문화를 가진 국가 내지는 생존을 위한 생산의 장소인 가난한 가구에서 온 이민자 여성의 경우 특히 분명하다. 가난한 가정과는 반대로 중산층 가정은 점점 더 많은 상품과 서비스를 집에서 만들기보다 구매하면서 소비를 위한 장소가 되고 있다.

이것이 여성들에게 더 큰 개인적 자율과 독립을 얻을 수 있도록 하며, 이민자 여성의 정규 임금노동 및 관련 공공 부문에 대한 접근 능력을 향상시키면서 이들의 성별 관계에도 영향을 미치는 것으로 연구결과에서 나타나고 있다. 이민자 여성들이 적극적으로 활동하는 두 개의 무대 즉 영역이 있는데, 바로 공공 및 민간 지원기구와 이민자/민족공동체가 그것이다. 이주 여성은 가정과 정착과정에서 자신들의 지위를 더 강화해 준 공공과 사회적 역할에 더 적극적으로 임한다(Hondagneu-Sotelo, 1994; Mahler, 1995). 여성은 공동체 형성과 공동체 활동에 더 적극적이다. 그리고 여성은 경제 전반과 국가에 대해서는 남성과는 다른 입장을 취한다. 여성은 공공 및 사회 서비스를 찾는 과정에서 그들 가족이 안고 있는 법적 취약성을 고려해야 하기 때문이다. 이로 인해 여성들은 식비 예산과 다른 가사 결정, 그리고 집안의 허드렛일에 남성들의 도움을 요청하면서 더 큰 통제력을 갖게 된다. 공공 서비스와 다른 공적 자원에 여성들이 접근하면서 여성들은 주류 사회에 편입될 수 있는 기회를 갖게 된다. 일부 여성들은 이러한 환경 하에서 다른 여성들보다 더 많은 혜택을 얻기도 하는데, 이와 관련하여 계급, 교육수준, 소득이 이러한 결과에 미친 영향을 파악하는 연구들이 필요하다.

간단히 말해, 임금 고용과 관련된 가정에서 여성들의 임파워먼트가 상대적으로 더 크다는 것뿐만 아니라 더 중요한 것은 공공 영역에서 여성들의 참여가 확대되고 공공 주체로서 출현 가능성이 더 커졌다는 것이다. 여성들의 참여가 확대된 것은 더 강력하고 가시적 주체로서 출현할 수 있으며, 노동시장에서 그들의 역할을 더 가시적으로 만들 수 있는 가능성을 제시한다. 다른 한편으로 노동계급 남성 이주자는 더 한정된 사회정치적 공간에서 역할을 한다. 남성들은 주로 창고, 소규모 산업 서비스 기업 혹은 공장에서 일하고 일상적인 근린 생활에서는 여성보다 더 보이지 않는 주체가 되고 있다.

여기에는 앞에서 언급한 세계도시에서 이주 여성의 여건에 서로 다른 두 가지 역동성이 어느 정도 개입하고 있다. 한편으로 여성은 세계경제를 구성하는 전략적 서비스부문에서 비가시적이고 권력이 없는 노동자계급으로서 여겨진다. 이러한 비가시성이 여성들이 현대적인 형태의 강력한 프롤레타리아로 등장하는 것을 막고 있다. 다른 한편으로 비록 낮은 수준이기는 하나 돈을 벌 수 있는 가능성, 일자리 공급의 여성화, 비공식화를 통한 사업 기회는 자신들의 커뮤니티 내에서 성별 위계를 바꾸고 있다.

선진국 기업 경제에서 다른 노동자들

세계도시의 선도적인 경제부문에서 일상 노동과 관련된 일자리의 많은 부분은 저임금, 육체노동이며, 이는 여성 이민자에 의해 이루어진다. 심지어 가장 발달한 전문직의 경우에도 사무직과 최첨단 사무실의 청소와 수선 노동자를 필요로 한다. 또한 소프트웨어뿐만 아니라 형광등을 옮길 트럭 운전사도 필요하다. 이런 유형의 노동자와 일자리가 세계경제를 대표하지는 않지만 사실 이들은 세계경제 시스템을 가동하고 또 실행하는 데 기반이 되는 일자리의 일부분이다.

이 책에서 이미 논의했듯이 회계에서부터 의사 결정 기술에 이르는 고차 협력 서비스의 작업 과정은 대부분 분석되어 있지 않다. 이러한 서비스는 대개 고차의 기술 지식과 같은 결과물의 형태로 나타난다. 따라서 이들 서비스의 생산에 관련된 모든 일자리들, 보수가 많은 것에서부터 적은 것에 이르기까지 그 실제 배열에는 별 관심을 두지 않는다. 작업 과정에 대한 관심은 노동문제를 표면화한다. 정보 결과물은 생산할 필요가 있고, 노동자들이 일하는 건물은 건설되고 또 청소를 필요로 한다. 금융 산업과 첨단 전문 서비스업의 빠른 성장은 높은 기술과 행정업무직뿐만 아니라 저임금 미숙련 일자리 또한 창출한다. 뉴욕과 타 도시들을 분석한 저자의 연구를 통해 저자는 선도적 부문 노동자의 30~50%가 실제로는 저임금 노동자라는 사실을 밝혔다(Sassen, 2001: 제8장, 제9장; 2008c)

더 나아가 이 부문 전문직의 첨단 생활양식은 완전히 새로운 가사 노동자 수요를 창출하였다. 앞에서 논의한 것처럼 소득분배의 한쪽 끝에 위치한 고도로 역동적인 부문의 존재는 그 자체가 소비를 통해(혹은 더 일반적으로는 재생산) 저임금 일자리 창출에 영향을 미친다. 고소득과 저소득 일자리가 고도로 집중되어 있는 산업의 급격한 성장은 노동조직과 창출된 일자리 유형에 차례로 피드백 효과를 가져오면서 소비구조가 구분되는 형태를 띠게 되었다. 새로운 생활양식의 출현과 함께 고소득 노동력의 확대는 고소득층의 젠트리피케이션 과정을 주도하고 있는데, 이것은 최종적으로는 광범위한 저임금 노동자의 공급 가능성에 의존하고 있다. 비싼 가격의 레스토랑, 고급 주택, 고급 호텔, 고급 식료품점, 부티크, 세탁소, 그리고 특수 청소 서비스 등은 모두 저렴한 가격의 유사한 서비스보다 훨씬 노동 집약적이다. 이것은 최근 고소득 가정에서 오랫동안 보이지 않던 시중계급 개념을 재도입하고 있다. 중산층 백인 전문직 여성에게 시중드는 이민자 여성은 백인 주인을 시중드는 흑인 여성 하인의 이미지를 대체하고 있다. 이러한 추세가 도시 내 사회적 양극화 현상을 점점 심화시키고 있다.

그런데 대도시지역에서 늘어나고 있는 저소득층의 소비 욕구는 표준화되고 조합화된 형태로 생산된 상품과 서비스보다는 노동 집약적으로 생산된 것들을 통해 점점 더 충족되고 있다. 이것은 소규모의 가족노동에 의존하며, 종종 최소한의 안전과 위생 기준 이하의 제조업이나 소매업체를 통해 제공되고 있다. 그런데 노동착취공장에서 생산된 의류와 침구류는 저렴한 아시아 수입품과 경쟁할 수도 있다. 지하실에서 만들어진 저렴한 가구에서부터 불법 택시와 가족의 데이케어에 이르기까지 점점 더 다양해지는 상품과 서비스가, 늘어나는 저소득층의 욕구를 충족시킨다. 심화되는 소득 불균형이 어떻게 소비구조를 재편하고 또 다시 이것이 공식 경제와 비공식 경제 양쪽 모두에서 어떻게 노동조직에 차례로 영향을 미치는지를 다룬 사례는 많이 있다.

고소득층과 저소득층 간의 이 같은 격차는 세계경제 시스템의 상층부와 하층부의 노동시장 형성을 가져왔다. 하층부의 경우 확대되는 조직망에 점차 포섭되고 있기는 하지만, 직원 채용은 대부분 이민자 개인의 노력을 통해 이루어지고 있다. 예를 들어 25개국에 사무실을 운영하며 전 세계에서 인력 채용을 하고, '포천 500(Fortune 500)'에 선정된 서비스 기업인 캘리서비스(Kelly Services)는 최근 일체의 가사 지원 서비스를 제공하는 홈케어 부문을 설립하였다. 여기서는 특히 매일의 가사 활동에 도움을 필요로 하는 사람들뿐만 아니라 과거에는 엄마나 부인의 역할로 이루어졌던 가구원의 요구를 돌보는 일을 수행할 시간이 없는 사람들을 대상으로 한다.5

세계적인 인력채용 조직이 확장한 영역은 전문직 가정에 더 직접적으로 필요한 일들 예컨대 아이들을 데려다주고 데려오는 것을 비롯하여 아이 돌보기에서부터 청소와 요리에 이르는 집안일 등 데이케어의 여러 부문을 담당하는 서비스로 늘어나고 있다.6 보모와 가정부(EF Au Pair Porporate Program)를 다루는 한 국제적 대행사는 고용 패키지의 일부로 가사일 전반과 육아 서비스를 담당할 수 있는 고용인을 제공할 수 있다고 직접 광고하고 있다. 갈수록 더 범국가적으로 활동하는 전문직 계급은 확대된 세계도시 네트워크를 통해 이 같은 서비스를 이용할 수 있다. 더 나아가 이런 서비스들은 범국가적 전문직 계급의 편의를 극대화하기 위해 세계도시에서 표준화될 것이다(Sassen, 1991; 2001: 제7장).

시스템 최상층의 포천 500에 선정된 주요 세계적 직원채용 기업들은 기업들에게 전문가와 고차의 전문직과 기술직 일자리를 제공한다. 2001년 이들 중 최대 기업인 스위스 다국적기업 아데코(Adecco)사는 58개 국가에 사무실을 갖고 있었다. 2000년 이 회사는 전 세계 기업에 300만 명의 노동자를제공하였다. 59개국에 사무실을 갖고 있던 맨파워(Manpower)사는 200만 명의 노동자를 제공하였다. 맨파워사는 꾸준히 성장을 계속하여 아데코사를 앞질렀다. 2010년 현재 맨파워사는 300만 명의 준회원, 임시직, 계약직, 영구직을 갖고 있다. 한편 맨파워사는 40만 명의 고객을 갖고, 전 세계 82개국에서 영업 중이다(http://www.manpower.com/about/about.cfm). 앞에서 언급하였던 캘리 서비스사는 2000년 75만 명을 공급하였다. 그리고 2009년 현재 연간 48만 명을 공급하였는데, 2009년 기준으로 수익은 43억 달러에 달하였다(http://www.kellyservices.com/web/global/services/en/pages/about_us.html).

노동자 공급의 국제화가 전문직 사다리의 맨 꼭대기와 직업 분포의 밑바닥에서 발생하고 있다는 점에 주목해야 한다. 중간 수준의 직업들은 임시 고용업체를 통해 처리하는 경우가 늘어나고 있으며, 공급이 국제적으로 이루어지고 있지는 않다. 전략적 능력이 필요한 최상위 자리들은 헤드헌터와 비공식 네트워크를 통해 충원된다. 최상층과 최하층에 해당하는 직업 유형은 매우 다르지만 다른 한편으로 둘 다 매우 민감하다. 기업들은 이상적으로 믿을 만하면서 능력 있는 전문가를 필요로 한다. 더욱이 기업들은 특정 분야의 전문가이면서 세계적으로 활용할 수 있는 표준화된 전문가를 원한다. 그런데 전문가들 역시 자신들의 가정에 그러한 사람을 고용하고 싶어한다. 스태핑(staffing) 조직이 가정 서비스 공급으로 영역을 확장한 것은 세계적인 노동시장의 출현과 가정부, 보모, 가정 간호사가 제공하는 서비스를 표준화하려는 노력을 시사하고 있다.

간단히 말해, 조합경제(corporate economy)의 최상층은 흔히들 트럭 기사, 산업 서비스 노동자, 가정부, 보모, 비공식 경제와 이민자 공동체들에 비해 선진 경제 시스템을 위해 필요한 것으로 인식하고 있다. 그러나 이들 모두 최상층에 필요한 구성원들이다. 금융 및 전문 서비스 주도의 도시경제와 거의 관련이 없을 것 같은 기업이나 부문, 그리고 노동자들이 실제로는 경제를 통합하는 부분이 될 수 있다. 그런데 그들은 심각한 사회적으로나 소득, 그리고 성별, 민족 혹은 인종 분할의 조건하에 있다. 그들은 점점 세계 자본의 역동적이면서 다면적인 하층부 순환의 일부가 되고 있다. 그런데 하층부 순환은 세계 자본에 서비스를 제공하는 변호사, 회계사, 통신 전문가와 같은 상층부 순환과 부분적으로 병행하고 있다.

새로운 관리인들의 세계적 공급 창출: 생존의 여성화

이 장의 전반부에서 설명한 이민자 여성들은 다양한 방식을 통해 이주 과정에 들어간다(Pessar and Mahler, 2003). 일부는 가족 재결합이며, 나머지는 자신들 스스로이다. 이러한 이주 과정의 여러 특징들은 세계화와 거의 관계가 없다. 그런데 저자는 오늘날 경제 세계화의 어떤 특징과 밀접하게 연계되었다고 여겨지는 특정 과정에 관심을 갖고 있다. 이것은 대개 정부 혹은 불법 소개업자와 같은 제3자에 의해 조직된 이주이다. 이들 여성들은 저자가 이 장에서 중점을 두었던 부문보다 훨씬 더 거대한 세계와 얽혀 있는 작업 조건에서 일하고 있다.

지난 세기 여성은 다양한 형태로 국경을 넘는 순환에서 성장한 존재가 되었다. 이 같은 순환은 엄청나게 다양해졌으나, 한 가지 공통점이 있다. 그것은 바로 사회 취약 계층의 뒤에서 성장한 이윤 혹은 수입 창출 순환이라는 것이다. 여기에는 성 산업을 비롯하여 다양한 형태의 공식 및 비공식 노동시장에 필요한 불법인력 중개도 포함되어 있으며, 서류를 갖춘 경우뿐만 아니라 그렇지 않은 경우로 국경을 넘는 이주도 포함되어 있다. 이것은 모국 정부에게는 경화(hard currency)의 중요한 원천이 되는 송금을 발생시킨다. 이 같은 순환을 형성하고 또 강화한 것은 좋게 보면 폭넓은 구조적 조건의 결과이다. 특정 순환을 형성한 폭넓은 조건을 출현시킨 핵심 주체 중의 하나가 바로 일을 찾은 여성들이다.

나는 이러한 순환을 세계화의 역-지리학(counter-geographies)로 개념화하고자 한다. 이것은 세계화의 주요 역동성의 일부 구성 요소와 밀접하게 겹쳐 있다. 세계시장의 형성, 초국가적·초지역적 네트워크의 강화, 그리고 전통적인 감시 행위를 쉽게 피할 수 있는 통신기술의 발전 등이 그것이다. 새로운 지구적 순환이 강화되고 형성된 것은 세계적 경제 시스템과 그것과 관련된 국경을 초월한 자금 흐름과 시장을 지원하는 다양한 제도의 존재로 인해 배태되었고 또 가능하였다.**7** 이러한 역-지리학은 그 입지적 특성이 역동적이며, 또한 변화하고 있다. 그들은 부분적으로는 지하경제에 기반하고 있고 또한 정상적인 심지어 기업경제의 제도적 기반을 일부 사용하고 있다.

세계도시의 수요를 충족하기 위해 다양한 관리인을 공급하는데 결정적인 역할을 한 것은, 한편으로는 생존과 이윤 창출, 그리고 경화 소득을 위한 대안적 순환의 성장이며, 다른 한편으로는 경제 세계화와 연관된 개발도상국 주요 여건들 간의 체계적인 연계이다. 주요 여건으로는 실업의 증가, 수출시장보다 국내시장에 치중한 수많은 전통적 소·중 규모 기업의 폐쇄, 그리고 늘어나는 정부의 부채 등이 있다. 이러한 경제(에 해당하는 국가는)를 흔히 개발도상국으로 그룹화하지만 여기에는 애쓰고 있는 경우나 정체된 경우, 심지어 쇠퇴하는 경우도 포함되어 있다(여기서는 간결하게 하기 위해 다양한 상황들의 약칭으로 개발도상국을 사용할 것이다). 남성들은 돈벌이 기회를 잃고, 정부는 여성과 그들의 가정을 지원하던 사회 서비스를 축소하면서 이러한 변화의 많은 부분이 여성들에게 가정을 위한 부가적 책임을 만들었다.**8**

이것을 현실적인 개념으로 분명하게 설명하면 다음과 같다. (1) 많은 나라에서 축소되고 있는 남성 고용 기회, (2) 동일한 국가의 제반 경제 부문에서 외국기업이 점점 늘어나고 수출 기업으로의 성장 압력이 증가하면서 축소되고 있는 전통적인 형태의 이윤 창출 기회, (3) 이들 국가 중 상당수 국가는 정부 세입의 감소, 부분적으로 이러한 제반 여건과 부채 부담과 연계, (4) 모든 것이 생계를 유지하고, 이윤을 창출하고, 정부 세입을 확보할 수 있는 대안적 방법의 중요성을 강조하는 데 기여하고 있다.**9**

포함된 여성의 수가 증가하는 다양한 형태의 세계적 순환은 경제의 세계화와 연계된 중요한 역동성이 후진국 중 소위 중간 소득 국가를 포함한 개발도상국 경제에 중요한 영향을 미치는 그 시점에 강화되었다. 이들 국가들은 일련의 새로운 정책을 실시하였고, 세계화와 관련된 새로운 조건들을 수용하였다. 구조 조정 프로그램, 외국 기업에 대한 경제 개방, 각종 국가 보조의 폐지 등 거의 필연적인 것으로 보이는 금융 위기, IMF가 제시한 프로그램 해결책의 보편적인 형태. 현재 멕시코나 우크라이나, 가나, 태국 등 관련된 대부분의 국가에서 이러한 조건들은 경제와 특정 인구부문에 엄청난 부담을 주었다. 더 나아가 이 프로그램 시행 20년 뒤, 몇몇 국가의 경우 정부 부채를 근본적으로 줄이지 못할 것이 분명하다(도표 7.1, A.7.1 참조)

도표 7.1에 나타난 바와 같이, 많은 여성 노동자를 선진국 서비스 산업에 수출하고 있는 나라는 대부분 엄청난 규모의 외채를 갖고 있다. 예를 들면 미국뿐만 아니라 아랍에미리트(두바이)에도 돌봄 노동자를 수출하고 있는 필리핀의 경우 615억 달러의 외채를 안고 있는 데 비해 미국으로만 국내 노동자를 수출하고 있는 우크라이나를 비롯한 많은 국가들은 외채 규모가 333억 달러이다. 이들 조건은 또한 개발 중이거나 투쟁 중인 경제로부터 그 수가 점점 늘어나는 여성들의 삶에 결정적인 역할을 한다. 심지어 이들 연계가 분명하거나 가시적이지 않아 성장에서 여성의 역할을 일반적으로 이해하는 것이 힘들 때조차도 그러하다. 여러 측면에서 이것은 오래된 조건들이다. 오늘날 다른 점은 그들의 신속한 세계화와 상당한 정도의 제도화이다.

분석적인 측면에서 여기서 세계도시에서 여성과 이민자의 중요성을 다루면서 다른 한편으로 다음 두 가지의 관련성을 밝히는 시도를 하였다.

하나는 자원이라기보다 부담으로 표현되는 가난하고 소득이 낮으며 낮은 부가가치를 창출하는 개인과 다른 하나는 지하경제에서 이윤을 창출하고 또한 정부의 수입을 높이는 중요한 원천으로 부상하는 개인과의 관련성을 체계적으로 밝히고자 시도하였다. 성 산업을 위해 여성과 아동을 불법 인신매매하는 등 매춘과 인력 수출은 생계 수단으로 중요성이 커지고 있고, 이민자들이 보내는 송금뿐만 아니라 노동자의 조직적 수출 등 이윤 창출 수단으로 노동자

도표 7.1 국가별 정부 총 보건지출 대비 채무상환금, 2007-2009

국가	총 외채(십억(bn)/백만(mn) 달러)	총 채무상환(십억(bn)/백만(mn) 달러)	총 의료비 부담(%)	총 채무원리금 상환 지출(%)
앙골라	15.1 bn	매년 1.6 bn	GDP의 1.5 (2005)	GDP의 6.8
에콰도르	17.1 bn	매년 4.1 bn	GDP의 2.2 (2004)	GDP의 11.4
이집트	34.4 bn	매년 2.5 bn	GDP의 2.4 (2003)	GDP의 2.8
조지아	1.9 bn	매년 187 mn	GDP의 2.4 (2003)	GDP의 2.9
자메이카	6.5 bn	매년 969 mn	GDP의 2.4 (2003)	GDP의 10.1
레바논	23.3 bn	매년 3.5 bn	GDP의 2.4 (2003)	GDP의 16.1
레소토	689.7 mn	매년 54.2 mn	GDP의 2.4 (2003)	GDP의 3.7
몰도바	2 bn	250 mn	GDP의 4.2 (2005)	GDP의 8.62
모로코	16.4 bn	2.7 bn	GDP의 1.7 (2004)	GDP의 5.27
파키스탄	33.7 bn	2.4 bn	GDP의 0.4 (2004)	GDP의 2.21
파나마	9.8 bn	2 bn	GDP의 5.2 (2004)	GDP의 13.42
파푸아뉴기니	1.85 bn	388 mn	GDP의 3 (2004)	GDP의 6.7
파라과이	3.1 bn	489 mn	GDP의 2.6 (2004)	GDP의 6.7
필리핀	61.5 bn	매년 9.9 bn	GDP의 1.4 (2003)	GDP의 10
우크라이나	33.3 bn	5.9 bn	GDP의 3.7 (2004)	GDP의 6.6

출처: The Jubilee Debt Campaign UK website (http://www.jubileedebtcampaign.org.uk/); World Bank와 United Nations Human Development Report에서 수치를 인용함.

들의 중요성이 커지고 있다. 일부 정부에서는 이 부분이 점점 더 중요한 국가의 수입원이 되고 있다. 많은 여성들이 성 산업을 위한 매춘과 인신매매에 이용되면서 이들이 노동력 수출의 주요한 집단이 되고 있다. 외국 출신 여성을 고용 내지는 사용하는 것이 점점 경제 전반, 예를 들어 매춘처럼 불법적인 것에서부터 간호서비스와 같이 고도로 정규화된 산업 부문으로까지 확대되고 있다.

이러한 회로는 점점 더 여성을 통해 생계를 유지하고 이윤을 창출하며, 정부 수입을 보장하는 형태를 실현하기 때문에 생존의 여성화(부분적으로)를 보여 주는 것이라고 할 수 있다. 따라서 생존의 여성화라는 개념을 저자는 가정이 사실은 커뮤니티가 여성에게 생존을 의존하는 것뿐만 아니라 정부가 다양한 형태의 회로를 통해 여성의 소득에 의존한다는 의미로 사용한다. 그래서 이윤을 창출하는 방식에 따라 기업의 유형이 합법적인 경제의 경계에 존재하고 있다. 마지막으로 회로라는 용어를 사용하여 저자는 단순한 개인 행동의 총합이 아니라 이러한 역동성에 제도화된 측면이 있다는 사실을 강조하고자 한다.

이런 맥락에서 대안적 생존 회로가 등장하고 저개발상태에서 일반적인 경제침체 조건들과 심각한 수준의 부채를 안고 있어 건강, 교육, 그리고 개발에 대한 일반 지출을 대폭 삭감해야 하는 정부와 접목된 것으로 볼 수 있다. 이것은 시스템적 조건으로 규정되는 맥락인데, 시스템적 조건은 높은 실업, 빈곤, 수많은 기업의 도산, 그리고 사회적 소요를 충족하는 데 줄어들고 있는 자원들로 특징지을 수 있다. 나는 여기서 성 산업과 노동을 위해 이루어지는 여성의 인신매매, 이윤 창출을 위한 선택으로서 인신매매의 증가하는 비중, 그리고 많은 송출국의 계정 잔고에서 해외 이민자 송금액의 증가하는 비중에서 쟁점이 되는 일부 사항에 주목하고자 한다.

이민자들은 그들이 고향으로 보내는 송금을 통해 거시적 발전 전략에 포섭되어 있다. 이것은 많은 국가에서 정부의 중요한 외환 보유액의 원천이 되고 있다. 비록 송금에 의한 흐름은 매일매일 세계 금융시장에서 이루어지는 자본의 흐름과 비교하면 극히 적은 규모이지만 개발 중이거나 투쟁 중인 경제에서는 굉장한 것일 수 있다. 세계은행은 전 세계적으로 이루어지는 송금의 규모가 1998년 700억, 2005년 2300억 달러를 넘어 2007년에는 3180억 달러에 이르렀다고 추정하였다. 이 중 개발도상국이 차지하는 규모는 2400억 달러로 2005년의 1680억 달러를 넘어섰고, 2001년에 비해 73%가 늘어났다(Migrant Remittances, 2008: 2). 다음 두 가지 자료는 송금액에 대한 종합적인 정보를 보여 준다. 도표 7.2는 가장 많은 송금액을 받는 국가와 각 국가의 GDP에서 송금액이 차지하는 비중이 어느 정도인지를 보여 주고 있다. 주목할 것은 송금에 대부분을 의존하는 상위 의존 국가들 중 기반 시설이 거의 내지는 전혀 없거나 경제적으로 실패한 국가는 소수라는 점이다. 예를 들어 타지키스탄 GDP의 49%는 송금이 차지하고 있고, 통가 또한 GDP의 37%를 국외 거주자로부터 받고 있다. 온두라스, 아이티, 엘살바도르, 자메이카, 필리핀 등 고국을 떠난 사람들이 많은 국가들 또한 GDP의 상당 부분을 송금에 의존하고 있다. 도표 7.3은 동전의 이면으로 주요 송금 발송 국가들로 여기에는 오랫동안 일등을 유지하고 있는 미국과 2003년 32억 달러에서 2008년 270억 달러로 급부상한 러시아연방이 있다(도표 7.2, 7.3).

인신매매는 강제 고용 및(또는) 강요에 의한 모든 다양한 형태의 일 혹은 서비스를 위해 국내와 국가 간 사람들의 수송을 포함한다. 인신매매는 인권, 시민권, 정치적 권리 등 여러 권리를 침해한다. 인신매매는 주로 성 시장, 노동시장 및 불법 이민과 관련되어 있다. 인신매매를 다루는 많은 법적 작업들이 이루어지고 있다. 국제조약과 선언, 유엔 결의, 그리고 다양한 단체와 위원회가 있다.[10] 비정부기구들 또한 점점 중요한 역할을 하고 있다.[11]

지난 세기 관광업이 급격하게 성장하여 도시, 지역 나아가 국가 전체의 중요한 발전 전략이 되면서 엔터테인먼트 부문도 동등한 수준으로 성장하여 핵심 발전 전략으로 채택되고 있다. 많은 지역에서 성거래는 엔터테인먼트 산업의 일부이며, 산업과 함께 성장하고 있다. 어느 순간 성매매 자체가 심각한 실업과 빈곤, 그리고 수입과 외환 보유고가 절실한 국가에서는 중요한 발전전략이 되었다. 지역 제조업과 농업이 더 이상 고용, 이윤, 그리고 정부 수입의 원천으로서 기능할 수 없게 되자, 한때 소득, 이윤, 그리고 수입의 한계적 원천으로 역할을 했던 것들이 지금은 가장 중요한 부문이 되고 있다. 발전을 이루는

도표 7.2 이주자 송금이 GDP에서 차지하는 비중이 높은 국가들(收援國), 2006~2009

국가	2006	2007	2008	2009	2008년 GDP대비 송금 비중(%)
타지키스탄	1,109	1,691	2,544	1,815	49.6
통가	72	100	100	96	37.7
몰도바	1,182	1,498	1,897	1,491	31.4
키르기스	481	715	1,232	1,011	27.9
레소토	361	443	443	496	27.3
사모아	108	120	135	131	25.8
레바논	5,202	5,796	7,180	7,000	25.1
가이니아	218	283	278	266	24.0
네팔	1,453	1,734	2,727	3,010	21.6
온두라스	2,391	2,625	2,824	2,525	20.1
요르단	2,883	3,434	2,794	3,650	19.0
아이티	1,063	1,222	1,300	1,220	18.7
엘살비도르	3,485	3,711	2,804	3,460	17.2
보스니아 헤르체고비아	2,157	2,700	2,735	2627	14.8
자메이카	1,946	2,144	2,180	1,921	14.5
나카라마	698	740	818	784	12.4
알바니아	1,359	1,468	1,495	1,495	12.2
과테말라	3,700	4,236	4,451	4,065	11.4
방글라데시	5,428	6,562	8,995	10,431	11.4
필리핀	15,251	16,302	18,643	19,411	11.3

출처: Ratha et al., 2009: 3.

데 이들 부문의 중요성이 커지면서 관련 부문이 점점 더 확대되고 있다. 예를 들어 IMF와 세계은행이 관광업을 많은 가난한 국가들의 성장을 위한 도전 기회로 간주하고 관광업의 성장 내지는 확장을 위해 자금을 제공하면서, 이 자금은 엔터테인먼트 산업과 간접적으로는 성 매매를 위한 제도적 기반을 만드는 데 기여하였다. 개발전략에 따른 부산물은 여성들의 인신매매가 급격하게 확대되는 것으로 나타난다.

미국 국무성이 편집한 2010년 인신매매 보고서에는 미 안보국의 인신매매

도표 7.3 이주자 송금의 상위 발송국들, 2003-2008

	이주노동자의 송금액(백만 달러)					
국가	2003	2004	2005	2006	2007	2008
미국	36,545	39,347	40,635	43,922	45,643	47,182
러시아	3,233	5,188	7,008	11,467	17,763	26,145
스위스	11,411	12,921	13,324	14,377	16,273	18,954
사우디아라비아	14,783	13,555	13,996	15,611	16,068	16,068
독일	11,190	12,069	12,499	12,454	13,689	14,976
스페인	5,140	6,977	8,136	11,326	15,183	14,656
이탈리아	4,368	5,512	7,620	8,437	11,287	12,718
룩셈부르크	5,077	6,000	6,627	7,561	9,280	10,922
네덜란드	4,236	5,032	5,928	6,831	7,830	8,431
말레이시아	3,464	5,064	5,679	5,569	6,385	6,385
중국	1,645	2,067	2,603	3,025	4,372	5,737
오만	1,672	1,826	2,257	2,788	3,670	5,181
영국	2,624	2,957	3,877	4,560	5,048	5,048
노르웨이	1,430	1,749	2,174	2,620	3,642	4,776
일본	1,773	1,411	1,281	3,476	4,037	4,743
프랑스	4,388	4,262	4,182	4,217	4,380	4,541
체코	1,102	1,431	1,677	2,030	2,625	3,826
쿠웨이트	2,144	2,403	2,648	3,183	2,824	3,824
벨기에	2,329	2,617	2,754	2,698	3,161	3,689
카자흐스탄	802	1,354	2,000	3,033	4,304	3,559

출처: Ratha et al., 2009: 3.

와의 전쟁 10주년 기록이 실려 있다. 여기서 오바마 대통령은 다음과 같이 언급하였다. "현대판 노예제의 희생자들은 다양한 사람들이다. 남성과 여성, 어른과 어린이들이 해당된다. 이들 모두에게는 여전히 최소한의 인간 존엄과 자유가 허락되지 않는다…. 이들 모두 너무 자주 끔찍한 물리적 성적 학대를 당하기 때문에, 은신처가 있다는 것을 상상하기도 힘든 지경이다."(US Department of State, 2010b: 1) 2010년 미 국무부 공공행정국의 보고서는 미국이 인신매매 희생자 보호법을 제정하고, 유엔이 "인신매매" 특히 여성과 어린이를 대상으로한 인신매매를 방지하고 억제하며 처벌하는 팔레르모 의정서(Palermo Protocol)를 채택한 지 10년이 지났다는 사실을 반영하였다(US Department of State, 2010b: 1).

2000년 미국에서는 인신매매 희생자 보호법을 제정하였고, 유엔은 인신매매, 특히 여성과 어린이 인신매매를 방지, 억제, 처벌하는 이른바 팔레르모 의정서를 채택하였다. 그리고 미국 국무성 보고서는 "상업적 성매매를 위해 이루어지는 인신매매보다 강제 노동 인신매매 규모가 더 많다."고 밝혔다. 게다가 "자발적으로 내지는 이주하여 기꺼이 서비스업에 진입토록 사람을 강요하는 것보다 사람들을 납치하고 사기 치는 것을 더 가벼운 범죄로 취급한다."고 지적하였다. 보고서는 또한 "남성들도 인신매매의 주요 희생자"라는 점을 인정하였다. 그렇지만 가장 취약한 희생자는 여성들이다. 왜냐하면 "인신매매자들이 여성들을 농장이나 공장, 사창가, 집 혹은 전장에서 강요된 서비스를 하게 만드는 무기로서 성폭행을 하기 때문"이다(US Department of State, 2010b: 1).

인신매매 보고서에서는 인신매매자들에 의해 이루어지는 인신매매의 전체 규모가 연간 320억 달러에 이를 것으로 추정하였다. 또한 "전 세계적으로 강제노동, 담보노동, 강제매춘을 하고 있는 성인과 어린이가 1,230만 명에 이를 것"으로 추정하였다(US Department of State, 2010b: 1). 그중 56%는 여성과 소녀들로 예상하였다. 또한 보고서에서는 2008년과 2009년 사이 인신매매 건수가 59% 증가하였을 뿐만 아니라, 2009년 인신매매를 통한 매춘 규모가 2008년보다 40% 증가한 4,166건에 이른다고 밝혔다. 그리고 전 세계 인신매매 희생자의 발생 빈도가 인구 1,000명당 1.8명이라는 것을 발견하였다. 아시아와 태평양 지역은 훨씬 심각하여 인구 1,000명당 3명에 이른다고 밝혔다(US Department of State, 2010).

조직적 범죄를 통한 성매매의 등장, 국경을 넘어선 민족 간 네트워크 형성, 그리고 관광업의 여러 부문에서 성장하는 초국가주의는 더욱더 성 산업의 세계적인 성장을 가져올 것이다. 이것은 성 산업이 점점 더 시장화되고 산업을 확대하기 위해 더 많은 시도를 할 수도 있다. 특히 고용 선택의 기회가 거의 없는 여성의 수가 점점 늘어나고 있다는 사실은 걱정스러운 일이다. 그런 여성의 수가 늘어나는 것은 높은 실업과 빈곤, 전통적 경제 부문에서 발생하는 근로 기회의 위축, 그리고 늘어나는 정부 부채로 가난한 사람들을 지원하거나 사회 서비스를 제공할 수 없다는 것을 전제로 한다.

요약하면 점점 늘어나는 정부의 지독한 재정 궁핍과 경제적 어려움이 세계적 이주와 인신매매를 생존 메커니즘이자 이윤 창출 전략으로 활용하는 새로운 시대를 열었다. 어떤 면에서 이것은 국가 혹은 지역에서 사용되던 오래된 과정이, 오늘날에 이르러 세계적인 차원에서 작동한 것이다. 국경을 초월한 자본과 정보, 그리고 교역을 가능하게 만든 기반 시설이 지금의 기업 경제의 세계화를 만든 설계자들이 의도하지 않았던 국경을 초월한 흐름들을 가능하게 만들었다. 성 산업에서 여성은 엔터테인먼트 산업과 그에 따른 개발 전략으로서 관광 산업의 확장을 지원하는 핵심 고리이다. 이 두 산업은 정부의 중요한 수입원이 되고 있다. 그런데 이 관계는 음모에 의한 것이 아니라 구조적인 것이다. 국가경제에서 노동자, 기업, 그리고 정부의 생존과 이윤, 그리고 수입을 보장하는 다른 소득원이 제한적이거나 없을 경우 이들 부문의 비중은 더 커질 것이다.

결론

세계적인 이주와 여성의 인신매매는 현재 선진국과 후진국 모든 세계경제의 특성에 기반을 두고 있다. 실제로 세계화가 선진국 여성의 가사일 중 일부에 해당하는 서비스가 어떻게 세계적으로 추출되는지를 이해하기 위해서는 세계화를 보편적인 관점과 다른 방식으로 바라볼 필요가 있다. 이 책에서는 세계화를 자본의 초이동성과 정보경제의 지배로 한정하여 묘사하기보다 특정 장소와 노동 과정 또한 경제 세계화의 일부라는 사실을 밝히고자 하였다. 하나는 오늘날 저임금 여성 노동자를 세계적으로 제공하는 데 기여하고 있는 오래된 생존과 이윤 창출 활동의 세계화이다. 다른 하나는 선진국의 이민자 보모나 가정부, 간호원, 그리고 성 노동자에 대한 늘어나는 수요가 노동 수요의 급격한 재조직화를 가져오고 있다는 것이다. 이러한 역동성은 특히 세계도시에서 두드러지며, 세계적 조합도시의 전략적 장소에서도 나타난다.

후진국의 심각해지는 있는 정부 재정과 전반적인 경제 침체는 이주와 여성 인신매매를 포함한 생존 및 이윤 창출 활동의 확산을 부추키고 있다. 이것은 어느 정도 국가 혹은 지역 차원에서 사용되던 오래된 과정으로, 오늘날에는 세계적인 차원에서 작동하고 있다. 국경을 초월한 자본과 정보 그리고 교역을 가능하게 만든 기반 시설이, 경제 세계화를 만든 설계자들이 당초 의도하지 않았던 국경을 초월한 흐름들을 가능하게 만들었다. 많은 인신매매자들과 밀수업자들이 여성들을 착취하여 돈을 벌고 있고, 많은 정부가 여성들의 송금에 점점 더 의존하고 있다. 여기서 핵심은 여성들의 노동과 송금을 통해, 여성들은 심각한 부채를 안고 있는 국가의 정부 재정을 개선하고 있다는 사실이다. 또한 여성들은 모국에 진입한 세계적 기업들과 시장들로 인해 다른 기회가 사라져 버린 사이비 기업가와, 지금은 세계적으로 자신들의 불법 교역을 유도했던 오랜 범죄자들에게 새로운 이윤 창출의 가능성을 제공하고 있다는 사실이다. 이 같은 생존 순환에는 다양한 입지와 늘어나는 교역업자와 노동자의 세계적 사슬을 구성하는 일련의 주체들이 포함되어 있으며, 매우 복잡하다.

그런데 세계화는 또한 새로운 조건과 역동성을 창출하고 있다. 세계적인 조합자본과 후진국 여성을 포함한 새로운 노동 수요 간의 전략이 바로 세계도시들이다. 세계도시는 세계적 경제 과정을 조정하고 관리하는 핵심 기능과 자원의 일부가 집중되어 있는 곳이다. 이들 활동의 성장은 고임금 전문직에 대한 수요급증을 가져왔다. 기업과 전문직의 생활양식 모두 저임금 서비스 노동자에 대한 수요를 창출한다. 또한 이런 방식으로 세계도시는 수많은 저임금 여성 노동자와 이민자들을 전략적 경제 부문에 편입시키는 입지가 되고 있다. 이 편입은 대개 잡역부와 수리공과 같은 저임금 사무직과 블루칼라 서비스 노동자에 대한 수요를 통해 직접적으로 발생한다. 그리고 간접적으로는 고소득 전문직의 소비 활동을 통해 이루어진다. 예를 들어 비싼 레스토랑과 가게에서 근무하는 저임금 노동자뿐만 아니라 가정부와 보모와 같은 수요를 창출하고 있다. 저임금 노동자들은 주도적 부문에 편입되고 있으나 매우 열악한 조건하에서 보이지 않는 존재가 되고 있으며, 그와 함께 역사적으로 노동자의 임파워먼트 토대를 약화시켰다.

세계도시와 생존 순환 모두에서 여성은 새로 확장하는 경제 형태의 결정적인 주체로서 등장한다. 이 새로운 경제의 핵심 구성 요소는 보잘 것 없는 경제 주체로 여겨졌던 이들에 의해 이루어졌다. 세계화는 여기서 특별한 역할을 하고 있다. 첫째는 송출국과 수입국 간의 연계를 형성하는 데 기여하고 있다. 핵심 세계적 산업의 기반이 된 기술적 기반 시설과 초국가주의는 다른 한편으로 형태가 다른 주체들이 자금 세탁이나 인신매매와 같은 활동을 세계적 차원에서 전개할 수 있도록 만들고 있다. 둘째는 국지적 그리고 지역적 활동이 세계적인 스케일이 되도록 만든다. 셋째, 세계화는 세계도시에서 이런 형태의 노동자에 대한 강력한 수요를 창출하는 역동성을 증진하고 있다. 그리고 다른 한편으로 세계화는 여성을 이 같은 생존 회로에 동원하는 역동성도 증진한다. 그래서 이런 유형의 일자리를 강요받고 판매되는 노동자의 공급을 확대시키고 있다.

*** 주석**

1. 저자의 연구프로젝트에서는 또한 세계화로 인해 가능해진 일련의 활동들과 실천에 초점을 두고 있다. 예를 들면 인권과 환경 운동의 특정 측면이나 반세계화 네트워크의 특별한 활동 등이다. 이를 생각하는 방식은 세계화가 착취적이고 해방적인 역지리의 생산을 가능하게 한다는 것이다.
2. 사실 여성은 이러한 배경 속에서 특정 자원 유형을 나타낸다. 왜냐하면 그들은 옳든 그르든 더 나은 문화적 브로커로 간주된다. 더 나아가 여성은 금융 서비스 산업에서 소비자와의 대면하는 데 있어 핵심적인 역할을 하는데, 여성은 여기서 더 신뢰를 심어 주며, 이에 따라 쉽게 개인투자가가 더 투기적인 곳에 자신의 돈을 투자할 수 있게끔 한다(Fisher, 2004).
3. 저자는 이를 Sassen(1995)에서 발전시켰다.
4. 이러한 사안들의 일부는 국내 서비스(Parrenas, 2001; Ehrenreich and Hochschild, 2003; Ribas-Mateos, 2005)에 관한 최근 연구 문헌과 그리고 여기서 언급한 다양한 가구 업무에 부응한 국제적인 조직의 급격한 성장에 잘 드러나 있다.
5. 가사 서비스에는 목욕과 옷입히기, 음식 장만, 재우기와 깨우기, 약 챙겨 주기, 운송, 집안 돌보기, 대화, 교제 등이 해당된다. 고소득 전문직 가구의 소요와는 덜 직접적으로 관련되어 있지만 이러한 업무들 중 상당 부분은 전형적인 선진국 주부의 돌봄에서 이루어졌다.
6. 이 시장에서 대표적인 것으로 영국에 본사를 두고 있는 International Nanny and Au Pair Agency와 런던과 파리를 기반으로 한 Nannies Incorprated, 그리고 캐나다에 근거를 두고 있는 International Au Pair Association(IAPA)이다.
7. 저자는 국제적 노동력 이주의 사례에서 논의하였다(예를 들어 Bonilla et al., 1998; Sassen, 1998: 제2-4장; 1999; 2007: 제5장; Castro, 1999)
8. 또한 여성과 부채에 관한 오래된 문헌들이 있는데, 여기서는 1980년대 정부 부채가 증가하는 것과 연계하여 7개 개발도상국에서 구조 조정 프로그램 첫 세대의 수행에 초점을 두었다. 이

문헌에서는 이들 프로그램이 여성들에게 불균형적으로 부과된 것을 기록하고 있다. 여러 언어로 된 많은 문헌들이 있다. 또한 여기에는 다양한 활동가와 지원조직에 의해 작성된 수많은 제한적 순환 사안들도 포함되어 있다(예를 들면 Ward, 1991; Ward and Pyle, 1995; Bose and Acosta-Belen, 1995; Beneria and Feldman, 1992; Brashaw et al., 1993; Tinker, 1990), Moser, 1989). 그리고 현재 이들 프로그램의 2세대에 관한 새로운 문헌들이 있는데, 1990년대 세계경제의 집행을 더 직접적으로 다루고 있다(Chang and Abramovitz, 2000; Chant and Craske, 2002). 위기의 맥락에서 불법거래는 수입의 중요한 원천이 되고 있다. 2005년 이민자들이 자신의 고국에 보내는 세계적 송금액 규모가 2300억 달러에 달하였다. 이민자들의 불법적 거래는 범죄 조직에게 연간 95억 달러의 수익을 창출하는 것으로 추정하고 있는데, 이는 마약과 무기거래 다음으로 수익이 높은 것이다(US Department of State, 2004).

9. (1)과 (2)의 구성 요소 가운데는 종종 지역 혹은 국가 시장 지향적인 꽤 전통적 부문에 해당하는 수많은 기업들의 폐쇄와 지역 혹은 국가 시장을 위한 식량 생산과 생존 농업을 점점 대체하는 수출 지향적인 상품작물들이 포함되어 있다.

10. 예를 들어 창(Chuang, 1998)을 참조하라. 인신매매는 1998년 5월 버밍엄에서 열린 G8 회의에서 충분히 강조된 사안이었다. 8개 선진국 대표는 국제적 조직범죄와 개인에 대한 인신매매에 대항하는 협력의 중요성을 강조하였다. 미국 대통령은 미국 행정부에 여성과 소녀들의 인신매매에 대한 대응을 강화하는 일련의 지시를 내렸다. 이것은 결국 폴 웰스톤(Paul Wellstone) 상원의원에 의해 입법 발의되었고, Bill S. 600은 1999년 미국 상원의회에 도입되었다.

11. 여성인신매매반대연합은 오스트레일리아, 방글라데시, 유럽, 라틴아메리카, 북아메리카, 아프리카, 아시아 태평양에 센터와 대표부를 갖고 있다. 여성인권향상프로그램은 세계적인 인신매매와 싸우기 위해 인신매매반대연맹을 설립하였다. 다른 조직들은 이 책에 언급되었다.

도표 A.7.1 채무비중이 높은 빈곤국(중채무빈곤국): GDP 대비 수출, 외국인 투자, 그리고 채무 비중(1995–2006)

국가	1995	2003~2004	2005	2006	1995	2003	2006	1995	2003	2005	2006
베냉	20.2	13.7	13	/	0.4	1.4	0.5	6.8	6.9	7.4	–
볼리비아	/	/	36	42	/	/	–3	/	/	14.3	8.5
부르키나파소	12.4	8.6	10	11	0.4	0.3	0.4	12.2	11.2	–	–
에티오피아	13.6	16.9	16	16	0.2	0.9	2.4	18.4	6.8	4.1	6.8
가나	/	/	36	39	/	/	1	/	/	7	4.9
가이나나	/	/			/	/	9.8	/	/	88	–
온두라스	/	/	88	–	/	/	5.6	/	/	3.8	3.4
마다가스카르	24.1	28.4	27	30	0.3	0.2	0.6	14.9[a]	6.1	5.7	…
말리	21.2	26.4	27	30	4.5	3	3	13.4	5.8	5.7	–
모리타이	49.1	40.2	36	55	0.7	18.1	6.2	22.9	27.7[b]	–	–
모잠비크	15.2	22.8	33	41	1.9	7.8	1.6	34.5	6.9	3.8	1.9
나카라과	/	/	29	31	/	/	4.9	/	/	6.7	4.1
니제르	17.2	15.5	15	–	0.4	1.1	0.4	16.7	–	5.9	–
르완다	5.2	8.6	11	12	0.2	0.3	0.4	20.4	14.6	8.1	9.6
세네갈	34.5	27.8	27	26	0.7	1.2	0.7	16.8	8.7	–	–
탄자니아	/	/	24	24	/	/	3.9	/	/	4.3	3.4
우간다	–	–	13	15	2.1	3.1	2.9	19.8	7.1	9.3	4.8
잠비아	36	20.9	34	38	2.8	2.3	3.6	47.0[c]	29.6	10.9	3.6

주: 위 국가들 이외 추가로 20개 국가들도 중채무빈곤국의 대상이나, 아직 필요조건을 충족하지 못함.
a. 1995–97; b. 1998; c. 1997
/는 중채무빈곤국 대상국가이나 World Bank와 UNDP에서 저개발국가(LDCs)로 등재하지 않은 국가들.

세계적 거버넌스 도전의 도시화

오늘날의 수많은 세계적 거버넌스 도전들이 세계 곳곳의 도시에서 감지되고 있으며, 이것은 시급하고 절실한 것이 되고 있다. 이는 세계적 도전의 도시화로 정리할 수 있다. 세계적 거버넌스 도전들 중에는 환경과 관련한 것들이 있다. 연령을 불문한 폭력의 확산과 민족주의의 확산을 포함한 인류의 불안, 불평등 전쟁과 함께 일어나는 전쟁의 도시화, 경제적 형태의 폭력의 급증 등도 있다. 도시는 이러한 도전들을 경험적으로 연구할 수 있고, 정책 구상과 집행이 국가 차원에서보다 실질적으로 이루어지는 장소이다. 국가 정부와 주 정부 간의 조약을 다루기 훨씬 이전에 도시 지도자와 활동가는 이런 쟁점들을 많이 다루어 왔다. 도시는 환경적으로 새로운 유형의 지속가능한 에너지원과 건설 과정, 그리고 기반 시설을 위한 선도공간을 형성하고 있다. 또한 도시는 새로 출현하는 도시 간 네트워크에 결정적인 곳이다. 이 네트워크에는 다양한 영역의 주체들, 예를 들면 NGO, 공식적 도시정부, 비공식적 활동가, 세계적 기업, 이민자 등이 연관되어 있다. 그리고 이 중 일부는 세계적 거버넌스로 발전하는 정치적 기반이 될 수도 있다. 여기서는 도시가 직면하고 있는 환경 및 금융상의 도전에 특히 집중하고자 한다. 그리고 불균형적 전쟁을 간략하게 다룰 것이다.

세계적 거버넌스를 위한 경계공간으로서 도시

다양한 도전들이 세 가지 경로를 거쳐 도시화되고 있다. 이 세 가지가 모든 것을 포괄하지는 못하지만, 매우 다양한 도전들을 보여 준다. 여기서 금융 위기는 다루지 않았는데, 그것은 다른 영역의 도전에 해당하기 때문이다.

새로운 군사적 불균형

국민국가가 국가 안보라는 이름으로 전쟁을 일으킬 때, 오늘날에는 주요 도시들이 핵심적인 최전선 공간이 되기 쉽다. 과거 전쟁은 대규모 군대가 만나 싸울 수 있는 넓은 들판 내지는 바다를 필요로 하였으며, 이곳이 최전선이 되었다. 오늘날 국가 안보를 위한 탐색은 도시불안(urban insecurity)의 근원이 되고 있다. 우리는 이른바 테러와의 전쟁에서 이것을 볼 수 있다. 이라크 침공은 도시를 전쟁 극장으로 만들었다. 그러나 직접적인 전쟁 극장의 일부가 아닌 도시인 마드리드, 런던, 카사블랑카, 발리, 뭄바이, 라호르 등에서 발생한 폭발처럼 도시는 이런 전쟁의 부정적 영향을 받고 있다. 국민국가의 안보에 기반한 전통적인 안보 패러다임은 이러한 삼각측량을 수용하는 데 실패하고 있다. 국민국가를 보호하는 데 필요한 것이 주요 도시와 시민들에게 비싼 대가를 치르게 할 수도 있다.

지구온난화, 에너지, 그리고 수자원 불안

지구온난화, 에너지, 수자원, 그리고 다른 환경 도전이 도시의 최전선 공간을 만들 것이다. 이들 도전은 국민국가들과 국가 자체로 더 확산된 채 지속될 것이다. 그 주요 이유는 도시에서의 일상생활이 대규모 기반 시설과 사람들을 위한 제도적 지원, 예컨대 아파트, 병원, 대규모 하수 시설, 정수 시스템, 지하철, 그리고 자동화된 관리시스템에 의존하고 있는데, 이것은 모두 전기 공급망에 민감하고 직접적으로 의존하기 때문이다. 우리는 이미 해수면이 상승하면 세계에서 인구가 가장 밀집된 도시들 중 일부는 침수될 것이라는 것을 알고 있다. 주요 재해들은 이전에 발생했던 것보다 훨씬 더 심각하고 파괴적이 될 것이다. 예를 들면 2010년 파키스탄과 2011년 오스트레일리아의 홍수, 2011년 일본의 유래없이 강력한 지진과 연이은 쓰나미 등이 그것이다.

이런 도전 중 일부는 그 긴급함이 장시간의 협상과 여러 차례에 걸친 국제회의를 넘어섰지만 국내 정치, 특히 국제정치 차원에서는 여전히 가장 보편적인 계약 형태를 취하고 있다. 지구온난화가 도시를 강타할 경우 심각한 사태가 발생할 것이며, 이에 대해 어느 정도 대비했는지가 결정적인 역할을 할 것이다. 새로운 종류의 위기와 이후의 폭력은 특히 도시에서 경험할 것이다. 전기 공급망을 관리하는 자동화 시스템이 5일 동안 고장난 상태를 NASA가 시뮬레이션한 결과 뉴욕과 같은 대도시는 근본적으로 재래식 도구로는 통제할 수 없는 극한의 상황에 처하는 것으로 나타났다.

이 같은 도전은 비상 상황으로 우리가 채 알아채기도 전에 도시는 심각한 위협을 받을 것이다. 국가 전체적으로는 이런 도전이 서서히 진행되는 것과는 대비된다. 이런 의미에서 도시는 최전선이며, 국가가 국제조약을 승인하든 그렇지 않든 지구온난화에 대응해야 할 것이다. 이런 이유로 많은 도시들이 이런 도전에 대응하는 능력을 개발하고 있다. 오래전인 1980년대 도쿄와 로스앤젤레스 같은 도시에서 발생한 대기 질 위기가 그 한 예이다. 이들 도시들은 교토의정서와 같은 협정이 등장하기를 기다리거나 정부가 법률을 제정할 때까지 기다릴 수 없었다. 조약이나 법률에 상관없이 이 도시들은 긴급하게 대기 질 문제를 다루어야만 했고, 그렇게 하였다.

도시폭력

도시는 다양한 위기에서 비롯된 새로운 형태의 폭력에 대응하는 법률 제정을 위해 세계적 거버넌스에 도전하게 된다. 국가차원에서 규범적으로 구축된 거버넌스로는 대응할 수 없는 다양한 형태의 폭력이 발생하고 있다. 예를 들면 브라질의 상파울루와 리우데자네이루, 멕시코의 시우다드 후아레스와 티후아나에서 지난 몇 년간 발생한 갱과 경찰 간의 폭력사태는 단순히 부실한 치안활동에서 촉발된 사태라기보다 일종의 거대한 와해를 보여 주는 것이다. 바그다드에서의 미군 실패도 마찬가지로, 이것을 단순히 무정부 상태라고 부르는 것은 적절하지 않다. 세계적 거버넌스는 각 도전을 해석하는 거시적 틀로 도시에서의 일상폭력과 불안을 야기하는 스트레스 요인에 대응한다. 이것의 일부는 결국 군사적 대응을 가져올 수 있으며 이는 부적절하거나 오히려 갈등을 심화시킬 수도 있다.

도시 생태계와 바이오 생태계의 다리놓기

현재 진행되고 있는 거대한 도시화 과정은 앞으로 지구환경을 규정한다. 인류는 점점 더 도시와 거대도시들에 거주할 것이며, 도시에서 사람들은 다양한 환경 자본을 활용하고 관리할 것이다. 과거에는 지리적으로 제한된 특정 도시의 배후지가 오늘날에는 세계의 배후지가 되고 있다. 세계경제의 팽창과 함께 우리는 한정된 수의 산업과 장소를 지원하기 위해 지구의 대부분을 합병하는 능력을 키워왔다.

여기서는 도시의 다중적 특성을 다룰 것이다. 다양한 지형과 영역, 많은 비도시적인 것(nonurban). 이들이 어떻게 영향을 미치고 또한 요구를 충족하는지 살펴보고자 한다. 또한 도시의 생태적 특성도 다룰 것이다. 도시적 과정과 그 결과를 접목하는 여러 메커니즘과 피드백 순환. 나아가 이러한 도시생태계와 자연 생태계 간의 새로운 접목을 검토하고자 한다. 핵심적 도시 과정의 다중적이고 생태적 특성은 도시 거버넌스의 일부가 될 필요가 있다. 그래서 도시를 통제하는 과정은 환경적으로 더 지속가능하고 생태적으로 더 효율적인 사회를 만드는 과정의 일부가 된다.

도시화와 산업화는 인류를 전체 생태계의 최대 소비자이자 파괴자로 만들었다. 도시화는 기후에서부터 종 다양성과 해양 순도(ocean purity)에 이르기까지 전체 자연 생태계가 직간접적으로 변화하는 데 영향을 미치는 대단히 독특한 존재이다. 또한 도시화는 열섬, 오존 파괴, 사막화, 수질 오염과 같은 새로운 형태의 부정적인 환경 조건을 만드는 데도 주도적 역할을 하고 있다. 그리고 그 결과는 이전에는 결코 본 적이 없는 지구 생태조건을 만들고 있다. 이는 지질학적 것에 의해 주도되는 지질세(geocene)의 오랜 지구역사가 인간에 의해 주도되는 인류세(anthropocene)라는 새로운 시대로 전환한 것이라고 할 수 있다.

주요 도시들은 행성적 거리를 가진 독특한 사회생태적 체계가 되었다. 도시들의 소요와 증가하는 인구, 그리고 기계식 농업의 이윤 동기는 전통적인 농촌경제와 그들의 오래된 문화적 적응을 생물학적 다양성으로 바꾸었다. 농촌 인구는 갈수록 산업경제를 통해 생산된 상품, 심지어 식량까지를 포함한 상품의 소비자가 되고 있으며, 그리고 생물학적 다양성에 더 민감하게 되었다. 물리적 측면뿐만 아니라 문화적 정서적 측면에서도 농촌의 여건은 종 다양성을 지원하지 않는 새로운 체계로 바뀌었다. 이러한 변화는 모두 도시여건, 즉 도시문화와 생활양식에 따른 건조환경이 미래의 환경에 중요한 요인으로 작용하며, 인류와 지구 상의 여러 부문들간의 관계를 급격하게 바꾼다는 것을 보여준다.

그런데 도시화 그 자체가 환경 문제를 유발하는가? 아니면 특정한 유형의 도시체계와 우리가 수행하는 산업화 과정 때문인가? 부정적인 지구 생태여건은 도시 집중과 과밀의 결과인가 아니면 도시 구성 방식 때문인가? 혹은 도시 콘텐츠, 교통, 폐기물 처리, 건물, 냉난방, 식량 공급, 그리고 우리가 사용하는 모든 물질과 식량, 서비스를 추출하고 성장하고 만들고 묶고 배분하고 처분하는 모든 산업화 과정 등 우리가 발전시킨 특정한 도시체계의 결과인가? 의심할 필요도 없이 후자, 즉 우리가 만든 특정 도시체계 때문이다.

환경에 피해를 주는 것은 도시화 그 자체가 아니라 농촌에서 환경적으로 유해한 생산 과정을 채택토록 만드는 도시화 양식이다. 최근까지 농촌 지역에서는 비료나 농약과 같은 화학 물질의 사용을 삼가고 작물 윤작과 같은 환경적으로 지속가능한 경제적 실천을 행하였다. 그런데 극단적 자본주의는 특히 후진국에 농촌 빈민들을 만들었고 지금 이들은 너무 가난해서 환경을 파괴하는 활동, 대표적으로 사막화를 주도하는 활동을 하고 있다.

현재 주요 도시들 간에 눈에 띄는 특징 중의 하나는 환경적 지속가능성에 있어 서로 큰 차이가 있다는 것이다. 이 차이는 정부의 다양한 산업 정책, 경제기반, 문화, 공동체 규범과 생활양식에 기인한다.[1] 미국에서 전형적인 두 가지 사례를 찾을 수 있는데, 이것은 다른 나라에도 적용할 수 있다. 도시 리더십과 정보를 가진 개인들이 정부 주도 프로그램에 반대하는 지역과 규제에 강하게 반대하는 지역에서 어떤 결과를 만드는 지를 두 사례를 통해 살펴보고자 한다. 그 다음 이것을 좀 더 복잡하게 그리고 다른 지역에 적용할 수 있도록 설명하고자 한다.

첫 번째 경우는 에너지 시스템과 석유 의존에 관한 것으로, 널리 알려진 텍사스 주의 도시들이 녹색(green)을 어떻게 결정하는지 보여 준다. 환경에 대한 정치적 지원이 없을 때, 도시가 발전하고 작동할 수 있는지를 보여 준다. 2000년 오스틴은 국제적으로 인정된 모델 프로그램인 그린 빌딩 프로그램(Green Building Program)을 시행하였다. 이것은 교육, 마케팅, 그리고 수요와 공급 측면 모두에 영향을 주는 금전적 인센티브를 제공하여 지역 건설시장을 바꾸고 있다. 프로그램은 주로 도시의 커뮤니티 소유 공익기업, 오스틴 에너지(Austin Energy)에 의해 지원받고 관리되고 있다. 또한 시 주도 공익기업은 시를 위해 59개의 지역 풍력 발전기, 네 개의 매립지 메탄가스 회수 프로젝트, 그리고 153kw 이상의 에너지를 제공하는 세 개의 태양에너지 사이트 등 재생에너지원도 개발하고 있다. 오스틴은 텍사스에서 유일하게 민주당 소속 시장이 있는 시이다. 텍사스는 종종 미국에서 대표적인 공화당 우세, 자유시장, 반정부, 반규제의 주들 중의 하나로 여겨지고 있다. 그런데 오스틴 사례는 잘 설계된 계획과 결정이 결코 우호적이지 않은 여건하에서 어떻게 성공하는지를 보여 준다.

두 번째 사례는 시카고로, 이곳은 중공업, 금속 기계, 기계식 농업, 그리고 미국에서 가장 중요한 교통 중심지라는 경제중심지로의 역사를 갖고 있다. 오늘날 시카고는 2015년까지 에너지의 20%를 재생에너지원으로부터 조달한다는 목표를 수립하였으며, 최고의 환경도시가 되고자 스스로 결정하였다. 여기에는 태양, 풍력, 바이오매스, 소규모 수력, 매립가스 등이 포함되어 있다. 시카고는 1990년대 수백, 수천 그루의 나무를 심기 시작하였고 이는 앞으로도 계속할 것이다. 도시 내 100마일 이상의 자전거 도로를 조성하고, 도시박물관에 태양열 판넬을 설치하였고 시청에는 옥상 정원을 설치하였다. 또한 시 정부는 반사 지붕과 식물이 피복된 지붕을 허용하여 도시 '열섬' 효과를 줄이는 조례를 제정하였다.

이들 사례는 정책과 사전 조치가 환경적 지속가능성에 결정적 영향을 미치는 것을 보여 준다. 여기에는 사람들에게 에너지 소비 습관을 바꾸도록 설득하며, 정부는 지속가능성 중심의 법안을 제정하도록 주장하고, 지역 및 세계적 기업들에게 환경적으로 피해를 주는 생산 과정에 대한 책임을 요구하는 것 등이 포함되어 있다.

그런데 이런 형태의 개입만으로는 충분하지 않으며, 더 강력한 것이 필요하다. 우리는 현재를 주도하는 방식이자 핵심 고려 사항 중 일부 기초적인 요소들을 다른 도시와 공유하고 있다. 이는 인간 경제를 통해 유통되는 에너지와 물질이 공해와 폐기물로 변형된 채 생태계로 돌아오기 때문이다. 그런데 환경 기준이 다른 선진국보다 낮은 미국 두 지역 사례에서도 알 수 있듯이, 문제의 핵심은 이런 일련의 흐름이 만들어질 수도 또는 아닐 수도 있다는 사실이다. 이러한 파열은 도시에서부터 농촌에 이르기까지 모든 경제 부문에 존재하고 있다.

이런 까닭에 권한을 자연에 돌려줄 필요가 있다.

자연에 권한 돌려주기

자연에 권한을 돌려주자는 것은 도시와 생물계 각각이 여러 개의 생태계와 계층구조, 그리고 그들 간의 교량을 만들 필요가 있다는 인식에 기반하고 있다. 이것은 생물계의 수용 능력과 인간이 만든 혁신의 일부를 사용하는 방법으로, 예를 들면 바이오리액터가 필요한 오염된 물을 개선하기 위해 조류를 활용하는 것이다.

단순히 자연으로 회귀하는 것으로는 그 역할을 하지 못할 것이다. 도시와 생물계 간의 중간 공간을 활성화하는 것이 필요하다. 다양한 생물계의 수용 능력과 인간이 만든 다양한 기술과 혁신적 지식, 그리고 도구를 갖고 활성화하는 것이다. 단순히 에너지를 덜 소비해야 한다고 주장할 필요가 없다. 그보다 더 중요한 것은 과정과 내용 모두에서 다르게 소비토록 하는 것이다. 여기에 대해서는 오늘날의 대도시는 비생물학적 태도로 에너지와 자원을 소비하는데 이것은 결국 지속가능하지 못한 태도라는 베튼코트(Bettencourt et al., 2007)의 주장에서 잘 알 수 있다.

생물학적 과정은 놀라운 정도로 규칙적으로 물질과 에너지 흐름의 증가에 비례하여 줄어드는 경향이 있다. 예를 들면 코끼리 한 마리는 쥐 한 마리보다 파운드당 에너지를 덜 필요로 한다. 그러나 오늘날 대도시는 반대의 행동을 보이고 있다. 비용, 임금, 소득, 고용, 자원소비, 발명률, 기타 모든 것이 도시 규모에 따라 기하급수적으로 늘어난다. 생물계의 관점에서 볼 때, 이것은 지속가능하지가 않다. 자연에 권한을 돌려준다는 이 개념을 우리의 소요를 충족하는 균형 잡힌 방법으로 만드는 것이 우리가 할 일이다. 이것은 수천 년 전 우리 조상들이 살아온 것처럼 살자는 자연으로의 회귀가 아니다. 자연에 권한 돌려주기의 중요성은 최소한 부분적으로 우리는 지식(과학적 연구뿐만 아니라 예컨대 식량 재배를 위한 오래된 문화의 깊은 지식 등)을 필요로 한다. 가장 극단적이면서도 가장 분명한 것은, 자연에 권한을 돌려주는 특정 종류의 사회생태학적 과정은 생물계와의 조화를 이루지 못하고 있는 도시의 물질 및 에너지 흐름과 보조를 맞추는 방법으로 관리되고 진행되어야 한다는 것이다.

여기서는 두 가지의 서로 다른 기술과 생물학적, 기술적 지식 유형을 갖고 있는 두 개의 사례 를 제시하고자 한다(더 많은 사례는 Sassen, 2005; Sassen and Dotan, 2011 참조).

자가 치유 콘크리트(Self-Healing Concrete)

자가 치유 박테리아 콘크리트(Self-Healing Bacterial Concrete)라는 놀라운 기술이 있다. 이 기술은 콘크리트 구조물 안에 서식하는 박테리아가 탄산칼슘과 다른 광물들의 침전으로 형성된 콘크리트 표면의 균열을 메우는 것이다. 이것을 통해 건물에서 배출되는 이산화탄소를 줄이는 것이다. 빌딩은 단일규모가 가장 큰 온실가스 배출원이다. 몇몇 실험에서 이 방법의 실현 가능성을 규명하고 있는데, 초기 실험에서는 온실가스 배출을 줄이는 데 긍정적인 결과를 보이고 있다.[2] 그렇게 될 경우 인공 구조물이 자연 속에 존재하는 자급자족하는 항상적 물리적 구조물 모델에 더 근접할 수 있을 것이다.[3]

매립 바이오리액터(Bioreactor Landfill)

많은 도시에서 나타나고 있는 물질 과소비와 재활용 문제는 과도한 인구 집중에 따른 심각한 결과이다. 인간 활동으로 발생한 매립 쓰레기는 위험한 오염 인자이자, 온실가스 배출원이며, 그리고 수많은 자연적 순환을 중단시키고 있다. 매립 바이오리액터의 개발은 이런 문제를 해결하는 데 도움을 준다. 매립 바이오리액터는 호기성 또는 염기성 생물학적 과정을 위한 조건을 개선하여 폐기물 분해를 가속화 한다. 더구나 여기서는 '매립가스'로 알려진 이산화탄소와 메탄을 포집하여 연료로 사용하게 된다.[4] 이것은 온실가스의 무분별한 확산을 줄이고, 집중 분포된 연료원을 제공할 뿐만 아니라 이산화탄소를 탄소 격리와 연료 세대에 사용하도록 제공한다. 2008년 12월 미국 환경보호국은 480개의 매립가스 에너지 프로젝트가 미국에서 가동 중인데, 여기서 2억 5500ft^{3}의 매립가스를 직접 사용하여 매년 시간당 120억 와트의 전기를 생산하고 있다고 보고하였다.

위에서 언급하였듯이 과학적 지식을 활용하는 것은 전략의 첫 단계이다. 그러나 도시는 단순한 과학적 지식의 대상이 아니다. 도시는 복잡한 다중적 생태 시스템이며, 권력과 사회적 관계 시스템이다. 이런 점에서 사회와 정치에 대한 지식 형태는 자연에 권한을 돌려주는 거대한 과정의 성공을 위한 결정적 투입 요인으로, 이 문제는 다음에서 다루겠다.

다중 스케일적 다리놓기

도시의 다중 스케일적이며 생태학적 자산은 도시가 생물계와 접합하는 다양한 방법을 알아볼 수 있도록 만드는 데 도움을 주고 있으며, 또한 이러한 접합이 어떻게 긍정적인 결합으로 바뀔 수 있는지를 이해하는 연구와 정책 의제를 제시하는 데도 도움을 준다. 오늘날 대부분의 부정적 상호작용과 그것의 다양한 영역은 도시와 생물계 모두가 포함되어 있고 이들을 이어 주는 새로운 사회생물적 시스템이다(Sassen, 2005; 2010). 열섬, 오존홀, 산성비는 그 단적인 예들이다. 현재 부정적인 것을 도시와 생물계 간의 긍정적 가교로 바꾸는 것이 새로운 도전이다.

도시는 환경적 지속가능성과 지구 환경 거버넌스에 대한 기존의 이론에 잘 부합하지는 않는다. 현실적인 목표는 가변적이고 복합적으로 존재하고 있는 것과 함께 작동해야 한다는 것이다. 말하자면 논의를 주도하는 두 가지 극단, 즉 '도시가 지속가능성에 기여하는 유일한 방법은 완화(mitigation)와 적응(adaptation)이다' 내지는 '아무런 사전 지식 없이 출발하는 것이다'를 넘어서야 한다. 완화와 적응은 환경 피해를 대처하는 데 충분치가 않다. 그리고 대부분의 도시는 아무런 사전 지식 없이 무에서 출발할 수 없다. 그래서 대부분의 나라에서는 엄청난 비용을 필요로 아부다비 마스다르(Mazdar)의 완전한 자립적 도시 프로젝트를 하나의 실험적 시도로 여길 뿐 모델로 받아들이지는 않는다. 도시 자체를 해결책의 일환으로 만드는 한 가지 방법은 현재의 생물권과의 부정적 결합을 바꾸겠다는 목표를 갖고 이를 위해 노력하겠다는 인식을 갖도록 만드는 것이다.

권한을 돌려준다는 것에는 관리와 사회생태적 가교를 형성하는데 인간의 개입이 포함되어 있다. 예를 들어 폐기물 생산율은 도시 규모에 따라 가속화되는 반면, 폐기물 제거의 자연적 과정은 규모에 따라 속도가 줄어드는 경향이 있다. 따라서 폐기물 관리를 자연에 돌려주는 것은 새로운 방식의 자연적 방법을 포함한 새로운 사회생태학적 형태가 수반되어야 한다. 예를 들면 폐수 처리에 화학 물질보다는 조류를 사용하는 것을 들 수 있는데, 이것은 자연 상태와 동일한 과정이며, 오히려 빠르게 처리할 수 있다. 이런 측면에서 자연에 권한을 돌려주는 데는 그 과정에 기술이 포장된 채 함께 포함되어 있다.

20년 전 실행 가능한 선택으로 제안된 '자연으로의 회귀'에 대해 많은 비판이 있었다. 하비(Harvey, 1996)는 전통적 환경생태학자들은 기껏해야 생태지역적 세상에서 물질대사를 통제할 수 있는 도시화 초기 형태로 일부 회귀하는 것 정도를 제공할 수 있다고 지적한다. 생태지역적 세상은 과거에 존재했다고 추정되나, 하비는 결코 존재한 적이 없다고 여기는 곳이다. 당시에, 그리고 아마도 여전히 세상의 많은 곳에서 도시를 연구하는 사회과학자들 사이에서 생태적인 것으로 통하는 상당수는 사실상 중간과 고소득층을 위한 삶의 질과 관련된 쟁점으로만 다루었으며, 저소득층의 필요에 대해서는 무시하였다.

비록 과거에 비해 현재는 덜 한 편이지만 도시화에 의해 제기된 다양한 쟁점들은 환경 운동가들이 일반적으로 다루기에는 한계가 있는 것들이다. 많은 이들에게 지속가능한 도시의 개념은 환경적 피해를 유발하는 실제 과정들이 문제가 되고 있는 상황에서 그 역동성과 인과 관계가 무엇인지를 밝히지 못하고 있어 불완전하다. 환경과 도시연구를 결합하는 데는 환경이나 지속가능성과 같은 환경 부문의 핵심 개념들이 명확하게 정의되지 않은 어려움이 있다. 이데올로기, 정치, 상황, 위치성(positionality), 그리고 경제적·정치적 역량과 관련된 수많은 의미를 갖고 있다는 사실이다. 여기에 대해 우리는 앞 절에서 논의했던 이론적 쟁점을 더할 수 있다. 그럼에도 불구하고 우리는 도시화가 빠르게 진행되고 있는 세계를 어떻게 생각해야 하는지를 다루는 다양한 생태적 쟁점들이 있다. 지구적 차원의 거대 쟁점들, 즉 온난화, 오존, 배기가스 등에 우리가 어떻게 대응하는가는 도시화 과정에 지대한 영향을 미칠 수 있다(Girardet, 2008). 그러나 후진국 도시에 거주하는 대부분의 사람들에게는 이것은 관심사가 아닐 것이다(Safi, 1998, Pathak, 1999; Mol and Sonnenfeld, 2000 참조).

도시가 공유하고 있는 기본 조건으로 인간 경제를 관통하는 전체 에너지와 물질 흐름이 오염과 폐기물로 바뀐 채 생태계로 돌아오고 있다는 것을 우리는 가정할 수 있다. 이것은 도시와 생물계 간의 근본적 차이이다. 다중적 역동성과 수평적 생태 변화는 생물계가 파열되고 그래서 '폐기물'과 '오염물'을 배출하는 것을 피할 수 있도록 해 준다. 도시에서 파열은 이런 흐름들의 핵심에서 발생하고 있으며, 그렇게 되지 않도록 할 수도 있다.

파열을 다루기 위해서는 적응과 완화를 벗어나는 매개체와 변화가 필요하다. 파열은 도시에서부터 비도시에 이르기까지 모든 경제 부문 내에 존재한다. 오늘날 도시는 직간접적으로 환경 피해를 유발하는 원천이며, 피해를 가져온 가장 다루기 힘든 조건이기도 하다. 그럼에도 불구하고 도시가 문제 해결책의 일부가 되는 것이 바로 도시가 갖고 있는 복잡성이다. 이와 같이 환경 피해가 가장 복잡하게 상호작용하고 누적적 영향을 미치는 곳이 바로 도시이다. 우리는 현재 생물계와 부정적으로 상호작용하는 것을 긍정적 상호작용으로 전환할 수 있도록 도시가 갖고 있는 특징을 적극 활용하고 개발할 필요가 있다.

도시의 복잡성과 지구적 추정

도시의 복잡성과 다양성은 법적 체계와 이윤 동기가 맞물릴 수 있도록 도와준다. 법률 체계와 이윤 동기는 우리 사회에서 환경적으로 피해를 입은 많은 부분의 원인이 되었으며, 해결할 수 있게 만들어 준다. 도시 지속가능성의 문제는 주요 체계, 예를 들면 교통, 에너지, 그리고 본래 그대로의 식량 생산을 내버려 둔 가벼운 개입으로 축소할 수 없다. 게다가 이러한 체계의 특징은 국가별로, 국가 내 도시별로 다양하다. 멸종 위기에 처한 종의 서식지를 보호하는 것과 같은 환경 쟁점에 대해 우리는 도시나 사회가 다루어야 하는 문제가 아니라 단순히 과학 지식으로 조치를 취할 수 있다. 비과학적 지식들이 상황의 핵심 부분이다. 권력의 문제, 빈곤과 불평등, 이데올로기와 문화적 선호가 문제의 핵심이자 곧 해답이다.

환경 피해가 발생한 공간은 종종 광산업체의 본사와 같이 피해에 책임이 있는, 그래서 피해를 책임져야 하는 입지들과는 다르다. 핵심은 세계를 돌아다니며 환경에 피해를 주는 대규모 프로젝트를 부추기는 거대한 투자이다. 산림 벌채, 광산, 대규모 댐 건설은 가장 잘 알려진 사례들이다. 점점 지구적 차원이 되고 있는 이러한 투자는 공공 부문보다는 민간 부문이 담당하는데, 시민, 정부, 비정부기구 모두 이들 민간 부문의 투자 패턴을 바꾸거나 사업 시행에 영향을 주는 권한이 부족하다고 주장한다.

그런데 세계도시는 실제로 무책임하고 강력한 기업 주체들의 구조적 플랫폼으로 보인다(Sassen, 2001; 2005). 이것은 경제 세계화의 지리가 제2, 4, 5장에서 장황하게 논의했던 것처럼 전략적이기 때문이다. 경제거래의 밀도와 최상위 관리 기능들이 함께하며, 지구적 결정이 집중된 전략 지리에서는 세계도시의 네트워크인 입지들이 있다. 또한 우리는 이곳을 환경 피해에 대해 주요 기업본사로부터 책임을 요구할 수 있는 전략지리로 볼 수 있다. 예를 들면 어떤 기업은 세계 곳곳에 수많은 광산을 갖고 있을 수 있지만, 그 본사는 하나 혹은 아마 몇몇 세계도시에 있을 것이다.

세계경제 시스템은 정확하게 제한된 수의 대규모 다국적기업과 세계적 금융시장에 거대한 권력이 집중되어 있는 것으로 특징지을 수 있다. 이런 측면에서 책임과 투자 기준의 변화를 요구할 수 있는 입지 또한 널리 분산되어 있기보다는 집중되어 있다고 할 수 있다. 기업 본사와 싸우는 것은 실제로 수많은 광산이나 공장에서 싸우는 것보다 쉽다. 광산이나 공장은 민간 경호업체나 수많은 다국적 서비스 업체로 둘러싸여 보호를 받는 동떨어진 곳에 입지하는 경우가 많다. 세계적 기업의 본사와 직접 싸울 때는 소비자와 정치인, 그리고 환경 위기에 대한 미디어들 간의 인식을 활용할 수 있다. 확실히 대기업의 본사를 다루게 되면 환경 피해에 더 많은 책임이 있는 많은 수의 소규모 지역 기업을 빠트리게 되지만, 이들은 국가적 통제와 지역단위 행동을 통해 통제할 수 있다.

생물계와 도시 모두에 존재하는 두 번째 특징은 스케일화(기준화)이다. 도시는 주어진 생태적 조건이 기능하는 범위를 조합하며, 그런 의미에서 도시는 스케일화의 개념을 분명하게 만든다. 예를 들면 마을의 아스팔트 거리와 에어컨을 갖고 있는 건물들은 열을 방출한다. 도시 내 수많은 이 같은 거리와 건물들은 열섬이라는 새로운 사회생태적 조건을 만든다. 결과적으로 이것은 도시가 도시 주민들에게 다중적 생태 체계를 조성한다는 것을 의미한다. 도시 환경용량은 개발되어야 하고 강화되어야 한다. 왜냐하면 그런 가독성(legibility)은 도시와 관련된 정책 문제뿐만 아니라 도시를 벗어난 지역에 점점 더 결정적인 것이 되기 때문이다.

스케일화는 현재 양자택일 사항으로 간주되는 것, 즉 지역 대 지구적, 시장 대 비시장 메커니즘, 녹색 대 갈색 환경주의를 다루는 한 가지 방법이다. 저자는 스케일화를 분석적으로 다룬 몇몇 연구를 찾아냈는데, 이 연구는 생태학자들이 수행하였는데 도시를 개념화하려는 저자의 노력을 매우 분명하게 만들어 주고 있다(Dietz et al., 2009). 특히 적절한 것은 복잡계(complex system)는 다차원 시스템과는 반대되는 다중적 시스템(multiscular system)이며, 그 복잡성은 정확하게는 스케일을 넘어선 관계에 있다는 것이다. 생태학적 문헌에 따르면 스케일 간의 긴장은 복잡 생태 시스템의 특징이며, 도시에도 확실하게 적용되는 조건이다. 앞서 언급했던 에어컨이 설치된 몇몇 고층 건물은 단순히 유해한 물질을 일부 추가하고 있을 뿐이다. 반면 도심은 열섬과 같은 새로운 생태계를 조성하여 지구적인 스케일에서 오존홀을 확대하고 있다. 대도시나 작은 마을에서 에어컨이 설치된 병원을 건설하는 것은 긍정적인 요소로 보기 마련이다. 주민들의 입장에서 부정적인 측면을 찾기란 쉽지 않다. 하지만 도시 수준에서는 다르다. 열섬이 주민들이 받는 혜택과 더 큰 환경피해, 나아가서 오존홀을 확대하는 것 사이의 긴장을 조성하는데 일조를 한다. 즉 도시의 다양한 스케일 간의 갈등(앞서 든 예처럼 주민과 도시 간의 차이)을 이해하면 도시화와 관련된 환경 피해 분석에 도움이 된다. 또한 이것은 도시가 이러한 피해를 해결하는 방법을 이해하는데 도움이 된다.

우리는 특정 부문의 사회생태적 순환들, 즉 '피해' 순환, '회복' 순환, 정책 순환 등을 통해 도시를 폐쇄 시스템이 아니라 다중 시스템으로 바라보기 시작하였다. 또한 이것은 '도시'가 환경 피해에 유죄라는 오류를 피하는 데 도움을 준다. 도시를 제거하는 것이 환경 위기를 해결하는 데 반드시 필요한 것은 아니다. 우리는 도시 관련 특정 시스템의 기능과 변화의 가능성을 이해할 필요가 있다. 여기에는 에너지 시스템, 경제 시스템, 교통 시스템 등이 있으며, 이것은 환경적으로 건전하지 않은 자원 이용 방식을 수반한다. 도시의 각기 다른 구성 요소는 건조환경과 경제의 주기, 기반 시설의 수명과 같은 다른 시간적 관점과 역동성을 가질 수 있다. 자동차의 더러운 매연에 의해 발생하는 피해는 즉각적이며, 또한 즉시 확인된다. 그러나 자동차가 운행하지 않을 때는 엄밀히 말해 피해가 발생하지 않는다. 건물에서 방출하는 온실가스는 결코 중단되지 않는다. 온실가스 방출은 쉼 없이 이루어지나 자동차의 매연만큼 분명하지는 않다. 이와 같은 다양한 측면을 함께 고려하는 것은 특정 부정적 혹은 긍정적 조건 내지는 과정을 보다 광범위한 공간적, 시간적, 행정적 차원의 관계망에 위치 지우는 데 도움을 준다.

금융이 도시 공간을 강타할 때

금융 부문은 일반적인 가구조차도 이윤을 추출할 수 있는 복잡한 도구를 만들었다. 지금은 확고하게 자리잡은 증권화(securitization) 메커니즘을 활용하고 있다. 증권화는 유동적으로 만드는 방식으로 주택이나 자동차에 대한 신용카드 대출과 같이 엄밀하게 말하면 유동적이지 않는 것을 금융거래 할 수 있게 만드는 것이다. 1980년대 증권화는 금융 회사들이 수많은 신용카드 소지자의 부채와 주택 담보대출을 합치고, 고차의 금융 세계를 위한 투자 수단을 개발하게 만들었다. 이것은 지금 우리가 서브프라임 모기지 위기라고 하는 것의 훨씬 이전 일이다. 2000년대 초 소득이 평균 수준인 보통가구에게 대재앙이 된 서브프라임의 한 형태가 개발되었다. 서브프라임 모기지는 보통가구가 주택 혹은 2차 모기지 혹은 이미 돈을 지불한 주택에 대한 모기지를 갖고 주택을 구입할 수 있게 하는 유용한 수단이 될 수 있다. 그러나 2001년에서 2007년 사이 미국에서 나타난 것은 개념의 남용이었는데, 이에 따라 보통소득 가구들 사이에서 평상시보다 훨씬 높은 수준의 파산이 발생하였다.

서브프라임 모기지는 금융 전문가들이 얼마 되지 않는 자산에서, 그리고 자산의 미래 손실에서 이윤을 만들 수 있는 수단을 어떻게 만들 수 있는지를 보여 주는 한 예일 뿐이다. 더 중요한 것은 이것이 사회적 결과나 금융 회사들 스스로, 그리고 국가경제까지 무시한 채 이루어질 수 있었다는 것이다. 마지막으로 그 파괴적 효과가 얼마나 크든 상관없이, 심지어 법률의 범죄적 악용 또한 갖고 있더라도 현재 우리의 법률 체계는 이러한 무시가 합법적이라는 것이다. 이에 따른 가장 심각한 부정적 결과는 가격이 아니라 서브프라임 모기지와 연계된 주택의 압류가 급격하게 증가한 것이다. 예를 들어 2008년 미국에서 평균 1만 가구가 매일 압류로 집을 잃었다. 2011년까지 미국에서 대략

1000~1200만 가구가 압류로 집을 잃을 것이다. 2000년대 초에 시작된 지금의 금융단계에서 2010년 현재까지의 자료를 기준으로 압류 수준이 가장 높은 상태이다. 이것은 금융, 법률, 회계, 수학 등의 방대한 인재들을 엄청나게 활용하여 이룬 야만적 형태의 원시 축적이다.

금융 부문에서 '이윤(gains)'의 복잡한 의미는 전통 은행에서의 이윤과는 분명한 대조를 보인다. 전통 은행에서 이윤은 은행이 실제 보유하고 있는 돈의 판매를 통한 것이지만, 금융에서는 회사가 갖고 있지 않은 돈에서도 이윤을 얻는다. 결과적으로 금융은 자본을 만들 필요가 있고, 이는 투기적 수단과 비금융 부문의 금융화를 의미한다. 이 주제는 후에 더 자세하게 다룰 것이다(Sassen, 2008b: 제5장; 2010).

주택을 소유할 가능성이 제시된다면(대부분 사기로 판명되었지만), 보통소득의 가구는 금액이 적은 저축이나 선불로 받은 미래의 소득까지 내놓을 것이다. 적은 저축이나 보통소득 가구의 미래 소득 혹은 주택 소유권은 투자자에게 이윤을 만들 수 있는 금융 수단을 개발하는 데 필요한 계약을 체결하는 데 사용된다. 금융 측면에서 중요한 것은 모기지 할부금이 아니라 계약이다. 2004년까지 투자자 전략이 성공한 것은 모기지 판매자가 원한 건 오로지 계약서의 서명이었으며, 상세한 신용 보고서나 계약금은 요구조차 않았기 때문이다. 투기 자본이 장악한 금융 세계에서 중요한 것은 유형 자산(주택)을 나타내는 계약이다. 사실 서브프라임 모기지 판매자들은 지금 우리가 알고 있듯이 해당 가구들이 매월 대출금을 감당할 수 있을지에 대해서는 무관심했다. 게다가 속도 또한 문제였다. 그래서 정규 모기지를 받을 수 있는 가구에게조차 프리미엄을 부과하여 서브프라임 모기지를 판매하였다. 정규 모기지는 서브프라임 모기지에 비해 더 많은 보호를 받을 수 있으나, 요구하는 각종 자료를 충족하는 데는 절차가 훨씬 오래 걸린다. '혁신적'으로 일하기 위해 판매자는 가

도표 8.1 뉴욕 시에서 인종별 관습적 서브프라임대출 비율

	2002	2003	2004	2005	2006
백인	4.6	6.2	7.2	11.2	9.1
흑인	13.4	20.5	35.2	47.1	40.7
히스패닉계	11.9	18.1	27.6	39.3	28.6
아시아계	4.2	6.2	9.4	18.3	13.6

출처: Furman Center for Real Estate&Urban Policy, 2007.

도표 8.2 대량 GMP 손실이 있는 미국 대도시지역, 2008년 추정

순위	2008	변경 실질 GMP 성장률(%)	실질 GMP 성장률 손실(%)	GMP 손실 (백만 달러)
1	뉴욕-북부뉴저지-롱아일랜드, 뉴욕-뉴욕-펜실베이니아	21.3	−0.65	−10,732
2	로스앤젤리스-롱비치-산타아나, 캘리포니아	1.67	−0.95	−8,302
3	댈러스-포스워스-알링턴, 텍사스	3.26	−0.83	−4,022
4	워싱턴-알링턴-알렉산드리아, 워싱턴-버지니아-메릴랜드-웨스트버지니아	2.79	−0.60	−39,57
5	시카고-네이퍼빌-졸리엣, 일리조이-인디애나-위스콘신	2.23	−0.56	−3,906
6	샌프란시스코-오클랜드-프리몬트, 캘리포니아	1.88	−1.07	−3,607
7	디트로이트-워런-리보니아, 미시간	1.30	−0.97	−3,203
8	보스턴-케임브리지-퀸시, 매사추세츠-뉴햄프셔	2.16	−0.99	−3,022
9	필라델피아-캠던-윌밍턴, 펜실베이니아-뉴저지	1.85	−0.63	−2,597

주: 이 추정치가 어떻게 나왔는지는 Global Insight 2007 참고. 이 리포트에는 361개 대도시의 GMP 추정손실에 대한 전체 목록이 수록되어 있음. 추정은 128개 대도시는 2008년 2% 미만의 완만한 실질 GMP 성장을 보일 것이고, 65개 대도시는 1/3 이상, 그리고 143개 대도시는 1/4 이상 성장률이 하락할 것임.

능한 빨리 계약들을 고율의 부채로 묶는 수단을 만들고, 그 다음 고차의 금융순환에 판매하기 위해서 최소한 500건의 계약을 성사시켜야 한다. 가구, 이웃, 도시에 미친 부정적 효과는 동등한 수준이 아니다.

이는 뉴욕이라는 사회의 축소판에서 분명하게 나타난다. 도표 8.1은 뉴

욕 시에서 다른 인구 집단보다 소득 수준이 높은 백인들이 다른 인구 집단보다 서브프라임 모기지를 덜 갖고 있음을 보여 준다. 2006년 백인들이 갖고 있는 서브프라임 모기지는 9.1%로 아시아계 13.6%, 히스패닉계 28.6%, 흑인 40.7%에 비해 훨씬 낮은 수준이다. 또한 2002~2006년 사이 모든 집단들에서 서브프라임 대출율이 급격하게 증가한 것을 확인할 수 있다. 만약 2002~2005년을 가장 심한 시기로 간주하면, 이 시기 증가율은 백인은 2배, 아시아계와 히스패닉계는 3배, 그리고 흑인은 4배에 이른다. 파산 위기로 인한 도시의 추정 손실 또한 분명하다.

투자자의 관점에서 볼 때, 보통소득 가구를 대상으로 한 모기지에 중점을 두는 데 방해가 되는 핵심 요인은 극도로 투기적인 금융 시스템에서 자산 담보 증권에 대한 수요가 늘어나는 것이다. 극단적 특성은 가치, 즉 600조 달러 이상의 파생 상품의 걸출한 가치로 분명하게 나타나는데, 파생 상품의 가치는 전 세계 GDP 가치(54조 달러)의 14배에 달한다. 이 수요를 강조하기 위해, 심지어 서브프라임 모기지 부채조차도 주택을 나타낸다는 이유로 자산으로 처리하였다. 그러나 서브프라임 모기지의 낮은 질, 즉 위험성으로 인해 각각을 잘게 나누어 여러 개의 작은 조각으로 만들고, 이를 고도화된 부채와 혼합하였다. 그 결과 거대한 복합적 수단이 만들어졌는데, 이것 또한 불분명한 것이었다. 이 묶음 자산의 모든 구성 요소를 추적하는 것은 힘든 일일 뿐만 아니라 사실상 불가능한 일이었다. 이것이 지금은 없어진 금융 회사인 리먼사에서 이루어졌는데, 파산절차를 위해 참여한 최고 전문가팀도 그 가치를 제대로 규명하지 못하였다.

이런 유형의 서브프라임 모기지를 구매한 가구들이 안고 있는 치명적인 위협은 월 모기지 부담금 납부가 판매자에게는 짧은 기간 내 일정 수준의 대출을 확보하여 '투자 상품'으로 묶는 것보다 덜 중요하다는 사실이다. 이런 유형의 모기지 판매자들은 투자자의 이윤에서 주택 구매자의 신용도를 구분할 목적으로 '상품'의 복합적 연속을 사용한다. 나아가 고도의 금융 순환에서 이런 수단의 가속화된 구매와 판매는 이윤을 창출하고 또한 위험을 전가할 수 있게 한다. 투자자들은 이러한 혼합된 수단들을 통해 수천 억 달러에 달하는 이윤을 만들었다. 혼합 수단에는 약간의 자산이 포함되어 있는데, 이것은 자산 담보 증권으로 판매될 수 있는 투기적 수단일 뿐이다. 많은 투자자들은 방대한 이윤을 거둔 데 반해 수백만의 보통 가구들은 파산하고, 집과 예금을 잃었다.

노동의 아웃소싱과 마찬가지로 서서히 드러나는 것은 보통 소득 수준의 개인에게 판매한 바로 그 많은 모기지가 실제로 고급 금융 투자자를 위한 이윤으로 전환할 수 있다는 것이다. 아웃소싱 일자리를 통해 조합적 주주 가치를 확보할 수 있는 것처럼 이것이 가능하기 위해서는 몇몇 복잡한 금융 엔지니어링이 필요하다. 2006년과 2007년 서브프라임 모기지 소유자들의 연이은 파산은 투자자에게 대부분 직접적으로 영향을 미치지 않았다. 단지 이 모기지에 매달렸던 사람들이 고통을 받았을 뿐이다. 대부분의 투자자들은 모기지를 보유하지 않았고, 그래서 이윤을 만들 수 있었다. 그러나 금융의 논리에서는 혁신의 성공에 반대하여 투자하거나 실패를 예측해서도 이윤을 만들 수 있다.[5] 그리고 이런 유형의 이윤 창출 또한 이루어졌다.

간단히 말해 이른바 서브프라임 위기는 감당할 수 없는 모기지를 떠안은 무책임한 가구 때문에 발생했던 것이 아니다. 지금도 미국에서는 이것을 여전히 주장하고 있고, 전 세계로 퍼져 나가고 있다. 이른바 서브프라임 모기지의 위기는 주택 소유자에게는 압류의 위기이다. 그러나 이것은 고급 금융의 세계에서는 단지 신뢰의 위기였다. 압류 건수가 2007년까지 수백만으로 늘어났고, 이것은 그들의 투자에서 독성성분의 추적을 불가능하게 만들었고, 그래서 추출할 수 없게 되었다. 서브프라임 모기지는 거대한 금융이라는 개가 흔드는 작은 꼬리에 불과하다는 것이 판명되었다.

시스템 논리로서의 위기

금융 이윤은 댐을 건설하거나 정보통신 기업을 매입하는 투자처럼 비금융 자산으로 즉시 실현되거나, 투기와 같은 더 나아간 금융 건설을 위한 플랫폼으로 사용될 수 있는 건축물이다. 후자가 지난 20년을 주도하였고, 현재 몇몇 주요 선진국에서 분명하게 고도로 높은 수준의 금융화(financialization)를 만들어 냈다. 그리고 부분적으로 전자 네트워크와 소프트웨어 매개체, 그리고 새로운 많은 파생 수단을 통한 날조로 활용되었다(Sassen, 2008a: 제7장). 더 일반적으로 보면 금융 체계는 지난 20년 동안 만들어졌고, 복합적인 부채형태이며 가장 흔한 금융 수단인 뛰어난 파생 상품의 총 가치는 600조 달러 이상에 이른다. GDP로 측정할 때 금융자산은 선진국의 전반적 경제보다 훨씬 빠르게 성장하였다.**6** 그 자체가 반드시 나쁜 것은 아니다. 특히 늘어난 금융 자본이 고속 교통 체계나 태양 에너지 개발과 같은 대규모 공익 프로젝트에 활용된다면 더욱 그렇다. 그러나 1980년대 시작된 이후 현재까지 두바이 건설과 같은 예외적인 사례를 제외하면 이런 경우는 흔치 않다. 대개 금융은 더 투기적이고 복잡한 수단을 개발해 왔다. 역사적으로 금융이 성장하고 권력을 확보함에 따라 그 권력을 통제하지 못하는 것은 금융을 조직하는 논리의 일부로 보인다. 아리기(Arrighi, 1994)는 투기적 금융이 주도적인 시기가 되면, 이것은 그 시기의 쇠퇴를 암시한다고 주장하였다.

금융 위기가 발생하기 한해 전인 2006년까지 미국 금융자산의 가치는 전체 GDP의 450%에 이르렀다(Mckinsey&Com-pany, 2008). EU의 경우는 GDP의

356%, 영국은 EU 평균보다 높은 440%에 이르렀다. 일반적으로는 금융 자산이 국민총소득의 가치보다 높은 국가의 수는 1990년 33개국에서 2006년에는 72개국으로 두 배로 늘어났다.

이 수치는 1980년대 후반부터 시작하여 현재까지 지속된 이 기간이 극단적 시기임을 나타낸다. 그런데 이것은 이례적인 시기인가? 저자는 그런 시기는 없다고 주장한다. 나아가 위기라는 개념이 제시하는 것처럼, 이것은 외부 요인에 의해 만들어진 것이 아니다. 반복되고 있는 위기는 금융 시스템의 특정 형태가 기능하는 정상적인 방식이다. 미국 정부는 금융에게 1980년대의 첫 번째 위기, 저축과 대출 위기, 그리고 1987년 뉴욕 주식시장 붕괴 이후 매번 금융 시스템을 구제했던 레버리지를 지속할 수 있는 수단을 제공하였다. 우리는 1980년대 이후 새로운 금융 단계가 출범하는 기간 동안 5번의 주요 긴급 구제를 실시하였다. 매번 납세자의 돈이 금융 시스템에 유동성을 부여하기 위해 투입하였으며, 금융은 더 투기적인 목적으로 그것을 레버리지하는데 사용하였다. 금융이 곧 부채이기 때문에 부채를 탕감하는 데는 사용되지 않았다.

1980년대 이래 점점 늘어나는 경제 부문의 금융화는 금융 논리가 권력의 표시이자, 금융이 성장을 위해 다른 경제 부문을 사용할 필요가 있는 한에서 자동배출의 표시가 되고 있다. 한때 많은 경제부문이 금융 논리로 좌우되다가 그것이 어떤 종류의 한계에 이르면 하향 곡선이 시작될 것이다. 이것의 단적인 사례가 바로 어떤 부문의 성장에 투자하고, 동시에 반대 상황에도 투자하는 몇몇 금융 회사가 개발한 전략이다. 이것은 분명히 일반에게 알려지지는 않았으나, 때로는 이것이 어떻게 작동하는지 시사점을 얻을 수 있다. 최근 사례로는 골드만삭스가 그리스 부채 문제 해결을 돕기 위해 파생 상품을 그리스 정부에 판매하면서, 다른 고객들에게 그리스 정부가 파산할 경우 이윤을 얻을 수 있는 전략을 개발한 것이다. 분명히 골드만삭스는 그들의 몇몇 고객들과 최근 미국 정부가 골드만삭스를 상대로 소송을 제기하게 만든 행위에 관련되어 있다. 골드만삭스는 너무 많은 정보가 진행 과정에서 공개되는 것을 피하고, 또 그들의 일부 고객을 속였다는 것을 인정해야 하는 것을 피하기 위해 법정 밖에서 합의를 보았다.

현재의 위기는 최소한 현 단계에서는 금융화된 자본주의가 자체 논리의 한계에 도달했다는 것을 암시하며 그 특징을 보이고 있다. 금융화된 자본주의는 금융화를 통해 모든 경제 부문으로부터 가치를 추출하는 데 대단히 성공적이었다.

모든 것이 금융화되었을 때, 금융은 더 이상 가치를 추출할 수 없다. 기반을 마련하기 위해서는 비금융화된 부문이 필요하다. 이런 맥락에서 금융 추출을 위한 최후의 두 가지 지구 경계는 10억 혹은 그 이상의 전 세계에 존재하는 일반소득 가구와 납세자의 돈을 통한 긴급 구제로, 이것은 금융화되지 않은 오랜된 방식의 진짜 돈이다.[7]

두 개의 분리된 위기

현 금융 위기의 결정적 요인은 여전히 또 다른 혁신인 신용부도 스와프이다. 2007년까지 이것은 62조 달러에 달하였고, 2007년 8월 서브프라임 모기지 위기 꼭 1년 후인 2008년 9월 폭발한 고급 금융에서 대량 손실을 시작하였다. 결정적 요인은 수백만 건의 서브프라임 모기지 압류가 아니다. 실제 압류로 인해 작동하는 가치는 전 세계 금융업자들에게는 상대적으로 작은 것이다.

문제는 복합 투자 전략에서 독성 성분을 추적하는 것이 불가능한 상태에서 다음 독성 자산이 무엇으로 판명날 것인지를 알지 못한다는 사실이다. 이미

지적한 바와 같이 수백만 명이 겪은 주택 위기는 투자자들에게는 신뢰의 위기였을 뿐이다. 저자는 다른 연구에서 복잡하고 가열된 세계 금융 시스템에서 신뢰와 이해의 중요성을 검토하였다(Sassen, 2008b: 제7장). 주택 가격의 하락, 높은 모기지 압류율, 세계무역의 침체, 그리고 실업의 증가 등 모든 것들이 무언가 옳지 않다는 사실을 투자자에게 경고하였다. 이것은 차례차례 일종의 '보험'으로 신용부도스와프를 구입한 사람들이 현금으로 바꾸게 만들었다. 그러나 스와프 판매자들은 이러한 경기 침체 내지는 신용스와프 구입자들의 현금화 수요를 예상하지 못하였다. 그들은 현금을 준비하지 못했고, 그래서 이것이 많은 금융 부문을 위기로 몰아넣었다. 모든 사람들이 손해를 본 것은 아니다. 소로스 같은 투자자는 이런 동향과 반대로 움직이면서 많은 이익을 얻었다.

이러한 신용부도스와프는 그림자 금융 시스템이라 언급되는 것의 일부이다. 일부 분석가들에 따르면 위기가 발생했을 당시, 그림자 금융이 전체 금융의 70%에 이르렀다고 한다. 그림자 금융 시스템은 비공식적이거나 불법적 혹은 은밀한 것이 아니다. 오히려 공개적이다. 단 이것은 투자 전략의 불투명함을 즐긴다. 또한 이 불투명함은 현재 불법적인 것에 가까운 것으로 간주되는 실천을 감안했던 전략의 리코딩(보험으로 리코드된 파생 상품)을 활용하였다. 예를 들면 앞에서 설명한 바와 같이 신용부도스와프는 보험이 아닌데도 불구하고 보험의 한 유형으로 판매되었다. 금융 시스템의 관점에서 이것은 중대한 차이가 있다. 만약 그것이 보험이라면 법적으로 자본 준비금을 확보해야 하며, 상당한 규제를 받아야 한다. 그러나 파생 상품으로 만들 경우 사실상 탈규제이며, 자본 준비금도 마련할 필요가 없다. 만약 자본 준비금을 확보해야 했다면, 신용부도스와프는 그렇게 빨리 성장할 수 없었을 것이며, 그처럼 극적인 가치를 갖지도 못했을 것이고, 그래서 2008년 위기에 끼친 영향도 그만큼 줄어들었을 것이다. 실제로 신용부도스와프는 파생 상품이었기 때문에 2001년부터 최근까지 거의 수직적 성장 곡선을 보일 수 있었다. 같은 이유로 보험일 경우 60조 달러가 필요한 자본 준비금을 어떤 금융 회사도 갖고 있지 않았다.

이에 따라 두 개의 분리된 위기가 존재하였다. 하나는 이런 모기지를 갖고 있었던 사람들의 위기이며, 다른 하나는 투자자 집단 내 신뢰의 위기이다. 수많은 주택 압류는 무언가 잘못되었다는 신호이다. 그러나 그 자체가 금융 시스템을 붕괴시킬 수는 없었다. 주택 구매자의 위기가 금융 투자자의 위기는 아니었다.

금융의 위기는 신뢰의 위기였다. 그것은 이러한 금융 시스템의 속도와 질서의 중대성을 가능하게 만드는 신뢰 시스템이 얼마나 중요한지 가시적으로 보여 주었다. 주택 소유자의 위기는 금융 시스템에서 신뢰라는 거대한 개가 흔드는 짧은 꼬리에 불과하였다. 달리 말하면 이런 형태의 금융 시스템은 저자가 다른 연구에서 다루었던 주제인 전략과 전자 플랫폼의 기술적 복합성이 제시하는 것보다 그 내부에 사회적인 것 이상을 갖고 있다.

기업이나 가계 혹은 국가는 부채가 필요하다. 그러나 부채의 수준은 어느 정도인가? 그리고 더 중요한 것은 기업과 가계의 기본 수요를 충족하기 위해 그런 복잡한 전략이 필요한가? 그렇지 않다. 이런 류의 수요는 전통적 은행 융자를 통해 많은 부분을 해결할 수 있다. 우리는 금융이 자본을 '만들기' 때문에 금융을 필요로 하며, 대규모 프로젝트는 방대한 자본이 필요하다. 이 점에서 금융은 그 거대한 질서에 도달할 수 있다. 문제는 금융이 전통적 은행업이 소비자를 위해 더 안전한 선택을 하였던 영역, 즉 소비자 융자와 주택 모기지에 들어갔다는 점이다. 우리는 은행 업무의 규제를 확대하고 강화할 필요가 있으며, 금융이 덜 확산되고 또한 덜 공격적인 것으로 만들어야 한다.

다음의 사건과 추세에서는 위기의 언어는 모호하지만 분명하게 남아 있다. 첫 번째 포인트는 위기라고 부르는 조건의 가변성이다. 1980년대 이후 몇 차례의 금융 위기가 있었는데, 1987년 뉴욕 증권시장 위기와 1997년 아시아 위기 등은 유명하지만, 1980년대와 1990년대 70여 개 국가에서 금융 시스템의 탈규제로 발생한 개별 국가의 금융 위기는 잘 알려져 있지 않다. 후자는 대개 조절위기로 불리고 있는데, 이 용어는 위기가 국가에 경제개발을 가져오기 때문에 좋은 위기라고 제시한다. 전형적으로 금융 위기라는 용어는 첫 번째 위기에 해당되는데, 왜냐면 위기가 국가의 제도나 국민보다는 주도적 금융 부문의 위기이기 때문이다. 두 번째, 개별 국가의 '조절' 위기는 지구 상의 여러 지역들을 포함한다. 이 조절위기의 고통은 각 나라의 중간 부문에 영향을 미치며, 잘 작동하던 경제 부문의 파괴는 세계적 관점에서는 대개 잘 드러나지 않는 부문이다. 세계적 기업과 투자자가 강력하게 금융적으로 연계되어 있을 때, 1994년 멕시코 위기와 2001년 아르헨티나 위기의 경우처럼 개별 국가의 조절위기는 세계적 관심 및 이해관계와 교차되었다.

두 번째 포인트는 1997년 이른바 아시아 금융 위기 이후 현재의 위기 전까지 상당히 안정된 시기의 자료에서 나타난다. 이 표현에서 한 요인은 한 나라가 조절위기를 겪고 난 후, 뒤따르는 것을 '안정', 심지어 편의적 지표에 따라 번영으로 측정하기도 한다. 이것은 닷컴 위기와 아르헨티나 국가 부도와 같은 몇몇 세계적 위기를 제외한 1997년 이후 상당한 금융적 안정을 표현하고 있다.

그러나 '안정'의 이면에는 앞 절에서 설명한 승자와 패자의 야만적 구분이 존재한다. 또한 그 이면에는 승자를 추적하는 것이 서서히 빈곤에 빠지는, 그래서 새롭게 등장한 화려한 부문(금융과 무역)이 아닌 가계, 소기업, 정부기구(건강과 교육 등)를 추적하는 것보다 더 쉬워진다. 조정 후 패자는 지난 20여 년

간 세계적 시야에서는 보이지 않게 되었다. 이따금 그들이 가시적이 되기도 했는데, 그것은 1990년대 중반 아르헨티나의 전통적 중산층이 부에노스아이레스의 식량 폭동에 참가하여 식료품 가게에 침입하고 식량을 훔치는 일이 발생하였을 때로 아르헨티나에서는 전례가 없던 일로 많은 사람들을 놀라게 만들었다. 이러한 극히 드문 사건들이 세계적 규제자와 세계적 미디어가 그렇게 칭찬하는 조정 후의 안정과 새로운 번영의 부분적 특성을 가시적인 것으로 만든다. 따라서 우리는 자주 언급된 사실인 2006년과 2007년 대부분의 국가들이 이전보다 훨씬 높은 수준인 연간 4% 내지는 그 이상의 GDP 성장률을 보였다는 사실을 자세히 살펴볼 필요가 있다. 그 수치 뒤에는 부와 빈곤의 극단적 형태 만들기가 자리 잡고 있다. 이와는 반대로 케인스 시대 4%의 GDP 성장률은 중산층의 대규모 성장을 의미하였다.

또한 아시아 금융 위기 이후 상대적 안정이라는 거시적 상황이 예외라고 한다면 '위기'는 탈규제, 상호 연결된 전자 금융시장의 구조적 특징이라는 것은 결정적인 사실이다. 여기에 대해 두 가지 사실을 언급하고자 한다. 하나는 전체적으로 금융부문이 심화되는 것을 주도하는 비금융 부문의 금융화 규모가 급격하게 성장하고 있다는 것이다. 다시 말해 만약 위기가 현 금융시장의 구조적 특징이라면 비금융 부문이 금융화되면 될수록, 비금융 부문도 금융 위기에 점점 더 취약해진다. 종합적인 결과는 강력하고 건강한 경제 부문조차도 극도의 불안정해질 가능성이 높아진 것이다. 특히 고도로 발전된 금융 시스템과 높은 수준의 금융화를 갖고 있는 영국과 미국 같은 국가들에서 그럴 가능성이 높다.

현재의 위기 사례와 1997년 아시아 위기 사례를 살펴보자. 2008년 9월 위기가 미국을 강타하였을 때, 건전한 자본화와 상품과 서비스에 대한 강력한 수요, 그리고 적정한 이윤 수준을 갖고 있던 많은 건강한 기업들이 금융 위기로 도산하였다. 코카콜라와 펩시에서부터 IBM, 마이크로소프트에 이르는 미국의 대기업들은 자본 보유고, 이윤, 시장 점유율 등에서 좋은 성적을 올리고 있었다. 그러나 금융 위기는 결국 이들 기업들을 강타했는데, 대개 소비자 수요와 신용 평가(credit access)를 통해서였다. 고도로 금융화된 부문, 예컨대 주택시장과 상업용 부동산 시장은 직접적이고 즉각적으로 영향을 받았다. 이것이 기본적으로 건강한 비금융 기업이 영향을 받는 처음은 아니다. 이는 조정 위기를 경험한 많은 국가에서 발생하였다. 그들은 세계적으로 연계된, 그러나 그 과정에서 비금융 부문 기업들을 파괴하는 금융시장 조건을 갖고 있다. 이는 한국의 수많은 견실한 제조업체를 파괴한 1997년 아시아 금융 위기에서 확인할 수 있다. 한국 제조업체의 생산품은 국내외 시장에서 강력한 수요를 갖고 있었고, 전 세계 주문을 충족하기 위해 노동력과 기계를 갖고 있었다. 그러나 신용 거래 중단으로 선불 생산 비용을 지불하지 못해 기업은 문을 닫아야 했고, 수백만 명의 공장 노동자들은 일자리를 잃게 되었다(Sassen [1997] 2001: 제4장).

국가적 안정을 추구하는 것이 도시 불안정을 만드는 것일 때

국가적 안정의 추구가 도시 불안정을 만드는 것이 되었다. 비대칭 전쟁(asymmetric war)은 재래식 군대와 무장한 반군 간의 전쟁으로, 이것이 도시를 전장으로 만들었다. 전 세계 도시들은 우군이든지 적군이든지 어느 편이든 관계없이 비대칭 전쟁의 주요 공간으로 사용되고 있다.

1998년 이후 대부분의 비대칭 공격은 도시에서 발생하였다. 이것은 충격적인 지도를 만들어 냈다. 미 국무부의 세계 테러리즘에 관한 연간 보고서에 따르면, 지난 20년간 도시는 보고서에서 테러 공격으로 규정한, 즉 변칙적 전투원에 의한 공격의 주요 목표물이 되었다고 한다. 이러한 경향은 2001년의 뉴욕과 펜타곤 공격 이전에 시작되었다. 보고서는 1993년부터 2000년까지 테러리스트 공격에 의한 부상자의 94%, 사망자의 61%가 도시에서 발생한 것을 발견하였다. 두 번째로 이 기간 동안 사고 발생 건수가 두 배로 늘어났는데, 특히 1998년 이후 급격하게 늘어났다. 반대로 1980년대에는 1990년대와 비교하여 비행기 납치가 테러리스트에 의한 사망과 파괴의 큰 비중을 차지하였다. 도시 목표물에 접근하는 것이 테러리스트의 비행기 납치를 위해 군사시설이나 비행기에 접근하는 것보다 훨씬 쉽다. 보고서는 도시 내부 및 주변에서의 재래식 군사행동은 포함하지 않는다. 저자는 이것 또한 전쟁의 도시화의 일부로 고려하려고 한다.

비대칭 전쟁의 첫 번째 특징은 전쟁의 새로운 도시 지도가 확장된 것이다. 그것은 직접 관련된 국가를 벗어나고 있다. 마드리드, 런던, 카사블랑카, 발리, 뭄바이, 라호르, 자카르타 등 도시에서의 폭발은 확대된 지도의 일부이다. 각각의 폭발은 구체적이며, 특정 불만 및 목표와 관련하여 설명할 수 있다. 물질적 실천으로, 이것은 서로 독자적으로 행동하는 지역 무장 집단들에 의한 국지적 차원의 행동이다. 또한 그들은 분명히 새로운 종류의 다입지 전쟁, 즉 세계적 프로젝트와의 특정 갈등으로 더 큰 의미를 얻기 위해 널리 진행되는 일련의 다양한 행동의 일부에 해당한다.

비대칭 전쟁의 두 번째 특징은 이것이 부분적이고 간헐적이며, 결과가 분명하지 않다는 것이다. 끝을 내기 위한 휴전 협정이 없다. 비대칭 전쟁은 센터의 형태(특정 시기 혹은 강력한 국가들을 포함한 국민국가의 제국의 권력)가 어떻든 간에 센터를 어떻게 유지하는지가 하나의 조짐이다. 비대칭 전쟁은 미국과 이라크의 전쟁에서 가장 분명한 법칙 중의 하나를 찾을 수 있었다. 미국 재래식 군대의 공중 폭격은 단지 6주 만에 이라크 군대를 무너뜨리고 장악하였다. 그러나 비대칭 전쟁은 그 이후 바그다드, 모술, 바스라 등 이라크 다른 도시에서 시작되어 갈등의 입지가 되고 있으며, 지금도 끊이지 않고 있다.

세 번째 특징은 비대칭 전쟁이 어마어마할 정도로 다양하다는 것이다. 예로 2008년 뭄바이 공격과 2008년 12월 이스라엘에 의한 가자 폭격을 들 수 있다. 두 곳 모두 오랜 갈등의 역사를 갖고 있는 장소이다. 그러나 이들은 완전히 다른 요인들의 궤적과 조합을 나타내고 있다. 뭄바이는 인도와 파키스탄 사이의 오래된 갈등에 휘말려 있는데, 비대칭 전쟁의 한 입지로서 뭄바이의 역할은 매우 유동적이다. 가자는 끊임없이 움직이고 공개된 근대국가 이스라엘과의 갈등의 일부로, 이 갈등은 결국 다른 비대칭 권력인 팔레스타인 정부와의 갈등을 불러온다. 뭄바이와 가자 경우 모두 매우 복합적이며, 영토, 정부, 권리 등 각기 다중적 차원을 갖는 다양한 요인들이 얽혀 있다. 이 두 사례에서 제기되는 의문은 그들이 어떤 미래 전쟁의 형태를 나타내느냐는 것이다.

네 번째 특징은 오래된 갈등이 비대칭 전쟁으로 활성화된다는 것으로, 결국 비정규 부대 간의 무장 갈등으로 진화하고 있다. 이라크 내 시아파와 수니파 간의 갈등이나 아프리카 부족들 간의 갈등을 들 수 있다.

꼭 필요하지 않은 전쟁을 포함하여, 현대 전쟁의 다섯 번째 특징은 강요된 도시화를 포함하고 있다는 점이다. 특히 이것은 덜 개발된 지역에서 두드러진다. 현대의 갈등은 도시 내외 모두 심각한 인구 대체(displacement)를 가져온다. 아프리카의 갈등이나 코소보 전쟁과 같이 대부분의 경우 전쟁 난민들이 도시인구의 팽창을 가져왔다. 동시에 이러한 많은 갈등 중 메리 캘도어(Mary Kaldor, 2007; Beebe and Kaldor, 2010)가 새로운 전쟁에 대한 그녀의 저서에서 묘사한 것처럼, 전쟁 중인 조직은 전투 혹은 직접적인 군사 협상을 피한다. 그들의 주요 전략은 다른 정체성(인종, 종교, 정치)을 가진 사람들을 제거하고, 영토를 통제하는 것이다. 주요 전술은 테러로 눈에 띄는 대량 학살과 잔혹 행위로 사람들이 도망치도록 몰아붙이는 것이다.

이런 형태의 대체(displacement: 가장 지독한 형태는 인종, 종교 '청소')는 도시의 세계주의적 특성에 지대한 영향을 미친다. 도시는 오랫동안 다른 계급, 인종, 종교의 사람들이 상업, 정치, 시민 행동을 통해 함께 하는 수용력을 갖고 있었다. 현대의 갈등이 강요된 도시화 내지는 내부 이동을 주도할 때 도시의 이러한 문화적 다양성은 불안하고 또한 약화되고 있다. 벨파스트, 바그다드 내지는 모스타르는 기반 시설과 지역경제에 대한 엄청난 영향과 함께 도시가 게토로 변하는 위험에 처해 있다. 바그다드는 지난 2년간 상대적 '평화'의 결정적 구성 요소인 이러한 '청소' 작업이 본격적으로 진행되고 있다.

다른 곳에서 저자는 이러한 유형의 '청소'와 동일한 형태의 시스템이 대도시의 경우에는 가난한 사람들과 부유한 사람들의 심화되는 게토화일 것이라는 사실을 검토하였다. 이것은 도시에서 드물게 가장 다양한 집단인 중산층에게 대도시의 도시성을 부여하는 역할을 맡기고 있다. 위험은 증가하는 경제적 불안정과 정치적 무기력의 세계에서 전통적 도시의 세계주의를 편협한 방어적 태도로 대체할 것이다. 이런 조건하에서 교외에서 도시 혹은 도시 내로의 이동은 풍부한 다양성의 근원이기보다 불안정의 근원이 되었다.

오늘날 전쟁이 도시화되는 것은 현대의 도시 및 전쟁의 역사와는 다르다. 1914년에서 1918년 사이와 1940년에서 1945년 사이의 소위 세계대전과 같은 구식 전쟁에서는 대규모 군대가 만나서 싸우고, 침공하기 위한 넓은 들판 내지는 대양을 필요로 하였다. 이것은 전쟁의 최전선 공간이었다. 제2차 세계대전에서는 도시가 전쟁의 사이트로서가 아니라 공포를 주입하는 기술로서 전쟁에 활용되었다. 드레스덴과 히로시마 같은 상징적 사례에서처럼 도시의 완전한 파괴는 나라 전체를 공포에 떨게 만드는 방법이었다.

여기서 우리는 권력의 한계, 그리고 아마 기본 규범의 권력을 보여 주는 결정적 측면을 볼 수 있다. 오늘날 가장 강력한 정규군을 갖고 있는 국가들은 더 이상 드레스덴 폭격이나 히로시마 원자폭탄 투하와 같은 일을 바그다드나 가자 또는 스와트 계곡(swat valley)에서 반복할 수 없다.8 그들은 법률 위반을 포함한 모든 종류의 활동, 예컨대 용의자 인도, 고문, 그들이 좋아하지 않는 지도자들에 대한 암살, 민간인 지역들의 과도한 폭격, 기타 더 이상 감출 수 없고 민간인에 대한 폭력을 악화해 온 것으로 보이는 잔인한 역사 등에 관여할 수 있다.

단순히 실용적인에서부터 기본적인 규범의 일부 전략적 인식에 이르기까지 다양한 이유로 제한이 있을 것이다. 지혜의 터치, 기초 규범에 대한 일부 정직한 믿음, 어떤 종류의 또는 다른 종류, 예컨대 군비 혹은 석유에 대한 접근, 내지는 단순한 제약의 끈적이는 웹의 존재 등의 실질적 교환-법률 혼합, 호환 합의, 여론이라는 비공식적 세계적 법정 등. 되풀이된 역사는 우리에게 권력의 한계를 보여 준다.9 그것은 거대한 권력에 의한 일방적인 결정은 유일한 통제의 원천이 아닌 것으로 보인다. 점점 더 상호의존적인 세계에서 가장 강력한 국가들은 여러 가지 상호 의존적인 것들, 즉 몇몇 국가는 지구를 파괴할 수 있는 능력을 갖고 있는 세상에서 시스템적 생존의 역할을 할 수 있는 일종의 끈끈한 거미줄을 통해 자체적으로 제약하는 것을 찾는다(Sassen, 2008: 제8장).

이런 조건하에서 도시는 정규 군사력을 담는 기술이며, 무장한 반군에 대한 저항 기술이 되고 있다. 도시의 물리적 인문적 특성은 정규군에게는 하나의 제약이다. 이 제약은 도시 공간 자체를 엮었다.10 가자가 만약 인구가 밀집되어 있지 않고, 단지 공장, 창고, 사무실이 차지하고 있었다면 부분적이 아니라 완전히 파괴되었을까?

* **주석**

1. 특히 이들 모든 요인들을 가로지르는 전략적 관점에 관한 것은 데일리와 패얼리(Daly and Fareley, 2003)의 *Ecological Economics*를 참조하라.
2. Jonkers, H. M. 2007, "Self Healing Concrete: A Biological Approach."pp.195-204 in *Self Healing Materials: An Alternative Approach to 20 Centuries of Materials Science*. Springer
3. 지역 수준에서 지구적으로 사용될 수 있는 수준의 용량을 가진 실험적 기술은 소위 탄소 음성 시멘트(carbon-negative cement)이다(http://www.novacem.com/docs/novacem_press_release_6_aug_2009.pdf 참조). 비록 그린 빌딩의 도전만큼 세계적으로 드러난 것은 없지만, 도시에서 환경적 도전을 다루는 자연의 수용력을 사용한 다른 많은 사례들이 있다.
4. Yolo County, Planning and Public Works Dept, Full Scale Bioreactor Landfill for Carbon Sequestration and Greenhouse Emission Control March, 2006.
5. 그들은 이 같은 수단들에 투기하였다. 다시 말해 그들은 저소득층이 자신들의 지불 능력과 상관없이 승인한 모기지 계약에 기반한 수단들의 지속가능성에 내기를 걸었다. 또한 이것은 이러한 수단들이 관련된 가구들에게 피해를 주는 측면이 많다는 것이 금융 공동체 내에서는 알려져 있다고 주장한다.
6. 더 자세한 사항은 저자의 논문 "A Bad Idea: A Financial Solution to the Financial Crisis"를 참조하라(http://www.huffingtonpost.com/saskia-sassen/a-bad-idea-using- financ_b_145283.html).
7. 다른 연구에서(Sassen, 2008b), 저자는 주어진 특성하에서(모기지를 지불하는 능력은 투자자의 이윤과는 별개) 전 세계적으로 서브프라임 모기지의 이러한 특정 유형을 사용하는 세계금융의 잠재력을 보여 주는 자료를 검토하고 있다.
8. 비록 1945년 이후 도시에 대한 핵 위협은 가상적인 것으로 남아 있지만, 도시는 두 종류의 위협에 매우 취약한 상태이다. 하나는 컴퓨터로 목표화된 새로운 무기에 의한 공중 공격으로 바그다드 또는 벨그레이드와 같은 지역에서 '선택적'으로 사용되었다.
9. 일방적인 제약에 대한 서로 다른 원천은 전술이다. 이에 따라 전쟁 이론가들은 군사력의 우위는 전술적인 이유로 그들의 적에게 완전한 능력을 사용할 수 없다는 것을 의미한다고 상정하고 있다.
10. 전쟁의 도시화와 도시적 삶의 군사화라는 이중 과정은 도시의 의미를 동요시킨다. 마르쿠스(Marcuse, 2009)는 테러와의 전쟁이 미국 도시에서 지속적인 삶의 질 하락과 도시 형태에서

있어 가시적 변화, 공공 공간의 공적 사용 상실, 특히 유색인종에 대해 도시 내외의 자유로운 이동에 대한 제약, 그리고 정부 계획과 의사 결정 과정에서 공개적 대중 참여의 침체 등을 주도하고 있다고 주장한다. 다른 관점에서 그레이엄(Graham, 2010)은 도시에서 군사적 이미지의 강력한 실체를 검토한다. 두 번째 복지 공급자로서 도시의 역할에 의문을 제기한다. 안전에 대한 강요는 정치적 우위에서 변화를 의미한다. 이것은 사회복지, 교육, 의료, 기반 시설 개발, 경제 규제, 계획에 대한 지출의 상대적 감소 혹은 삭감을 내포하고 있다. 이 두 가지 경향은 결국 시민의식 개념에 도전한다(Sassen, 2008a: 제6장).

중심부와 주변부의 새로운 지리학

요약 및 함의

1980년대에 가시화된 세 가지 중요한 발전 양상들이 이 책에서 제시한 세계경제 체제 내에서의 도시를 분석할 수 있는 기초를 제공하였다. 그러한 발전 양상들은 대체로 다음의 네 가지 명제를 담고 있다.

1. **기업 경제활동의 영역적 확산은 세계화의 한 형태로서 경제활동의 기능과 운영의 집중화를 강화하였다.** 이는 새로운 집적의 논리를 수반하며, 선진국 도시들의 중심성을 다시 새롭게 강화하는 주요 조건이다. 흔히 지리적 의미를 상쇄시킨다고 여겨지는 정보기술은 실제로 중심 본사 기능들의 공간적 집중에 기여한다. 이러한 정보기술은 다양한 활동들을 지리적으로 분산시키는 동시에 통합할 수 있는 역량을 지니고 있다. 이러한 정보기술 역량의 효용성을 극대화하기 위해 최첨단 정보 서비스의 이용 및 제공 주체들은 가장 선진화된 도시경제로 더욱 집중되는 경향을 나타내고 있다. 이와 유사한 발전

양상이 세계도시보다 하위 수준의 지리적 규모와 복합성을 지니는 지역 중심 도시들에서도 나타난다.

2. **지리적으로 분산된 경제활동들에 대한 통제와 관리가 집중되는 것은 세계 제체의 일부로서 불가피하게 발생하는 것은 아니다.** 통제와 관리 기능이 집중하기 위해서는 광범위한 고차의 전문 서비스, 텔레커뮤니케이션의 인프라, 산업 서비스 등이 필요하다. 세계의 주요 대도시들은 국제무역이나 투자를 위한 서비스와 금융, 국제적 예술품 시장, 그 밖에 복잡한 요구 사항을 지닌 많은 다른 활동들의 중심지이다. 본사는 점차 그들의 주요 업무 활동의 일부를 이러한 전문 서비스 부문으로 외주화(外注化)한다. 이로 인해 세계도시는 오늘날 선도적인 경제 부문을 위한 전략적 생산 장소(production sites)가 된다. 세계도시보다 집적 및 복합성 수준에서 하위의 지역 중심 도시들에서도 유사한 발전 양상이 나타나고 있다. 전체 산업의 조직 체계에서 서비스의 중요성이 증가하고 있고, 이에 따른 공간적 영향이 도시의 건조환경에 부분적으로 표현된다.

3. **경제의 세계화는 새로운 중심성과 주변성의 지리학을 탄생시켰다.** 이러한 새로운 지리학은 텔레커뮤니케이션 시설의 분포로부터 경제 및 고용 구조에 이르기까지, 다양한 형태를 띠며 다양한 지역에 작용한다. 세계도시는 거대한 경제력이 집중하는 장소가 된 반면, 과거 주요 제조업 중심 도시들은 급속히 쇠퇴하고 있다. 이와 유사한 불균등 성장이 도시 안에서도 나타난다. 전문직 종사자들의 임금이 치솟는 반면, 저숙련 혹은 일반 노동자들의 임금은 바닥 수준으로 떨어진다. 금융 서비스는 막대한 이윤을 창출하지만 제조업 서비스는 겨우 명맥만 유지할 뿐이다.

4. **새로이 출현하는 초국적 도시체계는 사회정치적 네트워크의 확산도 가능하게 한다.** 전 세계적으로 기업과 시장의 운영을 위해 구축된 인프라는 점차 제한된 기업 경제 이외의 목적으로도 사용되고 있다. 국제 이민자, 이주민족 집단, 환경 및 인권 운동가, 세계 정의 캠페인 단체, 인신매매 항의 단체, 그리고 그 외 다수 단체들은 이처럼 새로이 출현한 초국적 도시체계를 강화하는 데 기여하고 있다. 이 책에서 경제적 네트워크와 사회정치적 네트워크를 구분하는 것은 그들이 국가 정부나 국제기구의 관료들을 통해 운용되는 것보다 훨씬 더 도시 중심적인 세계성(globality)을 구성하기 때문이다. 사회정치적 네트워크는 무력이 다수의 그룹들과 프로젝트들이 교차하는 도시의 구체적인 공간에서 복합적인 조건이 될 수 있는 방식을 분명하게 해 준다. 여러 도시들에서 이런 프로젝트들이 반복됨으로써 소외 계층의 수와 유형이 증가하는 가운데 수평적인 다장소적 세계성이 새롭게 출현하게 된다.

이제 가장 포괄적인 마지막 두 논제(論題)를 좀 더 자세히 살펴보고자 한다. 그 논제들은 두 개의 전략적 지리학의 출현을 시사한다. 하나는 세계도시 내부에서 가장 강력한 세계적 자본을 여러 국가에서 온 가장 소외된 노동자들과 함께 공존하게 한다. 다른 하나는 점차 발전된 도시 간 지리학(intercity geography)으로 이는 기업이나 전문가들과는 다른 활동 주체에 의해 이용되기 시작하는 초국적 공간을 창출한다.

주변부의 핵심 장소

선진국의 주요 대도시에서 나타나는 극단적인 양극화 현상은 **부자** 국가와 도시라는 개념에 대해 의문을 불러일으킨다. 과거 선진국과 저개발국의 이중

성으로 간주되었던 중심성과 주변성의 지리학은 오늘날 선진국 내에서뿐만 아니라 특히 선진국의 주요 대도시 내부에서도 분명히 나타나고 있다.

이 책에서 설명하고 있듯이, 불평등이 심화되고 있다는 이론화는 중심과 주변이라는 지리적 특성이 변화하고 있음을 보여 준다. 그것은 주변부화 과정이 과거 **핵심**(core) **지역**으로 인식되던 지역(세계적, 지역적 혹은 도시적 수준) 내부에서 진행되고 있으며, 주변부화 과정이 심화될수록 중심성 또한 세 수준 모두에서 강화되고 있음을 나타낸다.

주변부화되는 조건은 경제적 역동성에 따른 다양한 지리적 특성과 제도적 맥락에 의해 설정된다. 1970년대 초, 선진국의 주요 도시 내부에서 새로운 형태의 주변부화가 확인되었는데, 세계에서 가장 값비싼 도심 상업 지역 부근의 이너시티에서 진행되었다. 이러한 현상은 미국이나 유럽의 대도시에서뿐만 아니라 오늘날 도쿄(Sassen, [1991] 2001: 제9장), 뭄바이(Weinstein, 2009), 상하이(Gu and Tang, 2002; Ren, 2011), 그리고 세계경제로 통합되고 있는 모든 다른 도시들에서도 나타난다(Gugler, 2004). 또한 기업조직의 측면에서도 주변부화가 진행되었는데(예를 들면, 의류 노동착취공과 여러 분야로 확대되는 비공식 부문 작업장), 이러한 경향은 1970년대에 미국 대도시들에서 시작되었으며(Sassen-Koob, 1982), 또한 파리(Lazzarato, 1997), 암스테르담(Russell and Rath, 2002)과 같은 유럽의 주요 대도시, 그리고 북부 이탈리아(Bagnasco, 1977)와 같은 도시 지역에서도 나타났다. 노동시장의 분절화는 오랫동안 알려져 왔지만, 오늘날 선진 도시경제의 실질적인 일부인 제조업의 쇠퇴 현상과 선도 산업 분야에 종사하는 비전문직 노동자들의 급격한 가치 절하 현상은 분절화를 넘어서 중심의 주변부화를 나타내는 실례(實例)이다.

더욱이 도시 주변 지역에서 나타나는 새로운 형태의 성장 역시 위기 상황임을 의미한다. 즉 방리외(banlieues: 내측 교외 지역이라는 프랑스 어)의 이민자 게토 지역에서 나타나는 폭력 양상, 준교외 지역 주민들(exurbanites)의 환경보호를 위한 극심한 개발 반대 민원 제기, 그리고 새로운 형태의 도시 거버넌스(Body-Gendrot, 1999; Keil, 1999; Rae, 2003) 등이 이러한 위기를 나타낸다. 이러한 여러 도시들의 지역적 규제방식은 오래된 도시-교외 모델을 벗어나고 있지 못하며, 그로 인해 주변 지역 내부에서 발생하는 갈등[도시 주변 혹은 도시 지역에 거주하는 다양한 성향의 주민 집단 간의 갈등(Frug, 2001)]을 해결하기에는 점차 부적절하게 될 것이다. 예를 들어 프랑크푸르트는 도시 주변의 소도시들(towns) 없이는 제대로 기능을 수행할 수 없는 도시이다. 그럼에도 프랑크푸르트 도심부의 급성장이 없었다면 이처럼 특별한 도시 지역은 출현하지 않았을 것이다. 카일과 로네버거(Keil and Ronneberger, 1992)가 언급한 것처럼, 1980년대 후반 정치가들의 요청에 따라, 프랑크푸르트의 세계적인 도시 경쟁력을 강화하기 위해 프랑크푸르트 도시 지역 전체를 인정하는 이념적인 동기 부여가 필요한 것이다(Brenner, 2004). 또한 이러한 요청은 도시 지역에 거주하는 여러 이질적인 이익집단들을 하나로 응집할 수 있는 근거와 그 집단들 간의 공동 이익이 필요하다는 개념을 제공해 준다. 이를 통해 불평등한 부문들 간의 갈등은 지역 경쟁력 강화 차원으로 대체될 수 있다. 이에 따라 지역주의(regionalism)가 재정립되는데, 이는 도시 지역 내에서 요구되는 다양한 국지적인 의제를 세계 지향적인 선도 부문으로 연결하기 위한 새로운 개념이 된다(Scott, 2001; Brenner, 2004).

이와는 달리 시카고나 상파울루와 같은 도시에서는 그들 도시 지역이 거대한 경제적 복합체임에도 불구하고, 지역주의 이념보다 도시 담론이 더욱 우세하다(Schiffer, 2002 참조). 문제는 어떻게 이너시티나 도시 주변의 불량 주거 지역(squatter)을 도심부와 연결시키는가 하는 것이다. 다인종 도시에서는 다문화주의가 연결 고리로서 역할을 하게 된다. 지역주의적 담론이 나타나고는 있지만, 아직까지는 전체적으로 도시로부터 벗어났음에도 여전히 도시에 의존하고 있다는 교외화의 개념 수준에 머물고 있다. 도시 주변 지역에서 표출되는 다양한 이익집단들과 구성원들 간의 갈등은 실제로 미국 사회에서 중요시되고 있지는 못하다(Schiffer, 2002). 오히려 지역적 수준에서 민감한 부분을 지적한다면, 교외 거주 지역과 중심 도시를 어떻게 유기적으로 연결할 것인가이다(Madigan, 2004).

경쟁의 공간

대도시들은 다음과 같이 발전을 위한 전략적 지역이 되고 있다. 첫째, **도시는 세계경제가 구체적으로 운영되는 장소이다.** 구체적인 세계경제의 운영은 편의상 두 가지 형태로 구분할 수 있다. (1) 경제의 세계화와 장소라는 관점에서, 도시는 관리·통제 기능과 세계시장이 집중되는 전략적 장소이자 고차의 기업 서비스 산업이 집적된 생산의 장소이다. (2) 선도적인 경제 복합체에서 수행되는 일상적인 업무의 관점에서, 대부분의 일자리는 저임의 단순 노동이며, 여성 및 이민 노동자가 다수를 차지한다. 이러한 유형의 노동자와 일자리가 세계경제의 일부를 대표하는 것은 결코 아니지만, 실제로 국제금융처럼 세계화의 한 부분을 차지하고 있다. 여기에서 우리는 가치 절하된 부문과 가치 부여된(valorized)-실제로는 과도하게 가치 증대된 부문 간의 격차가 급격히 심화되는 가치 부여의 역동성을 엿볼 수 있다. 이러한 이중적인 존재로 인해 도시는 경쟁적인 지역이 되는 것이다.

경제활동의 구조는 일자리 공급 체계의 변화를 수반하는 작업 조직의 변화를 야기하여, 노동자의 임금과 직업 분포에 있어서 심각한 양극화를 초래하였다. 이제는 오래된 사양 산업보다도 주요 성장 산업에서 직종별 임금 격차가 더욱 심해지고 있다. 생산자 서비스 부문에 있어서 저임금 직종이 거의 절반에 달하고 있으며, 나머지 절반은 두 개의 최고 임금 직종이다. 반면, 전후(戰後) 고성장 시기에 미국과 서유럽의 제조업 노동자들은 대부분 중산층이었다.

여기에서 중요한 것은 어떻게 새로운 형태의 불평등이 실제로 재활성화된 근린 지역이나 비공식 경제 혹은 쇠퇴하는 제조업 부문 등과 같은 새로운 사회적 형태를 구성하는지를 이해하는 것이다. 이러한 발전 양상이 어느 정도까지 세계시장을 지향하는 경제 복합체를 강화하는 데 관련되는지를 설명하는 것은 어려운 일이다. 그러한 연계 과정이나 영향을 실증적으로 정확히 분석하는 것도 거의 불가능할 것이다. 따라서 이 책에서는 보다 일반적인 관점에서 그러한 국제적인 경제 복합체가 주도권을 쥐고 서비스 경제로 이행하는 결과를 이해하는 데 중점을 두었다.

둘째, **도시는 다양성을 집중시킨다**. 도시 공간에는 주도적인 기업 문화뿐만 아니라 이민을 통해 형성된 다양한 문화와 정체성들이 각인되어 있다. 서로 어긋난 현상(slippage)이 명확하게 나타난다. 주도적인 기업 문화는 단지 도시의 일부분만을 포함할 뿐이다. 비록 기업의 영향력이 비기업적 문화와 정체성들을 색다른 것(otherness)으로 규정하고 평가 절하 하더라도, 비기업적인 문화와 정체성들은 도처에 존재하고 있다. 이 책의 제6장과 제7장에서 설명한 이민자 커뮤니티와 비공식 경제는 단지 두 개의 사례에 불과하다. 미국과 서유럽의 주요 도시에는 다양한 문화와 민족성이 특히 강하게 나타나며, 또한 기업의 영향력도 가장 많이 집중해 있다.

여기에서 우리는 상당한 기업 영향력의 집중과 다른 힘의 강력한 집중 간의 흥미로운 상호 관련성을 볼 수 있다. 즉 세계화는 자본과 새로운 국제적 기업 문화(국제금융, 텔레커뮤니케이션, 정보 흐름)의 측면에서뿐만 아니라 사람들과 비기업적 문화의 측면으로도 구성된다. 소위 기업 경제의 중요한 부분을 저임금 및 비전문 직종의 활동이란 하부구조가 차지하고 있는 것이다.

명령·통제 기능 이면의 실제 작업, 금융과 서비스 산업에서 생산 부문, 그리고 시장에 중점을 둔다면, 세계화를 유지하는 물리적 시설과 통상적으로 경제의 기업 부문에 속하지 않는 것으로 간주되는 직종과 노동자 전체를 이해할 수 있다. 비서와 청소부, 소프트웨어를 배달하는 운송업자, 다양한 기능공과 수리공, 기업체가 입주한 빌딩의 유지 관리, 도색, 개·보수 등과 관련된 직종의 모든 노동자들이 이 부문에 해당한다. 이처럼 관점을 확대하면, 소위 세계정보경제를 구성하는 것이 경제의 다양성이라는 사실을 이해하는 데 도움이 된다. 이러한 유형의 직종, 노동자, 기업들은 지금까지 경제의 '중심'에 있어 보지 못하였고, 1980년대에 시작된 다양한 재구조화 과정에서 경제의 중심으로부터 밀려났으며, 그로 인해 경제의 중심이란 협의적 개념에 한정된 시스템에서 가치 저하되어 왔다. 그러나 관점을 확대하여 보면, 경제의 중심에는 있지만 중심을 구성하는 명세서에서 누락된 노동력의 단면들도 볼 수 있다. 따라서 경제의 세계화는 다양한 경제와 노동 문화를 포함하는 과정인 것이다.

이 책에서는 도시가 선도적인 경제 부문에서 상당히 중요하다는 것을 설명하였다. 주요 선진국의 대도시들은 세계화 과정이 구체적으로 현지화되어 나타나는 장소이다. 이처럼 현지화된 형태가 바로 세계화의 긍정적인 부분이다. 그러나 도시는 자본의 국제화에 따른 모순들이 잠잠해지거나 아니면 갈등을 야기하는 또 하나의 중요한 장소이기도 하다. 더 나아가 대도시로 유럽과 미국의 이민자와 아프리카계 및 라틴계 미국인과 같은 사회적 약자들이 집중하여 비율이 높아진다면, 그 도시는 일련의 모든 갈등과 모순이 집약된 전략적인 장소가 될 것이다.

주요 선진국의 대도시는 기업의 영향력이 과도하게 집중하여 기업 경제의 가치 증대를 위한 주요 장소가 되지만, 다른 한편으론 사회적 약자들도 과도하게 집중하여 그들의 가치가 절하되는 주요 장소가 되기도 한다. 이러한 공존 양상은 다음과 같은 맥락에서 발생한다. (1) 경제의 세계화가 급속히 진행되면서 도시는 점차 세계 자본을 위한 전략적 장소가 되고 세계 자본은 이 도시에 대해 점점 더 그들의 권리를 주장하게 된다. (2) 주변화된 사회적 약자들도 그 도시를 대표하게 되면서 마찬가지로 그들의 권리를 주장하고 있다. 이 두 현상 간의 괴리가 커질수록 공존 양상은 더욱 주목받게 된다. 공간 및 사회적 형태로서의 대도시 중심부에는 세계적 통제력과 초과 이윤 창출력에 기초한 거대한 힘이 집중된다. 주변부는 취약한 경제·정치력에도 불구하고, 새로운 문화와 정체성의 정치를 통해 그 존재감을 점차 강하게 드러내고 있다.

만약 도시가 경제활동의 세계화와 관련이 없다면, 주요 경제·정치적 활동 주체들은 도시를 그냥 포기해 버리고 이러한 모든 상황에서 자유로울 수 있을 것이다. 이는 실제로 일부 정치가들의 주장(도시는 모든 사회적 절망을 위해 해줄 것 없는 희망 없는 곳)과 꼭 들어맞는다. 주류 경제학적 관점에서, 장소는 더 이상 중요하지 않고, 기업들은 텔레매틱스(telematics) 덕분에 어디든 입지할 수 있으며, 오늘날 주요 산업들은 정보 기반 산업이므로 장소에 구속되지 않는다고 주장한다. 이러한 주장은 도시가 새로운 문화정치의 주요 장소로 부각되는 시기에 도시의 가치를 폄하하는 것이다. 또한 기업들은 쉽게 이전하여 어느 곳이든 재입지할 수 있다는 생각으로 기업 경제가 도시 정부로부터 중요한 특권을 얻어낼 수는 있다. 그러나 이는, 이 책의 대부분에서 설명하였듯이, 모든 기업에게 해당되는 것은 아니다.

(1) 도시는 통제의 장소이자 세계시장, 그리고 정보경제의 생산 장소로서 경제의 세계화에 전략적 위치를 점하고 있으며, (2) 도시경제에서 가치 절하된 많은 부문들이 실질적으로 중심부를 위한 중요한 기능들을 수행하고 있다는 것을 설명하기 위해, 이 책에서는 세계화된 경제체제에서 도시의 중요성과 여

성 및 이민 노동력, 그리고 미국 대도시에서 아프리카계·라틴계 노동력에 주로 의존하는 간과된 부문의 중요성을 새롭게 강조하였다. 실제로, 경제(일상적 사무 업무, 세계시장을 겨냥하지 않는 본사 기능, 주로 교외 중산층을 위한 다양한 서비스 등)와 도시인구(중산층)의 중간 부문들은 도시를 떠날 수 있거나 이미 떠났다. 남아 있는 두 부문, 즉 중심부와 나머지 부문은 도시 내에서 그들이 활동할 수 있는 전략적 지역을 찾게 될 것이다.

참고문헌 및 추천 도서

A. T. Kearney, Inc. 2010. "The Global Cities Index." The Chicago Council on Global Affairs, and *Foreign Policy* Magazine. Chicago, IL: A. T. Kearney, Inc.

Aalbers, M.B. 2009. "The Gobalization and Europeanization of Mortgage Markets." International Journal of Urban and Regional Research 33(2): 389-410.

_____, ed. 2012. Subprime Cities. Boston: Blackwell.

Abrahamson, Mark. 2004. *Global Cities*. New York and Oxford: Oxford University Press.

Abreu, A., M. Cocco, C. Despradel, E. G. Michael, and A. Peguero. 1989. *Las Zonas Francas Industriales: El Exito de una Politica Economica*. Santo Domingo: Centro de Orientacion Economica.

Abu-Lughod, Janet Lippman. 1980. Rabat: *Urban Apartheid in Morocco*. Princeton, NJ: Princeton University Press.

_____. 1989. *Before European Hegemony: The World System A.D. 1250-1350*. New York and Oxford: Oxford University Press.

_____. 1994. *From Urban Village to "East Village": The Battle for New York's Lower East Side*. Cambridge, MA: Blackwell.

_____. 1999. *New York, Chicago, Los Angeles: America's Global Cities*. Minneapolis, MN: University of Minnesota Press.

Acemoglu, Daron. 2002. "Technical Change, Inequality, and the Labor Market." *Journal of Economic Literature* 40(1): 7-72.

Acosta-Belen, Edna and Carlos E. Santiago. 2006. *Puerto Ricans in the United States: A Contemporary Portrait*. Boulder, CO: Lynne Reinner Publishers.

Adrian, C. 1984. *Urban Impacts of Foreign and Local Investment in Australia*. Publication 119. Canberra, Australia: Australian Institute of Urban Studies.

Aguiar, Luis L. M. and Andrew Herod, eds. 2005. *Cleaning Up the Global Economy*. Malden, MA: Blackwell.

Albrecht, Don E. and Scott G. Albrecht. 2009. "Economic Restructuring, The Educational Income Gap, and Overall Income Inequality." *Sociological Spectrum* 29(4): 519-47.

Allen, John. 1999. "Cities of Power and Influence: Settled Formations." pp.181-228 in *Unsettling Cities*, edited by John Allen, Doreen Massey, and Michael Pryke. New York: Routledge.

______. 2003. *Lost Geographies of Power*. Malden, MA: Blackwell Publishers.

______, Doreen Massey and Michael Pryke, eds. 1999. *Unsettling Cities*. London, UK: Routledge.

Allison, Eric. 1996. "Historic Preservation in a Development-Dominated City: The Passage of New York City's Landmark Preservation Legislation." *Journal of Urban History* 22(3): 350-76.

Alsayyad, N. and Ananya Roy. 2006. "Medieval Modernity: On Citizenship and Urbanism in a Global Era." *Space and Polity* 10: 1-20.

Amen, Mark M., Kevin Archer and M. Martin Bosman, eds. 2006. *Relocating Global Cities: From the Center to the Margins*. New York: Rowman & Littlefield.

Amin, Ash, ed. 1997. *Post-Fordism*. Oxford, UK: Blackwell.

______. 2002. Placing the Social Economy. London: Routledge.

______. 2006. "The Good City." *Urban Studies* 43: 10009-10023.

______ and Kevin Robins. 1990. "The Re-emergence of Regional Economies? The Mythical Geography of Flexible Accumulation." *Environment and Planning D: Society and Space* 8(1): 7-34.

______ and J. Roberts, eds. 2008. *Community, Economic Creativity and Organization*. Oxford: Oxford University Press.

Amin, S. 2010. "Exiting the Crisis of Capitalism or Capitalism in Crisis?" *Globalizations* 7(1-2): 261-73.

AMPO. 1988. "Japan's Human Imports: As Capital Flows Out, Foreign Labor Flows In." Special issue of *Japan-Asia Quarterly Review* 19(1, Special issue).

Anderson, E. 1990. *Streetwise, Chicago*. Chicago, IL: University of Chicago Press.

Appadurai, Arjun. 1996. *Modernity at Large*. Minneapolis, MN: University of Minnesota Press.

______. 2000. *Globalization*. Raleigh, NC: Duke University Press.

Arias, E. D. 2004. "Faith in Our Neighbors: Networks and Social Order in Three Brazilian Favelas." *Latin American Politics and Society* 46: 1-38.

Arrighi, G. 1994. *The Long Twentieth Century*. London: Verso.

Arroyo, Monica, Milton Santos, Maria Adelia A. De Souze and Francisco Capuano Scarlato, eds. 1993. *Fim de Seculo e Globalizacao*. Sao Paulo, Brazil: Hucitec.

Ascher, Francois. 1995. *Metapolis ou l'Avenir des Villes*. Paris, France: Editions Odile Jacob.

Asian Women's Association. 1988. *Women from Across the Seas: Migrant Workers in Japan*. Tokyo, Japan: Asian Women's Association.

Australian Government Foreign Investment Review Board. 1996. *Annual Report 1995-96*. Canberra, Australia: Australian Government Publishing Service.

______. 2004. *Annual Report 2003-04*. Canberra, Australia: CanPrint Communications.

Australia and New Zealand Banking Group Ltd. 2009. *Australia's 200 Biggest Companies: Standard & Poor's S&P/ASX 200 Index*. Retrieved March 18, 2010(http://www.anz.com/resources/1/d/1d

8a8b004e4a3a22a603af93c5571dd1/Australias-Biggest-200-Companies.pdf?CACHEID=9352 0f804e472ee49b39bf6672659df2).

Australian Bureau of Statistics. 2006. "2006 Census of Population and Housing, Cat. No. 2068.0-2006 Census Tables: Industry of Employment by Sex: Based on place of employment." Retrieved March 18, 2010 (http://www.abs.gov.au/).

Avgerou, Chrisanthi. 2002. I*nformation Systems and Global Diversity*. Oxford, UK: Oxford University Press.

Axel, Brian K. 2002. "The Diasporic Imaginary." *Public Culture* 14(2): 411-28.

Bagnasco, Arnaldo. 1977. *Tre Italie: La Problematica Territoriale Dello Sviluppo Italiano*. Bologna, Italy: Il Mulino.

Bailey, Thomas. 1990. "Jobs of the Future and the Education They Will Require: Evidence from Occupational Forecasts." *Educational Researcher* 20(2): 11-20.

Balbo, Laura and Luigi Manconi. 1990. *I Razzismi Possibili*. Milano, Italy: Feltrinelli.

Banerjee-Guha, Swapna, ed. 2010. *Accumulation by Dispossession: Transformative Cities in the New Global Order*. Thousand Oaks, CA: Sage Publications.

Bank for International Settlements. 1992. 62nd Annual Report. Basel, Switzerland: BIS.

_____. 1998. *Central Bank Survey*. Basel, Switzerland: BIS.

_____. 1999. *69th Annual Report*. Basel, Switzerland: BIS.

_____. 2002. *Central Bank Survey*. Basel, Switzerland: BIS.

_____. 2004. *Quarterly Review-June 13*, 2004. Basel, Switzerland: BIS.

_____. 2005. *Triennial Central Bank Survey*. Basel, Switzerland: BIS.

_____. 2005. *Quarterly Review-December, 2005*. Basel, Switzerland: BIS.

_____. 2007. *Triennial Central Bank Survey*. Basel, Switzerland: BIS. Retrieved March 18, 2010 (http://www.bis.org/publ/rpfxf07t.pdf?noframes=1).

Barr, J. B. and L. Budd. 2000. "Financial Services and the Urban System: An Exploration." *Urban Studies*, 37(3): 593-610.

Bartlett, Anne. 2006. "Political Subjectivity in the Global City." Ph.D. Dissertation, Department of Sociology, University of Chicago.

_____. 2007. "The City and the Self: The Emergence of New Political Subjects in London." pp.221-243 in *Deciphering the Global: Its Spaces, Scales and Subjects*, edited by S. Sassen. New York and London: Routledge.

Bauer, Thomas K. and Kunze, Astrid. 2004. "The Demand for High-skilled Workers and Immigration Policy," IZA Discussion Papers 999, Institute for the Study of Labor (IZA).

Bavishi, V. and Wyman, H. E. 1983. *Who Audits the World: Trends in the Worldwide Accounting Profession*. Storrs, CT: University of Connecticut, Center for Transnational Accounting and Financial Research.

Beck, Ulrich. 2000. *The Risk Society and Beyond: Critical Issues for Social Theory*. Thousand Oaks, CA: Sage.

_____. 2005. *Power in the Global Age*. Cambridge: Polity Press.

Beckfield, Jason and S. Alderson Arthur. 2004. Power and Position in the World City System. *American Journal of Sociology* 109(4): 811-851.

_____. and Arthur S. Alderson. 2006. "Whither the Parallel Paths? The Future of Scholarship on the World City System." *American Journal of Sociology* 112: 895-904.

Beebe, Shannon D. and Mary H. Kaldor. 2010. *The Ultimate Weapon is No Weapon*. London: Public Affairs.

Beneria, Lourdes. 1989. "Subcontracting and Employment Dynamics in Mexico City." pp.173-88 in *The Informal Economy: Studies in Advanced and Less Developed Countries*, edited by A. Portes, M. Castells, and L. Benton. Baltimore, MD: Johns Hopkins University Press.

_____ and Marta Roldan. 1987. Crossroads of Class and Gender: Homework, Subcontracting, and Household Dynamics in Mexico City. Chicago, IL: University of Chicago.

_____ and Shelley Feldman, eds. 1992. Unequal Burden: Economic Crises, Persistent Poverty, and Women's Work. Boulder, CO: Westview.

Benjamin, S. 2008. "Occupancy Urbanism: Radicalizing Politics and Economy beyond Policy and Programs." *International Journal of Urban and Regional Research* 32: 719-29.

Benko, Georges and Mick Dunford, eds. 1991. *Industrial Change and Regional Development: The Transformation of New Industrial Spaces*. London and New York: Belhaven/Pinter.

Berger, Suzanne and Michael J. Piore. 1980. *Dualism and Discontinuity in Industrial Societies*. New York and London, UK: Cambridge University Press.

Berque, Augustin. 1987. *La Qualite de la Ville: Urbanite Francaise, Urbanite Nippone*. Tokyo, Japan: Maison Franco-Japonaise.

Bestor, Theodore. 1989. *Neighborhood Tokyo*. Stanford, CA: Stanford University Press.

Bettencourt, M. A. Luis et al. 2007. "Growth, Innovation, Scaling, and the Pace of Life in Cities" *Proceedings of the National Academy of Sciences of the United States of America* 2007 104: 7301-06.

Beveridge, Andrew A. 2003. "The Affluent of Manhattan." *Gotham Gazette* June 2003.

Bhachu, Parminder. 1985. *Twice Immigrants*. London, UK: Tavistock.

Bhagwati, J. 1988. *Protectionism. Boston*, MA: MIT Press.

Bini, Paolo Calza. 1976. *Economia Periferica e Classi Sociali*. Napoli, Italy: Liguori.

Blaschke, J. and A. Germershausen. 1989. "Migration und Ethnische Beziehungen." *Nord-Sud Aktuell* 3-4(Special issue).

Bloomberg News. 2010. "China Suspends ETFs in Shanghai After Glitches, Oriental Says." Retrieved Dec. 30, 2010 (http://www.businessweek.com/news/2010-12-29/china-suspends-shanghai-etf-approvals-oriental-says.html).

Blumberg, P. 1981. *Inequality in an Age of Decline*. New York: Oxford University Press.

Bodnar, Judit. 2000. *Fin de Millenaire Budapest: Metamorphoses of Urban Life*. Minneapolis, MN: University of Minnesota Press.

Body-Gendrot, Sophie. 1993. *Ville et violence*. Paris, France: Presses Universitaires de France.

_____. 1999. *The Social Control of Cities*. London, UK: Blackwell.

_____, Emmanuel Ma Mung, and Catherine Hodier, eds. 1992. "Entrepreneurs entre Deux Mondes: Les Creations d'Entreprises par les Etrangers: France, Europe, Amerique du Nord." *Revue Européenne des Migrations Internationales* 8(1, Special issue): 5-8.

_____, Jacques Carre, and Romain Garbaye. 2008. *A City of One's Own: Blurring the Boundaries Between Private and Public*. Burlington, VT: Ashgate Publishing Company.

Boissevain, Jeremy. 1992. "Les Entreprises Ethniques aux Pays-Bas." *Revue Européenne des Migrations Internationales* 8(1, Special issue): 97-106.

Bolin, Richard L., ed. 1998. *The Global Network of Free Zones in the 21st Century*. Flagstaff, AZ: The Flagstaff Institute.

Bonacich, Edna. 2000. *Behind the Label: Inequality in the Los Angeles Garment Industry*. Berkeley, CA: University of California Press.

Bonacich, Edna, Lucie Cheng, Nora Chinchilla, Norma Hamilton, and Paul Ong, eds. 1994. *Global Production: The Apparel Industry in the Pacific Rim*. Philadelphia, PA: Temple University Press.

Bonamy, Joel and Nicole May, eds. 1994. *Services et Mutations Urbaines*. Paris, France: Anthropos.

Bonilla, Frank, Edwin Melendez, Rebecca Morales, and Maria de los Angeles Torres, eds. 1998. *Borderless Borders*. Philadelphia, PA: Temple University Press.

Boonyabancha, Somsook. 2009. "Land for Housing the Poor-by the Poor: Experiences from the Baan Mankong Network Slum Upgrading Project in Thailand." *Environment and Urbanization* 21: 309-22.

Booth, Cathy and Timothy Long. 1993. "Miami: the Capital of Latin America." *Time Magazine*. Retrieved Dec. 31, 2010 (http://www.time.com/time/magazine/article/0,9171,979733,00.html).

Boris, Eileen. 1994. *Home to Work. Cambridge*, UK: Cambridge University Press.

Bose, Christine E. 2001. *Women in 1900: Gateway to the Political Economy of the 20th Century*. Philadelphia, PA: Temple University Press.

_____ and E. Acosta-Belen, eds. 1995. *Women in the Latin American Development Process*. Philadelphia, PA: Temple University Press.

Boston Consulting Group. 2011. Global Asset Management 2010: Building on Success. Boston: Boston Consulting Group. http://www.bcg.com/documents/ file81068.pdf

Bourdeau-Lepage, L. and J. Huriot. 2008. "Megapolises and Globalization. Size Doesn't Matter." *Les Annales de la Recherche Urbaine* 105: 81-93.

Bourgois, P. 1996. *In Search of Respect: Selling Crack in El Barrio.* Structural Analysis in the Social Sciences Series. New York: Cambridge University Press.

Bouzarovski, S. 2009. "Building Events in Inner-city Gdańsk, Poland: Exploring the Sociospatial Construction of Agency in Built Form." *Environment and Planning D: Society and Space.* 27: 840-58.

Boyer, Christine. 1983. *Dreaming the Rational City.* Cambridge, MA: MIT Press.

Boyer, Robert, ed. 1986. *La Flexibilité du Travail en Europe.* Paris, France: La Découverte.

Bradshaw, Y., R. Noonan, L. Gash and C. Buchmann. 1993. "Borrowing Against the Future: Children and Third World Indebtedness." *Social Forces* 71(3): 629-56.

Braithwraite, John, Hilary Charlesworth, Peter Reddy and Leah Dunn. 2010. *Reconciliation and Architectures of Commitment: Sequencing Peace in Bougainville.* Canberra, Australia: Australian National University E Press.

Brand, Constant. 2006. "Belgian PM: Data Transfer Broke Rules" The Associated Press, *Washington Post.* Retrieved Jan. 9, 2011. (http://www.washingtonpost.com/wp-dyn/content/article/2006/09/28/AR2006092800585.html).

Braudel, Fernand. 1984. *The Perspective of the World, Vol. III.* London, UK: Collins.

Brauer, David, Beethika Khan and Elizabeth Miranda. 1998. *Earnings Inequality, New York.* New Jersey Region. New York: Federal Reserve Bank of New York (July).

Brettell, Caroline, and James F. Hollifield, eds. 2000. *Migration Theory: Talking Across the Disciplines.* New York: Routledge.

Brenner, Neil. 2004. *New State Spaces: Urban Governance and the Rescaling of Statehood.* Oxford: Oxford University Press.

_____. 1998. "Global Cities, Glocal States: Global City Formation and State Territorial Restructuring in Contemporary Europe." *Review of International Political Economy* 5(1): 1-37.

Bridge, Gary and Sophie Watson. 2011. T*he New Blackwell Companion to the City.* Oxford, UK: Wiley-Blackwell.

_____. 2004. *New State Spaces: Urban Governance and The Rescaling of Statehood.* Oxford, UK: Oxford University Press.

_____ and Nik Theodore, eds. 2002. Spaces of Neoliberalism: Urban Restructuring in North America and Western Europe. Malden, MA: Blackwell Publishers.

_____ and Roger Keil. 2006. *The Global Cities Reader.* London: Routledge.

Brookings Institute. "Living Cities Census Series" [Data file]. Retrieved May 2008(http://www.brookings.edu/metro/living-cities/main.aspx).

Brosnan, P. and F. Wilkinson. 1987. *Cheap Labour: Britain's False Economy*. London, UK: Low Pay Unit.

Brotchie, J., M. Barry, E. Blakely, P. Hall, and P. Newton, eds. 1995. *Cities in Competition: Productive and Sustainable Cities for the 21st Spaces of Neoliberalism Century*. Melbourne, Australia: Longman Australia.

Brotherton, David and Philip Kretsedemas, eds. 2008. *Keeping Out the Other*. New York: Columbia University Press.

Brown, C. 1984. *Black and White Britain*. London, UK: Heinemann.

Brown, E., B. Derudder, C. Parnreiter, W. Pelupessy, P. J. Taylor and F. Witlox. 2010. "World City Networks and Global Commodity Chains: Towards a World Systems Integration." *Global Networks*, 10(1).

Brusco, Sebastiano. 1986. "Small Firms and Industrial Districts: The Experience of Italy." pp.182-202 in *New Firms and Regional Development*, edited by David Keeble and Francis Weever. London, UK: Croom Helm.

Bryson, J. R. and P. W. Daniels, eds. 2007. *The Service Industries Handbook*. Cheltenham, UK: Edward Elgar.

Buck, Nick, Matthew Drennan, and Kenneth Newton. 1992. "Dynamics of the Metropolitan Economy." pp.68-104 in *Divided Cities: New York & London in the Contemporary World*, edited by Susan Fainstein, Ian Gordon, and Michael Harloe. Oxford, UK: Blackwell.

Buechler, S. 2007. "Deciphering the Local in a Global Neoliberal Age: Three Favelas in Sao Paulo, Brazil." pp.95-112 in *Deciphering the Global: Its Scales, Spaces, and Subjects*, edited by Saskia Sassen. New York: Routledge.

Buntin, Jennifer. (In Process). "Transnational Suburbs? The Impact of Immigration Communities on the Urban Edge." Ph.D. Dissertation, Department of Sociology, University of Chicago.

Bunnell, T., H. Muzaini and J. D. Sidaway. 2006. Global City Frontiers: Singapore's Hinterland and the Contested Socio-political Geographies of Bintan, Indonesia. *International Journal of Urban and Regional Research*. 30: 3-22.

Burdett, Ricky, ed. 2006. *Cities: People, Society, Architecture*. New York: Rizzoli.

_____ and Deyan Sudjic eds. 2011. *Living in the Endless City*. London: Phaidon Press.

Burgel, Guy. 1993. *La Ville Aujourd'hui*. Paris, France: Hachette, Collection Pluriel.

Burgess R., M. Carmona and T. Kolstee, eds. 1997. *The Challenge of Sustainable Cities: Neoliberalism and Urban Strategies in Developing Countries*. London and New York: Zed Books.

Cadena, Sylvia. 2004. "Networking for Women or Women's Networking." A report for the Social Science Research Council's Committee on Information Technology and International Cooperation. Accessible at http://www.ssrc.org/programs/itic/publications/civsocandgov/cadena.pdf.

Canadian Urban Institute. 1993. *Disentangling Local Government Responsibilities: International Comparisons*. Urban Focus Series 93-1. Toronto, Canada: Canadian Urban Institute.

Canevari, Annapaola. 1991. "Immigrati Prima Accoglienza: E Dopo?" Dis T Rassegna di Studi e Ricerche del Dipartimento di Scienze del Territorio del Politecnico di Milano 9(September): 53-60.

Cardew, R. V., J. V. Langdale and D. C. Rich, eds. 1982. *Why Cities Change: Urban Development and Economic Change in Sydney*. Sydney, Australia: Allen and Unwin.

Carleial, L. and M. R. Nabuco. 1989. *Transformacoes na DiviSao Inter-regional no Brasil*. São Paulo, Brazil: Anpec/Caen/Cedeplar.

Castells, Manuel. 1972. *La Question Urbaine*. Paris: Maspero.

_____. 1983. *The City and the Grassroots: A Cross-Cultural Theory of Urban Social Movements*. Berkeley, CA: University of California Press.

_____. 1989. *The Informational City*. London, UK: Blackwell.

_____. 1996. *The Rise of the Network Society*. Oxford: Blackwell.

_____. 1998. *The Information Age: Economy, Society, and Culture. Vol. 3: End of Millennium*. Malden/Oxford, UK: Blackwell.

_____ and Yuko Aoyama. 1994. "Paths Toward the Informational Society: Employment Structure in G-7 Countries, 1920.1990." *International Labour Review* 133(1): 5-33.

_____ and P. Hall. 1994. *Technopoles of the World: The Making of Twenty-First-Century Industrial Complexes*. London, UK: Routledge.

Castles, S. and M. Miller. 2003. *The Age of Migration: International Population Movements in the Modern World*. 3rd ed. London, UK: Macmillan.

Castro, Max, ed. 1999. *Free Markets, Open Societies, Closed Borders*. Coral Gables, FL: University of Miami, North-South Center Press.

CEMAT (European Conference of Ministers Responsible for Regional Planning). 1988. *Draft European Regional Planning Strategy*. Vols. 1 and 2. Luxembourg: CEMAT.

Center on Housing Rights and Evictions. 2009. *Global Survey: Forced Evictions, Violations of Human Rights*. Author.

Chaney, E. and M. Garcia Castro. 1993. *Muchacha Cachifa Criada Empleada Empregadinha Sirvienta Y...Mas Nada*. Caracas, Venezuela: Nueva Sociedad.

Chang, Grace. 1998. "Undocumented Latinas: The New 'Employable Mothers.'" pp.311-19 in Race, Class, and Gender, 3d ed., edited by M. Andersen and Patricia Hill Collins. Belmont, CA: Wadsworth.

_____ and Mimi Abramovitz. 2000. *Disposable Domestics: Immigrant Women Workers in the Global Economy*. Boston, MA: South End Press.

Chant, Sylvia H. and Nikki Craske. 2002. *Gender in Latin America*. New Brunswick, NJ: Rutgers University Press.

_____ and Lisa Ann Richey. 2010. *The International Handbook of Gender and Poverty: Concepts, Research, Policy*. Northampton, MA: Edward Elgar Publishing, Inc.

Chase-Dunn, C. 1984. "Urbanization in the World System: New Directions for Research." pp.111-20 in Cities in Transformation, edited by M. P. Smith. Beverly Hills, CA: Sage.

Chen, Xiangming. 2005. *As Borders Bend: Transnational Spaces on the Pacific Rim*. New York: Rowman & Littlefield.

_____. 2009. *Shanghai Rising: State Power and Local Transformations in a Global Megacity*. Minneapolis, MN: University of Minnesota Press.

_____ and Tomas de'Medici. 2010. "Research Note.The "Instant City" Coming of Age: Production of Spaces in China's Shenzhen Special Economic Zone." *Urban Geography* 31(8): 1141-47.

Cheshire, P. C. and D. G. Hay. 1989. *Urban Problems in Western Europe*. London, UK: Unwin Hyman.

Chinchilla, Norma and Nora Hamilton. 2001. *Seeking Community in the Global City: Salvadorans and Guatemalans in Los Angeles*. Philadelphia, PA: Temple University Press.

Chuang, Janie. 1998. "Redirecting the Debate over Trafficking in Women: Definitions, Paradigms, and Contexts." *Harvard Human Rights Journal* 10 (Winter): 65-108.

CIA World Factbook, Hong Kong. 2010. Retrieved Dec. 30, 2010 (https://www.cia.gov/library/publications/the-world-factbook/geos/hk.html).

Ciccolella, Pablo. 1998. "Territorio de Consumo: Redefinición del Espacio en Buenos Aires en el Fin de Siglo." pp.201-30 in *Ciudades y Regiones al Avance de la Globalizacion*, edited by S. Sorenstein and R. Bustos Cara. UNS (Universidad Nacional del Sur), Bahia Blanca, Argentina.

_____ and Mignaqui. 2002. "Buenos Aires: Sociospatial Impacts of the Development of Global City Functions." pp.309-26 in *Global Networks, Linked Cities*, edited by Saskia Sassen. New York and London: Routledge.

City of Frankfurt. 2011. "Population." Frankfurt, Germany. Retrieved July 12, 2011(http://www.frankfurt.de/sixcms/detail.php?id=437171&_ffmpar%5b_id_inhalt%5d=258871).

City of Sydney. 2011. "Sydney as a Global City." http://www.cityofsydney.nsw.gov.au/AboutSydney/CityResearch/GlobalSydney.asp

City of Toronto. 1990. *Cityplan'91: Central Area Trends Report*. Toronto, Canada: City of Toronto, Planning and Development Department.

_____. 2001. *Toronto's Financial Services Cluster: A Review*. Toronto, Canada: City of Toronto, Economic Development. Retrieved December 7, 2005 (http://www.city.toronto.on.ca/business_publications/finance_review.pdf).

_____. 2005a. Business and Economic Development facts. Toronto, Canada. Retrieved December 7, 2005 (http://www.city.toronto.on.ca/toronto_facts/ business_econdev.htm).

_____. 2005b. *Toronto's Economic Profile*. Toronto, Canada. Retrieved December 7, 2005 (http://www.city.toronto.on.ca/economic_profile/index.htm).

_____. 2010. Retrieved Dec. 31, 2010 (http://www.toronto.ca/invest-in-toronto/ finance.htm) (http://www.toronto.ca/business_publications/pdf/TOREcoDevOverview 27845.pdf)(http://www.toronto.ca/business_publications/pdf/TOREcoDevIT&New2783C.pdf)

Clark, Terry Nichols, ed. 2003. *The City as an Entertainment Machine*. St. Louis, MO: Elsevier.

_____ and Vincent Hoffman-Martinot, eds. 1998. *The New Political Culture*. Oxford, UK: Westview.

Clavel, P. 1986. *The Progressive City*. New Brunswick, NJ: Rutgers University Press.

Cobos, Emilio Pradilla. 1984. *Contribución a la Critica de la "Teoria Urbana": Del "Espacio" a la "Crisis Urbana."* Mexico, D.F.: Universidad Autonoma Metropolitana Xochimilco.

Cohen, R. 1987. *The New Helots: Migrants in the International Division of Labour*. London, UK: Avebury.

Cohen, Stephen S. and John Zysman. 1987. *Manufacturing Matters: The Myth of the Post-industrial Economy*. New York: Basic Books.

Colomina, Beatriz, ed. 1992. *Sexuality & Space*. Princeton Papers on Architecture. Princeton, NJ: Princeton Architectural Press.

Colon, Alice, Marya Munoz, Neftali Garcia, and Idsa Alegria. 1988. "Trayectoria de la Participación Laboral de las Mujeres en Puerto Rico de los Años 1950 a 1985." In *Crisis, Sociedad y Mujer: Estudio Comparativo entre Paises de America 1950-1985*). Havana: Federación de Mujeres Cubanas.

Connell, J. 2000. *Sydney: The Emergence of a World City*. Melbourne, Australia: Oxford University Press.

Consalvo, Mia and Susanna Paasonen, eds. 2002. *Women and Everyday Uses of the Internet: Agency and Identity*. New York: Peter Lang.

_____. 2010. "Parliament Rejects Bank Transfer Data Deal" Retrieved Jan. 10, 2011. (http://www.europeanvoice.com/article/2010/02/parliament-rejects-banktransfer-data-deal/67144.aspx).

Copjec, Joan and Michael Sorkin, eds. 1999. *Giving Ground*. London, UK: Verso.

Corbridge, S. and J. Agnew. 1991. "The U.S. Trade and Budget Deficit in Global Perspective: An Essay in Geopolitical Economy." *Environment and Planning: Society and Space* 9: 71-90.

_____, Ron Martin, and Nigel Thrift, eds. 1994. *Money, Power, and Space*. Oxford, UK: Blackwell.

Cordero-Guzman, Hector R., Robert C. Smith, and Ramon Grosfoguel, eds. 2001. *Migration, Transnationalization, and Race in a Changing New York*. Philadelphia, PA: Temple University Press.

Cornelius, Wayne A., Philip L. Martin, and James F. Hollifield, eds. 1994. *Controlling Immigration: A Global Perspective*. Stanford, CA: Stanford University Press.

_____, Takeyuki Tsuda, Philip L. Martin, and James F. Hollifield, eds. 2004. *Controlling Immigration: A Global Perspective* (2nd Ed.). Stanford, CA: Stanford University Press.

Crichlow, Michaeline A. 2004. *Negotiating Caribbean Freedom: Peasants and The State in Development*. Lanham, MD: Lexington Books.

Cybriwsky, R. 1991. *Tokyo. The Changing Profile of an Urban Giant*. World Cities series, edited by R. J. Johnson and P. L. Knox. London, UK: Belhaven.

da Gama Torres, Haraldo. 2008. *Social and Environmental Aspects of Peri-Urban Growth in Latin American Megacities*. United Nations Expert Group Meeting on Population Distribution, Urbanization, Internal Migration and Development. United Nations Secretariat, Department of Economic and Social.

Daly, H. E. and J. Farley. 2003. *Ecological Economics: Principles and Applications*. Washington, DC: Island Press.

Daly, M. T. and R. Stimson. 1992. "Sydney: Australia's Gateway and Financial Capital." pp 18.1-18.42 in *New Cities of the Pacific Rim*, edited by E. Blakely and T. J. Stimpson. Berkeley, CA: University of California, Institute for Urban & Regional Development.

Daniels, J. 2009. *Cyber Racism: White Supremacy Online and the New Attack on Civil Rights*. Lanham, MD: Rowman & Littlefield Publishers.

Daniels, Peter W. 1985. Service Industries: A Geographical Appraisal. London, UK, and New York: Methuen.

_____. 1991. "Producer Services and the Development of the Space Economy." pp.108-.17 in *The Changing Geography of Advanced Producer Services,* edited by Peter W. Daniels and Frank Moulaert. London, UK, and New York: Belhaven.

Dauhajre, A., E. Riley, R. Mena, and J. Guerrero. 1989. *Impacto Economico de las Zonas Francas Industriales de Exportacion en la Republica Dominicana*. Santo Domingo, Dominican Republic: Fundacion Economia y Desarrollo.

Davis, Mike. 1999. Ecology of Fear: Los Angeles and the Imagination of Disaster. New York: Vintage Editions.

_____. 2006. *Planet of the Slums*. London: Verso.

Dawson, A. 2009. "Surplus City." *Interventions: International Journal of Postcolonial Studies* 11: 16-34.

Dear, Michael. 2001. "Los Angeles and the Chicago School: Invitation to a Debate." *Cities and Communities* (1)1:5.32.

Dean, J., J. W. Anderson and G. Lovink. 2006. *Reformatting Politics: Information Technology and Global Civil Society*. London: Routledge.

Debrah, Yaw A., Ian McGovern, and Pawan Budhwar. 2010. "Complementarity or competition: the development of human resources in the South-East Asian Growth Triangle: Indonesia, Malaysia and Singapore." *International Journal of Human Resource Management* 11: 314-35.

Deecke, H., T. Kruger, and D. Lapple. 1993. "Alternative Szenarien der Wirtschaftlichen Strukturentwicklung in der Hamburger Wirtschaft unter Raumlichen Gesichtspunkten." Final Report for the City of Hamburg. Hamburg, Germany: Technische Universitat Hamburg Harburg.

Deere, Carmen Diana, Peggy Antrobus, Lynn Bolles, Edwin Melendez, Peter Phillips, Marcia Rivera, and Helen Safa. 1990. *In the Shadows of the Sun: Caribbean Development Alternatives and U.S. Policy*. Boulder, CO: Westview.

Delauney, Jean Claude and Jean Gadrey. 1987. *Les Enjeux de la Societe de Service*. Paris, France: Presses de la Fondation des Sciences Politiques.

Demographia. 2005. "Western Europe: Metropolitan Area & Core Cities 1965 to Present." Belleville, IL: Wendell Cox Consultancy. Retrieved December 7, 2005 (http://www.demographia.com/db-metro-we1965.htm).

Derudder, B. and P. J. Taylor. 2005. "The cliquishness of world cities." *Global Networks* 5(1):71-91.

_____, P. Taylor, P. Ni, A. De Vos, M. Hoyler, H. Hanssens, D. Bassens, J. Huang, F. Witlox, W. Shen and X. Yang. 2010. "Pathways of Change: Shifting Connectivities in the World City Network, 2000-2008." *Urban Studies*, 47(9): 1861-77.

Desfor, Gene and Roger Keil. 2004. *Nature and the City: Making Environmental Policy in Toronto and Los Angeles*. Tempe, AZ: University of Arizona Press.

Dietz T., E. A. Rosa and R. York. 2009. "Environmentally Efficient Well-being: Rethinking Sustainability as the Relationship Between Human Well-being and Environmental Impacts." *Human Ecology Review* 16(1): 114-23.

Dogan, M. and J. D. Kasarda, eds. 1988. *A World of Giant Cities. Newbury Park*, CA: Sage.

Domhoff, G. W. 1991. *Blacks in White Establishments: A Study of Race and Class in America*. New Haven: Yale University Press.

Dore, Ronald. 1986. *Flexible Rigidities: Industrial Policy and Structural Adjustment in the Japanese Economy, 1970-1980*. London, UK: Athlone.

Drache, D. and M. Gertler, eds. 1991. *The New Era of Global Competition: State Policy and Market Power*. Montreal, Canada: McGill-Queen's University Press.

Drainville, Andre. 2004. *Contesting Globalization: Space and Place in the World Economy*. London, UK: Routledge.

Drennan, Mathew P. 1989. "Information Intensive Industries in Metropolitan Areas of the United States." *Environment and Planning A* 21: 1603-18.

_____. 1992. "Gateway Cities: The Metropolitan Sources of U.S. Producer Service Exports." *Urban*

Studies 29(2): 217-35.

Duarte, R. 1989. "Heterogeneidade no Setor Informal: Um Estudo de Microunidades Produtivas em Aracaju e Teresina." *Estudios Economicos*, Fipe 19(Numero Especial): 99-123.

Dubet. Francois and Henri Lustiger-Thaler. 2004. The Sociology of Collective Action Reconsidered. Special Issue, *Current Sociology*, 52(4). Thousand Oaks, CA: Sage Publishing.

Duneier, M. 1999. *Sidewalk*. New York: Farrar, Strauss & Giroux. duRivage, Virginia L., ed. 1992. *New Policies for the Part-Time and Contingent Workforce*. Washington, DC: Economic Policy Institute.

Eade, John. 1997. *Living the Global City: Globalization as a Local Process*. New York: Routledge.

Economist Intelligence Unit. 2008. "Global Migration Barometer." Retrieved July 11, 2011 (http://mighealth.net/eu/images/6/66/GMB.pdf).

Economic Policy Institute (EPI). 2005a. *The State of Working America 2004-05*. Washington, DC: EPI.

_____. 2005b. Income Picture: August 31, 2005. Washington, DC: EPI. Retrieved December 7, 2005 (http://www.epi.org/pages/books_swa2004/).

_____. 2008a. "Hourly and Weekly Earnings of Production and Nonsupervisory Workers, 1947.2007 (2007 dollars)." Datazone National Data from *The State of Working America 2004-05*. Washington, DC: EPI. Retrieved March 19, 2010 (http://www.epi.org/resources/datazone_dznational/).

_____. 2008b. "Real Hourly Wage for All by Education, 1973.2007 (2007 dollars)." Datazone National Data from *The State of Working America 2004.05*. Washington, DC: EPI. Retrieved March 19, 2010 (http://www.epi.org/resources/ datazone_dznational/).

_____. 2008c. *Analysis of U.S. Bureau of the Census Current Population Survey data described in Appendix B of the source publication*. Reprinted with permission from the Economic Policy Institute, www.epinet.org.

_____. 2008d. *Analysis of U.S. Bureau of the Census Current Population Survey data described in Appendix B of the source publication.*

Edel, Matthew. 1986. "Capitalism, Accumulation and the Explanation of Urban Phenomena." pp.19-44 in *Urbanization and Urban Planning in Capitalist Society*, edited by Michael Dear and Allen Scott. New York: Methuen.

Ehrenreich, Barbara and Arlie Hochschild, eds. 2003. *Global Woman*. New York: Metropolitan Books.

El-Shakhs, Salah. 1972. "Development, Primacy and Systems of Cities." *Journal of Developing Areas* 7(October): 11-36.

Elyachar, J. 2005. *Markets of Dispossession: NGOs, Economic Development and the State in Cairo*. Durham, NC: London: Duke University Press.

Enterprise Florida. 2005a. Global Advantages: Florida's Foreign Affiliated Companies. Retrieved December 7, 2005 (http://www.eflorida.com/ContentSubpage.aspx?id=348).

_____. 2005b. Global Advantages: Global Linkages. Retrieved December 7, 2005 (http://www.eflorida.com/Why_Florida.aspx?id=358).

Environment and Urbanization. 2007. "Special Issue: Reducing the Risk to Cities from Disasters and Climate Change." 19(1). Retrieved from: http://eau.sagepub.com/content/vol19/issue1/.

Ernst, Dieter. 2005. "The New Mobility of Knowledge: Digital Information Systems and Global Flagship Networks." pp.89-114 in *Digital Formations: IT and New Architectures in the Global Realm*, edited by Robert Latham and Saskia Sassen. Princeton, NJ: Princeton University Press.

_____. 2010. "Indigenous Innovation and Globalization-the Challenge for China's Standardization Strategy." Draft scheduled for Publication by the East-West Center and National Bureau of Asian Research (2011).

_____. 2010. "A Smart Response to China's `Indigenous Innovation' Policies." Honolulu, HI: East-West Center, Retrieved July 11, 2011(http://www.eastwestcenter.org/newscenter/east-west-wire/a-smart-response-to-chinas-indigenous-innovation-policies/).

Ernst and Young. 2010. "Reinventing European Growth: Ernst & Young's 2009 European Attractiveness Survey." Retrieved July 11, 2011 (http://www.ey.com/Publication/vwLUAssets/European_Attractiveness_Survey_2009/$FILE/EY_European_Attractiveness_Survey_2009.pdf).

Espinoza, V. 1999. "Social Networks Among the Poor: Inequality and Integration in a Latin American City." pp.147-184 in *Networks in the Global Village: Life in Contemporary Communities*, edited by Barry Wellman. Boulder, CO: Westview Press.

Etsy, D. C. and M. Ivanova. 2005. "Globalisation and Environmental Protection: A Global Governance Perspective." In F. Wijen et al., eds., *A Handbook of Globalisation and Environmental Policy: National Government Interventions in a Global Arena*. Cheltenham, UK: Edward Elgar.

EU Council, Representatives of the Governments of the Member States. 1998. "Resolution of the Council and the Representatives of the Governments of the Member States, Meeting Within the Council of 1 December 1997 on a Code of Conduct for Business Taxation. Official Journal of the European Communities, C 002: 1-6.

Eurocities. 1989. *Documents and Subjects of Eurocities Conference*. Barcelona, Spain, April 21-22.

EUROSTAT. 2005. *The Urban Audit*. Retrieved October 14, 2005 (http://www.urbanaudit.org).

_____. 2010. *The Urban Audit*. Retrieved March 19, 2010 (http://www.urbanaudit.org).

European Institute of Urban Affairs. 1992. Urbanisation and the Functions of Cities in the European Community: A Report to the Commission of the European Communities, Directorate General for Regional Policy (XVI). Liverpool, UK: John Moores University.

Fainstein, S. 1993. *The City Builders*. Oxford, UK: Blackwell.

_____. 2001. *The City Builders*. 2nd ed. Lawrence, KS: University of Kansas Press.

_____. 2010. *The Just City*. Ithaca: Cornell U.P.

_____ and Campbell. 2011. "Theories of Urban Development and Their Implications for Policy and Planning." pp.1-15 in *Urban Theory*. 3rd ed. Oxford, UK: Wiley- Blackwell.

_____ and Dennis Judd, eds. 1999. *Urban Tourism*. New Haven, CT: Yale University Press.

_____, N. Fainstein, R. C. Hill, D. R. Judd, and M. P. Smith. 1986. *Restructuring the City*, 2nd ed. New York: Longman.

_____, I. Gordon and M. Harloe. 1992. *Divided Cities: Economic Restructuring and Social Change in London and New York*. New York: Blackwell.

Farrer, G. L. 2007. "Producing Global Economies from Below: Chinese Immigrant Transnational Entrepreneurship in Japan." pp.179-98 in *Deciphering the Global: Its Spaces, Scales and Subjects*, edited by Saskia Sassen. New York and London: Routledge.

Fawaz, M. 2008. "An Unusual Clique of City-Makers: Social Networks in the Production of a Neighborhood in Beirut." *International Journal of Urban and Regional Research* 32: 565-85.

Feldbauer, P., E. Pilz, D. Runzler, and I. Stacher, eds. 1993. *Megastädte: Zur Rolle von Metropolen in der Weltgesellschaft*. Vienna, Austria: Boehlau Verlag.

"Feminism and Globalization: The Impact of the Global Economy on Women and Feminist Theory." 1996. *Indiana Journal of Global Legal Studies* 4(1, Special issue).

Fernandes, S. 2010. *Who Can Stop the Drums: Urban Social Movements in Chavez's Venzuela*. Durham, NC: London: Duke University Press.

Fernandez-Kelly, M. P. 1984. *For We are Sold, I and My People*. Albany, NY: SUNY Press.

Fernandez-Kelly, M. P. and A. M. Garcia. 1989. "Informalization at the Core: Hispanic Women, Homework, and the Advanced Capitalist State." pp.247-64 in *The Informal Economy: Studies in Advanced and Less Developed Countries*, edited by A. Portes, M. Castells, and L. Benton. Baltimore, MD: Johns Hopkins University Press.

_____ and S. Sassen. 1992. "Immigrant Women in the Garment and Electronic Industries in the New York.New Jersey Region and in Southern California." Final Research Report presented to the Ford, Revson, and Tinker Foundations, June, New York.

_____ and J. Shefner. 2005. *Out of the Shadows. University Park*, PA: Penn State University Press.

Fernando, Vincent. 2010. "Think Tank Warns that Hong Kong's Dangerous Dependence on Finance Could Result in Catastrophe." Retrieved Dec. 30, 2010 (http://www.businessinsider.com/hong-kong-financial-sector-too-big-2010-6).

Firman, T. 2002. "Urban Development in Indonesia, 1990-2001: From the Boom to the Early Reform Era through the Crisis." *Habitat International* 26: 229-49.

Fiscal Policy Institute. 2010. "Grow Together or Pull Further Apart? Income Concentration Trends in New York." New York, NY: Fiscal Policy Institute.

Fisher, Melissa. 2004. "Corporate Ethnography in the New Economy: Life Today in Financial Firms, Corporations, and Non-profits." *Anthropology News* 45(4): 294-320.

Fitzgerald, R. 2005. "Welcome to the World's Favourite Metropolis." The Australian, July 27, 2005.

Fix, Michael, Demetrios G. Papademetriou, Jeanne Batalova, Aaron Terrazas, Serena Yi-Ying Lin, and Michael Mittelstadt. 2009. *Migration and the Global Recession*. Washington, DC: Migration Policy Institute. Retrieved July 11, 2011 (http://www.migrationpolicy.org/pubs/MPI-BBCreport-Sept09.pdf).

Florida Agency for Workforce Innovation. 2005. *Labor Market Statistics, Current Employment Statistics Program*. Miami-Dade County, Department of Planning and Zoning, Research Section (July). Retrieved December 7, 2005 (http://www.labormarketinfo.com/library/ces/current/miamidiv.xls).

Florida, Richard. 2004. *Cities and the Creative Class*. New York: Routledge.

_____. 2006. *The Flight of the Creative Class*. New York: Collins.

"The Forbes Global 2000." 2005. *Forbes Magazine*. March 31, 2005. (http://www.forbes.com/2005/03/30/05f2000land.html).

_____. 2009. *Forbes Magazine*. April 8, 2009. (http://www.forbes.com/2009/04/08/ worlds-largest-companies-business-global-09-global_land.html).

Fortin, N. M. and T. Lemieux. 1997. "Institutional Changes and Rising Wage Inequality: Is There a Linkage?" *Journal of Economic Perspectives* 11(2): 75-96.

Fraser, Nancy. 2007. "Transnationalizing the Public Sphere." *European Institute for Progressive Cultural Policies: Publicum*. Available at (http://eipcp.net/transversal/0605/fraser/en)

_____. 2009. *Scales of Justice: Reimagining Political Space in a Globalizing World*. New York: Columbia U.P.

Freeman, R., ed. 1994. *Working under Different Rules*. New York: Russell Sage Foundation.

Friedmann, John. 1986. "The World City Hypothesis." *Development and Change* 17: 69-84.

_____ and G. Wolff. 1982. "World City Formation: An Agenda for Research and Action." *International Journal of Urban and Regional Research* 15(1): 269-83.

_____. 2007. "The Wealth of Cities: Towards an Assets-based Development of Newly Urbanizing Regions." *Development and Change* 38: 987-998.

"From Chatham House Man to Davos Man." 1997. *The Economist*, 342(February 1): 18ff.

Frost, Martin and Nigel Spence. 1992. "Global City Characteristics and Central London's Employment." *Urban Studies* 30(3): 547-58.

Frug, Gerald E. 2001. *City Making: Building Communities without Building Walls*. Princeton, NJ:

Princeton University Press.

FSF. 2000. *Report of the Working Group on Offshore Financial Centres.* Basel: Financial Stability Forum.

Fujita, Kuniko. 1991. "A World City and Flexible Specialization: Restructuring of the Tokyo Metropolis." *International Journal of Urban and Regional Research* 15(1): 269-84.

Furman Center for Real Estate & Urban Policy. 2007. "New Housing Data Continue to Show Signs of Danger for New York City's Homeowners, Furman Center Analysis Concludes." October 15. New York: New York University Press. (http://furmancenter.org/files/FurmanCenterHMDA-Analysis_000.pdf).

Gad, Gunther. 1991. "Toronto's Financial District." *Canadian Urban Landscapes* 1: 203-207.

Gandy, M. 2008. "Landscapes of Disaster: Water, Modernity, and Urban Fragmentation in Mumbai." *Environment and Planning* A(40): 108-30.

Gans, Herbert. 1984. "American Urban Theory and Urban Areas." pp.308-26 in *Cities in Recession*, edited by Ivan Szelenyi. Beverly Hills, CA: Sage.

Garcia, D. Linda. 2002. "The Architecture of Global Networking Technologies." pp.39-69 in *Global Networks/Linked Cities*, edited by Saskia Sassen. New York and London, UK: Routledge.

Garofalo, G. and M. S. Fogarty. 1979. "Urban Income Distribution and the Urban Hierarchy-Inequality Hypothesis." *Review of Economics and Statistics* 61: 381-88.

GaWC (Globalization and World Cities Study Group and Network). Retrieved April 15, 2011 from (http://www.lboro.ac.uk/gawc/).

Gereffi, Gary, John Humphrey, and Timothy Sturgeon. 2005. "The Governance of Global Value Chains." *Review of International Political Economy* (Special Issue: Aspects of Globalization) 12(1): 78-104.

_____ and Miguel Korzeniewicz. 1994. *Commodity Chains and Global Capitalism.* Westport, CT: Praeger.

Gerlach, Michael. 1992. *Alliance Capitalism: The Social Organization of Japanese Business.* Berkeley, CA: University of California Press.

Gershuny, Jonathan and Ian Miles. 1983. *The New Service Economy: The Transformation of Employment in Industrial Societies.* New York: Praeger.

Ghertner, D. A. 2010. "Calculating Without Numbers: Aesthetic Governmentality in Dehli's Slums." *Economy and Society* 39: 185-217.

Giarini, Orio, ed. 1987. *The Emerging Service Economy.* Oxford, UK, and New York: Pergamon.

Giddens, A. 1991. *The Consequences of Modernity.* Oxford, UK: Polity.

Giesecke, Gerald. 2005. "The Day after Tomorrow." Retrieved December 7, 2005(http://www.zdf.de/ZDFde/inhalt/1/0,1872,2342977,00.html).

Gilbert, Allan, ed. 1996. *Cities in Latin America*. Tokyo, Japan: United Nations University Press.

Gillette, A. and A. Sayad. 1984. *L'immigration Algerienne en France*. 2d ed. Paris, France: Editions Entente.

Girardet, H. 2008. *Cities People Planet: Urban Development and Climate Chang* (2nd ed.). Amsterdam: John Wiley & Sons.

Glaeser, A. 2000. *Divided in Unity: Identity, Germany and the Berlin Police*. Chicago, IL: University of Chicago Press.

Glickman, N. J. 1979. *The Growth and Management of the Japanese Urban System*. New York: Academic Press.

_____ and A. K. Glasmeier. 1989. "The International Economy and the American South." pp.60-89 in *Deindustrialization and Regional Economic Transformation: The Experience of the United States*, edited by L. Rodwin and H. Sazanami. Winchester, MA: Unwin Hyman.

_____ and D. P. Woodward. 1989. *The New Competitors: How Foreign Investors Are Changing the U.S. Economy*. New York: Basic Books.

"Global 500." 2005. *Fortune*, July 25, 2005.

_____. 2009. *Fortune*, July 20, 2009. Available at: http://money.cnn.com/magazines/fortune/global500/2009/index.html.

Global Finance. 2003. "Features: The World's Biggest Banks 2003." Retrieved Feb. 18, 2010 (http://www.gfmag.com/archives/80.80-october-2003/2107-featuresthe-worlds-biggest-banks-2003.html).

_____. 2009. "World's Biggest Banks 2009." Retrieved Feb. 18, 2010 (http://www.gfmag.com/tools/best-banks/2523-worlds-biggest-banks.html).

"Global City: Zitadellen der Internationalisierung." 1995. *Wissenschafts Forum* 12(2, Special Issue).

Global Insight, Inc. 2007. "The Mortgage Crisis: Economic and Fiscal Implications for Metro Areas." Research Paper, United States Conference of Mayors and the Council for the New American City. Lexington MA: Global Insight, Inc. Retrieved July 11, 2011 (http://www.usmayors.org/metroeconomies/1107/report.pdf).

Global Networks. 2010. Special Issue on Commodity Chains and World-City Networks. (Nr.1).

Goddard, J. B. 1993. "Information and Communications Technologies, Corporate Hierarchies and Urban Hierarchies in the New Europe." Presented at the Fourth International Workshop on Technological Change and Urban Form: Productive and Sustainable Cities, April 14.16, Berkeley, CA.

Goldsmith, Stephen and Linda Greene. 2010. *What We See: Advancing the Observations of Jane Jacobs*. NEW YORK: New Village Press.

Goldsmith, William V. and Edward J. Blakely. 1992. *Separate Societies: Poverty and Inequality in U.S.*

Cities. Philadelphia, PA: Temple University Press.

Goldthorpe, John, ed. 1984. *Order and Conflict in Contemporary Capitalism*. Oxford, UK: Clarendon.

Gordon, I. R. 1996. "The Role of Internationalization in Economic Change in London over the Past 25 Years." Paper presented to the World Cities Group, CUNY Graduate School, New York.

_____ and Saskia Sassen. 1992. "Restructuring the Urban Labor Markets." Pp.105-28 in *Divided Cities: New York and London in the Contemporary World*, edited by S. Fainstein, I. Gordon, and M. Harloe. Oxford, UK: Blackwell.

_____, Nick Buck, Alan Harding, and Ivan Turok, eds. 2005. *Changing Cities: Rethinking Urban Competitiveness, Cohesion, and Governance*. New York: Palgrave Macmillan.

Gottschalk, P. and T. Smeeding. 1997. "Cross-National Comparisons of Earnings and Income Inequality." *Journal of Economic Literature* 35: 633-87.

Graham, Edward M. and Paul R. Krugman. 1989. *Foreign Direct Investment in the United States*. Washington, DC: Institute for International Economics.

Graham, Stephen. 2003. *The Cybercities Reader*. London: Routledge.

_____, 2010. *Cities Under Siege: The New Military Urbanism*. London: Verso.

_____ and Simon Marvin. 1996. Telecommunications and the City: Electronic Spaces, Urban Places. London, UK: Routledge.

Granovetter, Mark. 1985. "Economic Action and Social Structure: The Problem of Embeddedness." *American Journal of Sociology* 91: 481-510.

Gravesteijn, S. G. E., S. van Griensven, and M. C. de Smidt, eds. 1998. "Timing Global Cities." *Nederlandse Geografische Studies* 241(Special issue).

Greene, R. P., et al., eds. 2006. *Chicago's Geographies: Metropolis for the 21st Century*. Washington, D.C.: Association of American Geographers.

Gregory, Derek and John Urry, eds. 1985. *Social Relations and Spatial Structures*. London, UK: Macmillan.

Grosfoguel, Ramon. 1993. "Global Logics in the Caribbean City System: The Case of Miami and San Juan." pp.156-70 in *World Cities in a World System*, edited by P. Knox and P. Taylor. New York: Cambridge University Press.

Grosz, E. 1992. "Bodies-Cities." pp.241-53 in *Sexuality & Space*, edited by Beatriz Colomina. Princeton Papers on Architecture. Princeton, NJ: Princeton Architectural Press.

Gu, Felicity Rose and Zilai Tang. 2002. "Shanghai: Reconnecting to the Global Economy." pp.273-308 in *Global Networks/Linked Cities*, edited by Saskia Sassen. New York and London, UK: Routledge.

Gugler, Joseph. 2004. *World Cities beyond the West*. Cambridge, UK: Cambridge University Press.

Gund Institute for Ecological Economics, University of Vermont. 2009. http://www.uvm.edu/giee/.

Hagedorn, John, ed. 2006. *Gangs in the Global City: Exploring Alternatives to Traditional Criminology*. Chicago, IL: University of Illinois at Chicago.

Hajnal, Peter I. 2002. "Civil Society Encounters the G7/G8." pp.215-42 in *Civil Society in the Information Age*, edited by Peter I. Hajnal. Aldershot, UK: Ashgate.

Hall, Peter. 1964. *Greater London*. London, UK: Faber & Faber.

_____. 1966. *The World Cities*. New York: McGraw-Hill.

_____. 1988. *Cities of Tomorrow*. Oxford, UK: Blackwell.

_____. 2002. *Cities of Tomorrow*. 3rd ed. Oxford, UK: Blackwell.

_____ and D. Hay. 1980. *Growth Centers in the European Urban System*. London, UK: Heinemann Educational Books.

Hall, Rodney Bruce. *National Collective Identity*. 1999. New York: Columbia University Press.

Hall, S. 1991. "The Local and the Global: Globalization and Ethnicity." pp.19-40 in Current Debates in Art History 3. *Culture, Globalization and the World-System: Contemporary Conditions for the Representation of Identity*, edited by Anthony D. King. New York: State University of New York at Binghamton, Department of Art and Art History.

Hancock, Marguerite Gong, Henry S. Rowen and William F. Miller, eds. 2007. "China's Quest for Independent Innovation." Shorenstein Asia Pacific Research Center and Brookings Institution Press.

Hardoy, J. E. 1975. *Urbanization in Latin America*. Garden City, NJ: Anchor.

_____ and D. Satterthwaite. 1989. *Squatter Citizen: Life in the Urban Third World*. London, UK: Earthscan.

Harris, R. 1991. "The Geography of Employment and Residence in New York Since 1950." pp.129-52 in *Dual City: Restructuring New York*, edited by J. Mollenkopf and M. Castells. New York: Russell Sage.

Harrison, B. and B. Bluestone. 1988. *The Great U-Turn*. New York: Basic Books.

Hartmann, Heidi, ed. 1987. *Computer Chips and Paper Clips: Technology and Women's Employment*. Washington, DC: National Academy Press.

Harvey, David. 1985. The Urbanization of Capital. Oxford, UK: Blackwell.

_____. 1989. *The Condition of Postmodernity*. Oxford, UK: Blackwell.

_____. 1996. *Justice, Nature, and the Geography of Difference*. Cambridge, MA: Blackwell Publishers.

_____. 2000. *Spaces of Hope*. Berkeley, CA: University of California Press.

Harvey, Rachel. 2008. "The Sub-National Constitution of Global Markets: London's Gold Fix." Ph.D. Dissertation, Department of Sociology, University of Chicago.

_____. 2007. "The Sub-National Constitution of Global Markets." In *Deciphering the Global: Its*

Spaces, Scales and Subjects, edited by Saskia Sassen. New York and London: Routledge.

Hausserman, Hartmut and Walter Siebel. 1987. *Neue Urbanität*. Frankfurt: Suhrkamp Verlag.

Healy, P. 2007. *Urban Complexity and Spatial Strategies: Towards a Relational Planning for Our Times*. London: Routledge.

Heine, Jorge, ed. 2011. *The Dark Side of Globalization*. Tokyo: United Nations University.

Henderson, Jeffrey. 2005. "Governing Growth and Inequality: The Continuing Relevance of Strategic Economic Planning." pp.227-36 in *Towards a Critical Globalization Studies*, edited by R. Appelbaum and W. Robinson. New York: Routledge.

_____ and Manuel Castells, eds. 1987. *Global Restructuring and Territorial Development*. London, UK: Sage.

Herzog, Lawrence A. 1990. *Where North Meets South: Cities, Space, and Politics on the United States. Mexico Border*. Austin, TX: University of Texas Press.

_____. 2001. *From Aztec to High Tech: Architecture and Landscape across the Mexico-United States Border (Creating the North American Landscape)*. The Johns Hopkins University Press.

_____. 2006. *Return to the Center: Culture, Public Space, and City-Building in a Global Era*. Austin, TX: University of Texas Press.

Hill, R. C. 1989. "Comparing Transnational Production Systems: The Case of the Automobile Industry in the United States and Japan." *International Journal of Urban and Regional Research* 13(3): 462-80.

Hino, Masateru. 1984. "The Location of Head and Branch Offices of Large Enterprises in Japan." *Science Reports of Tohoku University* (Senday, Japan), Geography Series 34(2): 1-22.

Hirst, Paul and Jonathan Zeitlin. 1989. *Reversing Industrial Decline?* Oxford, UK: Berg.

Hitz, H., R. Keil, U. Lehrer, K. Ronneberger, C. Schmid and R. Wolff, eds. 1995. *Capitales Fatales*. Zurich, Switzerland: Rotpunkt.

Hodson, M. and Marvin, S. 2009. "Urban Ecological Security: A New Urban Paradigm?" *International Journal of Urban and Regional Research* 33: 193-215.

Hollifield, James F. 1992. *Immigrants, Markets, and States: The Political Economy of Postwar Europe*. Cambridge, MA: Harvard University Press.

_____ and Dietrich Thränhardt. 2006. *Beyond Exceptionalism: Immigration and National Traditions in the United States and Germany*. New York: Palgrave Macmillan.

Holston, J. 2008. I*nsurgent Citizenship: Disjunctions of Democracy and Modernity in Brazil*. Princeton: Princeton University Press.

_____ and A. Appadurai. 1996. "Cities and Citizenship." *Public Culture* 8(2): 187-204.

Hondagneu-Sotelo, Pierrette, ed. 2003. *Gender and U.S. Immigration: Contemporary Trends*. Berkeley, CA: University of California Press.

_____. 1994. *Gendered Transitions: Mexican Experiences of Immigration*. Berkeley, CA: University of California Press.

Hoover's Handbook of World Business. 1998. Austin, TX: Reference Press.

Hume, Christopher. 2010. "Hume: Toronto's Chief Planner 'not afraid of heights.'" *Toronto Star*. Retrieved Dec. 31, 2010 (http://www.thestar.com/news/article/904754.hume-toronto-s-chief-planner-not-afraid-of-heights).

Hymer, Stephen and Robert Rowthorn. 1970. "Multinational Corporations and International Oligopoly." pp.57-91 in *The International Corporation*, edited by Charles P. Kindleberger. Cambridge, MA: MIT Press.

Hunt, S. 2009. "Citizenship's Place: The State's Creation of Public Space and Street Vendors' Culture of Informality in Bogotá, Colombia." *Environment and Planning D: Society and Space* 27: 331-51.

Hyatt, Susan Brin. 2008. "An Alliance of Women: Immigration and the Politics of Race." *American Anthropologist Mar.* 2008 110(1): 130.

ICLEI Climate Program. www.iclei.org/index.

ICLEI: Local Governments for Sustainability. 2011. "Local Solutions to Global Challenges." Retrieved July 11, 2011 (http://www.iclei.org/fileadmin/user_upload/documents/Global/About_ICLEI/brochures/ICLEI-intro-2009.pdf).

IFPRI "Land Grabbing" by Foreign Investors in Developing Countries: Risks and Opportunities. April 2009. http://www.ifpri.org/sites/default/files/publications/ bp013all.pdf

Inda, Jonathan Xavier, Louis F. Miron, and Rodolfo D. Torres. 1999. *Race, Identity, and Citizenship*. Oxford, UK: Blackwell.

_____. 2005. *International Bank Lending by Country*. Washington, DC: IMF.

Industrial Institute for Economic and Social Research (Stockholm, Sweden). 2005. Retrieved December 7, 2005 (http://www.iui.se).

Inter-Agency and Expert Group on MDG Indicators, United Nations Statistics Division (IAEG). 2009a. "Millennium Development Goals Indicators: Debt Service as a Percentage of Exports of Goods and Services and Net Income." Last updated 14 July. (http://mdgs.un.org/unsd/mdg/SeriesDetail.aspx?srid1.4655).

IMF (International Monetary Fund). 1999. *International Capital Markets Report*. Washington, DC: IMF.

_____. 2006. "Household Credit Growth in Emerging Market Countries." *In Global Financial Stability Report, Market Developments and Issues*. Washington DC: IMF.

_____ 2008. "Containing Systemic Risks and Restoring Financial Soundness." *IMF World Economic and Financial Surveys: Global Financial Stability Report, Market Developments*. Washington, DC: IMF. Retrieved August 28, 2008 (http:// www.imf.org/external/pubs/ft/gfsr/2008/01/index.

htm).

_____. 2009. "Cayman Islands: Off-Shore Financial Center Assessment Update. Assessment of Financial Sector Supervision and Regulation December." Country Report No. 29/323 Retrieved Jan. 10, 2011 (http://www.imf.org/external/pubs/ ft/scr/2009/cr09323.pdf).

_____. 2009a. "Factsheet: Poverty Reduction Strategy Papers (PRSP)." 14 August. (https://www.imf.org/external/np/exr/facts/prsp.htm).

_____. 2009b. "Factsheet: Debt Relief Under the Heavily Indebted Poor Country (HIPC) Initiative," 22 September. (http://www.imf.org/external/np/exr/facts/hipc.htm).

_____. 2010. *LABORSTA Internet*: Online Statistics. Geneva, Switzerland: ILO.

Available at http://laborsta.ilo.org/STP/guest (retrieved 12 March 2010).

International Labor Organization. 2005. *LABORSTA: On-line Statistics*. Geneva, Switzerland: ILO. Retrieved December 7, 2005 (http://laborsta.ilo.org/).

International Organization for Migration (IOM). 1998. *Trafficking in Migrants*. Geneva, Switzerland: IOM.

INURA, ed. 2003. *The Contested Metropolis*. New York: Birkhauser.

Ishizuka, H. and Ishida, Y. 1988. *Tokyo: Urban Growth and Planning, 1968-1988*. Tokyo, Japan: Tokyo Metropolitan University, Center for Urban Studies.

Isin, Engin F., ed. 2000. *Democracy, Citizenship and the Global City*. London, UK, and New York: Routledge.

Istanbul Metropolitan Municipality. 2011. Istanbul, Turkey. Retrieved July 11, 2011 (http://www.ibb.gov.tr/en-US/Pages/Home_Page.aspx).

Ito, Tatsuo and Masafumi Tanifuji. 1982. "The Role of Small and Intermediate Cities in National Development in Japan." pp.71-100 in *Small Cities and National Development*, edited by O. P. Mathur. Nagoya, Japan: United Nations Centre for Regional Development.

Iyotani, Toshio. 1989. "The New Immigrant Workers in Tokyo." Typescript, Tokyo University of Foreign Studies. Tokyo, Japan.

_____. 1998. "Globalization and Immigrant Workers in Japan." In NIRA Review (Winter 1998). Tokyo: National Institute for Research Advancement. Retrieved December 13, 2005 (http://www.nira.or.jp/past/publ/review/98winter/iyo.html).

_____. Naoki Sakai and Brett de Bary, eds. 2005. *Deconstructing Nationality*. Ithaca, NY: Cornell University East Asia Program.

_____ and Toshio Naito. 1989. "Tokyo no Kokusaika de Tenkan Semarareru Chusho Kigyo" [Medium- and small-sized corporations under pressure of change by Tokyo's internationalization]. *Ekonomisuto*, September 5: 44-49.

Japan Ministry of Internal Affairs and Communications, Statistics Bureau. 2005. *Monthly Statistics of Japan* No. 530. Tokyo: MIAC. Retrieved December 7, 2005 (http://www.stat.go.jp/english/data/geppou/#g).

Japan Ministry of Labor. Various Years. *Monthly Labor Statistics and Research Bulletin*. Tokyo, Japan: Ministry of Labor.

Jenkins, Rhys. 1991. "The Political Economy of Industrialization: A Comparison of Latin American and East Asian Newly Industrializing Countries." *Development and Change* 11: 197-231.

Jessop, Robert. 1999. "Reflections on Globalization and Its Illogics." pp.19-38 in *Globalization and the Asian Pacific: Contested Territories*, edited by Kris Olds, Peter Dicken, Philip F. Kelly, Lilly Kong, and Henry Wai-Chung Yeung. London, UK: Routledge.

_____. 2003. *The Future of the Capitalist State*. Cambridge, UK: Polity Press.

Jonas, S. 1992. *The Battle for Guatemala: Rebels, Death Squads, and U.S. Power*. Boulder, CO: Westview.

Jones, Steve and Philip N. Howard, eds. 2004. *Society Online: The Internet in Context*. London: Sage Publications.

Jonkers, H. M. 2007. "Self Healing Concrete: A Biological Approach." pp.195-204 in *Self Healing Materials: An Alternative Approach to 20 Centuries of Materials Science*. Dordrecht, The Netherlands: Springer.

Jubilee Debt Campaign UK. 2007. "Debt and Women." (http://www.jubileedebtcam paign.org.uk/Debt%20and% 20Woment3072.twl).

_____. 2008. Angola, country information, (http://www.jubileedebtcampaign.org.uk/ Angolat4038.twl).

_____. 2009a. "How Big is the Debt of Poor Countries?" (http://www.jubileedebt campaign.org.uk/2%20How%20big%20is%20the%20debt%20of%20poor%20countries%3Ft2647.twl).

_____. 2009b. "Hasn't All the Debt been Cancelled?" (http://www.jubileedebtcam paign.org.uk/4%20Hasn%27t%20all%20the%20debt%20been%20cancelled%3Ft2651.twl)

Kahnert, Friedrich. 1987. "Improving Urban Employment and Labor Productivity." *World Bank Discussion Paper* No. 10. Washington, DC: World Bank.

Kaldor, Mary H. 2007. *New and Old Wars: Organized Violence in a Global Era*, 2nd ed. Palo Alto, CA: Stanford University Press.

Kasarda, John D. and Edward M. Crenshaw. 1991. "Third World Urbanization: Dimensions, Theories and Determinants." *Annual Review of Sociology* 17: 467-501.

Kasinitz, Philip. 1992. *Caribbean New York*. Ithaca, NY: Cornell University Press.

Kazepov, Yuri, ed. 2005. *Cities of Europe: Changing Contexts, Local Arrangements, and the Challenge to Urban Cohesion*. London, UK: Blackwell.

Keil, Roger. 1999. *Los Angeles: Globalization, Urbanization and Social Struggles*. Hoboken, NJ: John

Wiley & Sons.

_____ and Klaus Ronneberger. 1992. "Going up the Country: Internationalization and Urbanization on Frankfurt's Northern Fringe." Presented at the UCLA International Sociological Association, Research Committee 29, *A New Urban and Regional Hierarchy? Impacts of Modernization, Restructuring and the End of Bipolarity*, April 24-26, Los Angeles, CA.

Kelly, Maryellen R. 1989. "Alternative Forms of Work Organization under Programmable Automation." pp.235-46 in T*he Transformation of Work?* edited by Stephen Wood. London, UK: Unwin-Hyman.

Kerbo, H. R. 2005. *World Poverty: The Roots of Global Inequality and the Modern World-System*. New York: McGraw-Hill.

King, A. D. 1990. *Urbanism, Colonialism, and the World Economy; Culture and Spatial Foundations of the World Urban System. International Library of Sociology*. London, UK, and New York: Routledge.

_____, ed. 1996. *Re-presenting the City. Ethnicity, Capital and Culture in the 21st Century*. London, UK: Macmillan.

Kipfer, S. 2007. "Fanon and Space: Colonization, Urbanization, and Liberation from the Colonial to the Global City." *Environment and Planning D: Society and Space* 25: 701-726.

Klier, Thomas and William Testa. 2002. "Locational Trends of Large Company Headquarters during the 1990s." *Federal Reserve Bank of Chicago: Economic Perspectives* (26)2. Chicago, IL: Federal Reserve Bank of Chicago.

Klinenberg, E. 2003. *Heat Wave : A Social Autopsy of Disaster in Chicago*. Chicago: University of Chicago Press.

Klopp, Brett. 1998. "Integration and Political Representation in a Multicultural City: The Case of Frankfurt am Main." *German Politics and Society* 16(4): 42.68.

Knight, R. V. and G. Gappert, eds. 1989. *Cities in a Global Society*, vol. 35. Urban Affairs Annual Reviews. Newbury Park, CA: Sage.

Knox, P. and P. Taylor, eds. 1995. *World Cities in a World-System*. New York: Cambridge University Press.

_____ and Linda McCarthy. 2005. *Urbanization: An Introduction to Urban Geography*. New York: Prentice Hall.

Komai, Hiroshi. 1992. "Are Foreign Trainees in Japan Disguised Cheap Laborers?" *Migration World* 10(1): 13-17.

Komlosy, A., C. Parnreiter, I. Stacher and S. Zimmerman, eds. 1997. *Ungeregelt und Unterbezahlt: Der Informelle Sektor in der Weltwirtschaft*. Frankfurt, Germany: Brandes & Apsel/Sudwind.

Komori, S. 1983. "Inner City in Japanese Context." *City Planning Review* 125: 11-17.

Konings, P., R. van Dijk and D. Foeken. 2006. The African Neighborhood: An Introduction. In P. Konings and D. Foeken, eds., *Crisis and Creativity: Exploring the Wealth of the African Neighborhood*. Leiden: Brill.

Kopczuk, Saez E. and J. Song. 2007. "Uncovering the American Dream: Inequality and Mobility in Social Security Earnings Data since 1937." Longer version: NBER WP #13345, revision requested by *Quarterly Journal of Economics*.

Kothari, Uma. 2006. *A Radical History of Development Studies: Individuals, Institutions and Ideologies*. London: Zed Books.

Kotkin, J. 2005. *The City: A Global History*. New York: The Modern Library.

Kowarick, L., A. M. Campos and M. C. de Mello. 1991. "Os Percursos de Desigualdade." In São Paulo, *Crise e Mudanca*, edited by R. Rolnik, L. Kowarick, and N. Somekh. Sao Paulo, Brazil: Brasiliense.

Krause, Linda and Patrice Petro, eds. 2003. *Global Cities: Cinema, Architecture, and Urbanism in a Digital Age*. New Brunswick, NJ, and London, UK: Rutgers University Press.

Kresl, Peter, & Ni, Pengfei. 2010. *Economic Strategies for Nature Industrial Economies*. Cheltenham, UK: Edward Elgar.

Kunzmann, K. R. and M. Wegener. 1991. "The Pattern of Urbanisation in Western Europe 1960-1990." Report for the Directorate General XVI of the Commission of the European Communities as part of the study *Urbanisation and the Function of Cities in the European Community*. Dortmund, Germany: Institut für Raumplanung.

KUPI (Kobe Urban Problems Institute). 1981. *Policy for Revitalization of Inner City*. Kobe, Japan: KUPI.

Kuttner, Robert. 1991. *The End of Laissez-Faire*. New York: Knopf.

Landell-Mills, Pierre, Ramgopal Agarwala, and Stanley Please. 1989. *Sub-Saharan Africa: From Crisis to Sustainable Growth*. Washington, DC: World Bank.

Lang, Robert. 2000. *Office Sprawl: The Evolving Geography of Business (Data Sets Appendix)*. Washington, D.C.: The Brookings Institution. Retrieved December 7, 2005 (http://www.brookings.edu/es/urban/officesprawl/13regions.pdf).

Lash, Scott M. 2002. *Critique of Information*. London: Sage Publications.

_____ and John Urry. 1987. *The End of Organized Capitalism*. Cambridge, UK: Polity.

_____ and _____. 1994. *Economies of Signs and Space*. London, UK: Sage.

_____. 2010. *Intensive Culture: Religion and Social Theory in Contemporary Culture*. London: Sage.

Latham, Robert and Saskia Sassen, eds. 2005. *Digital Formations: IT and New Architectures in the Global Realm*. Princeton, NJ: Princeton University Press.

Latour, Bruno. 2004. *Politics of Nature: How to Bring the Sciences into Democracy*. Harvard University

Press.

Lavinas, Lena and Maria Regina Nabuco. 1992. "Economic Crisis and Flexibility in Brazilian Labor Markets." Presented at the UCLA International Sociological Association, Research Committee 29, *A New Urban and Regional Hierarchy? Impacts of Modernization, Restructuring and the End of Bipolarity*, April 24-26, Los Angeles, CA.

Lazzarato, Maurizio. 1997. *Lavoro Immateriale*. Verona, Italy: Ombre Corte.

Leborgne, D. and A. Lipietz. 1988. "L'après-Fordisme et son Espace." *Les Temps Modernes* 43: 75-114.

Lee, Kyu Sik. 1989. The Location of Jobs in a Developing Metropolis: Patterns of Growth in Bogota and Cali, Colombia. New York: Oxford University Press.

LeGates, R. T. and F. Stout, eds. 2003. *The City Reader*. New York: Routledge.

Leontidou, L. 2010. "Urban Social Movements in 'Weak' Civil Societies: The Right to the City and Cosmopolitan Activism in Southern Europe." *Urban Studies* 47: 1179-1203.

Leung, Jimmy C. F. 2009. "Hong Kong's Search for a Sustainable Land Use-Transport Planning Strategy." The Institution of Engineers, Malaysia: Green Workshop on Engineering A Sustainable Economic Development Model for Malaysia, November 2-3, 2009.

Levine, Marc V. 1990. *The Reconquest of Montreal: Language Policy and Social Change in a Bilingual City*. Philadelphia, PA: Temple University Press.

Levy, Frank and Richard Murname. 1992. "U.S. Earnings Levels and Earnings Inequality: A Review of Recent Trends and Proposed Explanations." *Journal of Economic Literature* 30(3): 1333-81.

Leyshon, A., P. Daniels, and N. Thrift. 1987. "Large Accountancy Firms in the U.K.: Spatial Development." Working Paper, St. David's University College, Lampeter, UK, and University of Liverpool.

_____, Roger Lee, and Colin C. Williams, ed. 2003. *Alternative Economic Spaces*. London: Sage Publications.

Light, Ivan. 2006. *Deflecting Immigration: How Los Angeles Tamed Globalization*. New York: Russell Sage Foundation Publications.

_____ and E. Bonacich. 1988. *Immigrant Enterprise*. Berkeley: University of California Press.

Lim, L. Y. C. 1982. "Women Workers in Multinational Corporations: The Case of the Electronics Industry in Malaysia and Singapore." pp.109-36 in *Transnational Enterprises: Their Impact on Third World Societies and Cultures*, edited by Kumar Krishna. Boulder, CO: Westview Press.

Lindell, I. 2010. "Informality and Collective Organizing: Identities, Alliances and Transnational Activism in Africa." *Third World Quarterly* 31: 207-22.

Linn, Johannes F. 1983. *Cities in the Developing World: Policies for Their Equitable and Efficient Growth*. New York and Oxford: Oxford University Press.

Lipietz, A. 1988. "New Tendencies in the International Division of Labor: Regimes of Accumulation and Modes of Regulation." pp.16-40 in *Production, Work, Territory*, edited by A. Scott and M. Storper. Boston, MA: Allen and Unwin.

Lloyd, Richard. 2005. *Neo-Bohemia: Art and Commerce in the Post-Industrial City*. New York and London: Routledge.

_____. 2007. "How Middle Class Kids Get Working Class Jobs." Harvard/MIT Workshop on Economic Sociology. Harvard University, March 2007.

_____. 2010. *Neo-Bohemia: Art and Commerce in the Postindustrial City* (Revised Edition). New York: Routledge.

Lo, Fu-chen and Y. Yeung, eds. 1996. *Emerging World Cities in Pacific Asia*. Tokyo, Japan: United Nations University Press.

Logan, J. R. and H. Molotch. 1987. *Urban Fortunes. Berkeley*, CA: University of California Press.

_____ and T. Swanstrom, eds. 1990. *Beyond the City Limits: Urban Policy and Economic Restructuring in Comparative Perspective*. Philadelphia, PA: Temple University Press.

Lomnitz, Larissa. 1985. "Mechanisms of Articulation between Shantytown Settlers and the Urban System." *Urban Anthropology* 7(2): 185-205.

Lovink, Geert. 2008. *Zero Comments: Blogging and Critical Internet Culture*. London: Routledge.

Lovink, Geert and J. Dean. 2010. *Blog Theory: Feedback and Capture in the Circuits of Drive*. London: Polity.

Low N. P. & B. Gleeson, eds. 2001. *Governing for the Environment: Global Problems, Ethics and Democracy*. Basingstroke, United Kingdom: Palgrave Publishers Ltd.

Lozano, Beverly. 1989. *The Invisible Work Force: Transforming American Business with Outside and Home-Based Workers*. New York: Free Press.

Lozano, Wilfredo and Isis Duarte. 1991. "Proceso de Urbanizacion, Modelos de Desarrollo y Clases Sociales en Republica Dominicana: 1960-1990." Paper presented at the seminar on Urbanization in the Caribbean in the Years of Crisis, May 29-June 1, Florida International University, Miami, FL.

Lucas, L. ed. 2005. *Unpacking Globalisation: Markets, Gender and Work*. Kampala, Uganda: Makerere University Press.

Lustiger-Thaler, Henri, ed. 2004. "Social Movements in a Global World." *Current Sociology* (52)4: 657-74.

Machimura, Takashi. 1992. "The Urban Restructuring Process in the 1980s: Transforming Tokyo into a World City." *International Journal of Urban and Regional Research* 16(1): 114-28.

_____. 2003. "Narrating a 'Global City' for 'New Tokyoites': Economic Crisis and Urban Boosterism in Tokyo." pp.196-212 in *Japan and Britain in the Contemporary World: Responses to Common Issues*, edited by Hugo Dobson and Glenn D. Hook. London: Routledge Curzon.

Madigan, Charles ed. 2004. *Global Chicago*. Chicago: University of Illinois Press.

Mahler, Sarah. 1995. *American Dreaming: Immigrant Life on the Margins*. Princeton, NJ: Princeton University Press.

Manpower Inc. 2007. "Manpower Employment Outlook Survey: Global Q1/2008." Milwaukee, WI. Manpower Inc. Retrieved July 13, 2011(https://candidate.man power.com/wps/wcm/connect/a519de004ec2f59cb8abf9ee16aecd97/30_MEOS_08Q1.pdf?MOD=AJPERES).

Mansell, Robin and Uta When. 1998. *Knowledge Societies: Information Technology for Sustainable Development*. Oxford: Oxford University Press.

Marcotullio, Peter and Fu-Chen Lo. 2001. *Globalization and the Sustainability of Cities in the Asia Pacific Region*. New York: United Nations University Press.

Marcuse, Peter. 1986. "Abandonment, Gentrification, and Displacement: The Linkages in New York City." pp.153-77 in *Gentrification of the City*, edited by Neil Smith and Peter Williams. Boston, MA: Allen and Unwin.

_____. 2003. *Of States and Cities: The Partitioning of Urban Space*. New York: Oxford University Press.

_____ and Ronald Van Kempen. 2000. *Globalizing Cities: A New Spatial Order*. Oxford, UK: Blackwell.

_____. 2009. Comments at "Conference on Cities and the New Wars." Columbia University September 28, 2009. (http://cgt.columbia.edu/events/cities_and_new_ wars/)

Marie, Claude-Valentin. 1992. "Les Etrangers Non-Salaries en France, Symbole de la Mutation Economique des Annees 80." *Revue Européenne des Migrations Internationales* 8(10): 27-38.

Markusen, A. 1985. *Profit Cycles, Oligopoly, and Regional Development*. Cambridge, MA: MIT Press.

_____. 1994. "Multipolarity and the Layering of Functions in the World Cities: New York City's Struggle to Stay on Top." Working Paper #55. New Brunswick, NJ: Rutgers University, Center for Urban Policy Research.

_____, P. Hall, S. Campbell, and S. Deitrick, eds. 1991. *The Rise of the Gunbelt*. New York: Oxford University Press.

_____ P. Hall, and A. Glasmeier. 1986. *High Tech America: The What, How, Where and Why of the Sunrise Industries*. London, UK, and Boston, MA: Allen and Unwin.

_____, Yong-Sook Lee, and Sean Digiovanna, eds. 1999. *Second Tier Cities: Rapid Growth beyond the Metropolis*. Minneapolis, MN: University of Minnesota Press.

Marlin, John Tepper, Immanuel Ness, and Stephen T. Collins. 1986. *Book of World City Rankings*. New York: Macmillan.

Marshall, J. N., N. Thrift, P. Wood, P. Daniels, A. Mackinnon, J. Batchelor, P. Damesick, A. Gillespie, A. Leyshon and A. Green. 1986. "Uneven Development in the Service Economy: Understanding the Location and Role of Producer Services." Report of the Producer Services Working Party, Institute of British Geographers and the ESRC, August.

Martin, Philip. 1997. "Economic Integration and Migration: The Case of NAFTA." In *Proceedings of the Conference on International Migration at Century's End: Trends and Issues*, Barcelona Spain, May 7-10, 1997. Liege, Belgium: The International Union for the Scientific Study of Population.

Martinelli, Flavia and Erica Schoenberger. 1991. "Oligopoly Is Alive and Well: Notes for a Broader Discussion of Flexible Accumulation." pp.117-33 in *Industrial Change and Regional Development: The Transformation of New Industrial Spaces*, edited by Georges Benko and Mick Dunford. London, UK, and New York: Belhaven/Pinter.

Masser, I., O. Sviden, and M. Wegener. 1990. "Europe 2020: Long-Term Scenarios of Transport and Communications in Europe." Unpublished paper for the European Science Foundation.

Massey, Doreen. 1984. Spatial Divisions of Labour: Social Structures and the Geography of Production. London, UK: Macmillan.

_____. 2005. *For Space*. London: Sage Publications.

Massey, Douglas S. and Nancy Denton. 1998. *American Apartheid: Segregation and the Making of the Underclass*. Cambridge, MA: Harvard University Press.

MasterCard. 2008. "Fact Sheet: 2008 Worldwide Centers of Commerce Index Overview of Global Findings." Retrieved July 13, 2011 (http://www.mastercard. com/us/company/en/insights/pdfs/2008/MCWW_WCoC_Global_Fact_Sheet.pdf).

Mayer, Margit. 1992. "The Shifting Local Political System in European Cities." pp.255-74 in *Cities and Regions in the New Europe*, edited by Mick Dunford and Grigoris Kafkalas. London: Belhaven Press.

_____. 1999. "Urban Movements and Urban Theory in the Late 20th Century." pp.209-39 in *The Urban Moment*, edited by Sophie Body-Gendrot & Bob Beauregard. Thousand Oaks, CA: Sage Publications.

Mayne, S. 2005. "The Complete Demise of Corporate Melbourne." *Crikey Daily*, June 15, 2005.

McCann, E. and K. Ward. 2010. *Mobile Urbanism: Cities and Policy-making in a Global Age*. Minneapolis; London: Minnesota University Press.

McDowell, Linda. 1997. *Capital Culture*. Oxford, UK: Blackwell.

_____. 2005. *Hard Labour: The Forgotten Voices Of Latvian Migrant "Volunteer" Workers*. London: University College London Press.

McFarlane, C. 2009. "Translocal Assemblages: Space, Power and Social Movements." *Geoforum* 40: 461-67.

McGee, Terry. 2009. *The Spatiality of Urbanization and the Policy Challenges of Mega-Urban and Desakota Regions of Southeast Asia*. United Nations University-IAS Working Paper 161.

McKinsey Report. August 2011: http://www.mckinsey.com/mgi/publications/ Mapping_global_capital_markets/index.asp

McKinsey & Company. 2008. "Mapping Global Capital Markets Fourth Annual Report." McKinsey Global Institute, January. (http://www.mckinsey.com/mgi/ reports/pdfs/Mapping_Global/MGI_Mapping_Global_full_Report.pdf).

McMichael, Philip. 2004. *Development and Social Change: A Global Perspective*, 3rd ed. Thousand Oaks, CA: Pine Forge Press.

McRoberts, O. 2005. *Streets of Glory: Church and Community in a Black Urban Neighborhood*. Chicago, IL: University of Chicago Press.

Meagher, K. 2010. "The Tangled Web of Associational Life: Urban Governance and the Politics of Popular Livelihoods in Nigeria." *Urban Forum* 21: 299-313.

Megacities Foundation. 2011. *Megacities Jubileess*. The Hague: Megacities Foundation.

Mele, Christopher. 1999. "Cyberspace and Disadvantaged Communities: The Internet as a Tool for Collective Action." pp.264-89 in *Communities in Cyberspace*, edited by Marc A. Smith and Peter Kollock. New York and London: Routledge.

Melendez, E., C. Rodriguez, and J. B. Figueroa. 1991. *Hispanics in the Labor Force*. New York: Plenum.

Meridian Securities Markets. 1998. *World Stock Exchange Fact Boo*k. Morris Plains, NJ: Electronic Commerce.

Meyer, David R. 1991. "Change in the World System of Metropolises: The Role of Business Intermediaries." *Urban Geography* 12(5): 393-416.

_____. 2002. "Hong Kong: Global Capital Exchange." pp.249-72 in *Global Networks/Linked Cities*, edited Saskia Sassen. London: Routledge.

Meyer, John R. and James M. Gustafson, eds. 1988. *The U.S. Business Corporation: An Institution in Transition*. Cambridge, MA: Ballinger.

Mgbeogi, I. 2006. *Biopiracy: Patents, Plants, and Indigenous Knowledge*. Vancouver: University of British Columbia Press.

Miami-Dade County, Florida. 2003. *General Statistical Data*. Retrieved December 7, 2005 (http://www.co.miami-dade.fl.us/finance/library/genstat03.pdf).

_____. 2010. "Economic and Demographic Profile." Retrieved Jan. 1, 2011.(http:// www.miami-dade.gov/oedit/library/10.10-economic_profile.pdf).

Mignaqui, Iliana. 1998. "Dinamica Immobiliaria y Transformaciones Metropolitanas." pp.255-84 in *Ciudades y Regiones al Avance de la Globalización*, edited by S. Sorenstein and R. Bustos Cara. Bahia Blanca, Argentina: UNS (Universidad Nacional del Sur)." May, 5(2), Electronic newsletter jointly sponsored by DFID and USAID, (http://pdf.usaid.gov/pdf_docs/PNADN335.pdf).

Migration Policy Institute. 2011. "Global City Migration Map." Washington, DC: Migration Policy Institute. Retrieved July 13, 2011 (http://www.migrationinformation.org/DataHub/gcmm.cfm).

Milkman, R. and Dwyer, R. 2002. "Growing Apart: The 'New Economy' and Job Polarization in California, 1992-2000." University of California Institute for Labor and Employment, Multi-Campus Research Unit, 2000; p.12.

Mingione, E. 1991. *Fragmented Societies: A Sociology of Economic Life beyond the Market Paradigm*. Oxford, UK: Blackwell.

_____ and E. Pugliese. 1988. "La Questione Urbana e Rurale: Tra Superamento Teorico e Problemi di Confini Incerti." *La Critica Sociologica* 85: 17-50.

Mioni, Alberto. 1991. "Legittimita ed Efficacia del Progetto Urbano." Dis T Rassegna di Studi e Ricerche del Dipartimento di Scienze del Territorio del Politecnico di Milano 9(September): 137-50.

Mishel, L. 2004. "Unfettered markets, income inequality, and religious values." *Viewpoints*, 25 May. Washington, D.C.: Economic Policy Institute. Retrieved July 26, 2008 (http://www.epi.org/publications/entry/webfeatures_viewpoints_ moral_markets_presentation/).

_____. 2007. "Who's grabbing all the new pie?" *Economic Snapshots*, 1 August. Washington, DC: Economic Policy Institute. Retrieved July 26, 2008. (http:// www.epi.org/content.cfm/webfeatures_snapshots_20070801).

_____. 2008. "Surging Wage Growth for Topmost Sliver." *Economic Snapshots*. June 18, 2008. Economic Policy Institute. Retrieved July 26, 2008. (http://www.epi.org/content.cfm/webfeatures_snapshots_20080618).

Mitchell, Matthew and Saskia Sassen. 1996. "Can Cities Like New York Bet on Manufacturing?" In *Manufacturing Cities: Competitive Advantage and the Urban Industrial Community*, a symposium given by the Harvard Graduate School of Design and the Loeb Fellowship, May 1996.

Mitter, S., ed. 1989. *Information Technology and Women's Employment: The Case of the European Clothing Industry*. Berlin and New York: Springer-Verlag.

Miyajima, Takashi. 1989. *The Logic of Receiving Foreign Workers: Among Dilemmasof Advanced Societies* (Gaikokujin Rodosha Mukaeire no Ronri: Senshin shakai no Jirenma no naka de). Tokyo, Japan: Akashi Shoten.

Mol, Arthur P. J. and David Sonnenfeld. 2000. *Ecological Modernization Around the World: Perspectives and Critical Debates*. New York: Routledge.

Mongin, O. 2004. "Globalization and Urban Metamorphosis. 'Mega-cities,' 'Global cities' and Metropoles." *Esprit* 303: 175-200.

Montgomery, Cynthia A. and Michael E. Porter, eds. 1991. *Strategy: Seeking and Securing Competitive Advantage*. Boston, MA: Harvard Business School Press.

Morello-Frosch R. et al.. 2009. *The Climate Gap: Inequalities in How Climate Change Hurts Americans & How to Close the Gap*. Los Angeles: USC Program for Environmental and Regional Equity. Retrieved from http://college.usc.edu/ geography/ESPE/documents/The_Climate_Gap_Full_Report_FINAL.pdf.

Mori Foundation. 2011. *Global Power City Index 2010*. Tokyo: Mori Foundation.

Morita, Kiriro. 1990. "Japan and the Problem of Foreign Workers." *Research Institute for the Japanese Economy, Faculty of Economics*. Tokyo, Japan: University of Tokyo-Hongo.

_____. 1993. "Foreign Workers." Unpublished paper, Department of Economics, University of Tokyo, Tokyo-Hongo.

_____ and Saskia Sassen. 1994. "The New Illegal Immigration in Japan, 1980-1992." *International Migration Review* 28(1): 153.

Morris, M. 1992. "Great Moments in Social Climbing: King Kong and the Human Fly." pp.1-51 in *Sexuality and Space, edited by Beatriz Colomina*. Princeton Papers on Architecture. Princeton, NJ: Princeton Architectural Press.

Moser, C. 1989. "The Impact of Recession and Structural Adjustment Policies at the Micro-level: Low Income Women and Their Households in Guayaquil, Ecuador." *Invisible Adjustment* 2: 137-66. New York: UNICEF.

Mowery, David, ed. 1988. *International Collaborative Ventures in U.S. Manufacturing*. Cambridge, MA: Ballinger.

Munger, Frank, ed. 2002. *Laboring Under the Line*. New York: Russell Sage Foundation.

Nabuco, M. R., A. F. Machado, and J. Pires. 1991. *Estrategias de Vida e Sobrevivencia na Industria de Confeccoes de Belo* Horizonte. Belo Horizonte, Brazil: Cedeplar/UFMG.

Nakabayashi, Itsuki. 1987. "Social-Economic and Living Conditions of Tokyo's Inner City." *Geographical Reports of Tokyo Metropolitan University* 22: 275-92.

Nanami, Tadashi and Yasuo Kuwabara, eds. 1989. *Tomorrow's Neighbors: Foreign Workers* (Asu no Rinjin: Gaikokujin Rodosha). Tokyo, Japan: Toyo Keizai Shimposha.

Naim, M. 2006. *Illicit: How Smugglers, Traffickers, and Copycats are Hijacking the Global Economy*. New York: Anchor Books.

Nelson, J. I. and J. Lorence. 1985. "Employment in Service Activities and Inequality in Metropolitan Areas." *Urban Affairs Quarterly* 21(1): 106-25.

Nashashibi, Rami. 2007. "Ghetto Cosmopolitanism: Making Theory at the Margins." pp.241-62 in *Deciphering the Global: Its Spaces, Scales and Subjects*. Edited by S. Sassen. New York and London: Routledge.

National Academy of Sciences. 2003. *Cities Transformed: Demographic Change and Its Implications in the Developing World*. Washington, DC: National Academies Press, Panel on Urban Population

Dynamics.

Nepomnyaschy, Lenna and Irwin Garfinkel. 2002. "Wealth in New York City and the Nation: Evidence from the New York Social Indicators Survey and the Survey of Income and Program Participation." *Social Indicators Survey Center Working Paper*. New York: Columbia University School of Social Work.

Neuwirth, Robert. 2004. *Shadow Cities: A Billion Squatters, A New Urban World*. London: Routledge.

New South Wales Department of State and Regional Development. 2005. "Facts & Statistics: B17. Australian and Foreign-Owned Banks.Australian Cities, 2005." *Retrieved December* 7, 2005 (http://www.business.nsw.gov.au/facts Reports.asp? cid=31&subCid=69).

_____. 2009. "Australian and Foreign Owned Banks." *Retrieved March* 18, 2010. (http://www.business.nsw.gov.au/invest-in-nsw/about-nsw/trade-and-investment/australian-and-foreign-owned-banks).

New South Wales Government (NSW). 2010. "Sydney and New South Wales Financial Services." *Retrieved April* 15, 2011 (http://www.business.nsw.gov.au/__data/assets/pdf_file/0006/5685/nsw_financial_services_profile_20101014.pdf).

Nijman, Jan. 2000. "The Paradigmatic City." *Annals of the Association of American Geographers* 90(1): 135-45.

_____. 1996. "Breaking the Rules: Miami in the Urban Hierarchy." *Urban Geography* 17(1): 5-22.

_____. 2010. *Miami: Mistress of the Americas*. Philadelphia, PA: University of Pennsylvania Press.

Noyelle, T. and A. B. Dutka. 1988. *International Trade in Business Services: Accounting, Advertising, Law and Management Consulting*. Cambridge, MA: Ballinger.

O'Connor, K. 1990. *State of Australia. Clayton, Australia: National Centre for Australian Studies*, Monash University.

_____. 2002. "Rethinking Globalisation and Urban Development: The Fortunes of Second-ranked Cities." *Australasian Journal of Regional Studies* 8 (3): 247-60.

OECD (Organization for Economic Cooperation and Development). 1993. *Main Economic Indicators*. Paris: OECD.

_____. 1996. *Main Economic Indicators*. Paris: OECD.

_____. 1998. *Harmful Tax Competition. An Emerging Global Issue*. Paris: OECD.

_____. 2001. *The OECD's Project on Harmful Tax Practices: The 2001 Progress Report*. Paris: OECD.

_____. 2004. *The OECD's Project on Harmful Tax Practices: The 2004 Progress Report*. Paris: OECD.

_____ 2005. *Main Economic Indicators*. Paris: OECD.

OECD-CFA. 2000. *Towards Global Tax Cooperation*. Paris: OECD.

OECD-CTPA. 2006. *The OECD's Project on Harmful Tax Practices: 2006 Update on Progress in*

Member Countries. Paris: Organization for Economic Cooperation and Development.

Office for National Statistics. 2002. *Census 2001*. London: ONS.

Olds, Kris, Peter Dicken, Philip F. Kelly, Lilly Kong, and Henry Wai-Chung Yeung, eds. 1999. *Globalization and the Asian Pacific: Contested Territories*. London, UK: Routledge.

Oliver, Nick and Barry Wilkinson. 1988. *The Japanization of British Industry*. Oxford, UK: Blackwell.

O'Neill, P. M. and P. McGuirk. 2002. "Prosperity Along Australia's Eastern Seaboard: Sydney and the Geopolitics of Urban and Economic Change." *Australian Geographer* 33(30): 241-.61.

Ong, Aihwa. 2003. *Buddha Is Hiding: Refugees, Citizenship, the New America*. Berkeley, CA: University of California Press.

_____ and Donald Nonini, eds. 1997. *Underground Empires*. New York: Routledge.

_____and A. Roy, eds. 2010. *Worlding Cities: Asian Experiments and the Art of Being Global*. Oxford: Blackwell.

Orozco, M., B. L. Lowell, M. Bump and R. Fedewa. 2005. *Transnational Engagement, Remittances and their Relation-ship to Development in Latin America and the Caribbean*. Washington, DC: Georgetown University, Institute for the Study of International Migration.

Orr, J. and Rae Rosen. 2000. "New York-New Jersey Job Expansion to Continue in 2000." *Federal Reserve Bank of New York: Current Issues in Economics and Finance* 6(5, April 2000): 1-6.

Orr, and Rosen. 2000. "New York-New Jersey Job Expansion to Continue in 2000." Federal Reserve Bank of New York: *Current Issues in Economics and Finance* 6(5, April 2000): 1-6.

Orum, Anthony and Xianming Chen. 2002. *Urban Places*. Malden, MA: Blackwell.

Paddison, Ronan, ed. 2001. *Introduction. Handbook of Urban Studies*. London, UK: Sage.

Palumbo-Liu, David. 1999. *Asian/American*. Stanford, CA: Stanford University Press.

Park, R. E., E. W. Burgess and R. D. McKenzie, eds. 1967. *The City*. Chicago: University of Chicago Press.

Parkinson, M., B. Foley, and D. R. Judd, eds. 1989. *Regenerating the Cities: The U.K. Crisis and the U.S. Experience*. Glenview, IL: Scott, Foresman.

Parnreiter, Christof. 2002. "Mexico: The Making of a Global City." pp.145-82 in *Global Networks/ Linked Cities*, edited by Saskia Sassen. New York: Routledge.

_____. 2010. "Global cities in Global Commodity Chains: exploring the role of Mexico City in the geography of governance of the world economy." *Global Networks*, 10(1).

Parnell, S. and E. Pieterse. 2010. "The 'Right to the City': Institutional Imperatives of a Developmental State." *International Journal of Urban and Regional Research* 34: 146-62.

Parrenas, Rhacel Salazar, ed. 2001. *Servants of Globalization: Women, Migration and Domestic Work*. Stanford, CA: Stanford University Press.

Parsa, Ali, Ramin Keivani, Loo Lee Sim, Seow Eng Ong, Adeesh Agarwal and Bassem Younes. 2003. *Emerging Global Cities: Comparisons of Singapore and the cities of United Arab Emirates*. London: RICS Foundation. Retrieved Jan. 4, 2010 (http://www.rics.org/site/download_feed.aspx?fileID=2944&fileExtension=PDF).

Pasternak, Sean B. 2010. "Toronto's financial district returning to normal after G20." *Financial Post*. Retrieved Dec. 31, 2010 (http://www.financialpost.com/news/Toronto+financial+district+returning+normal+after/3211393/story.html).

Pathak B. 1999. "Sanitation is the Key to Healthy Cities: A Profile of Sulabh International." *Environment and Urbanization* 11(1).

Peraldi, M. and E. Perrin, eds. 1996. *Reseaux Productifs et Territoires Urbains*. Toulouse, France: Presses Universitaires de Mirail.

Perez-Sainz, J. P. 1992. *Informalidad Urbana en America Latina: Enfoques, Problematicas e Interrogantes*. Caracas, Venezuela: Editorial Nueva Sociedad.

Perez-Stable, Marifeli and Miren Uriarte. 1993. "Cubans and the Changing Economy of Miami." pp.133-59 in *Latinos in a Changing U.S. Economy: Comparative Perspectives on Growing Inequality*, edited by Rebecca Morales and Frank Bonilla. Sage Series on Race and Ethnic Relations, Vol. 7. Newbury Park, CA: Sage.

Pessar, P. R. and S. J. Mahler. 2003. "Transnational Migration: Bringing Gender In." *International Migration Review* 37(3): 812-46.

Perlman, J. 2007. "Elusive Pathways Out of Poverty: Intra and Inter-Generational Mobility in the Favelas of Rio de Janeiro." In D. Narayan and P. Petesch, eds., *Moving out of Poverty: Cross-Disciplinary Perspectives on Mobility*. Washington, DC: Palgrave and the World Bank.

Petrella, R. 1990. "Technology and the Firm." *Technology Analysis & Strategic Management* 2(2): 99-110.

Pickvance, C. and Preteceille, E., eds. 1991. *State Restructuring and Local Power: A Comparative Perspective*. London, UK: Pinter.

Pieterse, E. 2008. *City Futures: Confronting the Crisis of Urban Development*. London: Zed.

Polanyi, Karl. 1975. *The Great Transformation: The Political and Economic Origins of Our Time*. Boston, MA: Beacon.

Population Division of the Department of Economic and Social Affairs of the United Nations Secretariat. 2007. *World Urbanization Prospects: The 2007 Revision* (Data Set). Retrieved Feb. 27, 2010 (http://esa.un.org/unup).

Porter, J. et al. 2009. "The Value of Producing Food, Energy, and Ecosystem Services within an Agro-ecosystem." Ambio 38(4): 186-93.

Portes, Alejandro, ed. 1988. *The Economic Sociology of Immigration: Essays on Networks, Ethnicity and*

Entrepreneurship. New York: Russell Sage Foundation Publications.

_____, M. Castells, and L. Benton, eds. 1989. *The Informal Economy: Studies in Advanced and Less Developed Countries*. Baltimore, MD: Johns Hopkins University Press.

_____ and S. Sassen-Koob. 1987. "Making It Underground: Comparative Material on the Informal Sector in Western Market Economies." *American Journal of Sociology* 93(1): 30-61.

_____ and Alex Stepick. 1993. *City on the Edge: The Transformation of Miami*. Berkeley, CA: University of California Press.

_____ and Min Zhou. 1992. "Gaining the Upper Hand: Eco*nomic Mobility among Immigrant and Domestic Minorities."* Ethnic and Racial Studies 15(October): 492-522.

Portes, Alejandro and M. Lungo, eds. 1992a. *Urbanizacion en Centroamerica*. San José, Costa Rica: Facultad Latinoamericana de Ciencias Sociales.

_____, eds. 1992b. *Urbanización en el Caribe. San José*, Costa Rica: Facultad Latinoamericana de Ciencias Sociales.

Portes, Alejandro and Ruben G. Rumbaut. 2001. *Legacies: The Story of the Immigrant Second Generation*. Berkeley, CA: University of California Press.

_____, eds. 1997. *Immigrant America: A Portrait*. Berkeley, CA: University of California Press.

Powell, Walter. 1990. "Neither Market nor Hierarchy: Network Forms of Organization." pp.295-336 in *Research in Organizational Behavior*, edited by Barry M. Straw and Larry L. Cummings. Greenwich, CT: JAI.

Pozos Ponce, Fernando. 1996. *Metropolis en Reestructuracion: Guadalajara y Monterrey 1980-1989*. Guadalajara, Mexico: Universidad de Guadalajara, con Apoyo de El Fondo para la Modernizacion de la Educacion Superior.

Prader, T., ed. 1992. *Moderne Sklaven: Asyl und Migrationspolitik in Osterreich*. Vienna, Austria: Promedia.

PREALC (Regional Employment Program for Latin America and the Caribbean). 1982. *Mercado de Trabajo en Cifras: 1950-1980*. Santiago de Chile: International Labour Office.

_____. 1987. *Ajuste y Deuda Social: Un Enfoque Estructural*. Santiago de Chile: International Labour Office.

Preteceille, E. 1986. "Collective Consumption, Urban Segregation, and Social Classes." *Environment and Planning D: Society and Space* 4: 145-54.

Price, Marie and Lisa Benton-Short. 2007. "Counting Immigrants in Cities Across the Globe." *Migration Information Source* Retrieved Jan. 4, 2011 (http://www.migrationinformation.org).

PricewaterhouseCoopers. 2009. *Which Are the Largest City Economies in the World and How Might This Change by 2025?* UK Economic Outlook.

Prigge, Walter. 1991. "Zweite Moderne: Modernisierung und Städtische Kultur in Frankfurt." pp.97-

105 in *Frankfurt am Main: Stadt, Soziologie und Kultur*, edited by Frank-Olaf Brauerhoch. Frankfurt, Germany: Vervuert.

Primarolo Report. 1999. *Report of the Code of Conduct Group (Business Taxation) to ECOFIN Council*, 29 November 1999.

Pugliese, Enrico. 1983. "Aspetti dell' Economia Informale a Napoli." *Inchiesta* 13(59-60): 89-97.

_____. 2002. L'Italia tra Migrazioni Internazionali e Migrazioni Interne. Bologna, Italy: Il Mulino.

Pyle, Jean L. and Kathryn Ward. 2003. "Recasting our Understanding of Gender and Work During Global Restructuring." *International Sociology* 18(3): 461-89.

Queiroz Ribeiro, Luis Cesar de. 1990. "Restructuring in Large Brazilian Cities: The Center/Periphery Model in Question." Research Institute of Urban and Regional Planning, Federal University of Rio de Janeiro, Brazil.

Rae, Douglas W. 2003. *City: Urbanism and Its End. New Haven*, CT: Yale University Press.

Rakatansky, M. 1992. "Spatial Narratives." pp.198-221 in *Strategies in Architectural Thinking*, edited by J. Whiteman and R. Burdett. Chicago, IL, and Cambridge, MA: Chicago Institute for Architecture and Urbanism and MIT Press.

Ramirez, Nelson, Isidor Santana, Francisco de Moya, and Pablo Tactuk. 1988. *Republica Dominicana: Poblacion y Desarrollo 1950-1985*. San José, Costa Rica: Centro Latinoamericano de Demografia (CELADE).

Ratha, D., Mohapatra, S. and Silwal, A. 2009. "Migration and Development Brief 11: Migration and Remittance Trends 2009: A Better-than-expected Outcome for Migration and Remittance Flows in 2009, but Significant Risks Ahead." 3 November. Washington, DC: World Bank, Migration and Remittances Team, Development Prospects Group. (http://siteresources.worldbank.org/INTPROSPECTS/Resources/334934-1110315015165/MigrationAndDevelopmentBrief11.pdf).

RECLUS. 1989. *Les villes européennes*. Rapport pour la DATAR. Paris, France: RECLUS.

Redclift, M. 2000. "The Environment and Carbon Dependence: Landscapes of Sustainability and Materiality." *Current Sociology*, 57(3): 369-87.

Rees, W. E. 2006. "Ecological Footprints and Bio-Capacity: Essential Elements in Sustainability Assessment." In J. Dewulf and H. Van Langenhove, eds. *Renewables-Based Technology: Sustainability Assessment* 143-58. Chichester, UK: John Wiley and Sons.

Regional Planning Association (RPA). 2007. *Economic Megaregions*. Princeton: Policy Research Institute for the Region, Woodrow Wilson School of Public and International Affairs, Princeton University.

Reich, Robert B. 1991. *The Work of Nations: Preparing Ourselves for 21st Century Capitalism*. New York: Knopf.

Ren, Xuefei. 2011. *Building Globalization: Transnational Architecture Production in Urban China*. Chicago: University of Chicago Press.

Renooy, P. H. 1984. "Twilight Economy: A Survey of the Informal Economy in the Netherlands." Research Report, Faculty of Economic Sciences, University of Amsterdam, The Netherlands.

Reuveny R. 2008. "Ecomigration and Violent Conflict: Case Studies and Public Policy Implications." *Human Ecology*, 361-13.

Ribas-Mateos, Natalia. 2005. *The Mediterranean in the Age of Globalization: Migration, Welfare, and Borders*. Somerset, NJ: Transaction.

Ribera-Fumaz, R. 2009. "From Urban Political Economy to Cultural Political Economy: Rethinking Culture and Economy in and Beyond the Urban." *Progress in Human Geography* 33: 447-65.

Richburg, Keith B. 2010. "Shanghai Poised to Take on Hong Kong as China's Financial Hub." *Washington Post*. Retrieved Dec. 31, 2010 (http://www.wash ingtonpost.com/wp-dyn/content/article/2010/09/25/AR2010092501884.html).

Rimmer, P. J. 1986. "Japan's World Cities: Tokyo, Osaka, Nagoya or Tokaido Megalopolis?" *Development and Change* 17(1): 121-58.

_____. 1988. "Japanese Construction and the Australian States: Another Round of Interstate Rivalry." *International Journal of Urban and Regional Research* 12(3): 404-24.

Robbins, Paul and Julie Sharp. 2003. "The Lawn-Chemical Economy and Its Discontents" *Antipode* 10(2): 955-979.

Roberts, B. 1973. *Organizing Strangers: Poor Families in Guatemala City*. Austin, TX: University of Texas Press.

_____. 1976. *Cities of Peasants*. London, UK: Edward Arnold.

_____. 1995. *The Making of Citizens: Cities of Peasants Revisited*. New York: Edward Arnold.

_____ and A. Portes. 2006. "Coping with the Free Market City: Collective Action in Six Latin American Cities at the End of the Twentieth Century." (On file with author).

Roberts, Susan. 1994. "Fictitious Capital, Fictitious Spaces: The Geography of Off- Shore Financial Flows." pp.91-115 in *Money, Power and Space*, edited by S. Corbridge, R. Martin, and N. Thrift. Oxford, UK: Blackwell.

Rodgers, D. 2009. "Slum Wars of the 21st Century: Gangs, 'Mano Dura,' and the New Urban Geography of Conflict in Central America." *Development and Change* 40: 949-76.

Rodriguez, N. P. and J. R. Feagin. 1986. "Urban Specialization in the World System." *Urban Affairs Quarterly* 22(2): 187-220.

Rodríguez-Pose, Andres. 2011. "Economists as Geographers and Geographers as Something Else: On the Changing Conception of Distance in Geography and Economics." *Journal of economic geography* 11(2): 347-56.

Rolnik, R., L. Kowarick, and N. Somekh, eds. 1991. *Saõ Paulo Crise e Mudanca*. Saõ Paulo, Brazil: Brasiliense.

Roncayolo, M. 1990. *L'imaginaire de Marseille*. Marseille, France: Chambre de Commerce et d'Industrie de Marseille.

Rosen, F. and D. McFadyen, eds. 1995. *Free Trade and Economic Restructuring in Latin America* (NACLA reader). New York: Monthly Review Press.

Ross, R. and K. Trachte. 1983. "Global Cities and Global Classes: The Peripheralization of Labor in New York City." *Review* 6(3): 393-431.

Rotzer, Florian. 1995. *Die Telepolis: Urbanität im Digitalen Zeitalter*. Mannheim, Germany: Bollman.

Roulleau-Berger, Laurence. 1999. *Le Travail en Friche*. La Tour d'Aigues, France: Editions de l'Aube.

Roulleau-Berger, ed. 2003. *Youth and Work in the Post-Industrial City of North America and Europe*. Boston, MA: Brill Academic Publishers.

Roy, Olivier. 1991. "Ethnicité, bandes et communautarisme." *Esprit* (February): 37-47.

Russell, Alan and Jan Rath. 2002. *Unravelling the Rag Trade: Immigrant Entrepreneurship in Seven World Cities*. Oxford, UK: Berg.

Rutherford, Jonathan. 2004. *A Tale of Two Global Cities: Comparing the Territorialities of Telecommunications Developments in Paris and London*. Aldershot, UK, and Burlington, VT: Ashgate.

SAIS Review. 2009. Special Issue on The City. Vol. XXIX (nr. 1) Spring.Summer. 29(1): 1-173.

Sachar, A. 1990. "The Global Economy and World Cities." pp.149-60 in *The World Economy and the Spatial Organization of Power*, edited by A. Sachar and S. Oberg. Aldershot, UK: Avebury.

______. 1996. "European World Cities." pp.135-52 in *The Spatial Impact of Economic Changes in Europe*, edited by W. Lever & A. Bailly. Aldershot, UK: Avebury.

Saidam, Sabri. 2004. "On Route to an E-Society: Human Dependence on Technology and Adaptation Needs." A report for the Social Science Research Council's Committee on Information Technology and International Cooperation. (http://www.ssrc.org/programs/itic/publications/knowledge_report/memos/sabri.pdf).

Safi, M. A. 1998. An integrated approach to sanitation and health in Kabul. In John Pickford (ed.) Sanitation and Water for All. Proceedings of the 24th WEDC Conference, Islamabad, Pakistan.

Salmon, Scott. 2006. "Gentrification, Globalization and Governance: The Reterritorialization of Sydney's City-State." Chapter 7 in *Relocating Global Cities: From the Center to the Margins*, edited by Mark M. Amen, Kevin Archer, and M. Martin Bosman. New York: Rowman & Littlefield.

Salzinger, Leslie. 1995. "A Maid by Any Other Name: The Transformation of 'Dirty Work' by Central American Immigrants." pp.139-60 in *Ethnography Unbound: Power and Resistance in the Modern Metropolis*, edited by Michael Burawoy. Berkeley, CA: University of California Press.

_____. 2003. *Genders in Production: Making Workers in Mexico's Global Factories*. Berkeley, CA: University of California Press.

Samers, Michael. 2002. "Immigration and the Global City Hypothesis: Towards an Alternative Research Agenda." *International Journal of Urban and Regional Research* 26(2, June): 389-402.

Sanchez, Roberto and Tito Alegria. 1992. "Las Cuidades de la Frontera Norte." Departamento de Estudios Urbanos y Medio Ambiente, El Colegio de la Frontera Norte, Tijuana, Mexico.

Sandercock, Leonie. 2003. *Cosmopolis II: Mongrel Cities in the 21st Century*. New York and London, UK: Continuum.

Sands, Oonagh. 2004. Temporary Movement of Labor Fuels GATS Debate, June 2004. Retrieved Jan. 16, 2011. (http://www.migrationinformation.org/Feature/ display.cfm?ID=231).

Santos, Milton, Maria Adelia A. De Souze, and Maria Laura Silveira, eds. 1994. *Territorio Globalizacao e Fragmentacao*. Saõ Paulo, Brazil: Hucitec.

Santoso, Oerip Lestari Djoko. 1992. "The Role of Surakarta Area in the Industrial Transformation and Development of Central Java." *Regional Development Dialogue* 13(2): 69-82.

Saskai, Nobuo. 1991. *Tocho: Mo Hitotsu no Seifu* (The Tokyo Metropolitan Government: Another Central Government). Tokyo, Japan: IwanamiShoten.

Sassen, Saskia. 1988. *The Mobility of Labor and Capital: A Study in International Investment and Labor Flow*. New York: Cambridge University Press.

_____. [1991] 2001. *The Global City: New York, London, and Tokyo*, 2nd ed. Princeton, NJ: Princeton University Press.

_____. 1995. "Immigration and Local Labor Markets." pp.87-127 in *The Economic Sociology of Immigration: Essays on Networks, Ethnicity, and Entrepreneurship*, edited by Alejandro Portes. New York: Russell Sage.

_____. 1996. *Losing Control? Sovereignty in an Age of Globalization*. The 1995 Columbia University Leonard Hastings Schoff Memorial Lectures. New York: Columbia University Press.

_____. 1998. *Globalization and Its Discontents: Selected Essays*. New York: New Press.

_____. 1999. "Global Financial Centers." *Foreign Affairs* 78(1): 75-87.

_____, ed. 2002. *Global Networks, Linked Cities*. London and New York: Routledge.

_____. 2003. "The Repositioning of Citizenship: Emergent Subjects and Spaces for Politics." *Berkeley Journal of Sociology* 46: 4-26.

_____. 2004a. "The migration fallacy." *The Financial Times December* 27, 2004.

_____. 2004b. "Local Actors in Global Politics." *Current Sociology* 52(4): 657-674.

_____. 2005. "The Ecology of Global Economic Power: Changing Investment Practices to Promote Environmental Sustainability." *Journal of International Affairs* 58(2) 11-33.

_____. 2006. Human Settlement and the Environment. *EOLSS Encyclopaedia of the Environment*

(Vol. 14). Oxford: EOLSS and UNESCO.

_____. 2007. *A Sociology of Globalization*. New York: W. W. Norton & Co.

_____. 2008a. *Territory, Authority, Rights: From Medieval to Global Assemblages*, revised 2nd ed. Princeton: Princeton University Press.

_____. 2008b. "Mortgage Capital and Its Particularities: A new Frontier for Global Finance." *Journal of International Affairs* 62(1): 187-212.

_____. 2008c. "Two stops in today's new global geographies: shaping novel labor supplies and employment regimes." *American Behavioral Scientist* 52(3): 457-96.

_____. 2010. "Novel spatial formats: Megaregions and Global Cities" pp.101-126 in *Governance and Planning of Mega-City Regions: An International Comparative Perspective*, Edited by Xu, J. and A.O.H Yeh. UK: Routledge.

_____. 2011. "The Global City and the Global Slum." http://blogs.forbes.com/mega cities/2011/03/22/the-global-city-and-the-global-slum/#more-33

_____ and Robert Latham. 2005. *Digital Formations: IT and New Architectures in the Global Realm*. Princeton, NJ: Princeton University Press.

_____ and Natan Dotan. 2011. "Delegating, not Returning, to the Biosphere: How to Use the Multi-scalar and Ecological Properties of Cities." *Global Environmental Change* 21(3).

_____ with Olivia Nicol and Marta Walinska. 2011. *The Global Labor Market at a Tipping Point*. Prepared for The Economist Intelligence Unit. New York: The Economist Intelligence Unit.

Sassen-Koob, Saskia. 1980. "Immigrants and Minority Workers in the Organization of the Labor Process." *Journal of Ethnic Studies* 8(Spring): 1-34.

_____. 1982. "Recomposition and Peripheralization at the Core." pp.88-100 in *The New Nomads: Immigration and Change in the International Division of Labor*, edited by Marlene Dixon and Susanne Jonas. San Francisco, CA: Synthesis. (Reprinted in Contemporary Marxism, vol. 4.).

_____. 1984. "The New Labor Demand in Global Cities." pp.139-71 in *Cities in Transformation*, edited by M. P. Smith. Beverly Hills, CA: Sage.

Satler, Gail. 2006. *Two Tales of a City: Rebuilding Chicago's Architectural and Social Landscape, 1986-2005*. DeKalb, IL: Northern Illinois University Press.

Satterthwaithe, D. 1999. "Sustainable Cities or Cities That Contribute to Sustainable Development?" pp.80.107 in D. Satterthwaithe, ed., *The Earthscan Reader in Sustainable Cities*. London: Earthscan.

_____ and Saleemul Huq, Mark Pelling, Hannah Reid, and Patricia Romero Lankao. 2007. "Adapting to climate change in urban areas: the possibilities and constraints in low- and middle-income nations." Human Settlements Discussion Paper Series, London: IIED. http://www.iied.org/pubs/pdfs/10549IIED.pdf.

Saxenian, Anna-lee. 1996. *Regional Advantage: Culture and Competition in Silicon Valley and Route 128*. Cambridge, MA: Harvard University Press.

Savitch, H. 1988. *Post-Industrial Cities. Princeton*, NJ: Princeton University Press.

_____. 1996. "Cities in a Global Era: A New Paradigm for the Next Millennium." pp.39-65 in *Preparing for the Urban Future: Global Pressures and Local Forces*, edited by M. Cohen, B. Ruble, J. Tulchin, and A. Garland. Washington, DC: Woodrow Wilson Center Press (Distributed by Johns Hopkins University Press).

Sayer, Andrew and Richard Walker. 1992. *The New Social Economy: Reworking the Division of Labor*. Cambridge, MA: Blackwell.

Schiffer, Sueli Ramos. 2002. "Saõ Paulo: Articulating a Cross-border Regional Economy." pp.209-36 in *Global Networks/Linked Cities*, edited by Saskia Sassen. New York and London, UK: Routledge.

Schwartz, Moshe. 2009. "Department of Defense Contractors in Iraq and Afghanistan: Background and Analysis." *Congressional Research Service Report* December 14, 2009 (http://books.google.com/books?hl=en&lr=&id=F5xB0r3qw0QC&oi=fnd&pg=PA1&dq=Moshe+Schwartz+%E2%80%9CDepartment+of+Defense+Contractors+in+Iraq+and+Afghanistan:+Background+and+Analysis%E2%80%9D+Congressional+Research+Service+Report+December+14,+2009&ots=OvXbiu-Pqv&sig=9rzDP4RmwVU-uAhT85_I5UOKb88#v=onepage&q&f=false).

Sclar, Elliott D. and Walter Hook. 1993. "The Importance of Cities to the National Economy." pp.48-80 in *Interwoven Destinies: Cities and the Nation*, edited by Henry G. Cisneros. New York: Norton.

Scott, Allen J. 2001. *Global City-Regions*. Oxford, UK: Oxford University Press.

_____. 1988. *Metropolis: From the Division of Labor to Urban Form*. Berkeley, CA: University of California Press.

_____ and Michael Storper, eds. 1986. *Production, Work, Territory*. Boston, MA: Allen and Unwin.

Sennett, R. 1990. *The Conscience of the Eye: The Design and Social Life of Cities*. New York: Knopf.

_____. 1996. *Flesh and Stone: The Body and the City in Western Civilization*. New York: Norton.

_____. 2006. *The Culture of the New Capitalism*. New Haven, CT: Yale University Press.

_____. 2008. *The Craftsman*. London: Penguin. "The Service 500." 1993, May 31. *Fortune* 199-230.

Shanghai Stock Exchange. 2010. Retrieved Dec. 30, 2010 (http://www.sse.com.cn/sseportal/en/c05/c02/c01/c02/p1113/c1505020102_p1113.shtml).

Shank, G., ed. 1994. "Japan Enters the 21st Century." *Social Justice* 21(2, Special issue).

Sharman, Jason. 2006. *Havens in a Storm. The Struggle for Global Tax Regulation*. Ithaca: Cornell U.P.

Shatkin, G. 2008. "The City and the Bottom Line: Urban Megaprojects and the Privatization of

Planning in Southeast Asia." Environment and Planning A 40: 383-401.

Sheets, R. G., S. Nord, and J. J. Phelps. 1987. The Impact of Service Industries on Underemployment in Metropolitan Economies. Lexington, MA: D. C. Heath.

Sherman, Arloc and Chad Stone. 2010. "Income Gaps Between Very Rich and Everyone Else More Than Tripled in Last Three Decades, New Data Show." Washington, DC: Center on Budget and Policy Priorities, Retrieved July 13, 2011 (http://www.cbpp.org/cms/index.cfm?fa=view&id=3220).

Short, John Rennie. 2005. *Global Metropolitanism*. London: Routledge.

_____ and Y. H. Kim. 1999. *Globalization and the City*. New York: Longman.

Siebel, W. 1984. "Krisenphänomene der Stadtentwicklung." *arch + d* 75/76: 67-70.

Silver, H. 1984. "Regional Shifts, Deindustrialization and Metropolitan Income Inequality." Presented at the Annual Meeting of the American Sociological Association, August, San Antonio, TX.

_____. 1993. "National Conceptions of the New Urban Poverty: Social Structural Change in Britain, France and the United States." *International Journal of Urban and Regional Research* 17(3): 336-54.

_____ and R. Bures. 1997. "Dual cities? Sectoral shifts and metropolitan income inequality, 1980-90." Service Industries Journal 17(1): 69-90.

Simon, David. 1995. "The World City Hypothesis: Reflections from the Periphery." pp.132-55 in *World Cities in a World-System*, edited by P. Knox and P. Taylor. New York: Cambridge University Press.

Sinclair, Timothy. 2008. *The New Masters of Capital: American Bond Rating Agencies and the Politics of Creditworthiness*. Cornell Studies in Political Economy. Ithaca, NY: Cornell University Press.

_____. 2004. *Global Governance: Critical Concepts in Political Science*. London: Routledge.

Singelmann, J. 1974. "The Sectoral Transformation of the Labor Force in Seven Industrialized Countries, 1920-1960." Ph.D. dissertation, University of Texas, Austin, TX.

_____ and H. L. Browning. 1980. "Industrial Transformation and Occupational Change in the U.S., 1960-70." *Social Forces* 59: 246-64.

Singh, Surjit. 1994. *Urban Informal Sector*. Jaipur, India: Rawat.

Singtel. 2001. *Subsidiaries and Associated Companies*. Retrieved Dec. 31, 2010 (http://info.singtel.com/about-us/subsidiaries-associated-companies).

Skeldon, R. 1997. "Hong Kong: Colonial City to Global City to Provincial City?" *Cities* (14)5: 265-71.

_____, ed. 1994. *Reluctant Exiles?: Migration from Hong Kong and the New Overseas Chinese*. Armonk, NY: M. E. Sharpe.

_____. 2000. "Trends in international migration in the Asian and Pacific region." *International Social Science Journal* 52(165): 369-82.

Sklair, Leslie. 1985. "Shenzhen: A Chinese 'Development Zone' in Global Perspective." *Development and Change* 16: 571-602.

_____. 1991. *Sociology of the Global System: Social Changes in Global Perspective.* Baltimore, MD: Johns Hopkins University Press.

_____. 2001. *The Transnational Capitalist Class.* Malden, MA: Blackwell Publishers.

Smeeding, T. 2002. "Globalization, Inequality, and the Rich Countries of the G-20: Evidence from the Luxembourg Income Study (LIS)." *Luxembourg Income Study Working Paper No.* 320. Prepared for the G-20 Meeting, Globalization, Living Standards and Inequality: Recent Progress and Continuing Challenges, Sydney, Australia, May 26-28, 2002.

Smith, Anthony, ed. 1992. *The Apartheid City and Beyond: Urbanization and Social Change in South Africa.* London, UK: Routledge/Witwatersrand University Press.

Smith, Carol A. 1985. "Theories and Measures of Urban Primacy: A Critique." pp.87-116 in *Urbanization in the World-Economy*, edited by M. Timberlake. Orlando, FL: Academic Press.

Smith, David. 2004. "Global Cities in East Asia: Empirical and Conceptual Analysis." *International Social Science Journal* 56(3): 399-412.

_____. 1995. "The New Urban Sociology Meets the Old: Rereading Some Classical Human Ecology." *Urban Affairs Review* 30(3): 432-57.

_____ and Michael Timberlake. 2001. "World City Networks and Hierarchies, 1977-1997: An Empirical Analysis of Global Air Travel Links." American Behavioral Scientist 44(10): 1656-79.

_____, S. Solinger, and S. Topik, eds. 1999. *States and Sovereignty in the Global Economy.* London, UK: Routledge.

Smith, Etienne. 2009. *L'Afrique: histoire et défis: 50 cartes et fiches.* Paris: Ellipses.

Smith, M. P. and J. R. Feagin. 1987. *The Capitalist City: Global Restructuring and Territorial Development.* London, UK: Sage.

_____. 1996. *The New Urban Frontier; Gentrification and the Revanchist City.* London: Routledge.

_____ and P. Williams. 1986. *Gentrification of the City.* Boston, MA: Allen and Unwin.

Smith, Robert C. 1997. "Transnational Migration, Assimilation, and Political Community." pp.110-32 in *The City and the World,* edited by Margaret Crahan and Alberto Vourvoulias-Bush. New York: Council on Foreign Relations.

_____. 2005. *Mexican New York: Transnational Lives of New Immigrants.* Berkeley. CA: University of California Press.

Smith, R.G. 2007. "Poststructuralism, Power and the Global City." p. 258-70 in *Cities in Globalization: Practices, Policies and Theories*, edited by Taylor, P. J., Derudder, B., Saey, P. & Witlox, F., eds. London: Routledge.

Soja, Edward W. 2000. *Postmetropolis: Critical Studies of Cities and Regions.* Oxford: Blackwell.

Solinger, Dorothy. 1999. *Contesting Citizenship in Urban China: Peasant Migrants, the State, and the Logic of the Market.* Berkeley, CA: University of California Press.

Sonnenfeld, David A., and Arthur P.J. Mol. 2011. Special Issue on "Social Theory and the Environment in the New World (dis)Order," *Global Environmental Change* 21(3), August 2011.

Sonobe, M. 1993. "Spatial Dimension of Social Segregation in Tokyo: Some Remarks in Comparison with London." Paper presented at the meeting of the Global City Project, Social Science Research Council, March 9-11, New York.

SOPEMI (Systeme d'Observation Permanente pour les Migrations). 1999-2005. *Trends in International Migration.* Paris, France: OECD, Directorate for Social Affairs, Manpower and Education.

Soysal, L. 2010. "Intimate Engagements of the Public Kind." *Anthropological Quarterly* 83: 373-89.

Stanback, T. M., Jr., P. J. Bearse, T. J. Noyelle, and R. Karasek. 1981. Services: The New Economy. Montclair, NJ: Allenheld, Osmun.

_____ and T. J. Noyelle. 1982. *Cities in Transition: Changing Job Structures in Atlanta, Denver, Buffalo, Phoenix, Columbus (Ohio), Nashville, Charlotte.* Montclair, NJ: Allenheld, Osmun.

Statistics Canada. 2005. "Employment by Industry." Table 282-0008. Ontario: Statistics Canada. Retrieved December 7, 2005 (http://www40.statcan.ca/101/ cst01/econ40.htm?sdi=employment%20sector).

Stimson, Robert J. 1993. "The Process of Globalisation and Economic Restructuring and the Emergence of a New Space Economy of Cities and Regions in Australia." Presented at the Fourth International Workshop on Technological Change and Urban Form: Productive and Sustainable Cities, April 14.16, Berkeley, CA.

Stopford, John M., ed. 1992. *Directory of Multinationals.* London, UK: Macmillan.

Stren, R. E. and R. R. White. 1989. *African Cities in Crisis: Managing Rapid Urban Growth.* Boulder, CO: Westview.

Stren, R. 1996. "The Studies of Cities: Popular Perceptions, Academic Disciplines, and Emerging Agendas." In *Preparing for the Urban Future: Global Pressures and Local Forces,* edited by M. Cohen, B. Ruble, J. Tulchin and A. Garland. Washington D.C.: Woodrow Wilson Center Press (distributed by The Johns Hopkins University Press).

_____, Richard, Barney Cohen, Holly E. Reed, and Mark R. Montgomery, eds. 2003. *Cities Transformed: Demographic Change and Its Implications in the Developing World.* Washington, DC: National Academies Press.

Susser, Ida. 1982. *Norman Street, Poverty and Politics in an Urban Neighborhood.* New York: Oxford

University Press.

_____. 2002. "Losing Ground: Advancing Capitalism and the Relocation of Working Class Communities." pp.247-90 in Locating Capitalism in Time and Space: Global Restructurings, Politics, and Identity, edited by David Nugent. Stanford, CA: Stanford University Press.

Swyngedouw, Eric and Heynen, C Nikolas. 2003. "Urban Political Ecology, Justice, and the Politics of Scale." http://onlinelibrary.wiley.com/doi/10.1111/anti.2003.35.issue-5/issuetoc.

Tabak, Faruk and Michaeline A. Crichlow, eds. 2000. *Informalization: Process and Structure*. Baltimore, MD: The Johns Hopkins Press.

Tardanico, Richard and Mario Lungo. 1995. "Local Dimensions of Global Restructuring in Urban Costa Rica." *International Journal of Urban and Regional Research* (19)2: 223-249.

Tax Justice Network. 2007. "Identifying Tax Havens and Offshore Finance Centers." Retrieved July 13, 2011 (http://www.taxjustice.net/cms/upload/pdf/Identifying_ Tax_Havens_Jul_07.pdf).

Taylor, Peter J. 2000. "World Cities and Territorial States Under Conditions of contemporary Globalization." *Political Geography* (19)5: 5-32.

_____. 2004. *World City Network: A Global Urban Analysis*. New York: Routledge.

_____. D. R. F. Walker, and J. V. Beaverstock. 2002. "Firms and Their Global Service Networks." pp.93-116 in *Global Networks, Linked Cities*, edited by Saskia Sassen. New York: Routledge.

_____, Gilda Catalano and Michael Hoyler. 2002. "Diversity and Power in the World City Network." *Cities* (19)4: 231-42.

_____ and Knox, P. L., eds. 1995. *World Cities in a World-System*. Cambridge: Cambridge University Press.

_____, B. Derudder, P. Saey, and F. Witlox, eds. 2007. *Cities in Globalization: Practices, Policies and Theories*. London: Routledge.

_____, P. Ni, B. Derudder, M. Hoyler, J. Huang and F. Witlox, eds. 2010. *Global Urban Analysis: A Survey of Cities in Globalization*. London, UK: Earthscan.

Teresaka, Akinobu, Itsuki Wakabayashi, and Abe Kazutoshi. 1988. "The Transformation of Regional Systems in an Information-Oriented Society." *Geographical Review of Japan* 61(1): 159-73.

The Annals of the American Academy of Political and Social Science. 2010. Special Issue on The New American City. (Forthcoming).

Thomas, Margaret. 1983. "The Leading Euromarket Law Firms in Hong Kong and Singapore." *International Financial Law Review* (June): 4-8.

Thomasson, Lynn. 2010. "Hong Kong Tops Japan as Asia's Biggest Market for Short Selling." Retrieved Dec. 30, 2010 (http://www.businessweek.com/news/2010-10- 12/hong-kong-tops-japan-as-asia-s-biggest-market-for-short-selling.html).

Thomson Financials. 1999. *International Target Cities Report*. New York: Thomson Financial Investor

Relations.

Thrift, N. 1987. "The Fixers: The Urban Geography of International Commercial Capital." pp.219-.47 in *Global Restructuring and Territorial Development*, edited by J. Henderson and M. Castells. London, UK: Sage.

_____. 2005. *Knowing Capitalism*. London: Sage Publications.

_____ and Ash Amin. 2002. *Cities: Reimagining the Urban*. Cambridge, UK: PolityPress.

Timberlake, M., ed. 1985. *Urbanization in the World Economy*. Orlando, FL: Academic Press.

Tinker, I., ed. 1990. *Persistent Inequalities: Women and World Development*. New York: Oxford University Press.

TMX Group. 2010. "TMX Group.Equity Financing Statistics November 2010." Retrieved Dec. 31, 2010 (http://www.tmx.com/en/pdf/month_stats/FinancingStats_Nov10.pdf).

Todd, Graham. 1993. The Political Economy of Urban and Regional Restructuring in Canada: Toronto, Montreal and Vancouver in the Global Economy, 1970-1990. Ph.D. dissertation, Department of Political Science, York University, Toronto, Canada.

_____. 1995. "'Going Global' in the Semi-periphery: World Cities as Political Projects. The Case of Toronto." pp.192-214 in *World Cities in a World-System*, edited by P. Knox and P. Taylor. New York: Cambridge University Press.

Toly, Noah J. 2008. "Transnational Municipal Networks in Climate Politics: From Global Governance to Global Politics." *Globalizations* 5(3): 341-56.

Topel, Robert. 1997. "Factor Proportions and Relative Wages: The Supply Side Determinants of Wage Inequality." Journal of Economic Perspectives. Spring: 55-74.

Toronto Financial Services Alliance (TSFA). 2010. Retrieved Dec. 31, 2010 (http://www.tfsa.ca/downloads/resources/Perspectives_Magazine_2010_new.pdf).

Torres, R., L. Miron, and J. X. Inda, eds. 1999. *Race, Identity, and Citizenship*. Oxford: Blackwell.

Toulouse, Christopher. 1992. "Thatcherism, Class Politics and Urban Development in London." *Critical Sociology* 18(1): 57-76.

Trejos, J. D. 1991. "Informalidad y Acumulación en el Area Metropolitana de San José, Costa Rica." In *Informalidad Urbana en Centroamerica: Entre la Acumulación y la Subsistencia*, edited by J. P. Perez-Sainz and R. Menjivar Larin. Caracas, Venezuela: Editorial Nueva Sociedad.

Tribalat, M., J.-P. Garson, Y. Moulier-Boutang, and R. Silberman. 1991. *Cent Ans d'Immigration: Etrangers d'Hier, Français d'Aaujourd'hui*. Paris, France: Presses Universitaires de France, Institut National d'Etudes Demographiques.

Turkish Government Statistical Institute. 2000. "Turkish Government's Statistical Records: Annual Report." DIE (Turkish Government Statistical Institute). Ankara, 2000. Retrieved July 11, 2007 (http://www.turkstat.gov.tr).

Turkish Statistical Institute. 2009. Retrieved July 13, 2011. http://www.tepav.org.tr/tur/admin/dosyabul/upload/TR-TEPAV-Ticaretin%20Finansmani%20 Raporu.pdf

Tyner, James. 1999. "The Global Context of Gendered Labor Emigration from the Philippines to the United States." *American Behavioral Scientist.* 42(40): 671-94.

Union Bank of Switzerland. 2009. *Prices and Earnings: A Comparison of Purchasing Power around the Globe, 2009 ed.* Zurich, Switzerland: UBS.

UNCTC (United Nations Center on Transnational Corporations). 1991. *World Investment Report: The Triad in Foreign Direct Investment.* New York: United Nations.

______. 1992. *The Determinants of Foreign Direct Investment: A Survey of the Evidence.* New York: United Nations.

UNCTAD (United Nations Conference on Trade and Development). 1992. *World Investment Report 1992: Transnational Corporations as Engines of Growth.* New York: United Nations.

______. 1993. *World Investment Report 1993: Transnational Corporations and Integrated International Production.* New York: United Nations.

______. 1997. *World Investment Report 1997: Transnational Corporations, Market Structure and Competition Policy.* New York: United Nations.

______. 1998. *World Investment Report 1998: Trends and Determinants.* New York: United Nations.

______. 2004. *World Investment Report 2004: The Shift Towards Services.* New York: United Nations.

______. 2008. *World Investment Directory Volume X: Africa.* New York: United Nations.

______. 2009a. "Major FDI Indicators (WIR 2009)." *FDI Stat Online Database.* Retrieved Feb. 19, 2010 (http://stats.unctad.org/FDI/TableViewer/tableView.aspx?ReportId=3084).

______. 2009b. *World Investment Report 2009: Transnational Corporations, Agricultural Production and Development.* New York: United Nations.

United Nations. Department for Economic and Social Affairs, Policy Analysis. 2003. *Urban and Rural Areas, 2003.* New York: United Nations.

______. 1994. *Urban Agglomerations and Rural Agglomerations*, 1994. New York: United Nations.

United Nations, Department of Economic and Social Affairs, Population Division. 2010. *World Urbanization Prospects: The 2009 Revision.* New York. Retrieved January 6, 2010 (http://esa.un.org/unpd/wup/index.htm).

United Nations, Department of Economic and Social Affairs, Population Division. 2002. *World Urbanization Prospects, the 2001 Revision.* New York. Accessed January 6, 2010 (http://www.un.org/esa/population/publications/wup2001/WUP 2001report.htm).

United Nations, Department of Economic and Social Affairs, Population Division. 2008. *World Urbanization Prospects: The 2007 Revision.* New York: United Nations. Available at http://www.un.org/esa/population/publications/wup2007/ 2007wup.htm. Accessed 21 March 2010.

_____. 1996. *Urban Agglomerations, 1996*. New York: United Nations.

_____. 2004. *Urban Agglomerations, 2003*. New York: United Nations.

United Nations, Department of Economic and Social Affairs, Population Division. 2010. World Urbanization Prospects: The 2009 Revision. New York. Retrieved Jan. 6, 2010. (http://esa.un.org/unpd/wup/index.htm).

_____. 2002. *World Urbanization Prospects, the 2001 Revision*. New York. Retrieved Jan. 6, 2010. (http://www.un.org/esa/population/publications/wup 2001/WUP2001report.htm)

United Nations Department for International Economic and Social Affairs. 1988. Prospects of World Urbanization. New York: United Nations.

_____. 2003. *Prospects of World Urbanization*. New York: United Nations.

UNDP (United Nations Development Programme). 2005. "A Time for Bold Ambition: Together We Can Cut Poverty in Half." UNDP Annual Report. New York: UNDP.

_____. 2008. "Human Development Report 2007-2008." UNDP Annual Report. New York: UNDP.

Urban Geography. 2008. *Chicago and Los Angeles: Paradigms, Schools, Achetypes, and the Urban Process*. Vol 29(2). February 15-March 31, 2008.

Urban Age. 2008. *The Future of Cities Conference Series*. London: The Cities Program, London School of Economics (http://www.urban-age.net).

US Department of State, Bureau of Public Affairs. 2010a. *Trafficking in Persons: Ten Years of Partnering to Combat Modern Slavery*. Washington, DC: Bureau of Public Affairs: Strategic Communications.

_____. 2010b. Fact Sheet. (http://www.state.gov/r/pa/scp/fs/2010/143115.htm).

US Bureau of the Census. 2004a. *Income, Poverty, and Health Insurance Coverage in the United States: 2003*. Washington, DC: U.S. Government Printing Office.

_____. 2004b. *Money Income in The U.S.: 2001*. Washington, DC: U.S. Government Printing Office.

_____. 2009a. Current Population Reports, P60-236, *Income, Poverty, and Health Insurance Coverage in the United States: 2008*. Washington, D.C.: U.S. Government Printing Office.

_____. 2009b. Current Population Survey, Annual Social and Economic Supplements: Table F-2: "Share of Aggregate Income Received by Each Fifth and Top 5 Percent of Families, All Races: 1947 to 2008 (Families as of March of the following year)." Retrieved April 15, 2011. (http://www.stateofworkingamerica.org/files/ files/2%20Family%20Income_Fast%20and%20fair%20vs%20slow-andskewed.xlsx).

_____. 2009c. Current Population Survey, Annual Social and Economic Supplements: Table IE-2: "Measures of Individual Earnings Inequality for Full-Time Year- Round Workers by Sex." Re-

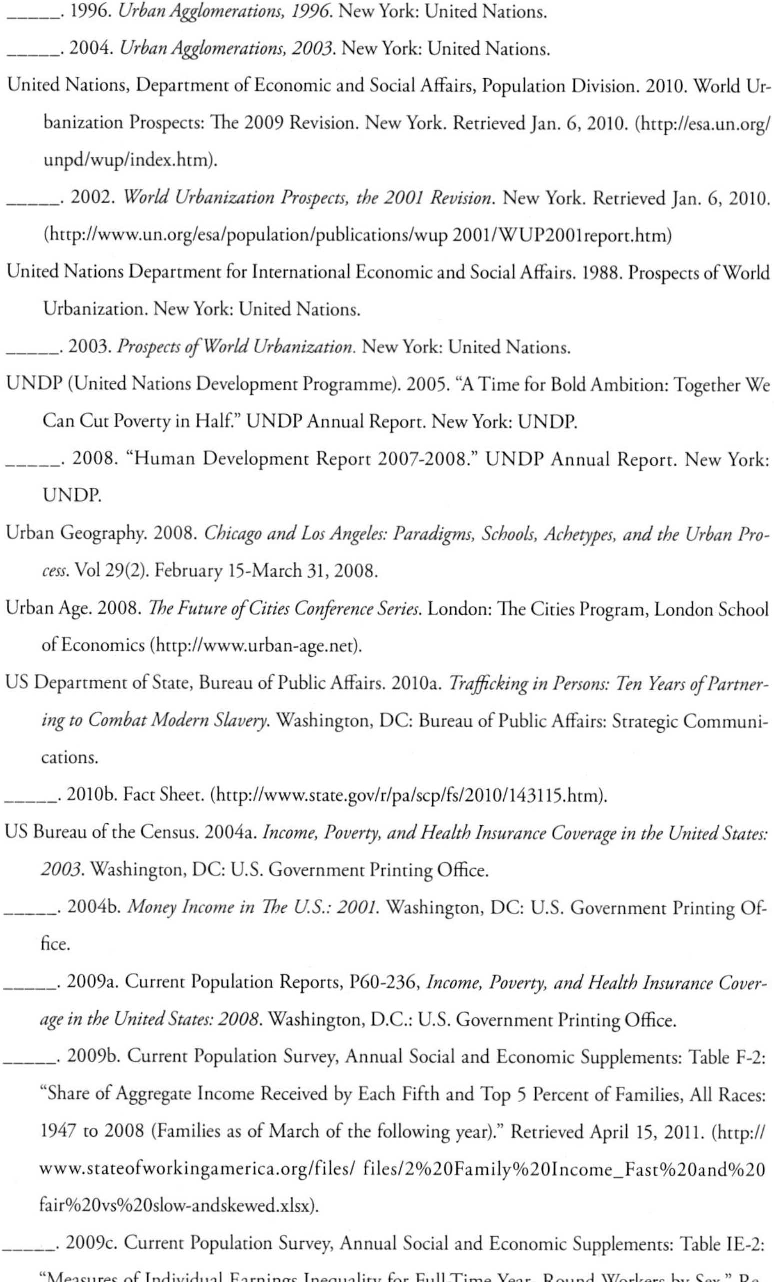

trieved 20 March 2010. (http://www.census.gov/ hhes/www/income/histinc/ineqtoc.html).

______. 1997. U.S. *Census Update*. Washington, DC: U.S. Government Printing Office. US Bureau of Labor Statistics. 1998. U.S. *Bureau of Labor Statistics Data*. Washington, DC: U.S. Government Printing Office.

______. 2005. U.S. *Bureau of Labor Statistics: Labor Force Statistics from the Current Population Survey*. Washington, DC: U.S. Bureau of Labor Statistics. Retrieved December 7, 2005 (http://www.bls.gov/home.htm).

US Department of Commerce, Office of the U.S. Trade Representative. 1983. *U.S. National Study on Trade in Services*. Washington, DC: U.S. Government Printing Office.

US Department of Commerce. 1992. *U.S. Direct Investment Abroad: 1989 Benchmark Survey, Final Results*. Washington, DC: U.S. Government Printing Office.

______. 1985. *U.S. Direct Investment Abroad: 1982 Benchmark Survey Data*. Washington, DC: U.S. Government Printing Office.

US Department of Housing and Urban Development. 2005. *State of the Cities Data Systems*. Washington DC: HUD. Retrieved December 6, 2005. (http://socds. huduser.org/index.html).

US Department of State. 2004. *Trafficking in Persons Report, released by the Office to Monitor and Combat Trafficking in Persons*. Washington, DC: U.S. Department of State. (http://www.state.gov/r/pa/scp/fs/2010/143115.htm).

Valle, Victor M. and Rodolfo D. Torres. 2000. *Latino Metropolis*. Minneapolis, MN: University of Minnesota Press.

van den Berg, L., R. Drewett, L. H. Klaassen, A. Rossi and C. H. T. Vijverberg. 1982. *Urban Europe: A Study of Growth and Decline*. Oxford, UK: Pergamon.

Van Dijk, Michiel, Francis Weyzig and Richard Murphy. 2006. *The Netherlands-A Tax Haven?* Amsterdam: Centre for Research on Multinational Organisations (SOMO).

Van Veenhuizen, R. and G. Danso. 2007. *Profitability and Sustainability of Urban and Peri-urban Agriculture*. Rome: Food and Agriculture Organization of the United Nations. Retrieved from http://www.ruaf.org/sites/default/files/2838.pdf.

Varchaver, N. and K. Benner. 2008. "The $55 Trillion Question: Special Report Issue 1: America's money crisis." CNNMoney.com. (http://money.cnn.com/2008/09/30/magazines/fortune/varchaver_derivatives_short.fortune/index.htm).

Von Braun, J. and R. S. Meinzen-Dick. 2000. "'Land Grabbing' by Foreign Investors in Developing Countries: Risks and Opportunities." IFPRI Policy Brief 13. Washington, DC: International Food Policy Research Institute. (www.ifpri.org/ publication/land-grabbing-foreign-investors-developing-countries).

Vecchio, Diane C. 2007. "Cleaning Up: The Transformation of Domestic Service in Twentieth Century New York City." *The Journal of American History* 93(4): 1279.

Veltz, Pierre. 1996. *Mondialisation Villes et Territories*. Paris, France: Presses Universitaires De France.

Vidal, Sarah, Jean Viard, et al. 1990. *Le Deuxième Sud, Marseille ou le Present Incertain*. Arles, France: Editions Actes Sud, Cahiers Pierre-Baptiste.

Vieillard-Baron, Herve. 1991. "Le Risque du Ghetto." *Esprit* (February): 14-22.

Von Petz, U. and K. Schmals, eds. 1992. *Metropole, Weltstadt, Global City: Neue Formen der Urbanisierung*. Dortmund: Dortmunder Beitrage zur Raumplanung Vol. 60. Dortmund, Germany: Universitat Dortmund.

Wacquant, L. 1997. "Inside the Zone." Theory, Culture, and Society (15)2: 1-36.

_____. 2006. *Deadly Symbiosis: Race and the Rise of Neoliberal Penalty*. London: Polity Press.

_____. 2007. *Urban Outcasts*. London: Polity Press.

Waldinger, Roger. 1996. *Still the Promised City? African-Americans and the New Immigrants in Postindustrial New York*. Cambridge, MA: Harvard University Press.

Walter, I. 1989. *Secret Money*. London, UK: Unwin Hyman.

Walters, Pamela Barnhouse. 1985. "Systems of Cities and Urban Primacy: Problems of Definition and Measurement." pp.63-86 in *Urbanization in the World-Economy*, edited by M. Timberlake. Orlando, FL: Academic Press.

Walton, John and David Seddon. 1994. *Free Markets & Food Riots: The Politics of Global Adjustment*. Cambridge, MA: Blackwell.

Wang, Lan, Ratoola Kundu and Xiangming Chen. 2010. "Building for What and Whom? New Town Development as Planned Suburbanization in China and India." *Research in Urban Sociology* 10: 319-45.

Wang, Y. P., Y. Wang and J. Wu. 2009. "Urbanization and Informal Development in China: Urban Villages in Shenzhen." I*nternational Journal of Urban and Regional Research* 33: 957-73.

Ward, K. 1991. Women Workers and Global Restructuring. Ithaca, NY: Cornell University Press.

_____. and Jean Pyle. 1995. "Gender, Industrialization and Development." pp.37-64 in *Women in the Latin American Development Process: From Structural Subordination to Empowerment*, edited by Christine E. Bose and Edna Acosta-Belen. Philadelphia, PA: Temple University Press.

Warkentin, Craig. 2001. *Reshaping World Politics: NGOs, the Internet, and Global Civil Society*. Lanham, MD: Rowman & Littlefield.

Warner K. et al. 2009. *In Search of Shelter: Mapping the Effects of Climate Change on Human Migration and Displacement*. CARE International. Retrieved from http://www.ehs.unu.edu/file.php?id=621.

Warnock, Veronica Cacdac and Francis E. Warnock. 2008. "Markets and Housing Finance." Retrieved August 24, 2008 (http://ssrn.com/abstract=981641).

Weinstein, Liza. 2008. "Mumbai's Development Mafias: Organized Crime, Land Development, and Globalization." *International Journal of Urban and Regional Research* 32(1): 22.39.

_____ and Xuefei Ren. 2009. "The Changing Right to the City: Urban Renewal and Housing Rights in Globalizing Shanghai and Mumbai." *City & Community* 8(4): 407-32.

Wentz, Martin, ed. 1991. *Stadtplanung in Frankfurt: Wohnen, Arbeiten, Verkehr.* Frankfurt, Germany, and New York: Campus.

Werth, M. and H. Korner, eds. 1991. *Immigration of Citizens from Third Countries into* the *Southern Member States of the European Community. Social Europe.* Supplement 1/91. Luxembourg: Office for Official Publications of the European Communities.

Whiteman, J., J. Kipnis, and R. Burdett. 1992. *Strategies in Architectural Thinking.* Chicago, IL, and Cambridge, MA: Chicago Institute for Architecture and Urbanism/MIT Press.

WIACT (Workers' Information and Action Centre of Toronto). 1993. "Trends in Employee Home Employment." Toronto, Canada: WIACT (Mimeo).

Wigle, J. 2010. "Social Relations, Property and 'Peripheral' Informal Settlement: The Case of Ampliación San Marcos, Mexico City." *Urban Studies* 47: 411-36.

Wigley, M. 1992. "Untitled: The Housing of Gender." pp.327-90 in *Sexuality and Space, edited by Beatriz Colomina.* Princeton Papers on Architecture. Princeton, NJ: Princeton Architectural Press.

Wihtol de Wenden, Catherine, ed. 1988. La Citoyenneté. Paris, France: Edilic, Fondation Diderot.

Willoughby, K. W. 1990. *Technology Choice.* Boulder, CO, and San Francisco, CA: Westview.

Wilpert, Czarina. 1998. "Migration and Informal Work in the New Berlin: New Forms of Work or New Sources of Labor?" *Journal of Ethnic and Migration Studies* 24(2): 269-94.

Wilson, A. 2008. "The Sacred Geography of Bangkok's Markets." *International Journal of Urban and Regional Research* 32: 631-42.

Wilson, W. J. 1997. *The Truly Disadvantaged: The Inner City, the Underclass and Public Policy.* Chicago, IL: University of Chicago Press.

_____. 1987. *When Work Disappears.* New York: Alfred A. Knopf.

Wonders, Nancy A. and Raymond Michalowski. 2001. "Bodies, Borders, and Sex Tourism in a Globalized World: A Tale of Two Cities.Amsterdam and Havana." Social Problems 48(4): 545-71.

World Bank. 1991. *Urban Policy and Economic Development: An Agenda for the 1990s.* Washington, DC: World Bank.

_____. 1998. *World Development Indicators.* Washington, DC: World Bank.

_____. 2005. *World Development Indicators.* Washington, DC: World Bank.

_____. 2006. *Global Economic Prospects: Economic Implications of Remittances and Migration.* Washington, DC: World Bank.

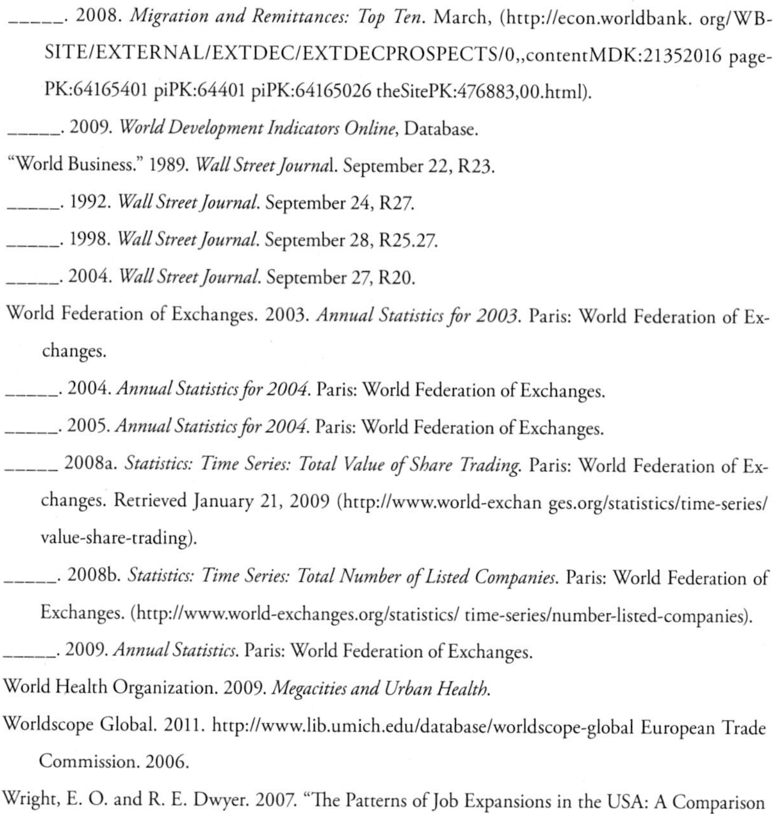

______. 2008. *Migration and Remittances: Top Ten*. March, (http://econ.worldbank. org/WBSITE/EXTERNAL/EXTDEC/EXTDECPROSPECTS/0,,contentMDK:21352016 pagePK:64165401 piPK:64401 piPK:64165026 theSitePK:476883,00.html).

______. 2009. *World Development Indicators Online*, Database.

"World Business." 1989. *Wall Street Journa*l. September 22, R23.

______. 1992. *Wall Street Journal*. September 24, R27.

______. 1998. *Wall Street Journal*. September 28, R25.27.

______. 2004. *Wall Street Journal*. September 27, R20.

World Federation of Exchanges. 2003. *Annual Statistics for 2003*. Paris: World Federation of Exchanges.

______. 2004. *Annual Statistics for 2004*. Paris: World Federation of Exchanges.

______. 2005. *Annual Statistics for 2004*. Paris: World Federation of Exchanges.

______ 2008a. *Statistics: Time Series: Total Value of Share Trading*. Paris: World Federation of Exchanges. Retrieved January 21, 2009 (http://www.world-exchan ges.org/statistics/time-series/value-share-trading).

______. 2008b. *Statistics: Time Series: Total Number of Listed Companies*. Paris: World Federation of Exchanges. (http://www.world-exchanges.org/statistics/ time-series/number-listed-companies).

______. 2009. *Annual Statistics*. Paris: World Federation of Exchanges.

World Health Organization. 2009. *Megacities and Urban Health*.

Worldscope Global. 2011. http://www.lib.umich.edu/database/worldscope-global European Trade Commission. 2006.

Wright, E. O. and R. E. Dwyer. 2007. "The Patterns of Job Expansions in the USA: A Comparison of the 1960s and 1990s." Socio-Economic Review 1: 302.

Wright, Talmadge. 1997. *Out of Place. Albany*, NY: State University of New York Press.

Xu, J. and A. O. H. Yeh. 2010. *Governance and Planning of Mega-City Regions: An International Comparative Perspective*. London: Routledge.

Yamanaka, Keiko. 2004. "New Worlds, New Lives: Globalization and People of Japanese Descent in the Americas and From Latin America in Japan." *Journal of Asian Studies* 63(4): 1080-2.

Yeoh, Brenda S. A. 2007. *Singapore: Hungry for Foreign Workers at All Skill Levels*, January 2007. Accessible at http://www.migrationinformation.org/Profiles/display.cfm?id=570.

Yeung, Yue-man. 2000. *Globalization and Networked Societies*. Honolulu, HI: University of Hawaii Press.

Young, D. and R. Keil. 2010. "Reconnecting the Disconnected: The Politics of Infrastructure in the in-between City." *Cities* 27: 87-95.

Yuval-Davis, N. 1999. "Ethnicity, Gender Relations and Multiculturalism." pp.112-25 in *Race, Iden-*

tity, and Citizenship, edited by R. Torres, L. Miron and J. X. Inda. Oxford, UK: Blackwell.

_____. 2006. *Gender and Nation* (updated 2nd ed.). London: Sage Publications.

Zelinsky, Wilbur. 1991. "The Twinning of the World: Sister Cities in Geographic and Historical Perspective." *Annals of the Association of American Geographers* 81(1):1.31.

Zorome, Ahmed. 2007. *Concept of Offshore Financial Centers: In Search of an Operational Definition*. Working Paper 07/87. Washington DC: IMF.

Zukin, Sharon. 1991. *Landscapes of Power*. Berkeley, CA: University of California Press.

_____. 2005. Point of Purchase: How Shopping Changed American Culture. New York: Routledge.

찾아보기